가장 상세한
엑셀 함수 대백과

실무에 바로 쓰는 468개 함수 & 수식 완전 해설

쿠니모토 아츠코 저 / 류승우 역

YoungJin.com Y.
영진닷컴

가장 상세한 엑셀 함수 대백과

Original title : The most detailed Excel function dictionary, an enlarged and revised edition
(原書名 : いちばん詳しい Excel 関数大事典 増補改訂版)
Copyright © 2023 Atsuko Kunimoto (国本 温子).
Original Japanese Edition published in the year by SB Creative Corp.
All rights reserved.
KOREAN language edition © 2025 by Youngjin.com Inc..
KOREAN translation rights arranged with SB Creative Corp.,
through Lee&Lee Foreign Rights Agency, Korea.

ISBN : 978-89-314-8087-0

독자님의 의견을 받습니다.

이 책을 구입한 독자님은 영진닷컴의 가장 중요한 비평가이자 조언가입니다. 저희 책의 장점과 문제점이 무엇인지, 어떤 책이 출판되기를 바라는지, 책을 더욱 알차게 꾸밀 수 있는 아이디어가 있으면 팩스나 이메일, 또는 우편으로 연락주시기 바랍니다. 의견을 주실 때에는 책 제목 및 독자님의 성함과 연락처(전화번호나 이메일)를 꼭 남겨 주시기 바랍니다. 독자님의 의견에 대해 바로 답변을 드리고, 또 독자님의 의견을 다음 책에 충분히 반영하도록 늘 노력하겠습니다.

이메일 : support@youngjin.com
주 소 : (우)08152 서울시 금천구 디지털로9길 32 갑을그레이트밸리 B동 10층
(주)영진닷컴 기획1팀

파본이나 잘못된 도서는 구입하신 곳에서 교환해 드립니다.

STAFF

저자 쿠니모토 아츠코 | **번역** 류승우 | **총괄** 김태경 | **진행** 최윤정 | **디자인 · 편집** 곽은슬
영업 박준용, 임용수, 김도현, 이윤철 | **마케팅** 이승희, 김근주, 조민영, 김민지, 김진희, 이현아
제작 황장협 | **인쇄** 제이엠

들어가며

엑셀(Excel)은 업종을 불문하고 다양한 현장에서 일상적으로 사용하는 표 계산 소프트웨어입니다. 표 작성 기능, 계산 기능, 데이터 분석 및 집계 기능 등 풍부한 기능이 제공되며, 그 중에서도 계산 기능으로는 480개가 넘는 함수가 준비되어 있습니다.

이 책은 엑셀 함수 사전으로서 모든 함수를 망라하고 있습니다. 각 함수의 기능과 사용법을 필요에 따라 사용 예시와 함께 알기 쉽게 설명하고 있습니다. 특히 사용 빈도가 높은 함수는 다양한 사용 예제를 제시하고, 다른 함수와의 조합 활용법도 소개하고 있습니다. 사용 예제는 샘플 파일을 제공해, 실제로 함수를 사용하면서 이해도를 높일 수 있을 것입니다.

더불어 함수와 관련된 지식을 칼럼과 힌트를 통해 설명하여, 어려운 용어와 내용을 이해하는 데 도움을 드리고자 했습니다. 함수뿐만 아니라 함수를 사용하는 데 필요한 기초 지식도 정리하고 있어, 초보자도 쉽게 함수를 사용할 수 있을 것입니다. 또한, 함수를 편리하게 사용할 수 있는 고급 테크닉도 소개하고 있습니다. 함수 사용 시 알아 두면 유용한 기능이나 함수 활용법 등을 몇 가지 소개하고 있으니 참고해 보시기 바랍니다.

이 책에서는 분류별, 알파벳순, 목적별 등 세 종류의 색인을 제공하고 있으므로, 원하는 함수를 검색할 때 유용하게 활용할 수 있습니다.

이 책이 엑셀을 사용하는 모든 분들의 실력 향상과 업무 효율화에 도움이 되길 바랍니다. 끝으로, 이 책을 만드는 데 도움을 주신 모든 분들께 진심으로 감사의 말씀을 드립니다.

쿠니모토 아츠코

이 책의 사용법

- 이 책은 크게 다음과 같이 구성되어 있습니다.

  목차

  함수 설명

  기초 지식

  유용한 테크닉

  키워드 색인

  목적별 함수 색인

  알파벳순 함수 색인

- 다음과 같은 사용법을 알아 두면 보다 편리하게 이 책을 활용할 수 있습니다.

  목차: 엑셀 함수의 성격과 용도에 따라 카테고리별로 빠르게 확인할 수 있습니다.

  함수 설명: 5페이지의 페이지 구성 예시를 확인해 주세요.

  기초 지식: 엑셀 함수를 사용함에 있어 알아 두면 좋은 지식을 수록하고 있습니다. 엑셀 함수 설명과 함께 활용하시기 바랍니다.

  유용한 테크닉: 엑셀 함수를 사용해 보다 효율적으로 업무를 수행할 수 있는 유용한 테크닉을 엄선해 게재하고 있습니다. 업무 목적에 따라 이용하시기 바랍니다.

  키워드 색인: 키워드로 원하는 페이지를 검색할 수 있습니다.

  목적별 함수 색인: 엑셀 함수를 사용 용도에 따라 검색할 수 있습니다.

  알파벳순 함수 색인: 엑셀 함수를 알파벳순으로 검색할 수 있습니다.

- 이 책의 페이지 구성 예시입니다.

  엑셀 함수의 사용 빈도나 사용 난이도에 따라 설명 분량이 달라질 수 있습니다.

**■ 엑셀 함수 카테고리 /
하위 카테고리**

■ 엑셀 함수 지원 버전
365 지원 버전입니다

**■ 엑셀 함수의 특성 및 용도에
따른 카테고리 구성**

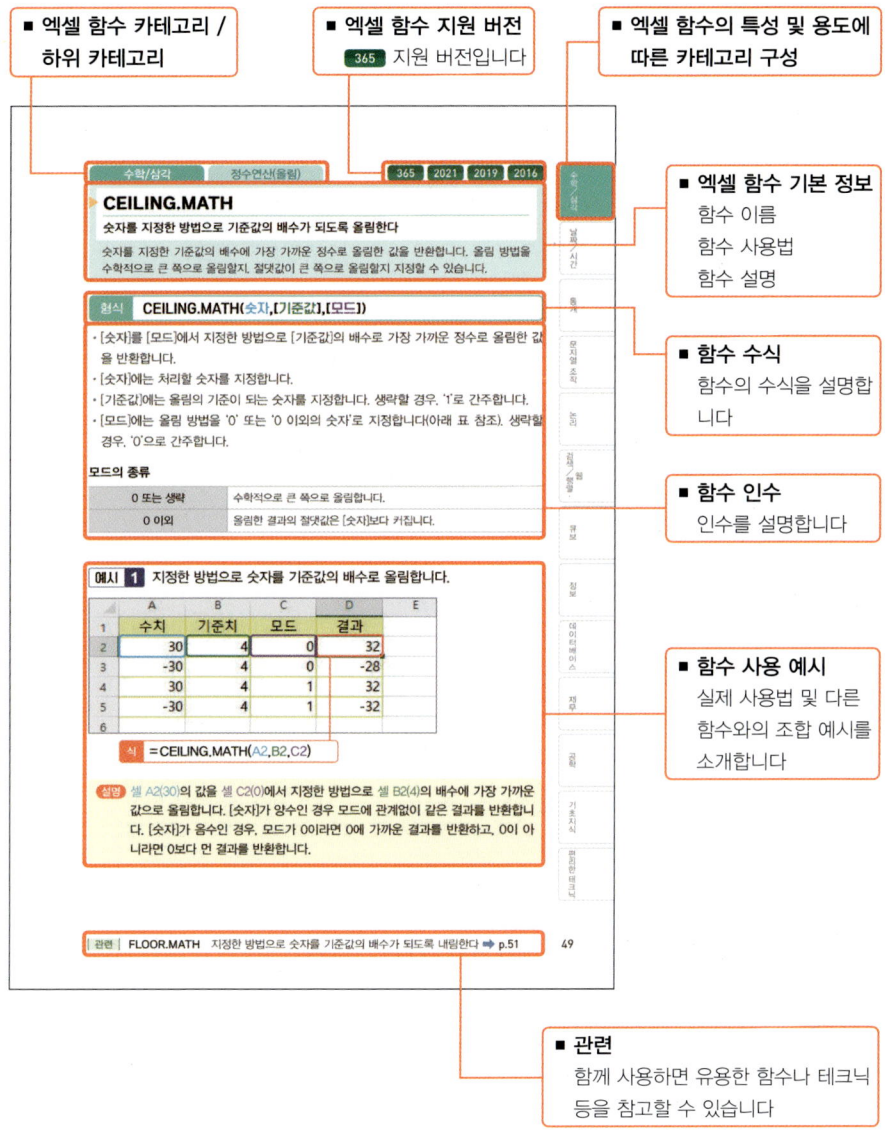

■ 엑셀 함수 기본 정보
함수 이름
함수 사용법
함수 설명

■ 함수 수식
함수의 수식을 설명합
니다

■ 함수 인수
인수를 설명합니다

■ 함수 사용 예시
실제 사용법 및 다른
함수와의 조합 예시를
소개합니다

■ 관련
함께 사용하면 유용한 함수나 테크닉
등을 참고할 수 있습니다

목차

날짜/시간 함수

통계 함수

문자열 조작 함수

논리 함수

검색/행렬 · 웹 함수

▶ 큐브 함수

▶ 정보 함수

▌ 데이터베이스 함수

재무 함수

공학 함수

기초 지식

유용한 테크닉

INDEX

수학/삼각 함수 🔍 ▼

수학/삼각 함수는 합계, 개수 구하기, 사칙연산, 반올림, 올림, 내림 등 기본적인 수치 계산을 하는 함수와 지수, 로그, 삼각함수 등 고급 수학 계산을 하는 함수로 나뉩니다.

▶ SUM

숫자를 합산한다

인수로 지정한 숫자나 셀 범위 내의 숫자를 합산합니다.

형식	SUM(숫자 1,[숫자 2],⋯)

- [숫자]의 합계를 구합니다. 숫자 2 이상을 지정할 경우 ','(쉼표)로 구분해 [숫자 1], [숫자 2],⋯의 합계를 반환합니다.
- [숫자]에는 합산할 값을 지정합니다. 셀 범위를 지정한 경우, 범위 내 값만 계산 대상이며 문자열이나 공백은 무시됩니다. 숫자, 셀 참조, 셀 범위를 조합해 합산할 수도 있습니다. 예를 들어, '=SUM(10,A1,B2:C2)'를 입력하면 10, 셀 A1의 값, 셀 범위 B2~C2 값의 합계를 구할 수 있습니다.

예시 1 셀 범위를 합산합니다.

	A	B	C	D	E
1	1월	2월	3월	합계	
2	150	200	250	600	
3					

식 **=SUM(A2:C2)**

> **설명** 셀 범위 A2~C2에 포함된 값의 합계를 구합니다.

예시 2 떨어져 있는 셀을 합산합니다.

	A	B	C	D	E	F
1	1~3월 합계		4~6월 합계		상반기 합계	
2	600		400		1,000	
3						

식 **=SUM(A2,C2)**

> **설명** 셀 A2와 셀 C2 값의 합계를 구합니다.

예시 **3** 복수의 셀 범위를 합산합니다.

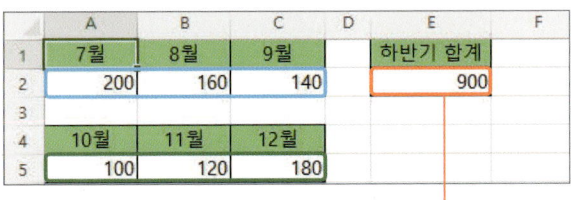

설명 셀 범위 A2~C2와 셀 범위 A5~C5 값의 합계를 구합니다.

식 =SUM(A2:C2,A5:C5)

예시 **4** 누계를 구합니다.

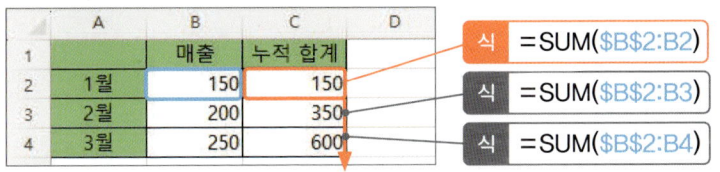

식 =SUM($B$2:B2)

식 =SUM($B$2:B3)

식 =SUM($B$2:B4)

설명 셀 B2의 시작점을 절대 참조로 고정하고 끝나는 점을 상대 참조로 설정한 후, 함수를 자동 채우기로 복사하면 합산 범위가 1행씩 늘어나 누계를 구할 수 있습니다.

예시 **5** 열 전체를 합산합니다.

	A	B	C	D
1	매출 합계		720	
2				
3	일시	금액		
4	2월 1일	150		
5	2월 2일	200		
6	2월 3일	250		
7	2월 4일	120		
8				

식 =SUM(B:B)

설명 B열 전체에 포함된 값의 합계를 구합니다. 문자열이나 빈 셀은 합계 대상에서 제외되고 숫자만 합계되므로, 금액이 입력된 열 전체를 합계 범위로 지정하면 매일 늘어나는 숫자의 합계를 구하는 데 편리합니다.

관련 | SUMIF 조건을 만족하는 값을 합산한다 ➡ p.32

▶ SUMIF

조건을 만족하는 값을 합산한다

열의 값이 검색 조건과 일치하는지 확인하고, 일치하는 값과 같은 행에 있는 값의 합계를 구합니다. 예를 들어, [매장] 열의 값이 '종로점'인 경우에만 [수량] 열의 값의 합계를 구합니다.

형식　　**SUMIF(범위,검색 조건,[합계 범위])**

- [범위]에서 [검색 조건]과 일치하는 값을 찾고, 찾은 행의 [합계 범위] 값을 합산합니다.
- [범위]에는 검색 대상 열의 셀 범위를 지정합니다.
- [검색 조건]에는 [범위] 중에서 합계를 구하고자 하는 값의 조건을 지정합니다. 조건을 숫자와 셀 범위 외의 범위로 지정할 때는 ""(큰따옴표)로 묶습니다. 또한, 비교 연산자, 와일드카드 문자를 사용한 조건을 설정할 수 있습니다(아래 표 참조).
- [합계 범위]에는 합계를 구할 값이 입력된 열의 셀 범위를 지정합니다. 생략하면 [범위] 에 있는 값을 합산합니다.

검색 조건 설정 예

검색 조건	의미
100	숫자 100과 같다.
F2	셀 F2의 값과 같다.
"〈〉100"	'100'이 아니다.
"〉=30000"	'30,000' 이상
"〈2024-11-01"	'2024-11-1'보다 이전
"〉="&F2	셀 F2의 값 이상
"초코*"	'초코'로 시작한다.
"*캔"	'캔'으로 끝난다.
"*마카롱*"	'마카롱'을 포함한다.
"*"&F2&"*"	셀 F2의 값을 포함한다.
"〈〉*"&F2&"*"	셀 F2의 값을 포함하지 않는다.

날짜/시간

통계

문자열 조작

논리

검색/행렬·월

큐브

정보

데이터베이스

재무

공학

기초지식

유용한 테크닉

예시 **1** '종로점' 매장의 수량을 합산합니다.

	A	B	C	D	E	F
1	일시	매장	수량		종로점 수량	
2	10월 1일	종로점	10		35	
3	10월 2일	용산점	20			
4	10월 3일	홍대점	15			
5	11월 1일	용산점	10			
6	11월 2일	종로점	25	식	=SUMIF(B2:B7,"종로점",C2:C7)	
7	11월 3일	홍대점	30			

설명 [범위](B2~B7) 안에서 [검색 조건](종로점)을 찾아 일치하는 행의 [합계 범위] (C2~C7)의 값을 합산합니다.

SUMIF 함수의 사용 방법

=SUMIF(B2:B7,"종로점",C2:C7)

범위	검색 조건	합계 범위
'매장' 열	종로점	'수량' 열

'매장' 열에 '종로점'과 일치하는 행에 있는 '수량' 열의 셀값을 합산

예시 **2** 매장별 수량을 합산합니다.

	A	B	C	D	E	F
1	일시	매장	수량		매장	수량 합계
2	10월 1일	종로점	10		종로점	35
3	10월 2일	용산점	20		용산점	30
4	10월 3일	홍대점	15		홍대점	45
5	11월 1일	용산점	10			
6	11월 2일	종로점	25			
7	11월 3일	홍대점	30			
8				식	=SUMIF($B$2:$B$7,E2,$C$2:$C$7)	

설명 [범위]($B$2~$B$7) 안에서 [검색 조건](E2)을 찾아, 찾은 행의 [합계 범위] ($C$2~$C$7)의 값을 합산합니다. [범위]와 [합계 범위]를 절대 참조로 설정함으로써 자동 채우기로 수식을 복사해도 참조 범위가 어긋나지 않습니다.

| 관련 | 절대 참조 ➡ p.367

예시 3 월별로 수량을 합산합니다.

	A	B	C	D	E	F	G	H
1	일시	매장	수량	월		월	수량 합계	
2	10월 1일	종로점	10	10		10	45	
3	10월 2일	용산점	20	10		11	65	
4	10월 3일	홍대점	15	10				
5	11월 1일	용산점	10	11				
6	11월 2일	종로점	25	11				
7	11월 3일	홍대점	30	11				
8								

식 =MONTH(A2)

식 =SUMIF($D$2:$D$7, F2,$C$2:$C$7)

> **설명** [범위]($D$2~$D$7) 안에서 [검색 조건](F2)을 찾아, 찾은 행의 [합계 범위]($C$2~$C$7)의 값을 합산합니다. 월을 판단하기 위해 보조 열로 D열에 [월] 열을 추가합니다. MONTH 함수를 사용해 A열의 날짜에서 월을 가져오고, F열의 월을 [검색 조건]으로 설정해 월별로 집계합니다.

예시 4 셀 F2의 값이 포함된 상품을 집계합니다.

	A	B	C	D	E	F	G	H
1	날짜	종별	상품	금액		상품	매출액	
2	10월 1일	100	초코 세트	45,000		마카롱	40,000	
3	10월 2일	200	마카롱 종합세트	20,000				
4	10월 3일	100	초코 케이크	35,000		날짜 이후	매출액	
5	11월 1일	200	마카롱 한정판매	20,000		11월 1일	75,000	
6	11월 2일	300	쿠키 캔	25,000				
7	11월 3일	100	사탕 세트	30,000				

식 =SUMIF(C2:C7, "*"&F2&"*",D2:D7)

> **설명** [범위](C2~C7) 안에서 [검색 조건]("*"&F2&"*", F2가 포함된 문자열)을 찾아, 찾은 행의 [합계 범위](D2~D7)의 값을 합산합니다. 와일드카드 문자 '*'와 셀 F2의 참조와 함께 "*"&F2&"*"라고 기술함으로써 '셀 F2의 값을 포함하는 문자열'이라는 의미의 검색 조건이 됩니다.

| 관련 | SUMIFS 복수의 조건을 만족하는 값을 합산한다 ➡ p.35

MONTH 날짜에서 월을 구한다 ➡ p.79

수학/삼각　　사칙연산　　365　2021　2019　2016

수학/삼각
날짜/시간
통계
문자열 조작
논리
검색/행렬 · 셀
큐브
정보
데이터베이스
재무
공학
기초지식
유용한 테크닉

▶ SUMIFS

복수의 조건을 만족하는 값을 합산한다

복수의 열에 검색 조건을 설정하고, 모든 조건을 만족하는 값과 같은 행에 있는 값의 합계를 구합니다. 예를 들어, [매장] 열의 값이 '홍대점'이고 [종별] 열의 값이 '100'인 경우의 [금액] 열의 값을 합산할 수 있습니다.

> **형식**　**SUMIFS(합계 범위,조건 범위 1,조건 1,[조건 범위 2,조건 2],…)**

- [조건 범위]에서 [조건]과 일치하는 값을 찾고, 찾은 행의 [합계 범위]에 있는 값을 합산합니다. [조건 범위]와 [조건]은 반드시 세트로 지정합니다. [조건 범위]와 [조건]의 세트를 늘릴 경우, 모든 조건을 만족하는 경우에만 합산합니다.
- [합계 범위]에는 합계를 구할 값이 입력된 열의 셀 범위를 지정합니다.
- [조건 범위]에는 검색 대상 열의 셀 범위를 지정합니다.
- [조건]에는 [조건 범위] 중에서 합계를 구하고자 하는 값의 조건을 지정합니다. 숫자, 문자열, 셀 범위, 비교 연산자나 와일드카드 문자를 사용해 지정할 수 있으며, 숫자와 셀 범위 외에는 ""로 묶어 지정합니다(p.32 표 참조).

예시 1　매장이 '홍대점'이고 종별이 '100'인 매장의 매출 합계를 구합니다.

	A	B	C	D	E	F	G	H
1	날짜	매장	종별	상품	금액		홍대점에서 종별 100의 매출액	
2	10월 1일	홍대점	300	쿠키 캔	45,000		65,000	
3	10월 2일	용산점	200	마카롱 종합세트	20,000			
4	10월 3일	홍대점	100	초코 케이크	35,000			
5	11월 1일	용산점	200	마카롱 한정판매	20,000			
6	11월 2일	종로점	300	쿠키 캔	25,000			
7	11월 3일	홍대점	100	사탕 세트	30,000			

> **식**　=SUMIFS(E2:E7,B2:B7,"홍대점",C2:C7,100)

> **설명**　[조건 범위 1](B2~B7) 안에서 [조건 1](홍대점), [조건 범위 2](C2~C7) 안에서 [조건 2](100)를 찾아 두 조건을 모두 만족하는 행의 [합계 범위](E2~E7) 값을 합산합니다.

SUMIFS 함수의 사용 방법

=SUMIFS(E2:E7,B2:B7,"홍대점",C2:C7,100)

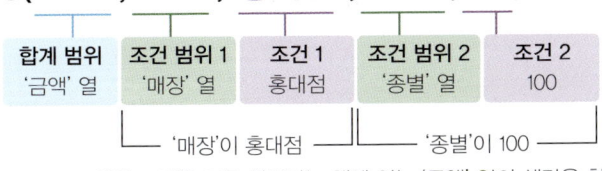

합계 범위	조건 범위 1	조건 1	조건 범위 2	조건 2
'금액' 열	'매장' 열	홍대점	'종별' 열	100

'매장'이 홍대점 ── ── '종별'이 100 ──

양쪽 조건을 모두 만족하는 행에 있는 '금액' 열의 셀값을 합산

	A	B	C	D	E	F	G
1	날짜	상품	수량	요일		종류	평일
2	12월1일(월)	마카롱 한정판매	10	1		마카롱	45
3	12월2일(화)	초코 세트	15	2		초코	30
4	12월3일(수)	마카롱 종합세트	20	3			
5	12월4일(목)	초코 케이크	15	4	식	=WEEKDAY(A2,2)	
6	12월5일(금)	마카롱 한정판매	15	5			
7	12월6일(토)	마카롱 종합세트	40	6			
8	12월7일(일)	초코 케이크	30	7			
9							

식 =SUMIFS($C$2:$C$8,$B$2:$B$8,
"*"&F2&"*",$D$2:$D$8,"〈6")

설명 [조건 범위 1]($B$2~$B$8) 내에서 [조건 1]("*"&F2&"*", 마카롱 포함)과 [조건 범위 2]($D$2~$D$8) 내에서 [조건 2]("〈6", 요일 번호가 6 미만)를 찾고, 둘 다 찾은 행의 [합계 범위($C$2~$C$8)]의 값을 합산합니다. [조건 범위]와 [합계 범위]를 절대 참조로 설정해 자동 채우기로 수식을 복사해도 참조가 어긋나지 않도록 합니다.

또한, 요일을 판단하기 위해 보조 열로 D열에 [요일] 열을 추가하고, WEEKDAY 함수를 사용해 A열의 날짜에서 요일 번호(월~일: 1~7)를 표시합니다. D열의 요일 번호에서 '6 미만은 평일'이라는 것을 이용해 검색 조건을 설정합니다.

수학/삼각	사칙연산		365	2021	2019	2016

▶ PRODUCT

숫자의 곱을 계산한다

인수로 지정한 숫자나 셀 범위에 포함된 숫자의 곱(곱셈)을 계산합니다.

형식 **PRODUCT(숫자 1,[숫자 2],…)**

- [숫자]의 곱을 구합니다. 숫자 2 이상을 지정할 경우 ','(쉼표)로 구분하여 [숫자 1], [숫자 2],… 의 곱을 반환합니다.
- [숫자]에는 숫자나 셀 범위를 지정할 수 있습니다. 셀 범위를 지정한 경우, 범위 내의 숫자만 계산 대상이며, 문자열이나 공백은 무시됩니다.

| 관련 | SUMIF 조건을 만족하는 값을 합산한다 ➡ p.32
WEEKDAY 날짜의 요일 번호를 구한다 ➡ p.92

예시 1 출하액을 구합니다.

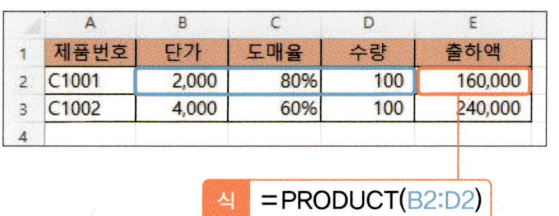

	A	B	C	D	E
1	제품번호	단가	도매율	수량	출하액
2	C1001	2,000	80%	100	160,000
3	C1002	4,000	60%	100	240,000
4					

식 =PRODUCT(B2:D2)

설명 [숫자 1](B2~D2) 안에 있는 숫자를 곱한 결과를 구합니다. 단가×도매율×수량을 계산해 출하액을 구합니다.

수학/삼각　　사칙연산　　365　2021　2019　2016

▶ SUMPRODUCT

배열 요소의 곱을 합산한다

인수로 지정한 배열에 해당하는 요소들끼리 곱하여 그 합계를 구합니다.

형식　**SUMPRODUCT(배열 1,[배열 2],…)**

[배열]에는 셀 범위와 배열 상수를 지정할 수 있습니다. 각 배열은 행수와 열수를 같은 크기로 지정합니다. 크기가 다르면 에러가 발생합니다.

예시 1 출하액 총액을 구합니다.

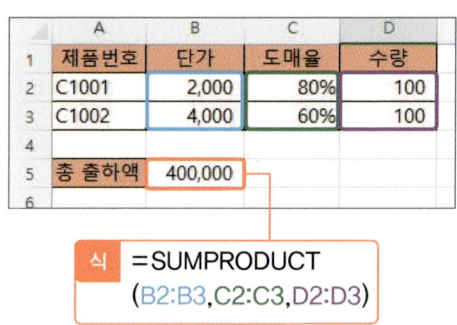

	A	B	C	D
1	제품번호	단가	도매율	수량
2	C1001	2,000	80%	100
3	C1002	4,000	60%	100
4				
5	총 출하액	400,000		
6				

식 =SUMPRODUCT
(B2:B3,C2:C3,D2:D3)

설명 [배열 1](B2~B3), [배열 2](C2~C3), [배열 3](D2~D3)에서 같은 행에 있는 각 셀을 곱하고 그 결과를 합산합니다. 여기서는 '2,000×80%×100'과 '4,000×60%×100'의 합계를 구합니다.

▶ SUBTOTAL

지정한 집계 방법으로 집계한다

셀 범위 내의 데이터를 합계, 평균 등 지정한 집계 방식으로 계산한 결과를 반환합니다.

형식	**SUBTOTAL(집계 방법,참조 1,[참조 2],⋯)**

- [참조]에 지정한 셀 범위의 값을 지정한 [집계 방법]으로 집계합니다. [참조]의 셀 범위 내에 SUBTOTAL 함수나 AGGREGATE 함수가 사용되었다면 해당 셀을 제외하고 집계합니다.
- [집계 방법]에는 1～11, 101～111의 숫자를 지정합니다(아래 표 참조).
- [참조]에는 집계할 셀 범위를 지정합니다. 열의 데이터(세로로 정렬된 데이터)를 지정한 경우, [집계 방법]을 101～111로 설정하면 숨겨진 값을 포함하지 않고 집계합니다. 필터에 의해 숨겨진 경우, [집계 방법]에 관계없이 표시된 데이터로 집계됩니다. 또한, 행데이터(가로로 정렬된 데이터)를 지정하면 항상 숨겨진 값도 포함해 집계합니다.

집계 방법

집계 방법		해당 함수		참조
1	101	AVERAGE	평균값	p.110
2	102	COUNT	숫자의 개수	p.98
3	103	COUNTA	데이터의 개수	p.99
4	104	MAX	최댓값	p.108
5	105	MIN	최솟값	p.106
6	106	PRODUCT	곱	p.36
7	107	STDEV.S	표본표준편차	p.125
8	108	STDEV.P	표준편차	p.124
9	109	SUM	합계	p.30
10	110	VAR.S	표본분산	p.123
11	111	VAR.P	분산	p.122

예시 **1** 소계가 있는 표를 집계합니다.

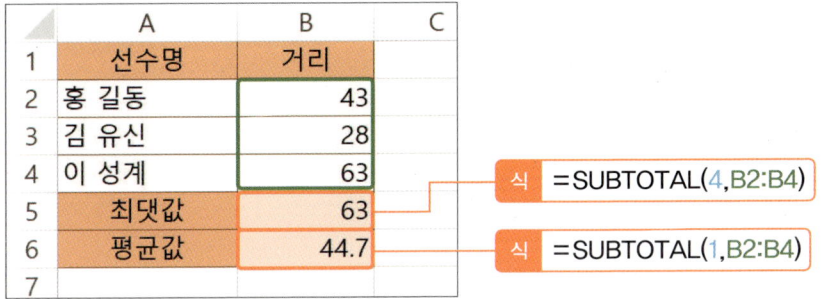

	A	B
1	상품	수량
2	남성 정장	150
3	넥타이	200
4	소계	350
5	여성 정장	250
6	스카프	150
7	소계	400
8	합계	750
9		

식 =SUBTOTAL(9,B2:B3)

식 =SUBTOTAL(9,B5:B6)

식 =SUBTOTAL(9,B2:B7)

설명 셀 B8에서는 [참조 1](B2~B7) 범위 안의 숫자를 [집계 방법](9, SUM)으로 집계합니다. 범위 내에 SUBTOTAL 함수를 사용한 소계(B4, B7)가 포함되지만, 이 셀은 제외하고 집계하므로 범위 지정이 쉽습니다.

예시 **2** 셀 범위의 최댓값과 평균값을 구합니다.

	A	B	C
1	선수명	거리	
2	홍 길동	43	
3	김 유신	28	
4	이 성계	63	
5	최댓값	63	
6	평균값	44.7	
7			

식 =SUBTOTAL(4,B2:B4)

식 =SUBTOTAL(1,B2:B4)

설명 셀 B5에서는 셀 범위 B2~B4에 포함된 값의 최댓값(4)을 구합니다. 셀 B6에서는 셀 범위 B2~B4에 포함된 값의 평균값(1)을 구합니다. 집계 방법의 숫자를 변경하는 것만으로 집계 결과를 쉽게 변경할 수 있습니다.

| 관련 | AGGREGATE 지정한 집계 방법으로 집계값이나 순위를 구한다 ➡ p.40

수학/삼각

날짜/시간

통계

문자열 조작

논리

검색/행렬 · 웹

큐브

정보

데이터베이스

재무

공학

기초지식

유용한 테크닉

▶ AGGREGATE

지정한 집계 방법으로 집계값이나 순위를 구한다

셀 범위 내의 데이터를 집계 방법이나 세부 사항을 지정하여 계산한 결과를 반환합니다. SUBTOTAL 함수보다 기능이 확장된 함수로 더 많은 집계 방법을 지정할 수 있고, 오류값, 숨겨진 행 처리 등 세부 설정이 가능합니다.

형식	AGGREGATE(집계 방법,옵션,참조 1,[참조 2],…)
	AGGREGATE(집계 방법,옵션,배열,순위)

- [집계 방법]에는 1~19의 숫자를 지정합니다(p.42 표 참조). 1~13의 경우 위의 서식을 사용해 [참조] 셀 범위의 값을 집계합니다. 14~19의 경우 아래의 서식을 사용해 [배열] 셀 범위의 값으로부터 [순위]에서 지정한 순위나 분위를 구합니다.
- [옵션]에는 집계에 대한 세부 설정을 지정할 수 있습니다(p.42 표 참조).
- [참조]에는 집계할 셀 범위를 지정합니다.
- [배열]에는 순위나 분위를 구하고자 하는 셀 범위를 지정합니다.
- [순위]에는 [집계 방법]에서 지정한 계산 종류에 따라 원하는 순위와 분위를 지정합니다.

예시 1 오류를 무시하고 합계를 구합니다.

	A	B
1	상품	수량
2	남성 정장	150
3	넥타이	200
4	여성 정장	#N/A
5	스카프	100
6	합계	450
7		

식 =AGGREGATE(9,6,B2:B5)

> 설명 [참조 1](B2~B5)의 숫자를 [집계 방법](9, SUM), [옵션](6, 오류 무시)의 설정으로 집계합니다. 범위 내에 오류 '#N/A'가 있지만, 옵션에 따라 오류 셀을 제외한 집계 결과를 얻을 수 있습니다. 참고로 SUBTOTAL 함수에서 오류가 포함된 경우 결과는 오류가 됩니다.

수학/삼각

날짜/시간

통계

문자열 조작

논리

검색/행렬ㆍ웹

큐브

정보

데이터베이스

재무

공학

기초지식

유용한 테크닉

예시 **2** 오류를 무시하고 소계가 있는 표를 집계합니다.

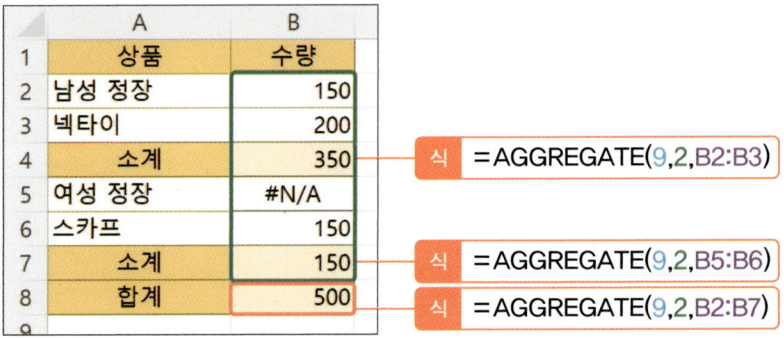

	A	B	
1	상품	수량	
2	남성 정장	150	
3	넥타이	200	
4	소계	350	식 =AGGREGATE(9,2,B2:B3)
5	여성 정장	#N/A	
6	스카프	150	
7	소계	150	식 =AGGREGATE(9,2,B5:B6)
8	합계	500	식 =AGGREGATE(9,2,B2:B7)

설명 [참조 1](B2~B7)의 숫자를 [집계 방법](9, SUM), [옵션](2, 오류 및 범위 안에 포함된 SUBTOTAL 함수, AGGREGATE 함수를 무시) 설정으로 집계합니다. 범위 안의 오류 '#N/A'를 무시하고, 범위 안에 AGGREGATE 함수를 사용한 소계(B4, B7)가 포함되어 있지만, 이 셀은 포함하지 않고 집계합니다.

예시 **3** 두 번째로 작은 값을 구합니다.

	A	B	C	D	
1	상품	수량		작은 순서로 두 번째	
2	남성 정장	150		150	식 =AGGREGATE
3	넥타이	200			(15,6,B2:B5,2)
4	여성 정장	#N/A			
5	스카프	100			
6					

설명 [배열](B2~B5) 안의 숫자를 [집계 방법](15, SMALL), [순위](2)로 설정하고, [옵션](6, 오류 무시) 설정으로 집계합니다. 범위 내 오류 '#N/A'를 무시하고 두 번째로 작은 값을 구합니다.

집계 방법

집계 방법	해당하는 함수		참조
1	AVERAGE	평균값	p.110
2	COUNT	숫자의 개수	p.98
3	COUNTA	데이터의 개수	p.99
4	MAX	최댓값	p.108
5	MIN	최솟값	p.106
6	PRODUCT	곱	p.36
7	STDEV.S	표본표준편차	p.125
8	STDEV.P	표준편차	p.124
9	SUM	합계	p.30
10	VAR.S	표본분산	p.123
11	VAR.P	분산	p.122
12	MEDIAN	중간값	p.104
13	MODE.SNGL	최빈값	p.104
14	LARGE	내림차순의 순위	p.118
15	SMALL	오름차순의 순위	p.118
16	PERCENTILE.INC	백분위수	p.120
17	QUARTILE.INC	사분위수	p.121
18	PERCENTILE.EXC	0%와 100%를 제외한 백분위수	p.120
19	QUARTILE.EXC	0%와 100%를 제외한 사분위수	p.121

옵션

값	내용
0 또는 생략	셀 범위 내에 포함된 SUBTOTAL 함수, AGGREGATE 함수의 셀값을 무시
1	0을 지정하고 숨겨진 행을 무시
2	0을 지정하고 오류를 무시
3	0을 지정하고 숨겨진 행, 오류를 무시
4	아무것도 무시하지 않음
5	숨겨진 행을 무시
6	오류를 무시
7	숨겨진 행과 오류를 무시

| 사칙연산 | 365 | 2021 | 2019 | 2016

▶ SUMSQ

제곱합을 구한다

인수의 숫자를 제곱하여 각각의 결과를 합산합니다.

형식 SUMSQ(숫자 1,[숫자 2],⋯)

[숫자]는 제곱합을 구할 숫자, 숫자가 포함된 배열, 이름, 셀 참조를 지정할 수 있습니다. 예를 들어, '=SUMSQ(2,3)'을 지정하면 각각 제곱한 값 '4'와 '9'의 합인 '13'을 반환합니다.

예시 1 제곱합을 구합니다.

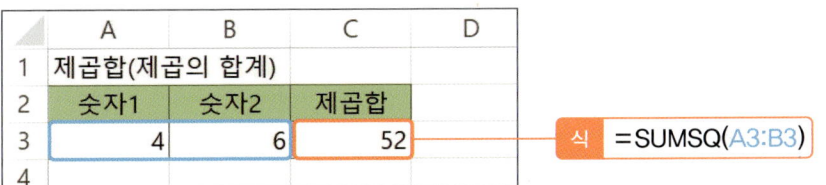

설명 [숫자](A3~B3)의 각 숫자를 제곱한 합계를 구합니다.

| 사칙연산 | 365 | 2021 | 2019 | 2016

▶ SUMX2MY2

배열 요소의 제곱의 차를 합산한다

두 배열 내에서 같은 위치의 요소를 제곱해 뺀 값(제곱의 차)을 구해 합산합니다. 수식에서는 '$\Sigma(x^2-y^2)$'으로 표현합니다.

형식 SUMX2MY2(배열 1,배열 2)

[배열 1], [배열 2]는 숫자가 포함된 셀 범위 또는 배열 상수를 지정합니다. 행수×열수는 같은 크기로 설정합니다.

▶ SUMX2PY2

배열 요소의 제곱합을 합산한다

두 배열 내에서 같은 위치의 요소들을 제곱해 더한 값(제곱합)을 구해 합산합니다. 수식에서는 '$\Sigma(x^2+y^2)$'으로 표현합니다.

| 형식 | SUMX2PY2(배열 1,배열 2) |

[배열 1], [배열 2]는 숫자가 포함된 셀 범위 또는 배열 상수를 지정합니다. 행수×열수는 같은 크기로 설정합니다.

▶ SUMXMY2

배열 요소의 차의 제곱합을 구한다

두 배열 내에서 같은 위치의 요소끼리 빼고 제곱한 값의 합(제곱합)을 구합니다. 수식에서는 '$\Sigma(x-y)^2$'으로 표현합니다.

| 형식 | SUMXMY2(배열 1,배열 2) |

[배열 1], [배열 2]는 숫자가 포함된 셀 범위 또는 배열 상수를 지정합니다. 행수×열수는 같은 크기로 설정합니다.

예시 1 배열 요소의 제곱차, 제곱합, 차의 제곱합을 구합니다.

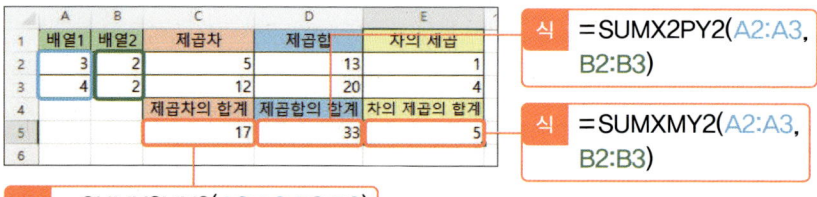

식 =SUMX2PY2(A2:A3, B2:B3)

식 =SUMXMY2(A2:A3, B2:B3)

식 =SUMX2MY2(A2:A3,B2:B3)

> **설명** 셀 C5에서 SUMX2MY2 함수를 사용해 배열 1(A2~A3)과 배열 2(B2~B3)에서 위치가 같은 요소의 제곱을 뺀 값을 합산합니다. 셀 D5에서는 SUMX2PY2 함수를 사용해 위치가 같은 요소의 제곱을 더한 값을 합산합니다. 셀 E5에서는 SUMXMY2 함수를 사용해 마찬가지로 위치가 같은 요소를 뺀 값을 제곱해 합산합니다.

▶ ROUND

지정한 자릿수에서 숫자를 반올림한다

지정한 자릿수에서 숫자를 반올림한 결과를 반환합니다. 소수점 이하를 반올림해 정수로 변환할 수 있습니다.

형식	ROUND(숫자,자릿수)

- [숫자]에는 처리할 숫자를 지정합니다.
- [자릿수]에는 반올림 후 결과의 자릿수를 지정합니다. 양수인 경우 소수점 이하, 음수인 경우 정수 부분에서 반올림이 이루어집니다. 예를 들어 1의 경우 소수점 둘째 자리에서 반올림해 소수점 한자리가 됩니다. −1의 경우 일의 자리에서, 0인 경우 소수점 첫째 자리에서 반올림해 정수로 처리합니다.

예시 1 할인액이 정수가 되도록 반올림합니다.

	A	B	C	D	E
1	상품명	가격	할인율	할인액	할인액 (정수)
2	가습기	248,525	35%	86,983.75	86,984
3	공기청정기	543,376	43%	233,651.68	233,652
4					

식　=ROUND(D2,0)

설명 셀 D2의 할인액이 1원 단위가 되도록 소수점 첫째 자리에서 반올림해 정숫값을 구합니다.

예시 2 할인 금액이 10원 단위가 되도록 반올림합니다.

	A	B	C	D	E
1	상품명	가격	할인율	할인액	할인액 (10원 단위)
2	가습기	248,525	35%	86,983.75	86,980
3	공기청정기	543,376	43%	233,651.68	233,650
4					

식　=ROUND(D2,−1)

설명 셀 D2의 할인액이 10원 단위가 되도록 일의 자리를 반올림해, 십의 자리의 숫자로 표시합니다.

수학/삼각 | 정수연산(내림) | 365 | 2021 | 2019 | 2016

ROUNDDOWN

지정한 자릿수에서 숫자를 내림한다

지정한 자릿수에서 숫자를 내림한 결과를 반환합니다.

형식 ROUNDDOWN(숫자,자릿수)

- [숫자]에는 처리할 숫자를 지정합니다.
- [자릿수]에는 내림한 결과의 자릿수를 지정합니다. 양수는 소수점 이하, '0'은 소수점 위치, 음수는 정수 부분에서 각각 내림이 이루어집니다.

수학/삼각 | 정수연산(올림) | 365 | 2021 | 2019 | 2016

ROUNDUP

지정한 자릿수에서 숫자를 올림한다

지정한 자릿수에서 숫자를 올림한 결과를 반환합니다.

형식 ROUNDUP(숫자,자릿수)

- [숫자]에는 처리할 숫자를 지정합니다.
- [자릿수]에는 올림한 결과의 자릿수를 지정합니다. 양수는 소수점 이하, '0'은 소수점 위치, 음수는 정수 부분에서 각각 올림이 이루어집니다.

COLUMN

ROUND 함수, ROUNDDOWN 함수, ROUNDUP 함수의 비교

반올림하는 ROUND 함수, 내림하는 ROUNDDOWN 함수, 올림하는 ROUNDUP 함수에 대해 [숫자]가 '456.789', '−456.789'일 때 [자릿수]를 변경한 결과는 아래 그림과 같습니다. [숫자]가 음수인 경우, 숫자의 절댓값에 대해 계산하며 마이너스 부호가 붙은 결과를 반환합니다.

	A	B	C	D	E	F	G
1	함수	숫자	자릿수				
2			2	1	0	-1	-2
3	반올림	456.789	456.79	456.8	457	460	500
4	=ROUND(숫자,자릿수)	-456.789	-456.79	-456.8	-457	-460	-500
5	내림	456.789	456.78	456.7	456	450	400
6	=ROUNDDOWN(숫자,자릿수)	-456.789	-456.78	-456.7	-456	-450	-400
7	올림	456.789	456.79	456.8	457	460	500
8	=ROUNDUP(숫자,자릿수)	-456.789	-456.79	-456.8	-457	-460	-500

| 수학/삼각 | 정수연산(반올림) | 365 | 2021 | 2019 | 2016 |

▶ MROUND

지정한 값의 배수가 되도록 반올림한다

지정한 배수로 숫자를 나눈 나머지가 그 배수의 절반 이상이면 올림하고, 절반 미만이면 내림한 결과를 반환합니다. 예를 들어, '=MROUND(25,3)'이라고 했을 때, '25÷3'은 나머지가 '1'이 되어 3의 절반이 되지 않으므로 '24'를 반환합니다.

| 형식 | **MROUND(숫자, 배수)** |

- [숫자]에는 처리할 숫자를 지정합니다.
- [배수]에는 반올림의 기준이 되는 숫자를 지정합니다.

HINT [숫자]와 [배수]의 양과 음이 다른 경우, 오류 '#NUM'을 반환합니다. 올림은 CEILING. PRECISE 함수, 내림은 FLOOR.PRECISE 함수와 같은 결과가 됩니다.

| 수학/삼각 | 정수연산(홀수 올림) | 365 | 2021 | 2019 | 2016 |

▶ ODD

홀수가 되도록 숫자를 올림한다

숫자를 올림해 가장 가까운 홀수를 반환합니다. 숫자의 양수, 음수에 상관없이 올림한 결과의 절댓값은 숫자보다 커집니다. 예를 들어, '=ODD(2.4)'의 경우 '3'을 반환하고, '=ODD(-2.4)'의 경우 '-3'을 반환합니다.

| 형식 | **ODD(숫자)** |

[숫자]에는 처리할 숫자를 지정합니다.

| 수학/삼각 | 정수연산(짝수 올림) | 365 | 2021 | 2019 | 2016 |

▶ EVEN

짝수가 되도록 숫자를 올림한다

숫자를 올림해 가장 가까운 짝수를 반환합니다. 숫자의 양수, 음수에 상관없이 올림한 결과의 절댓값은 숫자보다 커집니다. 예를 들어, '=EVEN(2.4)'의 경우 '4'를 반환하고, '=EVEN(-2.4)'의 경우 '-4'를 반환합니다.

| 형식 | **EVEN(숫자)** |

[숫자]에는 처리할 숫자를 지정합니다.

▶ ISO.CEILING

기준값의 배수가 되도록 숫자를 올림한다

숫자를 지정한 기준값의 배수에 가장 가까운 정수로 올림한 값을 반환합니다. [숫자]는 양수, 음수에 상관없이 수학적으로 큰 쪽으로 올림됩니다. 'ISO.CEILING(23,4)'의 경우 '24'를 반환합니다. 'ISO.CEILING(−23,4)'의 경우 '−20'을 반환합니다.

형식   **ISO.CEILING(숫자,[기준값])**

• [숫자]에는 처리할 숫자를 지정합니다.

• [기준값]에는 올림의 기준이 되는 숫자를 지정합니다. 생략할 경우, '1'로 간주합니다.

• [숫자] 또는 [기준값]이 '0'인 경우 '0'을 반환합니다.

HINT 이 함수는 함수 라이브러리에서 선택할 수 없으므로 수식을 직접 입력해야 합니다. 또한, ISO.CEILING 함수는 CEILING.PRECISE 함수와 동일한 결과를 반환합니다.

▶ CEILING.PRECISE

기준값의 배수가 되도록 숫자를 올림한다

숫자를 지정한 기준값의 배수에 가장 가까운 정수로 올림한 값을 반환합니다. [숫자]는 양수, 음수에 상관없이 수학적으로 큰 쪽으로 올림됩니다. '=CEILING.PRECISE(23,4)'의 경우 '24'를 반환하고, '=CEILING.PRECISE(−23,4)'의 경우 '−20'을 반환합니다.

형식   **CEILING.PRECISE(숫자,[기준값])**

• [숫자]에는 처리할 숫자를 지정합니다.

• [기준값]에는 올림의 기준이 되는 숫자를 지정합니다. 생략할 경우, '1'로 간주합니다.

HINT 이 함수는 함수 라이브러리에서 선택할 수 없으므로 수식을 직접 입력해야 합니다. 또한, CEILING.PRECISE 함수는 ISO.CEILING 함수와 동일한 결과를 반환합니다.

| 관련 | CEILING 호환성 함수 ➡ p.420
FLOOR.PRECISE 기준값의 배수가 되도록 숫자를 내림한다 ➡ p.50

수학/삼각

날짜/시간

통계

문자열 조작

논리

검색/행렬·웹

큐브

정보

데이터베이스

재무

공학

기초지식

유용한 테크닉

▶ CEILING.MATH

기준값의 배수가 되도록 숫자를 지정한 방법으로 올림한다

숫자를 지정한 기준값의 배수에 가장 가까운 정수로 올림한 값을 반환합니다. 올림 방법을 수학적으로 큰 쪽으로 올림할지, 절댓값이 큰 쪽으로 올림할지 지정할 수 있습니다.

| 형식 | CEILING.MATH(숫자,[기준값],[모드]) |

- [숫자]를 [모드]에서 지정한 방법으로 [기준값]의 배수에 가장 가까운 정수로 올림한 값을 반환합니다.
- [숫자]에는 처리할 숫자를 지정합니다.
- [기준값]에는 올림의 기준이 되는 숫자를 지정합니다. 생략할 경우, '1'로 간주합니다.
- [모드]에는 올림 방법을 '0' 또는 '0 이외의 숫자'로 지정합니다(아래 표 참조). 생략할 경우, '0'으로 간주합니다.

모드의 종류

0 또는 생략	수학적으로 큰 쪽으로 올림합니다.
0 이외	올림한 결과의 절댓값은 [숫자]보다 커집니다.

| 예시 1 | 지정한 방법으로 숫자를 기준값의 배수로 올림합니다.

	A	B	C	D
1	숫자	기준값	모드	결과
2	30	4	0	32
3	-30	4	0	-28
4	30	4	1	32
5	-30	4	1	-32
6				

| 식 | =CEILING.MATH(A2,B2,C2)

| 설명 | 셀 A2(30)의 값을 셀 C2(0)에서 지정한 방법으로 셀 B2(4)의 배수에 가장 가까운 값으로 올림합니다. [숫자]가 양수인 경우 모드에 관계없이 같은 결과를 반환합니다. [숫자]가 음수인 경우, 모드가 0이라면 0에 가까운 결과를 반환하고, 0이 아니라면 0보다 먼 결과를 반환합니다.

| 관련 | FLOOR.MATH 기준값의 배수가 되도록 숫자를 지정한 방법으로 내림한다 ➡ p.51   49

▶ FLOOR.PRECISE

기준값의 배수가 되도록 숫자를 내림한다

숫자를 지정한 기준값의 배수에 가장 가까운 정수로 내림한 값을 반환합니다. [숫자]는 양수, 음수에 상관없이 수학적으로 작은 쪽으로 내림합니다. 예를 들어, '=FLOOR.PRECISE(23,4)' 의 경우 '20'을, '=FLOOR.PRECISE(−23, 4)'의 경우 '−24'를 반환합니다.

| 형식 | **FLOOR.PRECISE(숫자,[기준값])** |

- [숫자]에는 처리할 숫자를 지정합니다.
- [기준값]에는 내림의 기준이 되는 숫자를 지정합니다. 생략할 경우, '1'로 간주합니다.
- [숫자] 또는 [기준값]이 '0'인 경우 '0'을 반환합니다.

> HINT ▶ 이 함수는 함수 라이브러리에서 선택할 수 없으므로 수식을 직접 입력해야 합니다.

| 예시 **1** | 숫자를 기준값의 배수로 내림합니다.

	A	B	C
1	숫자	기준값	결과
2	23	4	20
3	-23	4	-24
4			

식 =FLOOR.PRECISE(A2,B2)

> 설명 셀 A2의 값(23)을 셀 B2(4)의 배수에서 가장 가까운 정수로 내림합니다. [숫자]의 양수, 음수에 관계없이 수학적으로 작은 쪽으로 내림된 값을 반환한다는 점에 주의합니다.

| 관련 | CEILING.PRECISE 기준값의 배수가 되도록 숫자를 올림한다 ➡ p.48

FLOOR 호환성 함수 ➡ p.420

▶ FLOOR.MATH

기준값의 배수가 되도록 숫자를 지정한 방법으로 내림한다

숫자를 지정한 기준값의 배수에 가장 가까운 정수로 내림한 값을 반환합니다. 내림 방법을
수학적으로 작은 쪽으로 내림할지, 절댓값이 작은 쪽으로 내림할지를 지정할 수 있습니다.

형식	**FLOOR.MATH(숫자,[기준값],[모드])**

- [숫자]를 [모드]에서 지정한 방법으로 [기준값]의 배수에 가장 가까운 정수로 내림한 값
  을 반환합니다.
- [숫자]에는 처리할 숫자를 지정합니다.
- [기준값]에는 내림의 기준이 되는 숫자를 지정합니다. 생략 시에는 '1'로 간주합니다.
- [모드]에는 내림 방법을 '0' 또는 '0 이외의 숫자'로 지정합니다(아래 표 참조). 생략 시
  에는 '0'으로 간주합니다.

모드의 종류

0 또는 생략	수학적으로 작은 쪽으로 내림합니다.
0 이외	내림한 결과의 절댓값은 [숫자]보다 작아집니다.

예시 1 지정한 방법으로 숫자를 기준값의 배수로 내림합니다.

	A	B	C	D
1	숫자	기준값	모드	결과
2	30	4	0	28
3	-30	4	0	-32
4	30	4	1	28
5	-30	4	1	-28
6				

식	=FLOOR.MATH(A2,B2,C2)

설명 셀 A2의 값을 셀 C2에서 지정한 방법으로 셀 B2의 배수에 가장 가까운 정수로
내림합니다. [숫자]가 양수인 경우 모드에 관계 없이 동일한 결과를 반환합니다.
[숫자]가 음수이며 모드가 0인 경우 0보다 먼 쪽, 0이 아닌 경우 0에 가까운 쪽의
결과를 반환합니다.

| 관련 | CEILING.MATH 기준값의 배수가 되도록 숫자를 지정한 방법으로 올림한다 ➡ p.49

수학/삼각 | 정수연산(내림) | 365 | 2021 | 2019 | 2016

TRUNC

지정한 자릿수가 되도록 숫자를 내림한다

숫자를 지정한 자릿수가 되도록 내림한 값을 반환합니다. 숫자가 음수인 경우, 숫자의 절댓값에 대해 계산을 수행해 마이너스 부호가 붙은 결과를 반환합니다. ROUNDDOWN 함수와 동일한 결과를 얻을 수 있습니다.

형식 TRUNC(숫자,[자릿수])

- [숫자]에는 처리할 숫자를 지정합니다.
- [자릿수]에는 내림 후의 자릿수를 지정합니다. 생략 시 '0'으로 간주합니다.

수학/삼각 | 정수연산(절사) | 365 | 2021 | 2019 | 2016

INT

소수점 이하를 절사한다

숫자의 소수점 이하를 절사한 값을 반환합니다. 숫자가 음수인 경우, 그 숫자를 넘지 않는 최대 정수를 반환합니다.

형식 INT(숫자)

[숫자]에는 처리할 숫자를 지정합니다. 양수인 경우 소수점 이하를 내림한 결과를 반환하고, 음수인 경우 [숫자]보다 작으면서 가장 큰 정수를 반환합니다. 예를 들어, '=INT(−1.4)'의 경우 '−2'를 반환합니다.

COLUMN

INT 함수와 TRUNC 함수의 비교

INT 함수와 TRUNC 함수에서 [숫자]를 변경한 결과는 아래 그림과 같습니다. [숫자]가 음수인 경우 TRUNC 함수는 [숫자]의 절댓값에 대해 계산해 마이너스 부호가 붙은 결과를 반환하지만, INT 함수는 [숫자]를 넘지 않는 가장 큰 정수를 반환하는 것을 알 수 있습니다.

	A	B	C	D
1	숫자	INT	TRUNC	
2		=INT(숫자)	=TRUNC(숫자)	
3	3.84	3	3	
4	-2.4	-3	-2	

| 관련 | ROUNDDOWN 지정한 자릿수에서 숫자를 내림한다 ➡ p.46

| 수학/삼각 | 정수연산(몫) | 365 | 2021 | 2019 | 2016 |

▶ QUOTIENT

나눗셈 결과의 정수 부분을 구한다

숫자를 나눌 수로 나눈 몫의 정수 부분을 반환합니다.

| 형식 | QUOTIENT(**숫자**,**나눌 수**) |

- [숫자]에는 나뉠 수를 지정합니다.
- [나눌 수]에는 나눌 수를 지정합니다.

| 수학/삼각 | 정수연산(나머지) | 365 | 2021 | 2019 | 2016 |

▶ MOD

나눗셈 결과의 나머지를 구한다

숫자를 나눌 수로 나눈 나머지를 반환합니다. 반환값은 나눌 수와 같은 부호를 가집니다.

| 형식 | MOD(**숫자**,**나눌 수**) |

- [숫자]에는 나뉠 수를 지정합니다.
- [나눌 수]에는 나눌 수를 지정합니다.

| 예시 **1** | 나눗셈 결과의 몫과 나머지를 구합니다. |

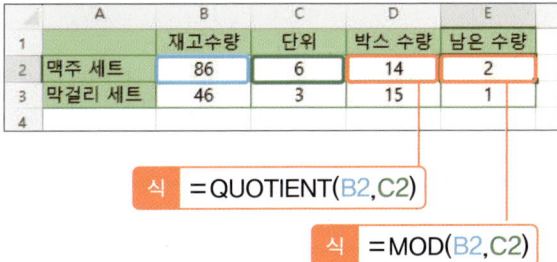

	A	B	C	D	E
1		재고수량	단위	박스 수량	남은 수량
2	맥주 세트	86	6	14	2
3	막걸리 세트	46	3	15	1
4					

| 식 | =QUOTIENT(B2,C2) |

| 식 | =MOD(B2,C2) |

> **설명** 셀 D2에서는 QUOTIENT 함수를 사용해 재고 수량(B2)을 단위(C2)로 나눈 몫으로 몇 개의 박스를 준비할 수 있는지를 구합니다. 셀 E2에서는 MOD 함수를 사용해 재고 수를 단위로 나눈 나머지를 구합니다.

▶ GCD

최대공약수를 구한다

지정한 모든 숫자의 최대공약수를 반환합니다. 최대공약수란 두 개 이상의 양의 정수에 공통으로 적용되는 약수 중 가장 큰 것을 말합니다.

> **형식**　GCD(숫자 1, [숫자 2], …)

[숫자]에는 숫자나 셀 범위를 지정합니다. 셀 범위를 지정하면 범위 내의 숫자만 계산 대상이 되며, 문자열이나 공백은 무시됩니다. 정수가 아닌 숫자를 지정하면 소수점 이하 자릿수는 절사됩니다. 또한, 음수는 지정할 수 없습니다.

▶ LCM

최소공배수를 구한다

지정한 모든 숫자의 최소공배수를 반환합니다. 최소공배수란 두 개 이상의 양의 정수에 공통으로 적용되는 배수 중 가장 작은 배수입니다.

> **형식**　LCM(숫자 1, [숫자 2], …)

[숫자]에 숫자나 셀 범위를 지정합니다. 셀 범위를 지정하면 범위 내의 숫자가 계산 대상이 되며, 문자열이나 공백은 무시됩니다. 정수가 아닌 숫자를 지정하면 소수점 이하 자릿수는 절사됩니다. 음수는 지정할 수 없습니다.

> **예시 1**　최대공약수와 최소공배수를 구합니다.

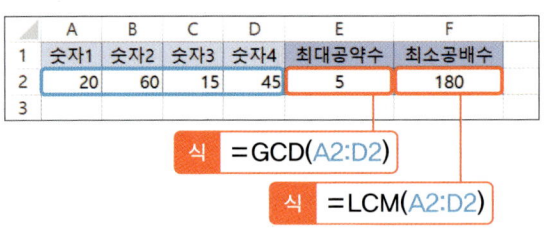

	A	B	C	D	E	F
1	숫자1	숫자2	숫자3	숫자4	최대공약수	최소공배수
2	20	60	15	45	5	180
3						

> 식　=GCD(A2:D2)
> 식　=LCM(A2:D2)

> **설명**　셀 E2에서는 GCD 함수를 사용해 셀 범위 A2~D2의 최대공약수를 구하고, 셀 F2에서는 LCM 함수를 사용해 셀 범위 A2~D2의 최소공배수를 구합니다.

수학/삼각　　　순열/조합　　　365　2021　2019　2016

▶ COMBIN

조합의 수를 구한다

n개에서 서로 다른 r개를 추출해 만드는 조합의 수를 반환합니다. 예를 들어, 3개의 문자 집합 'a,b,c' 중에서 2개를 추출해 만들었을 때 조합은 'ab', 'ac', 'bc'의 세 가지로 나뉩니다.

형식　　COMBIN(**총 수**,**추출 수**)

• [총 수]에는 조합의 대상이 되는 항목의 총 수(n)를 지정합니다.
• [추출 수]에는 조합으로 추출할 수(r)를 지정합니다.

HINT ▶ 조합의 수는 수식 '$_nC_r = \dfrac{n!}{r!(n-r)!}$'로 표현됩니다.

수학/삼각　　　순열/조합　　　365　2021　2019　2016

▶ COMBINA

중복 조합의 수를 구한다

n개에서 중복을 허용해 r개를 추출해 만드는 조합의 수를 반환합니다. 예를 들어, 3개의 문자 집합 'a,b,c' 중에서 중복을 허용해 2개를 추출했을 때 조합은 'aa', 'ab', 'ac', 'bb', 'bc', 'cc'의 6가지 조합이 있습니다.

형식　　COMBINA(**총 수**,**추출 수**)

• [총 수]에는 조합의 대상이 되는 항목의 총 수(n)를 지정합니다.
• [추출 수]에는 조합으로 추출할 수(r)를 지정합니다.

예시 1 　중복이 없는 항목과 중복이 있는 항목의 조합 수를 구합니다.

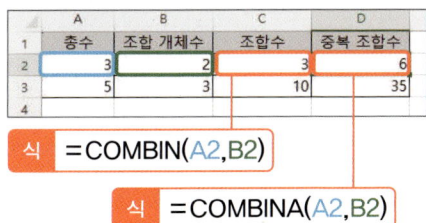

	A	B	C	D
1	총수	조합 개체수	조합수	중복 조합수
2	3	2	3	6
3	5	3	10	35
4				

식 =COMBIN(A2,B2)

식 =COMBINA(A2,B2)

설명 셀 C2에서는 COMBIN 함수를 사용해 셀 A2(3)를 총 수, 셀 B2(2)를 추출 수로 설정했을 때, 중복이 없는 조합 수를 구합니다. 셀 D2에서는 COMBINA 함수를 사용해 중복이 있는 조합 수를 구합니다.

| 관련 | PERMUT　순열의 수를 구한다 ➡ p.170
　　　　　PERMUTATIONA　중복 순열의 수를 구한다 ➡ p.170

▶ MULTINOMIAL

다항 계수를 구한다

다항 계수를 구합니다. 다항 계수란 숫자의 합의 제곱과 숫자의 제곱의 합의 비율입니다.

> **형식** **MULTINOMIAL(숫자 1,[숫자 2],…)**

[숫자]에는 다항식을 구하는 1~255까지의 숫자를 지정합니다.

▶ SERIESSUM

멱급수를 구한다

지정한 인수로부터 멱급수를 계산합니다.

> **형식** **SERIESSUM(변숫값 x,초깃값 n,증분 m,계수 a)**

- [변숫값 x]에는 멱급수 식에 대입할 변수의 값을 지정합니다.
- [초깃값 n]에는 멱급수의 첫 번째 항에 나타나는 변숫값의 차수를 지정합니다.
- [증분 m]에는 변숫값의 차수 증분을 지정합니다.
- [계수 a]에는 멱급수의 각 항에 대한 계수를 셀 범위 또는 배열 상수로 지정합니다. 여기서 지정하는 배열의 개수가 멱급수의 항수(i)가 됩니다.

> **HINT** 멱급수의 수식은 변수를 x, 초깃값을 n, 증분을 m, 계수를 a, 항수를 i로 할 때 다음과 같은 식으로 정의됩니다.
>
> $$a_1x^n + a_2x^{(n+m)} + a_3x^{(n+2m)} + \cdots + a_ix^{(n+(i-1)m)}$$

▶ POWER

거듭제곱을 구한다

숫자를 n제곱한 결과를 반환합니다. 숫자 부분을 '밑수', n을 '지수'라고 합니다. 예를 들어, 밑수를 '2', 지수를 '4'로 하면 '2^4'이 되어 '16'을 반환합니다.

> **형식** **POWER(숫자,지수)**

- [숫자]에는 제곱의 밑수가 되는 숫자를 지정합니다.
- [지수]에는 [숫자]의 제곱을 몇 제곱으로 할 것인지를 지정합니다.

> **HINT** POWER 함수는 산술 연산자 '^'를 사용한 제곱과 동일한 계산 결과를 반환합니다. 예를 들어, '=2^3'과 '=POWER(2,3)'의 경우 2의 3제곱을 계산해 동일한 결과인 '8'을 반환합니다.

| 수학/삼각 | 거듭제곱 | 365 | 2021 | 2019 | 2016 |

▶ EXP

자연로그 밑수의 거듭제곱을 구한다

자연로그의 밑수 e를 n제곱한 결과를 반환합니다. 엑셀에서는 밑수 e의 값을 '2.7182818282845904'로 설정합니다. EXP 함수는 LN 함수의 역함수입니다.

| 형식 | **EXP(지수)** |

[지수]에는 자연로그 e를 몇 제곱 할지 숫자로 지정합니다. 예를 들어 '=EXP(2)'를 입력하면 자연로그 e의 제곱인 '7.389056099'를 반환합니다.

| 수학/삼각 | 계승 | 365 | 2021 | 2019 | 2016 |

▶ FACT

계승을 구한다

지정한 숫자의 계승을 반환합니다. 예를 들어, 5의 계승은 '5×4×3×2×1'의 결과를 반환합니다.

| 형식 | **FACT(숫자)** |

[숫자]에는 계승을 구할 양의 정수를 지정합니다. 정수가 아닌 경우, 소수점 이하 자릿수는 절사됩니다.

> HINT ▶ 계승은 1부터 정수 n까지의 정수의 곱으로, 수학에서는 'n!'로 표현되며 다음과 같이 정의됩니다. 0!은 1이 됩니다.
>
> $n! = n×(n−1)×(n−2)×\cdots×2×1$

| 수학/삼각 | 계승 | 365 | 2021 | 2019 | 2016 |

▶ FACTDOUBLE

이중계승을 구한다

지정한 숫자의 이중계승을 반환합니다.

| 형식 | **FACTDOUBLE(숫자)** |

[숫자]에는 이중계승을 구할 숫자를 지정합니다. 정수가 아닌 경우, 소수점 이하 자릿수는 절사됩니다. 예를 들어, '=FACTDOUBLE(6)'을 지정하면 '=6×4×2'의 계산 결과와 동일한 '48'을 반환합니다.

> HINT ▶ 이중계승은 1부터 n까지 n과 같은 홀(짝)수의 정수의 곱으로, 수학에서는 'n!!'로 표현하며 다음과 같이 정의합니다. 또한, 0!!은 1이 됩니다.
>
> n이 짝수인 경우: $n!!=n×(n−2)×(n−4)×\cdots×4×2$
>
> n이 홀수인 경우: $n!!=n×(n−2)×(n−4)×\cdots×3×1$

| 관련 | **LN** 자연로그를 구한다 ➡ p.59

▶ ABS

절댓값을 구한다

지정한 숫자의 절댓값을 반환합니다. 절댓값이란 숫자에서 '+'나 '−' 부호를 뺀 값으로, '−1.5'의 절댓값은 '1.5'가 됩니다.

| 형식 | **ABS(숫자)** |

[숫자]에는 대상 숫자를 지정합니다.

▶ SIGN

양수와 음수를 조사한다

지정한 숫자의 부호(양수 '+', 음수 '−')를 검사해 양수인 경우 '1', 음수인 경우 '−1'을 반환합니다. 단, '0'의 경우는 '0'을 반환합니다.

| 형식 | **SIGN(숫자)** |

[숫자]에는 양수/음수를 조사하고자 하는 숫자를 지정합니다.

예시　1 숫자의 양수, 음수 및 절댓값을 조사합니다.

	A	B	C	D
1	숫자	양/음	절댓값	
2	-8	-1	8	
3	0	0	0	
4	5	1	5	
5				

식 **=SIGN(A2)**　　식 **=ABS(A2)**

설명 셀 A2의 값이 음수인지 양수인지 셀 B2에서 확인합니다. 셀 C2에서는 셀 A2의 절댓값을 구합니다.

▶ **LN**

자연로그를 구한다

지정한 숫자의 자연로그를 구합니다. 자연로그란 상수 e '2.7182818282845904'를 밑수로 하는 로그를 말합니다. LN 함수는 EXP 함수의 역함수입니다.

| 형식 | **LN(숫자)** |

[숫자]에는 자연로그를 구하는 양의 실수를 지정합니다.

▶ **LOG**

지정한 숫자를 밑수로 하는 로그를 구한다

지정한 숫자를 밑수로 하는 숫자의 로그를 반환합니다. 예를 들어, 밑수를 '2', 숫자를 '8', 로그를 a로 설정하면 '8=2^a'라는 식이 성립합니다. LOG 함수는 POWER 함수의 역함수입니다.

| 형식 | **LOG(숫자,[밑수])** |

• [숫자]에는 양의 숫자(진수)를 지정합니다.
• [밑수]에는 밑이 되는 숫자를 지정합니다. 생략하면, '10'으로 간주합니다. 예를 들어, '=LOG(8,2)'의 결과는 '3'이 됩니다.

| HINT ▶ 로그란 'y=x^a(x를 a제곱하면 y가 된다)'에서 a에 해당하는 숫자를 말합니다. 즉, 몇 제곱을 하고 있는지를 나타내는 숫자입니다. 로그의 기호 log를 사용해 표현하면 'a=log$_x$y'가 되며, a가 로그, x가 밑수, y가 진수가 됩니다.

▶ **LOG10**

상용로그를 구한다

10을 밑수로 하는 숫자의 로그를 구합니다. 예를 들어, 숫자를 '10000', 로그를 a라고 하면 '10000=10^a'이라는 식이 성립합니다. 10을 밑수로 하는 로그를 '상용로그'라고 합니다.

| 형식 | **LOG10(숫자)** |

[숫자]에는 양의 숫자(진수)를 지정합니다. 예를 들어 '=LOG10(10000)'을 지정하면 '4'를 반환합니다.

| 관련 | POWER   거듭제곱을 구한다 ➡ p.56
EXP   자연로그 밑수의 거듭제곱을 구한다 ➡ p.57

수학/삼각 | 날짜/시간 | 통계 | 문자열 조작 | 논리 | 검색/행렬·참조 | 큐브 | 정보 | 데이터베이스 | 재무 | 공학 | 기초지식 | 유용한 테크닉

▶ BASE

10진수를 n진수로 변환한다

10진수 표기의 숫자를 지정한 자릿수인 n진수 표기로 변환한 문자열을 반환합니다.

형식　BASE(**숫자**,**기수**,**[최소 자릿수]**)

- [숫자]에는 변환할 10진수 정수를 0 이상, 2^{53} 미만의 범위에서 지정합니다. 음수는 지정할 수 없습니다.
- [기수]에는 2 이상 36 이하 범위의 정수로, 몇 진수로 변환할지 지정합니다.
- [최소 자릿수]에는 n진수로 표기할 때의 자릿수를 지정합니다. 결과가 자릿수에 미달할 경우, 지정한 자릿수까지 앞에 '0'을 추가합니다. 생략 시에는 필요한 최소 자릿수로 표시합니다.

사용 예시

예	의미	반환값
=BASE(10,2,5)	10진수 10을 5자리 2진수로 변환	01010
=BASE(100,16)	10진수 100을 16진수로 변환	64

▶ DECIMAL

n진수를 10진수로 변환한다

n진수로 표기된 숫자 문자열을 10진수 숫자로 변환합니다.

형식　DECIMAL(**문자열**,**기수**)

- [문자열]에는 [기수]에서 지정한 n진수 문자열을 255자 이하로 지정합니다.
- [기수]에는 2~36 범위의 n진수의 n 부분을 지정합니다.

사용 예시

예	의미	반환값
=DECIMAL(1111,2)	2진수 1111을 10진수로 변환	15
=DECIMAL("FF",16)	16진수 FF를 10진수로 변환	255

365 2021 2019 2016

▶ SQRT

제곱근을 구한다

지정한 숫자의 양수 제곱근을 구합니다.

| 형식 | **SQRT(숫자)** |

[숫자]에는 제곱근을 구하고자 하는 양수를 지정합니다. 예를 들어 '=SQRT(4)'라고 했을 때 '2'를 반환합니다.

> **HINT** ▶ 제곱근은 '제곱하면 x가 되는 원래의 수'를 말합니다. 예를 들어 '제곱하면 9가 되는 원래의 수'는 3이며, 이 3은 9의 제곱근이 됩니다.

수학/삼각 　　제곱근　　　　　　 365 2021 2019 2016

▶ SQRTPI

원주율 배수의 제곱근을 구한다

지정한 숫자에 π(원주율)를 곱하고 그 제곱근을 반환합니다.

| 형식 | **SQRTPI(숫자)** |

[숫자]에는 π 배율의 양수를 지정합니다.

수학/삼각 　　삼각함수　　　　　 365 2021 2019 2016

▶ PI

원주율을 구한다

원주율 π의 근사치인 '3.14159265358979(정확도: 15자리)'를 반환합니다.

| 형식 | **PI()** |

> **HINT** ▶ 반지름이 3인 원의 면적은 '=3^2*PI()'로 구할 수 있습니다.

| 관련 | RADIANS 각도를 라디안으로 변환한다 ➡ p.62

61

▶ RADIANS

각도를 라디안으로 변환한다

지정한 도 단위의 각도를 라디안으로 변환한 결과를 반환합니다.

형식	RADIANS(**각도**)

[각도]에는 라디안으로 변환할 도 단위의 각도를 지정합니다. 예를 들어, '=RADIANS(90)'으로 설정하면 '1.570796327'($90 \times \pi \div 180$)을 반환합니다.

▶ DEGREES

라디안을 각도로 변환한다

지정한 라디안 단위의 각도를 도 단위의 각도로 변환합니다.

형식	DEGREES(**각도**)

[각도]에는 라디안 단위로 각도를 지정합니다.

COLUMN

각도 측정 방법: '각도법'과 '호도법'

각도에는 각도법과 호도법이 있습니다. 각도법은 45°나 90°와 같이 도 단위로 각도를 측정하는 방법을 말합니다. 한편, 호도법은 '호의 길이÷원의 반지름'으로 구하는 각도 측정법이며, 단위는 rad(라디안)입니다. 예를 들어, 반지름이 1인 원에서 호의 길이가 2일 때 각도는 2rad가 됩니다.

각도법과 호도법은 '180°=π rad'라는 관계가 성립하며, 1rad는 '180°/π'가 됩니다.

라디안(호도법)의 계산 방법

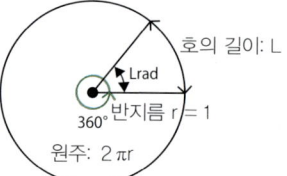

반지름이 1일 때 호의 길이 L이 그대로 라디안 각도가 됩니다.

원주가 2πr이므로 360°= 2π[rad]라는 관계가 성립되어, 1[rad]=180°/π가 됩니다.

62 　│ 관련 │ PI 　원주율을 구한다 ➡ p.61

| 수학/삼각 | 삼각함수 | 365 | 2021 | 2019 | 2016 |

▶ SIN

사인을 구한다

지정한 숫자(라디안)에 대한 사인값을 반환합니다.

| 형식 | **SIN(숫자)** |

[숫자]에는 라디안 단위의 각도를 지정합니다. 절댓값이 2^{27} 미만인 숫자를 지정합니다.

| HINT ▶ 숫자를 45°와 같은 각도법으로 지정하려면 RADIANS 함수를 사용하거나 'PI()/180'을 각도에 곱해 라디안 단위로 변환한 값을 인수로 지정합니다.

| 수학/삼각 | 삼각함수 | 365 | 2021 | 2019 | 2016 |

▶ COS

코사인을 구한다

지정한 숫자(라디안)에 대한 코사인값을 반환합니다.

| 형식 | **COS(숫자)** |

[숫자]에는 라디안 단위의 각도를 지정합니다. 절댓값이 2^{27} 미만인 숫자를 지정합니다.

| HINT ▶ 숫자를 45°와 같은 각도법으로 지정하려면 RADIANS 함수를 사용하거나 'PI()/180'을 각도에 곱하여 라디안 단위로 변환한 값을 인수로 지정합니다.

| 수학/삼각 | 삼각함수 | 365 | 2021 | 2019 | 2016 |

▶ TAN

탄젠트를 구한다

지정한 숫자(라디안)에 대한 탄젠트값을 반환합니다.

| 형식 | **TAN(숫자)** |

[숫자]에는 라디안 단위의 각도를 지정합니다. 절댓값이 2^{27} 미만인 숫자를 지정합니다.

| HINT ▶ 숫자를 45°와 같은 각도법으로 지정하려면 RADIANS 함수를 사용하거나 'PI()/180'을 각도에 곱하여 라디안 단위로 변환한 값을 인수로 지정합니다.

| 관련 | PI   원주율을 구한다 ➡ p.61
RADIANS   각도를 라디안으로 변환한다 ➡ p.62

▶ CSC

코시컨트를 구한다

지정한 숫자(라디안)에 대한 코시컨트를 반환합니다. 코시컨트는 사인의 역수(아래 표 참조)입니다.

형식 CSC(**숫자**)

[숫자]에는 라디안 단위의 각도를 지정합니다. 절댓값이 2^{27} 미만인 숫자를 지정합니다.

COLUMN

삼각함수에 대해

삼각함수는 아래의 표처럼 직각삼각형의 각 변의 비율로 나타내는 함수입니다. csc 함수, sec 함수, cot 함수는 각각 sin 함수, cos 함수, tan 함수의 역수가 됩니다.

사인	$\sin\theta = \dfrac{b}{c}$	코시컨트	$\csc\theta = \dfrac{c}{b} = \dfrac{1}{\sin\theta}$
코사인	$\cos\theta = \dfrac{a}{c}$	시컨트	$\sec\theta = \dfrac{c}{a} = \dfrac{1}{\cos\theta}$
탄젠트	$\tan\theta = \dfrac{b}{a}$	코탄젠트	$\cot\theta = \dfrac{a}{b} = \dfrac{1}{\tan\theta}$

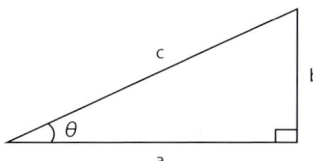

삼각비의 표

각도	라디안	사인(SIN)	코사인(COS)	탄젠트(TAN)
30°	$\dfrac{\pi}{6}$	$\dfrac{1}{2}$	$\dfrac{\sqrt{3}}{2}$	$\dfrac{1}{\sqrt{3}}$
45°	$\dfrac{\pi}{4}$	$\dfrac{\sqrt{2}}{2}$	$\dfrac{\sqrt{2}}{2}$	1
60°	$\dfrac{\pi}{3}$	$\dfrac{\sqrt{3}}{2}$	$\dfrac{1}{2}$	$\sqrt{3}$
90°	$\dfrac{\pi}{2}$	1	0	정의되지 않음

| 수학/삼각 | 삼각함수 | | 365 | 2021 | 2019 | 2016 |

▶ SEC

시컨트를 구한다

지정한 숫자(라디안)에 대한 시컨트를 반환합니다. 시컨트는 코사인의 역수(p.64 표 참조)입니다.

형식 **SEC(숫자)**

[숫자]에는 라디안 단위의 각도를 지정합니다. 절댓값이 2^{27} 미만인 숫자를 지정합니다.

| 수학/삼각 | 삼각함수 | | 365 | 2021 | 2019 | 2016 |

▶ COT

코탄젠트를 구한다

지정한 숫자(라디안)에 대한 코탄젠트를 반환합니다. 코탄젠트는 탄젠트의 역수(p.64 표 참조)입니다.

형식 **COT(숫자)**

[숫자]에는 라디안 단위의 각도를 지정합니다. 절댓값이 2^{27} 미만인 숫자를 지정합니다.

| 수학/삼각 | 삼각함수 | | 365 | 2021 | 2019 | 2016 |

▶ ASIN

아크 사인을 구한다

지정한 사인값에 대한 아크 사인을 라디안 단위의 각도로 반환합니다. 반환값의 각도는 $-\pi/2 \sim \pi/2$ 범위의 라디안 단위가 됩니다.

형식 **ASIN(숫자)**

[숫자]에는 원하는 각도의 사인값을 절댓값이 1 이하인 숫자로 지정합니다.

HINT ▶ 반환값을 각도 단위로 표시하려면 반환값에 '180/PI()'를 곱하거나 DEGREES 함수를 사용해 각도 단위로 변환합니다.

▶ ACOS

아크 코사인을 구한다

지정한 코사인값에 대한 아크 코사인을 라디안 단위의 각도로 반환합니다. 반환값의 각도는 0~π 범위의 라디안 단위가 됩니다.

형식　ACOS(숫자)

[숫자]에는 원하는 각도의 코사인값을 절댓값이 1 이하인 숫자로 지정합니다.

▶ ATAN

아크 탄젠트를 구한다

지정한 탄젠트값에 대한 아크 탄젠트를 라디안 단위의 각도로 반환합니다. 반환값의 각도는 −π/2~π/2 범위의 라디안으로 반환됩니다.

형식　ATAN(숫자)

[숫자]에는 원하는 각도의 탄젠트값을 절댓값이 1 이하인 숫자로 지정합니다.

▶ ATAN2

x, y좌표에서 아크 탄젠트를 구한다

x좌표와 y좌표에 대한 아크 탄젠트를 반환합니다. 반환값의 각도는 −π~π 범위 내(−π 제외)의 라디안으로 반환합니다.

형식　ATAN2(x좌표,y좌표)

• [x좌표]에는 x좌푯값을 지정합니다.
• [y좌표]에는 y좌푯값을 지정합니다.

HINT ▶ ATAN2(c,b)와 ATAN(b/c)은 동일한 결과를 반환합니다.

| 수학/삼각 | 삼각함수 | | 365 | 2021 | 2019 | 2016 |

▶ ACOT

아크 코탄젠트를 구한다

지정한 코탄젠트값에 대한 아크 코탄젠트값을 라디안 단위로 반환합니다. 반환값의 각도는 0~π 범위가 됩니다.

| 형식 | ACOT(숫자) |

[숫자]에는 코탄젠트값을 지정합니다.

| 수학/삼각 | 쌍곡선함수 | | 365 | 2021 | 2019 | 2016 |

▶ SINH

쌍곡선 사인을 구한다

지정한 숫자에 대한 쌍곡선 사인(Hyperbolic Sine)을 반환합니다.

| 형식 | SINH(숫자) |

[숫자]에는 숫자를 지정합니다.

HINT ▶ 쌍곡선 사인 함수는 다음 수식으로 정의됩니다. $SHIN(t) = \dfrac{e^t - e^{-t}}{2}$

| 수학/삼각 | 쌍곡선함수 | | 365 | 2021 | 2019 | 2016 |

▶ COSH

쌍곡선 코사인을 구한다

지정한 숫자에 대한 쌍곡선 코사인(Hyperbolic Cosine)을 반환합니다.

| 형식 | COSH(숫자) |

[숫자]에는 숫자를 지정합니다.

HINT ▶ 쌍곡선 코사인 함수는 다음 수식으로 정의됩니다. $COSH(t) = \dfrac{e^t + e^{-t}}{2}$

COLUMN

역삼각함수

삼각함수는 각도로부터 값을 구합니다. 반면 역삼각함수는 값에서 각도를 구합니다. 역삼각함수를 표로 정리하면 아래 표와 같습니다.

역삼각함수	기능
ASIN(숫자)	SIN 함수값에서 각도 구하기
ACOS(숫자)	COS 함수값에서 각도 구하기
ATAN(숫자)	TAN 함수값에서 각도 구하기

▶ TANH

쌍곡선 탄젠트를 구한다

지정한 숫자에 대한 쌍곡선 탄젠트(Hyperbolic Tangent)를 반환합니다.

| 형식 | **TANH(숫자)** |

[숫자]에는 숫자를 지정합니다.

HINT ▶ 쌍곡선 탄젠트 함수는 다음 수식으로 정의됩니다.

$$TANH(t) = \frac{SINH(t)}{COSH(t)}$$

▶ CSCH

쌍곡선 코시컨트를 구한다

지정한 숫자에 대한 쌍곡선 코시컨트(Hyperbolic Cosecant)의 값을 반환합니다. 쌍곡선 코시컨트는 쌍곡선 사인의 역수입니다.

| 형식 | **CSCH(숫자)** |

[숫자]에는 절댓값이 2^{27} 미만인 숫자를 지정합니다.

▶ SECH

쌍곡선 시컨트를 구한다

지정한 숫자에 대한 쌍곡선 시컨트(Hyperbolic Secant)의 값을 반환합니다. 쌍곡선 시컨트는 쌍곡선 코사인의 역수입니다.

| 형식 | **SECH(숫자)** |

[숫자]에는 쌍곡선 시컨트를 구하는 각도를 라디안 단위로, 절댓값이 2^{27} 미만인 숫자로 지정합니다.

| 관련 | SINH　쌍곡선 사인을 구한다 ➡ p.67
COSH　쌍곡선 코사인을 구한다 ➡ p.67

| 수학/삼각 | 쌍곡선함수 | 365 | 2021 | 2019 | 2016 |

▶ COTH

쌍곡선 코탄젠트를 구한다

지정한 숫자에 대한 쌍곡선 코탄젠트(Hyperbolic Cotangent)의 값을 반환합니다. 쌍곡선 코탄젠트는 쌍곡선 탄젠트의 역수입니다.

형식 **COTH(숫자)**

[숫자]에는 쌍곡선 코탄젠트를 구하는 각도를 라디안 단위, 절댓값이 2^{27} 미만인 숫자로 지정합니다.

> **HINT** 쌍곡선 코탄젠트 함수는 다음 수식으로 정의됩니다.
> $$COTH(t) = \frac{1}{TANH(t)} = \frac{COSH(t)}{SINH(t)} = \frac{e^t + e^{-t}}{e^t - e^{-t}}$$

| 수학/삼각 | 쌍곡선함수 | 365 | 2021 | 2019 | 2016 |

▶ ASINH

쌍곡선 아크 사인을 구한다

지정한 숫자에 대한 쌍곡선 아크 사인(Hyperbolic Arc Sine)의 값을 반환합니다. 쌍곡선 아크 사인은 쌍곡선 사인의 역함수입니다.

형식 **ASINH(숫자)**

[숫자]에는 숫자를 지정합니다.

| 수학/삼각 | 쌍곡선함수 | 365 | 2021 | 2019 | 2016 |

▶ ACOSH

쌍곡선 아크 코사인을 구한다

지정한 값에 대한 쌍곡선 아크 코사인(Hyperbolic Arc Cosine)의 값을 반환합니다. 쌍곡선 아크 코사인은 쌍곡선 코사인의 역함수입니다.

형식 **ACOSH(숫자)**

[숫자]에는 1 이상의 숫자를 지정합니다.

관련 SINH 쌍곡선 사인을 구한다 ➡ p.67
COSH 쌍곡선 코사인을 구한다 ➡ p.67
TANH 쌍곡선 탄젠트를 구한다 ➡ p.68

▶ ATANH

쌍곡선 아크 탄젠트를 구한다

지정한 숫자에 대한 쌍곡선 아크 탄젠트(Hyperbolic Arc Tangent)의 값을 반환합니다. 쌍곡선 아크 탄젠트는 쌍곡선 탄젠트의 역함수입니다.

형식	ATANH(숫자)

[숫자]에는 절댓값이 1보다 작은 숫자를 지정합니다.

▶ ACOTH

쌍곡선 아크 코탄젠트를 구한다

지정한 값에 대한 쌍곡선 아크 코탄젠트(Hyperbolic Arc Cotangent)의 값을 반환합니다.

형식	ACOTH(숫자)

[숫자]에는 절댓값이 1보다 큰 숫자를 지정합니다.

▶ MDETERM

행렬식을 구한다

지정한 배열의 행렬식을 반환합니다. 행렬식이란 배열 내의 값으로부터 도출되는 숫자를 말합니다.

형식	MDETERM(배열)

[배열]에는 행렬을 셀 범위 또는 배열 상수로 지정합니다. 정방행렬(행과 열의 수가 같은 배열)로 지정해야 합니다.

예시　1 행렬식을 구합니다.

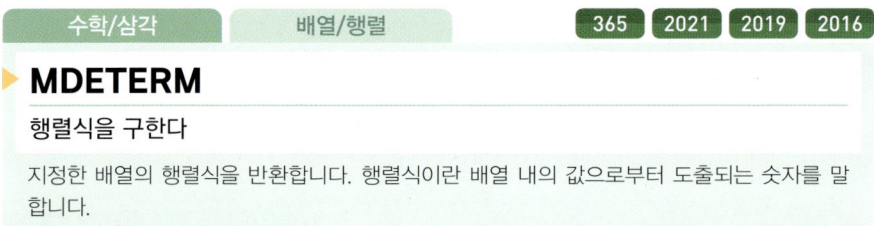

설명 셀 범위(A1:C3)의 행렬식을 구한다.

식 =MDETERM(A1:C3)

HINT ▶ 셀범위 A1:C3에 대해 '=MDETERM(A1:C3)'으로 설정하면 행렬식은 다음 수식과 동일한 결과를 반환합니다. =A1*(B2*C3−B3*C2)+A2*(B3*C1−B1*C3)+A3*(B1*C2−B2*C1)

날짜/시간

통계

문자열 조작

논리

검색/참조·웹

큐브

정보

데이터베이스

재무

공학

기초지식

유용한 테크닉

수학/삼각　　배열/행렬　　　　　365　2021　2019　2016

▶ MINVERSE

역행렬을 구한다

배열로 지정한 정행렬의 역행렬을 반환합니다. 반환값은 배열로 반환되므로 [배열]에서 지정한 배열의 크기와 동일한 크기의 셀 범위를 선택하고 배열 수식으로 입력합니다.

형식　MINVERSE(배열)

[배열]에는 역행렬을 구할 배열을 셀 범위 또는 배열 상수로 지정합니다. 정방행렬(행과 열이 같은 배열)로 지정해야 합니다.

수학/삼각　　배열/행렬　　　　　365　2021　2019　2016

▶ MMULT

행렬의 곱을 구한다

두 배열의 행렬의 곱을 반환합니다. 계산 결과는 행수가 [배열 1]과 같고, 열수가 [배열 2]와 같은 배열이 됩니다. 반환값은 배열로 반환되므로 배열 수식으로 입력합니다.

형식　MMULT(배열 1,배열 2)

[배열 1], [배열 2]에는 행렬의 곱을 구하고자 하는 두 배열을 셀 범위 또는 배열 상수로 지정합니다. [배열 1]의 열수와 [배열 2]의 행수는 동일하게 설정합니다.

수학/삼각　　배열/행렬　　　　　365　2021　2019　2016

▶ MUNIT

단위행렬을 구한다

지정한 차원의 단위행렬을 반환합니다. 반환값은 배열로 반환되므로 배열 수식으로 입력합니다.

형식　MUNIT(숫자)

[숫자]에는 1 이상의 정수를 지정하고, 0 이하인 경우 오류값인 '#VALUE!'를 반환합니다.

| 관련 |　배열 상수 ➡ p.371
　　　　배열 수식 ➡ p.373

▶ SEQUENCE

연속된 숫자가 포함된 배열표를 만든다

선택한 셀 범위에 연속된 숫자의 목록을 작성합니다.

형식	SEQUENCE(행수,열수,시작값,증가분)

- [시작값]에서 [증가분]을 하나씩 더하면서 [행수]×[열수]의 배열에 연속된 숫자 목록을 만듭니다.
- [행수]에는 배열의 행수를 지정합니다.
- [열수]에는 배열의 열수를 지정합니다.
- [시작값]에는 시작할 숫자를 지정합니다.
- [증가분]에는 가산할 숫자를 지정합니다.

예시 1 101에서 1씩 증가하는 배열의 5행 5열 표를 만듭니다.

식 =SEQUENCE(5,5,101,1)

설명 시작값을 101, 증가분을 1로 설정해 5행 5열 배열의 표를 생성하는 SEQUENCE 함수를 설정합니다. 셀 B2에 SEQUENCE 함수를 입력하고 Enter를 눌러 수식을 확정하면 지정한 5행 5열에 자동으로 결과가 표시됩니다. Microsoft 365, Excel 2021에서는 스필(SPILL) 기능을 통해 배열 수식이 동적으로 필요한 만큼 자동 입력됩니다.

| 관련 | 배열 상수 ➡ p.371
　　　　배열 수식 ➡ p.373

RANDARRAY　난수가 포함된 배열표를 작성한다 ➡ p.75

▶ RAND

0 이상 1 미만의 실수로 난수를 생성한다

0 이상 1 미만의 실수 난수를 반환합니다. 엑셀 파일을 열거나 F9를 누르는 등 워크시트를 다시 계산할 때마다 새로운 난수가 생성됩니다. 최솟값 x 이상, 최댓값 y 미만의 범위에서 난수를 생성하려면 '=RAND()*(y−x)+x' 식을 사용합니다.

형식	**RAND()**

예시 1 다양한 난수를 생성합니다.

	A	B	C	D
1	0 이상 1 미만의 난수	0 이상 100 미만의 난수	10 이상 50 미만의 난수	
2	0.731449275	1.795616151	42.53247092	
3	0.251173081	93.81157526	28.33081305	
4	0.460007061	92.19395309	41.08159606	
5	0.078022282	92.91317639	35.84107068	
6	0.7706504	7.217549415	38.49270028	
7				

식	=RAND()

식	=RAND()*100

식	=RAND()*(50−10)+10

설명 셀 범위 A2~A6에서는 0 이상 1 미만의 난수를 생성하고, 셀 범위 B2~B6에서는 0 이상 100 미만의 난수를 생성합니다. RAND 함수에 100을 곱하면 100 미만의 난수를 생성할 수 있습니다. 셀 범위 C2~C6에서는 10 이상 50 미만의 난수를 생성합니다. RAND 함수에 '(최댓값−최솟값)'을 곱하고 '최솟값'을 더하면 최솟값에서 최댓값 미만 범위의 난수를 생성할 수 있습니다.

| 관련 | RANDBETWEEN   정수형 난수를 생성한다 ➡ p.74

▶ RANDBETWEEN

정수형 난수를 생성한다

지정된 범위의 정수형 난수를 반환합니다. 엑셀 파일을 열거나 F9 를 누르는 등 워크시트를 다시 계산할 때마다 새로운 난수가 생성됩니다.

| 형식 | RANDBETWEEN(**최솟값**,**최댓값**) |

- [최솟값]에는 난수의 최솟값을 정수로 지정합니다.
- [최댓값]에는 난수의 최댓값을 정수로 지정합니다.

예시 1 10 이상 50 이하의 범위에서 난수를 생성합니다.

	A	B	C
1	**10 이상 50 이하 정수의 난수**		
2	21	32	39
3	24	21	10
4	42	13	16
5	23	18	45
6	34	17	48
7			

| 식 | =RANDBETWEEN(10,50) |

| 설명 | 셀 범위 A2~C6에 '=RANDBETWEEN(10,50)'을 입력하면 각 셀에 10 이상, 50 이하의 정수가 무작위로 표시됩니다.

| 관련 | RAND 　0 이상 1 미만의 실수로 난수를 생성한다 ➡ p.73

▶ RANDARRAY

난수가 포함된 배열표를 작성한다

임의의 숫자 배열을 반환합니다. 엑셀 파일을 열거나 F9 를 누르는 등 워크시트를 다시 계산할 때마다 새로운 난수가 생성됩니다.

형식	RANDARRAY([행수],[열수],[최솟값],[최댓값],[정수])

- [행수]×[열수] 배열에 [최솟값]과 [최댓값] 범위의 난수 배열을 반환합니다. [정수]로 정수값만 가져오도록 지정할 수 있습니다.
- [행수]에는 배열의 행수를 지정합니다.
- [열수]에는 배열의 열수를 지정합니다.
- [최솟값]에는 난수의 최솟값을 지정합니다. 생략하면 0으로 간주합니다.
- [최댓값]에는 난수의 최댓값을 지정합니다. 생략하면 1로 간주합니다.
- [정수]에는 난수를 정수로 할지 여부를 지정합니다. TRUE는 정수, FALSE 또는 생략할 경우 실수(소수) 난수가 생성됩니다.

예시 1 3행 3열의 10부터 100까지의 난수표를 생성합니다.

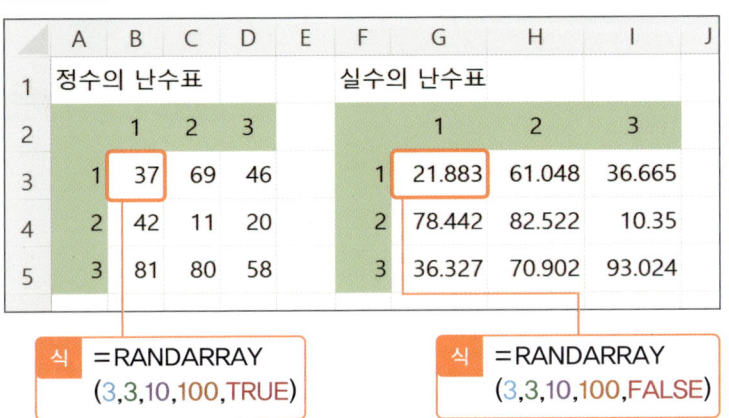

식 =RANDARRAY
(3,3,10,100,TRUE)

식 =RANDARRAY
(3,3,10,100,FALSE)

| 설명 | 최솟값 10, 최댓값 100으로 3행 3열의 난수 배열표를 생성합니다. 셀 B3에서는 다섯 번째 인수 [정수]가 TRUE이므로 정수형 난수가, 셀 G3에서는 FALSE이므로 소수 난수가 각각 생성됩니다. 셀 B3과 셀 G3에 RANDARRAY 함수를 입력하고 Enter 를 눌러 수식을 확정하면 자동으로 배열에 결과가 표시됩니다. Microsoft 365, Excel 2021에서는 스필 기능을 통해 배열 수식이 동적으로 필요한 만큼 자동 입력됩니다. |

| 관련 | RAND　0 이상 1 미만의 실수로 난수를 생성한다 ➡ p.73
RANDBETWEEN　정수형 난수를 생성한다 ➡ p.74

수학/삼각 로마숫자 변환 365 2021 2019 2016

ROMAN

숫자를 로마숫자 문자열로 변환한다

숫자를 'Ⅰ, Ⅱ, Ⅲ'과 같은 로마숫자를 나타내는 문자열로 변환합니다. 서식을 지정하면 로마자 형식을 지정할 수 있습니다.

형식 **ROMAN(숫자,[서식])**

- [숫자]에는 숫자를 지정합니다.
- [서식]에는 로마숫자 형식을 지정합니다(아래 표 참조).

서식

서식	종류
0, TRUE, 생략	정식
1	0보다 간소화된 형식
2	1보다 간소화된 형식
3	2보다 간소화된 형식
4, FALSE	약식(가장 간소화된 형식)

수학/삼각 로마숫자 변환 365 2021 2019 2016

ARABIC

로마숫자를 숫자로 변환한다

지정한 로마숫자를 숫자(아라비아 숫자)로 변환합니다.

형식 **ARABIC(문자열)**

[문자열]에서는 로마문자를 지정합니다. 영어 소문자나 대문자를 사용해 지정합니다.

날짜/시간 함수 🔍 ▼

날짜/시간 함수를 사용하면 현재 날짜와 시간을 구하거나, 날짜에서 연, 월, 일을 추출하거나, 다다음 달의 말일을 구하는 등 다양한 형태로 날짜와 시간을 다룰 수 있습니다. 또한, 날짜와 시간은 일련번호라는 숫자로 관리되고 있습니다. 여기서는 일련번호에 대한 개념도 함께 익혀 봅시다.

▶ TODAY

현재 날짜를 구한다

현재 날짜에 해당하는 날짜 일련번호를 반환합니다.

형식　TODAY()

HINT▶ 함수를 입력하면 자동으로 '2025-08-30'(yyyy-mm-dd)의 표시 형식으로 날짜가 설정됩니다. 엑셀 파일을 열거나 F9를 눌러 워크시트가 재계산되는 시점에 최신 날짜로 업데이트됩니다. 표시 형식을 변경하면 날짜 표시 방식을 변경할 수 있습니다.

예시 1 납품서에 현재 날짜를 표시합니다.

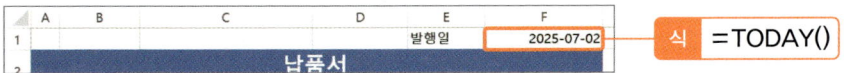

식 =TODAY()

설명 현재 날짜를 표시합니다. '2025-07-02'의 날짜 표시 형식이 설정됩니다.

▶ NOW

현재 날짜, 시간을 구한다

NOW 함수는 현재 날짜와 시간에 해당하는 일련번호를 반환합니다.

형식　NOW()

HINT▶ 함수를 입력하면 자동으로 '2025-08-30 15:06'(yyyy-mm-dd h:mm)의 형식으로 날짜와 시간이 설정됩니다. 엑셀 파일을 열거나 F9를 눌러 워크시트가 재계산되는 시점에 최신 날짜와 시간으로 업데이트됩니다.

예시 1 현재 날짜와 시간을 표시합니다.

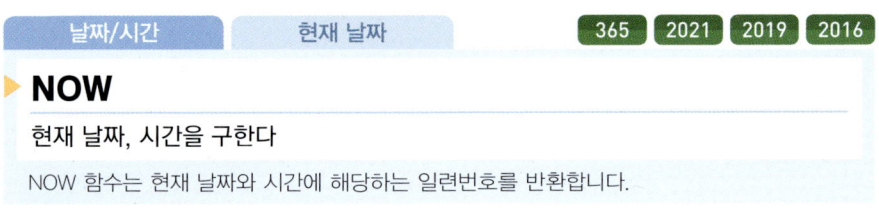

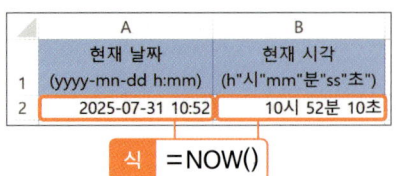

식 =NOW()

설명 셀 A2, B2에 '=NOW()'를 입력해 현재 날짜와 시간을 구합니다. 셀 B2는 h"시"mm"분"ss"초" 형식으로 변경해 표시하고 있습니다.

HINT▶ TODAY 함수, NOW 함수는 사용 중인 컴퓨터의 시스템 시계에서 날짜와 시간을 가져옵니다. 표시되는 날짜와 시간이 잘못된 경우, 시스템 시계를 조정합니다. 작업표시줄 오른쪽 끝에 표시되는 날짜 시간 표시를 마우스 오른쪽 버튼으로 클릭하고 [날짜 및 시간 조정]을 클릭하면 표시되는 화면에서 설정할 수 있습니다.

수학/삼각
날짜/시간
통계
문자열 조작
논리
검색/행렬·참조
큐브
정보
데이터베이스
재무
공학
기초지식
유용한 테크닉

| 날짜/시간 | 날짜 | 365 2021 2019 2016 |

▶ YEAR
날짜에서 연도를 구한다

날짜에서 연도를 가져옵니다. 반환값은 서기로 1900~9999 범위의 정수입니다.

| 형식 | YEAR(**일련번호**) |

[일련번호]에는 날짜를 일련번호 또는 "2025–08–30"과 같은 문자열로 지정합니다. 셀에 입력된 날짜를 참조하거나 DATE 함수 등을 사용해 날짜의 일련번호를 지정할 수 있습니다.

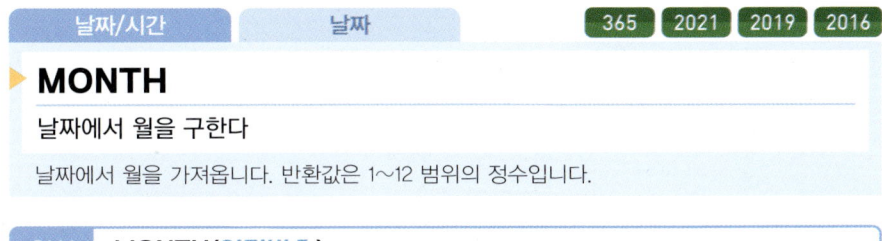

| 날짜/시간 | 날짜 | 365 2021 2019 2016 |

▶ MONTH
날짜에서 월을 구한다

날짜에서 월을 가져옵니다. 반환값은 1~12 범위의 정수입니다.

| 형식 | MONTH(**일련번호**) |

[일련번호]에는 날짜를 일련번호 또는 "2025–08–30"과 같은 문자열로 지정합니다. 셀에 입력된 날짜를 참조하거나 DATE 함수 등을 사용해 날짜의 일련번호를 지정할 수 있습니다.

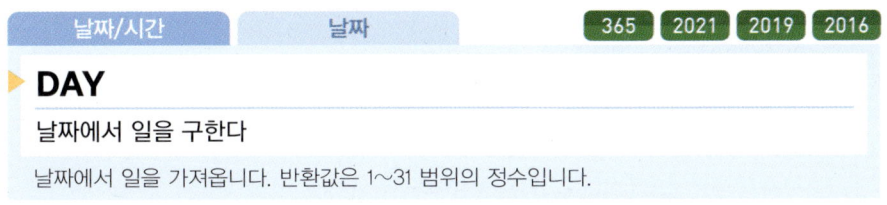

| 날짜/시간 | 날짜 | 365 2021 2019 2016 |

▶ DAY
날짜에서 일을 구한다

날짜에서 일을 가져옵니다. 반환값은 1~31 범위의 정수입니다.

| 형식 | DAY(**일련번호**) |

[일련번호]에는 날짜를 일련번호 또는 "2025–08–30"과 같은 문자열로 지정합니다. 셀에 입력된 날짜를 참조하거나 DATE 함수 등을 사용해 날짜의 일련번호를 지정할 수 있습니다.

| **관련** | DATE 년, 월, 일로 날짜를 구한다 ➡ p.81

일련번호란?

엑셀에서는 날짜와 시간을 일련번호라는 숫자로 관리하고 있습니다. 셀에 TODAY 함수를 입력하거나 '8–30', '11:15' 등 날짜나 시간 형식으로 직접 데이터를 입력하면, 엑셀은 이를 날짜/시간 데이터로 판단하여 일련번호로 변환해 숫자로 저장하고, 셀에는 날짜/시간 표시 형식이 설정됩니다. 날짜나 시간이 입력된 셀의 표시 형식을 '일반'으로 설정하면 실제로 저장된 데이터의 일련번호를 확인할 수 있습니다. 또한, 엑셀의 날짜/시간 함수 중에는 일련번호를 결과로 반환하는 함수도 있습니다. 일련번호가 표시되면, 원하는 날짜나 시간의 표시 형식을 다시 설정하면 됩니다.

• 날짜나 시간을 일련번호로 표시한다

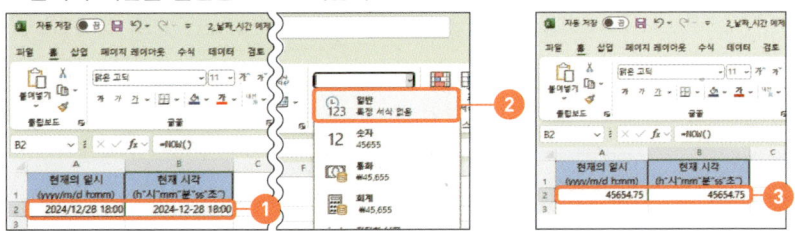

❶ 날짜와 시간 셀을 선택합니다.

❷ [홈] → [서식] → [일반]을 클릭합니다.

❸ 날짜와 시간의 일련번호가 표시됩니다.

• 날짜 일련번호

  날짜의 일련번호는 기본적으로 1900년 1월 1일을 '1'로 설정하고 하루가 지날 때마다 1씩 더해지는 정수를 의미합니다. 2024–12–28은 1900년 1월 1일부터 45654일이 지났기 때문에 일련번호는 '45654'가 됩니다.

• 시간 일련번호

  시간 일련번호는 0시를 '0', 24시를 '1'로 하여 24시간을 0에서 1 사이의 소수점으로 관리합니다. 반나절이 지난 12시는 '0.5', 18시는 '0.75'가 되고, 24시가 되면 '1'이 되어 '0'으로 돌아갑니다.

일   시 : **2024–12–28 18:00:00**

일 련 번 호 : **45654.75**

정수부: 날짜의 일련번호   소수부: 시간의 일련번호

▶ DATE

년, 월, 일로 날짜를 구한다

년, 월, 일을 조합해 날짜의 일련번호를 반환합니다.

형식	DATE(년,월,일)

- [년]에는 0~9999 범위의 정수를 지정합니다. 0~1899의 경우 1900이 가산됩니다. 예를 들어, '=DATE(21,3,3)'은 연도가 '1921'(1900+21)이 되어 '1921-3-3'을 반환합니다. 1900~9999의 경우 해당 값이 실제 연도가 됩니다.
- [월]에는 1~12 범위의 정수를 지정합니다. 이 범위를 벗어난 숫자를 지정하면 날짜가 자동 조정됩니다. 예를 들어, '=DATE(2024,13,1)'을 입력하면 12월의 한 달 후가 되어 '2025-1-1'이 반환되고, '=DATE(2024,0,1)'을 입력하면 2024년 1월의 한 달 전이 되어 '2023-12-1'이 반환됩니다.
- [일]에는 1~31 범위의 정수를 지정합니다. 이 범위를 벗어난 숫자를 지정하면 날짜가 자동 조정됩니다. 예를 들어, '=DATE(2025-4-0)'을 입력하면 4월 1일의 하루 전이 설정되어, 전월의 마지막 날인 '2025-3-31'이 반환됩니다.

예시 **1** 생년월일에서 년, 월, 일을 추출해 올해 생일을 표시합니다.

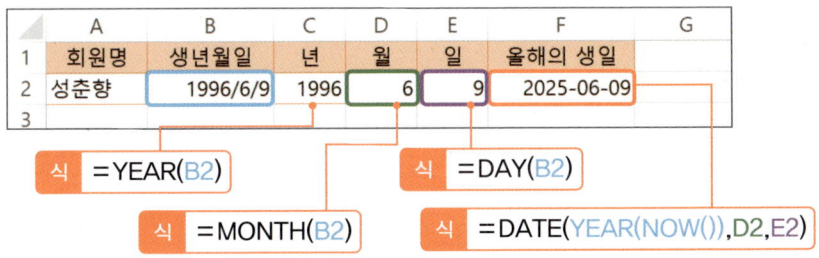

	A	B	C	D	E	F	G
1	회원명	생년월일	년	월	일	올해의 생일	
2	성춘향	1996/6/9	1996	6	9	2025-06-09	
3							

식 =YEAR(B2)

식 =DAY(B2)

식 =MONTH(B2)

식 =DATE(YEAR(NOW()),D2,E2)

설명 셀 B2에 입력된 날짜로부터 셀 C2에서는 YEAR 함수, 셀 D2에서는 MONTH 함수, 셀 E2에서는 DAY 함수를 사용하여 각각 년, 월, 일을 구합니다. 셀 F2에서는 DATE 함수를 사용하여 'YEAR(NOW())'로 현재 날짜에서 올해 연도를 구하고, 셀 D2에서는 월, 셀 E2에서는 일을 지정해 올해 생일을 구합니다.

▶ HOUR

시간에서 시를 구한다

시간에서 시를 추출합니다. 반환값은 0~23 범위의 정수입니다.

| 형식 | HOUR(일련번호) |

[일련번호]에는 시간을 일련번호 또는 "8:45 AM"과 같은 문자열로 지정합니다. 셀에 입력된 시간을 참조하거나 TIME 함수나 TIMEVALUE 함수 등을 사용해 일련번호를 지정할 수 있습니다.

▶ MINUTE

시간에서 분을 구한다

시간에서 분을 추출합니다. 반환값은 0~59 범위의 정수입니다.

| 형식 | MINUTE(일련번호) |

[일련번호]에는 시간을 일련번호 또는 "8:45 AM"과 같은 문자열로 지정합니다. 셀에 입력된 시간을 참조하거나 TIME 함수나 TIMEVALUE 함수 등을 사용해 일련번호를 지정할 수 있습니다.

▶ SECOND

시간에서 초를 구한다

시간에서 초를 추출합니다. 반환값은 0~59 범위의 정수입니다.

| 형식 | SECOND(일련번호) |

[일련번호]에는 시간을 일련번호 또는 "8:45:15 AM"과 같은 문자열로 지정합니다. 셀에 입력된 시간을 참조하거나 TIME 함수나 TIMEVALUE 함수 등을 사용해 일련번호를 지정할 수 있습니다.

| 관련 | TIME   시, 분, 초에서 시간을 구한다 ➡ p.83
          TIMEVALUE   시간을 나타내는 문자열을 일련번호로 변환한다 ➡ p.95

수학/삼각

날짜/시간

통계

문자열 조작

논리

검색/행렬·셀

큐브

정보

데이터베이스

재무

공학

기초지식

유용한 테크닉

날짜/시간　　시간　　365　2021　2019　2016

▶ TIME

시, 분, 초에서 시간을 구한다

시, 분, 초를 조합하여 일련번호를 반환합니다. 반환값은 0(0:00:00)~0.999988426(23:59:59) 범위의 소수입니다.

형식　TIME(시,분,초)

- [시]는 0~32767 범위에서 지정합니다. 24 이상의 숫자를 지정하면 24로 나눈 나머지가 시간으로 지정됩니다. 예를 들어, '=TIME(30,0,0)'을 지정할 경우 '=TIME(6,0,0)'으로 간주해 '6:00 AM'(일련번호: 0.25)을 반환합니다.
- [분]은 0~32767 범위에서 지정합니다. 60 이상의 숫자를 지정하면 시와 분으로 변환됩니다. 예를 들어, '=TIME(0,90,0)'은 '=TIME(1,30,0)'으로 간주되어 '1:30 AM'(일련번호: 0.0625)을 반환합니다.
- [초]는 0~32767 범위에서 지정합니다. 60 이상의 숫자를 지정하면 시, 분, 초로 변환됩니다. 예를 들어, '=TIME(0,0,1800)'은 '=TIME(0,30,0)'으로 간주되어 '12:30 AM'(일련번호: 0.020833333)을 반환합니다.

예시 1　타임에서 휴식 시간을 제외한 실제 시간을 구합니다.

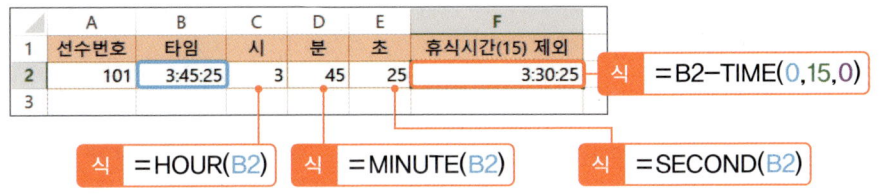

설명　셀 B2에 입력된 날짜와 시간으로부터 셀 C2에서는 HOUR 함수, 셀 D2에서는 MINUTE 함수, 셀 E2에서는 SECOND 함수를 사용하여 각각 시, 분, 초를 추출합니다. 셀 F2는 셀 B2에 입력된 시간에서 TIME 함수로 15분을 빼서, 휴식 시간을 제외한 실제 시간을 구합니다.

▶ EDATE

지정한 날짜의 앞, 뒤의 개월 수를 나타내는 날짜를 구한다

시작일로부터 지정한 개월 수만큼 이전 또는 이후의 날짜에 해당하는 일련번호를 반환합니다. 예를 들어, 제조 일자와 보증 기간으로부터 유통기한, 정기 구매의 매월 배송일을 구할 수 있습니다.

형식   **EDATE(시작일,월)**

- [시작일]에는 시작일이 될 날짜를 지정합니다. 날짜는 일련번호, "2025–01–01"과 같은 날짜 문자열, 셀에 입력된 날짜 참조, DATE 함수 등을 사용해 날짜의 일련번호를 지정할 수 있습니다.
- [월]에는 양수를 지정하면 [시작일] 이후의 날짜, 음수를 지정하면 [시작일] 이전 날짜를 반환합니다.

예시 1 정기 구매의 월별 배송일 목록을 만듭니다.

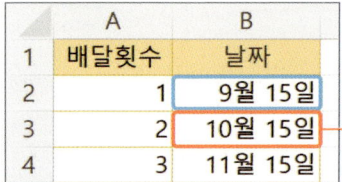

	A	B
1	배달횟수	날짜
2	1	9월 15일
3	2	10월 15일
4	3	11월 15일

식 =EDATE(B2,1)

설명 시작일을 셀 B2로 설정하고 1개월 후의 날짜를 구합니다.

▶ EOMONTH

지정한 월의 앞, 뒤의 월말 날짜를 구한다

시작일로부터 지정한 개월 수만큼 앞, 뒤의 월말에 해당하는 일련번호를 반환합니다. 월말에 발생하는 만기일이나 지급일을 계산하는 데 사용할 수 있습니다.

형식   **EOMONTH(시작일,월)**

- [시작일]에는 시작일이 될 날짜를 지정합니다. 날짜는 일련번호, "2025–01–01"과 같은 날짜 문자열, 셀에 입력된 날짜 참조, DATE 함수 등을 사용해 날짜의 일련번호를 지정할 수 있습니다.
- [월]에는 양수를 지정하면 [시작일] 이후의 날짜, 음수를 지정하면 [시작일] 이전 날짜를 반환합니다.

수학/삼각
날짜/시간
통계
문자열 조작
논리
검색/행렬 · 웹
큐브
정보
데이터베이스
재무
공학
기초지식
유용한 테크닉

예시 1 거래일로부터 다다음달 말일의 결제일을 구합니다.

	A	B
1	거래일	지급기일(익익월말)
2	2024-10-20	2024-12-31
3	2024-11-05	2025-01-31
4	2024-12-23	2025-02-28

식 =EOMONTH(A2,2)

설명 시작일을 셀 A2로 설정하고 2개월 후의 월말 날짜를 구합니다.

날짜/시간 **기간**　　365 | 2021 | 2019 | 2016

▶ WORKDAY

주말과 공휴일을 제외한 일수의 앞, 뒤 날짜를 구한다

시작일로부터 지정한 근무일수만큼 앞 또는 뒤의 날짜에 해당하는 일련번호를 반환합니다.
근무일이란 토요일, 일요일과 공휴일을 제외한 날입니다.

형식 **WORKDAY(시작일,일수,[공휴일])**

- [시작일]에는 시작일이 될 날짜를 지정합니다. 날짜는 일련번호, "2025-01-01"과 같은 날짜 문자열, 셀에 입력된 날짜 참조, DATE 함수 등을 사용해 날짜의 일련번호를 지정할 수 있습니다.
- [일수]에는 [시작일]을 기준으로 주말과 공휴일을 제외한 일수를 지정합니다. 양수를 지정하면 시작일 이후의 날짜가, 음수를 지정하면 시작일 이전의 날짜가 반환됩니다.
- [공휴일]에는 공휴일, 하계-동계 휴가, 임시 휴무일 등 근무일수 계산에서 제외할 날짜를 지정합니다. 셀 범위에 공휴일 목록을 입력해 참조하거나 날짜를 나타내는 일련번호 배열 상수를 지정합니다.

예시 1 주말과 공휴일을 제외한 영업일 기준 5일 후의 날짜를 구합니다.

	A	B	C	D	E
1	발송 예정표: 수주 확정일로부터 5영업일 후(주말, 휴일 제외)				
2	NO	수주 확정일	발송 예정일		
3	1	2025-05-01	2025-05-12		
4	2	2025-05-07	2025-05-14		
5	3	2025-05-19	2025-05-26		
6					
7	공휴일	2025-05-05			
8	임시휴일	2025-05-06			

식 =WORKDAY(B3,5,$B$7:$B$8)

설명 셀 B3의 시작일로부터 주말과 셀 B7~B8의 날짜를 제외한 5일 후의 날짜를 구합니다.

HINT WORKDAY 함수에서 [공휴일]을 직접 지정하려면 배열 상수로 설정합니다. 배열 상수에는 날짜 문자열 또는 일련번호를 지정합니다. 예를 들어, '=WORKDAY(A2,7,{"2025-5-8","2025-5-27"})', '=WORKDAY(A2,7,{45785, 45804})'와 같이 지정할 수 있습니다.

관련 | 배열 상수 ➡ p.371

▶ WORKDAY.INTL

지정한 휴일을 제외한 일수의 앞, 뒤 날짜를 구한다

사용자가 지정한 요일이나 날짜를 휴일로 설정하고, 시작일로부터 지정한 근무일수만큼 앞 또는 뒤에 해당하는 날짜의 일련번호를 반환합니다.

형식 **WORKDAY.INTL(시작일,일수,[주말],[공휴일])**

- [시작일]에는 시작일이 될 날짜를 지정합니다. 날짜는 일련번호, "2025-01-01"과 같은 날짜 문자열, 셀에 입력된 날짜 참조, DATE 함수 등을 사용해 날짜의 일련번호를 지정할 수 있습니다.
- [일수]에는 [시작일]을 기준으로 [주말]과 [공휴일]을 제외한 일수를 지정합니다. 양수를 지정하면 시작일 이후, 음수를 지정하면 시작일 이전 날짜가 반환됩니다.
- [주말]에는 영업일이 아닌 요일을 주말 번호로 지정합니다(아래 표 참조).
- [공휴일]에는 공휴일, 하계-동계 휴가, 임시 휴무일 등 근무일수 계산에서 제외할 날짜를 지정합니다. 셀 범위에 날짜 목록을 입력해 참조하거나 날짜를 나타내는 일련번호 배열 상수를 지정합니다.

주말 번호	요일	주말 번호	요일
1 또는 생략	토요일과 일요일	11	일요일만
2	일요일과 월요일	12	월요일만
3	월요일과 화요일	13	화요일만
4	화요일과 수요일	14	수요일만
5	수요일과 목요일	15	목요일만
6	목요일과 금요일	16	금요일만
7	금요일과 토요일	17	토요일만

HINT ▶ 주말 번호에 없는 요일을 휴무일로 설정하려면 0을 근무일, 1을 휴무일로 지정하고, 월요일 부터 일요일까지를 순서대로 0과 1의 7자리 문자로 표현합니다.

COLUMN

함수 내에서 날짜를 지정할 때 주의점

함수 내에서 날짜를 지정할 때는 일련번호나 셀에 입력된 날짜, DATE 함수 등으로 구한 날짜의 일련번호, 날짜 문자열을 사용할 수 있습니다. 하지만 날짜 문자열을 사용할 때 오류가 발생하는 경우도 있습니다. 따라서 DATE 함수를 사용해 날짜를 지정하는 것을 추천합니다. 예를 들어, 문자열로 "2025-01-01"을 지정하는 것보다 DATE 함수로 "DATE(2025,01,01)"을 지정하는 것이 더 확실합니다.

수학/삼각

날짜/시간

통계

문자열 조작

논리

검색/행렬 · 웹

큐브

정보

데이터베이스

재무

공학

기초지식

유용한 테크닉

예시 1 정기휴일(월요일)과 공휴일을 제외한 영업일 기준 5일 후의 날짜를 구합니다.

	A	B	C	D	E	F
1	발송 예정표: 수주 확정일로부터 5영업일 후(월요일 정기휴무, 공휴일 제외)					
2	NO	수주 확정일	발송 예정일			
3	1	2025-05-01	2025-05-08			
4	2	2025-05-07	2025-05-13			
5	3	2025-05-19	2025-05-24			
6						
7	공휴일	2025-05-05				
8	임시휴일	2025-05-06				
9						

식 =WORKDAY.INTL(B3,5,12,$B$7:$B$8)

설명 셀 B3의 시작일로부터 월요일과 셀 B7~B8을 제외한 5일 후의 날짜를 구합니다.

예시 2 정기휴일(화요일, 일요일)과 공휴일을 제외한 영업일 기준 5일 후의 날짜를 구합니다.

	A	B	C	D	E	F	G
1	발송 예정표: 수주 확정일로부터 5영업일 후(화요일, 일요일 정기휴무, 공휴일 제외)						
2	NO	수주 확정일	발송 예정일				
3	1	2025-05-01	2025-05-09				
4	2	2025-05-07	2025-05-14				
5	3	2025-05-19	2025-05-26				
6							
7	공휴일	2025-05-05					
8	임시휴일	2025-05-06					
9							

식 =WORKDAY.INTL(B3,5,"0100001",$B$7:$B$8)

설명 셀 B3의 시작일로부터 화요일과 일요일("0100001"), 셀 B7~B8을 제외한 5일 후의 날짜를 구합니다. 여기서는 주말 번호에 화요일과 일요일의 조합이 없으므로 0을 근무일, 1을 휴무일로 지정하여 월요일부터 일요일까지를 순서대로 0과 1의 7자리 숫자로 표현합니다.

▶ NETWORKDAYS

주말과 공휴일을 제외한 기간의 일수를 구한다

시작일부터 종료일까지의 기간에 포함된 근무일수를 반환합니다. 근무일이란 토요일, 일요일과 지정한 공휴일을 제외한 날을 의미합니다.

형식 NETWORKDAYS(**시작일**,**종료일**,[**공휴일**])

- [시작일]에는 시작일이 될 날짜를 지정합니다. 날짜는 일련번호, "2025-01-01"과 같은 날짜 문자열, 셀에 입력된 날짜 참조, DATE 함수 등을 사용해 날짜의 일련번호를 지정할 수 있습니다.
- [종료일]에는 기간의 마지막 날이 되는 날짜를 지정합니다. 지정 방법은 [시작일]과 같습니다.
- [공휴일]에는 공휴일, 하계–동계 휴가, 임시 휴무일 등 근무일수 계산에서 제외할 날짜를 지정합니다. 셀 범위에 날짜 목록을 입력해 참조하거나 날짜를 나타내는 일련번호 배열 상수를 지정합니다.

예시 1 주말과 공휴일을 제외한 작업 일수를 구합니다.

	A	B	C	D	E
1	작업기간(주말, 공휴일을 제외한 작업일수)				
2	NO	작업 시작일	작업 종료일	작업일수	
3	공사1	2025-05-01	2025-05-12	6	
4	공사2	2025-05-07	2025-05-16	8	
5	공사3	2025-05-19	2025-05-30	10	
6					
7	공휴일	2025-05-05			
8	임시휴일	2025-05-06			
9					
10					

식 =NETWORKDAYS(B3,C3,$B$7:$B$8)

설명 시작일(B3)과 종료일(C3) 사이에 주말과 셀 B7~B8을 제외한 일수를 구합니다.

▶ NETWORKDAYS.INTL

지정한 휴일과 공휴일을 제외한 기간의 일수를 구한다

사용자가 지정한 요일이나 날짜를 휴일로 설정하고, 시작일과 종료일까지의 기간 중 근무일 수를 반환합니다.

형식	NETWORKDAYS.INTL(**시작일**,**종료일**,[**주말**],[**공휴일**])

- [시작일]에는 시작일이 될 날짜를 지정합니다. 날짜는 일련번호, "2025–01–01"과 같은 날짜 문자열, 셀에 입력된 날짜 참조, DATE 함수 등을 사용해 날짜의 일련번호를 지정할 수 있습니다.
- [종료일]에는 기간의 마지막 날이 되는 날짜를 지정합니다. 지정 방법은 [시작일]과 같습니다.
- [주말]에는 영업일이 아닌 요일을 주말 번호로 지정합니다(p.86 표 참조).
- [공휴일]에는 공휴일, 하계–동계 휴가, 임시 휴무일 등 근무일수 계산에서 제외할 날짜를 지정합니다. 셀 범위에 날짜 목록을 입력해 참조하거나 날짜를 나타내는 일련번호 배열 상수를 지정합니다.

예시 **1** 정기휴일(월요일)과 공휴일을 제외한 작업일수를 구합니다.

	A	B	C	D	E	F
1	작업기간(월요일 휴무, 공휴일을 제외한 작업일수)					
2	NO	작업 시작일	작업 종료일	작업일수		
3	공사1	2025-05-01	2025-05-12	9		
4	공사2	2025-05-07	2025-05-16	9		
5	공사3	2025-05-19	2025-05-30	10		
6						
7	공휴일	2025-05-05				
8	임시휴일	2025-05-06				

식 =NETWORKDAYS.INTL (B3,C3,12,$B$7:$B$8)

설명 시작일(B3)과 종료일(C3) 사이에 월요일과 셀 B7~B8를 제외한 일수를 구합니다.

▶ DATEDIF

지정 기간의 연수, 월수, 일수를 구한다

시작일부터 종료일까지 기간의 일수, 월수, 연수를 반환합니다.

| 형식 | **DATEDIF(시작일,종료일,단위)** |

- [시작일]에는 시작일 날짜를 지정합니다. 날짜는 일련번호, "2025-01-01"과 같은 날짜 문자열, 셀에 입력된 날짜 참조, DATE 함수 등을 사용해 날짜의 일련번호를 지정할 수 있습니다.
- [종료일]에는 종료일 날짜를 지정합니다.
- [단위]에는 원하는 기간의 단위를 지정합니다(아래 표 참조).

단위

단위	내용
"Y"	만 연수를 구한다
"M"	만 월수를 구한다
"D"	만 일수를 구한다
"YM"	1년 미만의 월수를 구한다. 반환값은 0~11의 정수
"YD"	1년 미만의 일수를 구한다. 반환값은 0~364의 정수
"MD"	1개월 미만의 일수를 구한다. 반환값은 0~30의 정수

| 예시 **1** | 생년월일로부터 나이를 구합니다.

	A	B	C
1	회원명	생년월일	나이
2	김철수	1986-11-09	38
3	홍길동	1994-04-08	31
4	성춘향	2000-03-24	25
5			

| 식 | **=DATEDIF(B2,TODAY(),"Y")** |

| 설명 | 시작일을 셀 B2의 생년월일, 종료일을 TODAY 함수로 오늘 날짜를 지정하고 단위를 '년'으로 설정해 나이를 구합니다.

| HINT ▶ | 이 함수는 함수 라이브러리에서 선택할 수 없으므로 수식을 직접 입력해야 합니다.

▶ YEARFRAC

지정 기간이 1년 안에서 차지하는 비율을 구한다

시작일과 종료일 사이의 전체 일수가 1년 안에서 차지하는 비율을 지정한 기준에 따라 계산하여 그 결과를 반환합니다.

형식   YEARFRAC(**시작일**,**종료일**,[**기준**])

- [시작일]에는 시작일을 지정합니다.
- [종료일]에는 종료일을 지정합니다.
- [기준]에는 계산에 사용할 기준 일수를 숫자로 지정합니다(아래 표 참조).

기준	기준 일수(월/년)		기준	기준 일수(월/년)
0 또는 생략	30일/360일(NASD 방식)		3	실제 일수/365일
1	실제 일수/실제 일수		4	30일/360일(유럽식)
2	실제 일수/360일			

※ NASD 방식: 미국 NASD '전미증권업협회'에서 채택하고 있는 일수 계산 방식

▶ DAYS

두 날짜 사이의 일수를 구한다

두 날짜 사이의 일수를 반환합니다. 예를 들어, '=DAYS("2025-11-1","2025-11-5")'라고 하면 '4'를 반환합니다.

형식   DAYS(**종료일**,**시작일**)

- [종료일]에는 종료일을 지정합니다.
- [시작일]에는 시작일을 지정합니다.

▶ DAYS360

1년을 360일로 하여 두 날짜 사이의 일수를 구한다

일부 회계 계산에서 채택하고 있는 1년을 360일(30일×12)로 간주하는 계산 방식에 따라 시작일과 종료일 사이의 일수를 반환합니다.

형식   DAYS360(**시작일**,**종료일**,[**방식**])

- [시작일]에는 기간의 첫 번째 날짜를 지정합니다.
- [종료일]에는 기간의 마지막 날짜를 지정합니다.
- [방식]에는 FALSE 또는 생략 시 NASD(전미증권업협회) 방식으로 일수를 구합니다. TRUE를 지정하면 유럽 방식으로 일수를 구합니다.

▶ WEEKDAY

날짜의 요일 번호를 구한다

지정한 날짜에 해당하는 요일 번호를 정수로 반환합니다. 기본적으로 일요일~토요일의 순서로 1~7의 숫자를 반환합니다.

> **형식**   WEEKDAY(**일련번호**,[**주 기준**])

- [일련번호]에는 날짜를 지정합니다. 날짜는 일련번호, "2025-01-01"과 같은 날짜 문자열, 셀에 입력된 날짜 참조, DATE 함수 등을 사용해 날짜의 일련번호를 지정할 수 있습니다.
- [주 기준]에는 반환값의 종류를 숫자로 지정합니다(아래 표 참조).

주 기준	반환값	주 기준	반환값
1 또는 생략	1(일요일)~7(토요일)	13	1(수요일)~7(화요일)
2	1(월요일)~7(일요일)	14	1(목요일)~7(수요일)
3	0(월요일)~6(일요일)	15	1(금요일)~7(목요일)
11	1(월요일)~7(일요일)	16	1(토요일)~7(금요일)
12	1(화요일)~7(월요일)	17	1(일요일)~7(토요일)

예시 1   날짜가 토요일과 일요일인 셀을 '정기휴일'로 표시합니다.

	A	B
1	날짜	정기휴일
2	2025/1/9(Thu)	
3	2025/1/10(Fri)	
4	2025/1/11(Sat)	정기휴일
5	2025/1/12(Sun)	정기휴일
6	2025/1/13(Mon)	
7	2025/1/14(Tue)	
8		

> **식**   =IF(WEEKDAY(A2,2) >= 6, "정기휴일","")

설명 셀 A2의 날짜에 대한 요일 번호를 주 기준 '2'(월~일: 1~7)로 지정해 구하고, 6 이상(토, 일)인 경우 '정기휴일', 그렇지 않은 경우 공백이 되도록 IF 함수를 사용해 계산합니다. 여기서는 날짜 셀(A2~A7)에 표시 형식(yyyy/m/d(ddd))을 설정함으로써 요일을 포함해 표시하고 있습니다.

▶ WEEKNUM

날짜가 연중 몇 번째 주인지를 구한다

날짜가 지정한 주를 기준으로 해당 연도의 몇 번째 주에 해당하는지 반환합니다.

형식	**WEEKNUM(일련번호,[주 기준])**

- [일련번호]에는 날짜를 지정합니다. 날짜는 일련번호, "2025–01–01"과 같은 날짜 문자열, 셀에 입력된 날짜 참조, DATE 함수 등을 사용해 날짜 일련번호를 지정할 수 있습니다.
- [주 기준]에는 어떤 요일을 주의 시작일로 지정해 계산할 것인지 숫자로 지정합니다(아래 표 참조).

주 기준	한 주의 시작	시스템
1 또는 생략	일요일	1
2	월요일	1
11	월요일	1
12	화요일	1
13	수요일	1
14	목요일	1
15	금요일	1
16	토요일	1
17	일요일	1
21	월요일	2

※ 시스템: '1'은 1월 1일이 포함된 주를 그 해의 첫 번째 주(제1주)로 간주합니다. '2'는 1월 1일이 그 해의 첫 번째 목요일 안에 포함되어 있다면 제1주로 간주합니다(유럽식 주 번호 시스템(ISO8601)).

▶ ISOWEEKNUM

ISO8601 방식으로 날짜가 몇 번째 주인지를 구한다

해당 날짜가 해당 연도의 몇 번째 주에 해당하는지를 ISO 주 번호로 반환합니다. ISO 주 번호는 월요일을 한 주의 시작으로, 그 해의 첫 번째 목요일이 포함된 주를 제1주로 지정하는 주 번호 지정 방법입니다.

형식	ISOWEEKNUM(**일련번호**)

[일련번호]에는 날짜를 지정합니다. 날짜는 일련번호, "2025–01–01"과 같은 날짜 문자열, 셀에 입력된 날짜 참조, DATE 함수 등을 사용해 날짜 일련번호를 지정할 수 있습니다.

예시 1 날짜가 몇 번째 주인지 조사합니다.

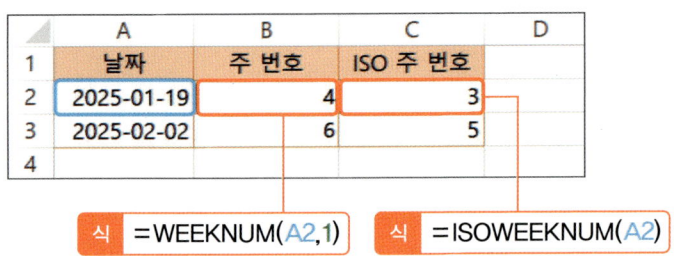

▲	A	B	C	D
1	날짜	주 번호	ISO 주 번호	
2	2025-01-19	4	3	
3	2025-02-02	6	5	
4				

식	=WEEKNUM(A2,1)	식	=ISOWEEKNUM(A2)

> **설명** 셀 A2의 날짜를 기준으로 셀 B2에서는 한 주의 시작을 일요일로 설정하고 1월 1일이 포함된 주를 제1주로 간주하여 주 번호를 구하고, 셀 C2에서는 연초 첫 번째 목요일이 포함된 주를 제1주로 간주하여 주 번호를 구합니다.

| 관련 | WEEKNUM　날짜가 연중 몇 번째 주인지를 구한다 ➡ p.93

날짜/시간   날짜/시간 변환   365 2021 2019 2016

▶ TIMEVALUE

시간을 나타내는 문자열을 일련번호로 변환한다

문자열로 지정된 시간을 소수(일련번호)로 변환합니다.

형식   **TIMEVALUE(시간 문자열)**

[시간 문자열]에는 시간을 나타내는 문자열을 지정합니다. 문자열로 직접 지정할 경우. " "
안에 지정합니다.

시간 문자열의 설정 예

설정 예	반환값
=TIMEVALUE("6:00 PM")	0.75
=TIMEVALUE("18:30:30")	0.771180556
=TIMEVALUE("18시 30분 30초")	

HINT 일련번호는 0~0.999988426 범위의 값으로 0:00:00(오전 0시)부터 23:59:59(오후 11시 59분
59초)까지의 시간을 나타냅니다.

날짜/시간   날짜/시간 변환   365 2021 2019 2016

▶ DATEVALUE

날짜를 나타내는 문자열을 일련번호로 변환한다

문자열로 지정된 날짜를 날짜의 일련번호로 변환합니다.

형식   **DATEVALUE(날짜 문자열)**

[날짜 문자열]에는 날짜를 나타내는 문자열을 지정합니다. 이때 1900년 1월 1일~9999년
12월 31일까지의 날짜를 지정합니다. 함수 내에서 날짜 문자열을 직접 지정할 때는 " " 안
에 지정해야 합니다. 연도 부분을 생략하면 컴퓨터 시스템 시계의 연도를 사용합니다.

날짜 문자열 설정 예

설정 예	반환값
=DATEVALUE("2025-1-15")	45672
=DATEVALUE("2025년 1월 15일")	
=DATEVALUE("3-3")	45719 (시스템 시계가 2025년인 경우)

│ 관련 │ 일련번호 ➡ p.80

통계 함수

통계 함수는 데이터 개수, 최댓값, 최솟값, 중앙값, 최빈값, 평균값, 순위 등 수집된 데이터를 분석하기 위한 함수가 준비되어 있습니다. 또한, 분산, 표준편차, 정규분포, 이항분포, 카이제곱분포, t분포 등 데이터 통계 분석에 사용되는 전문적인 함수들도 제공되고 있습니다.

▶ COUNT

숫자 개수를 구한다

숫자의 개수를 반환합니다. 날짜/시간이나 "10"과 같은 숫자를 나타내는 문자열도 숫자로 계산됩니다.

형식   **COUNT(값 1,[값 2],···)**

[값]에는 개수를 구할 숫자, 셀 참조, 셀 범위를 지정합니다. 셀 범위를 지정하면 범위 내의 숫자만 계산 대상이 되며, 문자열, 빈 셀, 논릿값, 오류값은 무시됩니다. 또한, 직접 인수로 지정한 논릿값(TRUE/FALSE)은 계산 대상에 포함됩니다. 예를 들어 '=COUNT(TRUE,"2025–1–1",100)'이라고 입력하면 '3'을 반환합니다.

▶ COUNTBLANK

빈 셀의 개수를 구한다

셀 범위 안에서 빈 셀의 개수를 반환합니다. 수식의 결과가 ""인 경우, 겉으로 보기에 빈 셀처럼 보이는 경우 빈 셀로 계산됩니다. 반각 또는 전각 공백이 입력된 경우, 겉보기에는 비어 있어도 빈 셀로 계산되지 않습니다.

형식   **COUNTBLANK(범위)**

[범위]에는 빈 셀의 수를 구할 셀 범위를 지정합니다.

예시 1   입금 완료 수와 미입금 수를 구합니다.

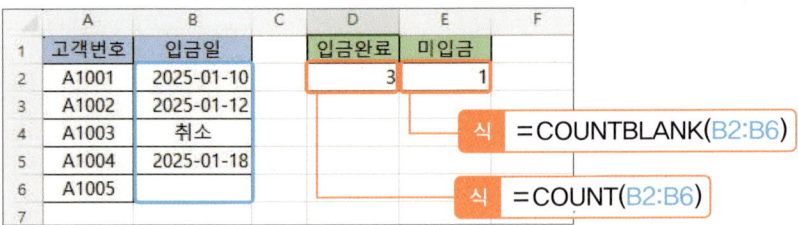

	A	B	C	D	E	F
1	고객번호	입금일		입금완료	미입금	
2	A1001	2025-01-10		3	1	
3	A1002	2025-01-12				
4	A1003	취소				
5	A1004	2025-01-18				
6	A1005					
7						

식 =COUNTBLANK(B2:B6)

식 =COUNT(B2:B6)

설명   셀 D2에서는 COUNT 함수로 셀 범위 B2~B6의 날짜를 계산해 입금된 수를 구합니다. 날짜도 숫자로 간주되므로 COUNT 함수로 개수를 구할 수 있습니다. 셀 E2에서는 COUNTBLANK 함수로 셀 범위 B2~B6의 빈 셀 수를 계산합니다. 날짜나 문자열이 입력되지 않은 빈 셀만 계산합니다.

▶ COUNTA

데이터 개수를 구한다

범위에 포함된 비어 있지 않은 셀의 개수를 반환합니다. 수식의 결과가 ""인 경우, 겉보기에는 비어 있어도 수식이 입력되어 있기 때문에 개수에 계산됩니다.

| 형식 | COUNTA(값 1,[값 2]⋯) |

[값]에는 셀 개수를 계산할 셀 범위를 지정합니다. 오류값이나 공백("")을 포함해 어떠한 형태로든 데이터가 입력된 셀의 개수를 계산합니다.

| 예시 1 | 전체 개수를 구합니다. |

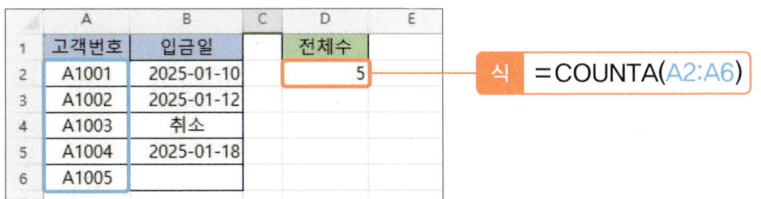

식　=COUNTA(A2:A6)

| 설명 | 셀 범위 A2~A6의 데이터 개수를 계산해 전체 개수를 구합니다. |

COLUMN

COUNTA 함수와 COUNTBLANK 함수로 빈 셀을 계산할 때 주의할 점

COUNTA 함수는 값이 입력된 셀의 개수를 반환하고, COUNTBLANK 함수는 빈 셀의 개수를 계산합니다. COUNTA 함수는 아래의 ②~④처럼 겉보기에 비어 있더라도 무엇인가 데이터가 입력되어 있는 경우 빈 셀이 아닌 것으로 간주합니다. 반면 CONTBLANK 함수에서는 ②나 ④와 같이 실제로 데이터가 입력되어 있어도 빈 셀로 인식하며, 스페이스는 빈 셀로 계산되지 않습니다. 두 함수를 사용할 때는 이 차이점에 주의해야 합니다.

	A 값	B	C COUNTA	D COUNTBLANK	E
①	①공백 셀		0	1	
②	②접두사(')		1	1	
③	③스페이스		1	0	
④	④수식		1	1	

▶ COUNTIF

조건을 만족하는 데이터 개수를 구한다

지정한 셀 범위 중 검색 조건과 일치하는 데이터의 개수를 반환합니다.

형식　　**COUNTIF(범위,검색 조건)**

- [범위] 내에서 [검색 조건]과 일치하는 데이터의 개수를 반환합니다.
- [범위]에는 셀 개수를 구할 셀 범위를 지정합니다.
- [검색 조건]에는 [범위] 중 개수를 구하고자 하는 데이터의 조건을 지정합니다. 숫자나 셀 범위 외의 값을 지정할 경우 ""로 묶습니다. 또한, 비교 연산자, 와일드카드 문자를 사용하여 조건을 설정할 수도 있습니다.

예시　1　총점으로 합격자 수를 구합니다.

▲	A	B	C	D	E
1	합격점	150	합격자수	3	
2					
3	수험번호	국어	수학	총점	
4	R001	80	75	155	
5	R002	68	70	138	
6	R003	92	100	192	
7	R004	80	60	140	
8	R005	75	95	170	
9					

식　=COUNTIF(D4:D8,">="&B1)

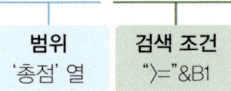

=COUNTIF(D4:D8,">="&B1)

범위	검색 조건
'총점' 열	">="&B1

설명　[범위](D4~D8) 안에서 [검색 조건](B1의 값 이상)을 찾고, 찾은 데이터 수를 구합니다.

수학/삼각
날짜/시간
통계
문자열 조작
논리
검색/행렬·웹
큐브
정보
데이터베이스
재무
공학
기초지식
유용한 테크닉

예시 **2** 출신 지역별 인원수를 구합니다.

	A	B	C	D	E	F
1	참가자번호	출신지역		출신지역	참가자수	
2	1001	인천광역시		서울특별시	2	
3	1002	수원시		수원시	2	
4	1003	서울특별시		인천광역시	1	
5	1004	경기도		경기도	2	
6	1005	서울특별시				
7	1006	경기도				
8	1007	수원시				
9						

식 COUNTIF($B$2:$B$8,D2)

설명 [범위](B2~B8) 안에서 [검색 조건](D2와 같은 값)을 찾아, 찾은 데이터의 개수를 구합니다. 수식을 복사해도 [범위]의 셀 범위가 변하지 않도록 절대 참조로 설정했습니다.

예시 **3** 동점(중복)을 확인합니다.

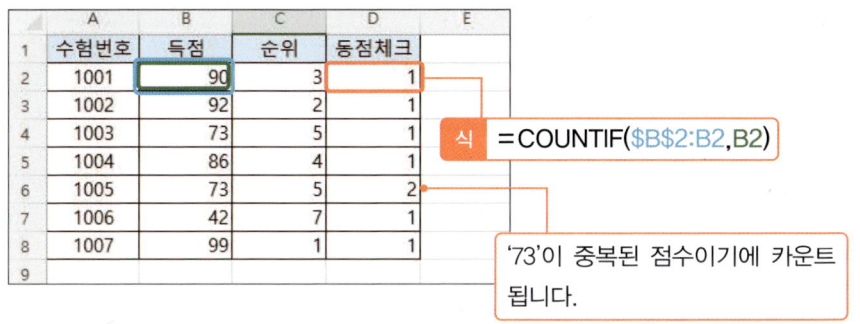

	A	B	C	D	E
1	수험번호	득점	순위	동점체크	
2	1001	90	3	1	
3	1002	92	2	1	
4	1003	73	5	1	
5	1004	86	4	1	
6	1005	73	5	2	
7	1006	42	7	1	
8	1007	99	1	1	
9					

식 =COUNTIF($B$2:B2,B2)

'73'이 중복된 점수이기에 카운트됩니다.

설명 [범위]($B$2:B2) 안에서 [검색 조건](B2의 값과 동일)을 찾아 데이터 개수를 구합니다. [범위]에서 시작점을 절대 참조, 끝점을 상대 참조로 수식을 복사하면 검색 대상 셀 범위가 한 줄씩 증가합니다. 같은 점수(중복)의 데이터가 있는 경우 카운트업되므로, 1보다 큰 숫자가 반환되면 해당 값이 중복된 것을 알 수 있습니다. 중복 데이터를 확인할 때 활용할 수 있습니다.

| 관련 | SUMIF 조건을 만족하는 값을 합산한다 ➡ p.32
COUNTIFS 여러 조건을 만족하는 데이터 개수를 구한다 ➡ p.102

▶ COUNTIFS

여러 조건을 만족하는 데이터 개수를 구한다

여러 범위별로 조건을 설정하고 모든 조건을 만족하는 데이터 개수를 반환합니다.

형식	COUNTIFS(조건 범위 1,조건 1,[조건 범위 2,조건 2],…)

- [조건 범위] 안에서 [조건]과 일치하는 데이터의 개수를 반환합니다. [조건 범위]와 [조건]은 반드시 세트로 지정하며, 최대 127개까지 지정할 수 있습니다. [조건 범위]와 [조건]의 세트를 늘리면 모든 조건을 만족하는 데이터의 개수를 반환합니다.
- [조건 범위]에는 검색 대상 셀 범위를 지정합니다.
- [조건]에는 [조건 범위] 안에서 개수를 구하고자 하는 데이터의 조건을 지정합니다. 숫자, 문자열, 셀 범위, 비교 연산자, 와일드카드 문자를 사용해 지정할 수 있으며, 숫자와 셀 범위 외에는 ""로 묶어 지정합니다.

예시 1 두 과목 모두 70점 이상인 수험자 수를 구합니다.

	A	B	C	D
1	두과목 모두 70점 이상	3		
2				
3	수험번호	국어	수학	총점
4	R001	80	75	155
5	R002	68	70	138
6	R003	92	100	192
7	R004	80	60	140
8	R005	75	95	170
9				

식	=COUNTIFS(B4:B8,">=70",C4:C8,">=70")

설명 [조건 범위 1](B4~B8) 안에서 [조건 1](70 이상), [조건 범위 2](C4~C8) 안에서 [조건 2](70 이상)의 조건을 모두 만족하는 데이터를 찾아, 찾은 데이터 수를 반환합니다.

| 관련 | COUNTIF　조건을 만족하는 데이터 개수를 구한다 ➡ p.100
　　　　SUMIF　조건을 만족하는 값을 합산한다 ➡ p.32

▶ FREQUENCY

도수분포를 구한다

지정한 값의 구간에 포함된 숫자의 개수를 반환합니다. 예를 들어, 연령대별 또는 점수별 분포표 작성에 활용할 수 있습니다. 반환값은 배열로 반환되므로 수식은 세로 방향의 배열 수식으로 입력해야 합니다. 또한, 결괏값으로 반환되는 요소의 수는 구간 배열보다 1개 더 많아집니다. 가장 마지막 요소는 구간 배열의 최댓값을 초과하는 데이터의 개수를 반환합니다.

형식	**FREQUENCY(데이터 배열,구간 배열)**

• [데이터 배열]에는 숫자가 입력된 셀 범위나 배열 상수를 지정합니다.

• [구간 배열]에는 구간이 입력된 셀 범위를 지정합니다. 각 구간의 상한값을 셀에 입력해 둡니다.

예시 1 연령대별 도수분포표를 작성합니다.

	A	B	C	D	E	F
1	고객번호	나이		상한값	연령대	고객수
2	1001	23		19	10대	0
3	1002	42		29	20대	3
4	1003	33		39	30대	4
5	1004	26		49	40대	2
6	1005	36			50대 이상	1
7	1006	32				
8	1007	41				
9	1008	53				
10	1009	33				
11	1010	20				
12						

셀 F2~F6을 선택하고 함수 'FREQUENCY(B2:B11,D2:D5)'를 입력한 후 Ctrl + Shift + Enter 를 눌러 확정

식	{=FREQUENCY(B2:B11,D2:D5)}

> **설명** 나이 목록(B2~B11)에서 상한값(D2~D5)의 구간에 해당하는 숫자의 개수를 표시합니다. 인수 [구간 배열]의 각 셀에는 구간의 상한값을 지정하기 위해 19, 29, 39, 49를 입력해 각각 10대, 20대, 30대, 40대의 수를 구합니다. 49의 구간 아래에는 49를 초과하는 숫자의 개수가 표시되어, 셀 F6에 1이 표시됩니다. 참고로, Microsoft 365, Excel 2021에서는 첫 번째 셀에 함수를 입력하면 스필 기능을 통해 배열 수식이 동적으로 필요한 만큼 자동 입력됩니다.

| 관련 | 배열 수식 ➡ p.373
　　　　동적 배열 수식과 스필 ➡ p.375

▶ MEDIAN

중간값을 구한다

지정한 숫자 안에서 중간에 위치한 숫자(중간값)를 반환합니다. 중간값(median)은 숫자를 작은 순서대로 나열했을 때 가운데에 위치하는 값을 의미합니다. 데이터 개수가 짝수인 경우, 중앙에 있는 두 숫자의 평균값을 반환합니다.

| 형식 | MEDIAN(**숫자 1**,[**숫자 2**],…) |

[숫자]에는 숫자 또는 셀 범위, 배열 상수를 지정합니다. 논리값이나 숫자를 나타내는 문자열을 인수로 직접 지정한 경우는 계산 대상에 포함됩니다. 반면, 셀 범위에 포함된 문자열, 논리값, 빈 셀은 제외됩니다.

▶ MODE.SNGL

최빈값을 구한다

지정한 배열이나 셀 범위에 포함된 숫자 중 최빈값을 반환합니다. 최빈값은 가장 빈번하게 출현하는 값을 의미합니다. 최빈값이 여러 개일 경우, 가장 먼저 발견된 최빈값 하나만 반환합니다. 모든 최빈값을 구하려면 MODE.MULT 함수를 사용합니다.

| 형식 | MODE.SNGL(**숫자 1**,[**숫자 2**],…) |

[숫자]에는 대상 숫자 또는 숫자가 포함된 셀 범위나 배열 상수를 지정합니다. 셀 범위에 포함된 문자열, 논리값, 빈 셀은 계산 대상에서 제외됩니다. 숫자 목록 안에 중복된 값이 없으면 오류값 '#N/A'를 반환합니다.

| 예시 1 | 나이의 중간값과 최빈값을 구합니다. |

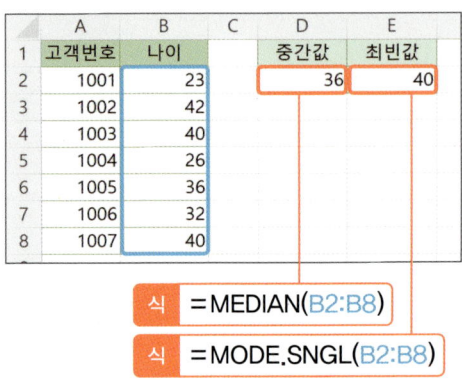

| 식 | =MEDIAN(B2:B8) |
| 식 | =MODE.SNGL(B2:B8) |

설명 셀 D2에서는 MEDIAN 함수를 사용해 나이 목록(B2~B8)의 중간값을 구합니다. 데이터가 7개이므로 오름차순 기준으로 네 번째에 있는 '36'이 중간값으로 반환됩니다. 셀 E2에서는 MODE.SNGL 함수를 사용해 최빈값을 구합니다. '40'이 2개이므로 '40'이 반환됩니다.

| 관련 | AVERAGE 숫자의 평균값을 구한다 ➡ p.110

▶ MODE.MULT

여러 개의 최빈값을 구한다

지정한 배열이나 셀 범위에 포함된 숫자 중 모든 최빈값을 반환합니다. 여러 셀을 선택하고
배열 수식을 입력하면 선택한 셀에서 찾은 모든 최빈값이 표시됩니다. 최빈값을 찾을 수 없
는 경우 '#N/A'라는 오류값을 반환합니다.

형식	**MODE.MULT(숫자 1,[숫자 2] ···)**

[숫자]에는 대상 숫자 또는 숫자가 포함된 셀 범위, 배열 상수를 지정합니다.

예시 1 모든 최빈값을 구합니다.

	A	B	C	D	E
1	학생명	점수		최빈값	
2	홍길동	140		180	
3	성춘향	180		165	
4	이성계	165		#N/A	
5	이순신	170		#N/A	
6	강감찬	165			
7	김유신	180			
8	장보고	210			
9					

식 `{=MODE.MULT(B2:B8)}`

> **설명** 점수 목록(B2~B8)에서 최빈값을 구합니다. 최빈값을 표시할 셀 범위(D2~D5)를
> 지정하고 함수 '=MODE.MULT(B2:B8)'을 입력한 후 [Ctrl]+[Shift]+[Enter]를 누르
> 면 180과 165가 각각 2개씩 발견돼 셀 D2와 D3에 최빈값으로 표시됩니다. 셀 D4
> 와 D5는 해당 최빈값이 없으므로 '#N/A'가 표시됩니다. 참고로, Microsoft 365,
> Excel 2021에서는 첫 번째 셀에 함수를 입력하면, 스필 기능을 통해 배열 수식이
> 동적으로 필요한 만큼 자동 입력됩니다.

| 관련 | MODE.SNGL　최빈값을 구한다 ➡ p.104
MODE　호환성 함수 ➡ p.421
동적 배열 수식과 스필 ➡ p.375

▶ MIN

숫자의 최솟값을 구한다

지정한 숫자 중 가장 작은 숫자를 반환합니다. 셀 범위에 포함된 문자열, 논리값, 빈 셀은 무시됩니다.

| 형식 | MIN(숫자 1,[숫자 2],…) |

[숫자]에는 최솟값을 구하는 숫자나 셀 범위, 배열 상수를 지정합니다. 최대 255개까지 지정할 수 있습니다.

| 통계 | 최대/최소 | 365 | 2021 | 2019 | 2016 |

▶ MINA

데이터의 최솟값을 구한다

지정한 값 중 최솟값을 반환합니다. 셀 범위에 포함된 문자열은 0, TRUE는 1, FALSE는 0으로 간주합니다.

| 형식 | MINA(값 1,[값 2],…) |

[값]에는 최솟값을 구할 숫자나 셀 범위, 배열 상수를 지정합니다.

예시 1 점수 중 최솟값을 구합니다.

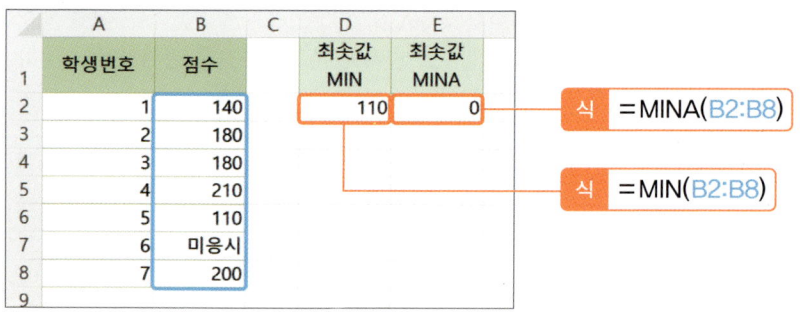

	A	B	C	D	E
1	학생번호	점수		최솟값 MIN	최솟값 MINA
2	1	140		110	0
3	2	180			
4	3	180			
5	4	210			
6	5	110			
7	6	미응시			
8	7	200			
9					

식 =MINA(B2:B8)

식 =MIN(B2:B8)

설명 셀 D2에서는 MIN 함수를 사용해 점수(B2~B8)의 최솟값을 구해 '110'이 반환됩니다. 셀 E2에서는 MINA 함수를 사용해 점수(B2~B8)에서 최솟값을 구하며, 문자열은 0으로 간주되므로 최솟값으로 '0'이 반환됩니다.

| 관련 | MAX   숫자의 최댓값을 구한다 ➡ p.108
　　　　　 MAXA   데이터의 최댓값을 구한다 ➡ p.108

수학/삼각

날짜/시간

통계

문자열 조작

논리

검색/행렬 · 웹

큐브

정보

데이터베이스

재무

공학

기초지식

유용한 테크닉

▶ MINIFS

여러 조건을 만족하는 최솟값을 구한다

여러 범위별로 조건을 설정하고, 모든 조건을 만족하는 숫자 중 최솟값을 반환합니다.

형식	MINIFS(최소 범위,조건 범위 1,조건 1,[조건 범위 2,조건 2],…)

- [조건 범위]에서 [조건]과 일치하는 값을 찾고, 찾은 행의 [최소 범위]에 있는 값 중 최 솟값을 반환합니다. [조건 범위]와 [조건]은 반드시 세트로 지정하며, 최대 126개까지 지정할 수 있습니다. [조건 범위]와 [조건] 세트를 늘리면 모든 조건을 만족하는 데이터 의 최솟값을 반환합니다.
- [최소 범위]에는 최솟값을 구할 범위를 지정합니다.
- [조건 범위]에는 검색 대상이 되는 셀 범위를 지정합니다.
- [조건]에는 [조건 범위] 중에서 최솟값을 구하고자 하는 데이터의 조건을 지정합니다. 숫자, 문자열, 셀 범위, 비교 연산자, 와일드카드 문자를 사용해 지정할 수 있으며, 숫자 와 셀 범위 외에는 ""로 묶어 지정합니다.

예시	1	지정한 분류 안에서 최소 금액을 구합니다.

	A	B	C	D	E	F	G
1	주문번호	분류	금액		분류	최소금액	
2	1001	컴퓨터	368,000		컴퓨터	368,000	
3	1002	태블릿PC	175,000				
4	1003	노트북	225,000				
5	1004	컴퓨터	680,000				
6	1005	태블릿PC	395,000				
7	1006	노트북	450,000				
8	1007	노트북	280,000				
9	1008	태블릿PC	565,000				
10	1009	컴퓨터	455,000				
11	1010	컴퓨터	550,000				
12							

식	=MINIFS(C2:C11,B2:B11,E2)

설명 분류(B2~B11) 안에서 셀 E2와 같은 값(컴퓨터)을 찾고, 찾은 행에서 금액 (C2~C11)의 최솟값을 구합니다.

| 관련 | MAXIFS   여러 조건을 만족하는 최댓값을 구한다 ➡ p.109   107

통계   최대/최소   365   2021   2019   2016

▶ MAX

숫자의 최댓값을 구한다

지정한 숫자 중 가장 큰 값을 반환합니다. 셀 범위에 포함된 문자열, 논리값, 빈 셀은 무시합니다.

| 형식 | MAX(숫자 1,[숫자 2],…) |

[숫자]에는 최댓값을 구할 숫자나 셀 범위 또는 배열 상수를 지정합니다. 최대 255개까지 지정합니다.

통계   최대/최소   365   2021   2019   2016

▶ MAXA

데이터의 최댓값을 구한다

지정한 값 중 최댓값을 반환합니다. 셀 범위에 포함된 문자열은 0, TRUE는 1, FALSE는 0으로 간주합니다.

| 형식 | MAXA(값 1,[값 2],…) |

[값]에는 최댓값을 구할 숫자나 셀 범위, 배열 상수를 지정합니다.

예시 **1** 점수 중 최댓값을 구합니다.

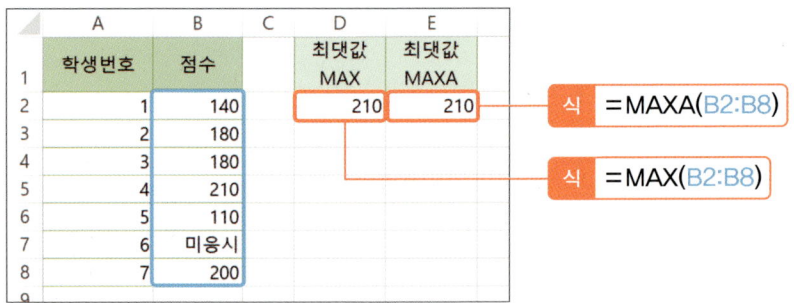

> 설명 셀 D2에서 MAX 함수를 사용해 점수(B2∼B8)의 최댓값을 구해 '210'이 반환됩니다. 셀 E2에서는 MAXA 함수를 사용해 점수(B2∼B8)의 최댓값을 구하며, 문자열은 0으로 간주되어 최댓값으로 '210'을 반환합니다.

| 관련 | MINA   데이터의 최솟값을 구한다 ➡ p.106

    MIN   숫자의 최솟값을 구한다 ➡ p.106

▶ MAXIFS

여러 조건을 만족하는 최댓값을 구한다

여러 범위별로 조건을 설정하고, 모든 조건을 만족하는 숫자 중 최댓값을 반환합니다.

형식　　MAXIFS(최대 범위,조건 범위 1,조건 1,[조건 범위 2,조건 2],…)

- [조건 범위] 안에서 [조건]과 일치하는 값을 찾고, 찾은 행의 [최대 범위]에 있는 값 중에서 최댓값을 반환합니다. [조건 범위]와 [조건]은 반드시 세트로 지정해야 하며, 최대 126세트까지 지정할 수 있습니다. [조건 범위]와 [조건] 세트를 늘릴 경우, 모든 조건을 만족하는 데이터의 최댓값을 반환합니다.
- [최대 범위]에는 최댓값을 구할 범위를 지정합니다.
- [조건 범위]에는 검색 대상 셀 범위를 지정합니다.
- [조건]에는 [조건 범위] 중에서 최댓값을 구하고자 하는 데이터의 조건을 지정합니다. 숫자, 문자열, 셀 범위, 비교 연산자, 와일드카드 문자를 사용해 지정할 수 있으며, 숫자와 셀 범위 외에는 ""로 묶어 지정합니다.

예시 1　지정한 분류 안에서 최대 금액을 구합니다.

	A	B	C	D	E	F
1	주문번호	분류	금액		분류	최대금액
2	1001	컴퓨터	368,000		태블릿PC	565,000
3	1002	태블릿PC	175,000			
4	1003	노트북	225,000			
5	1004	컴퓨터	680,000			
6	1005	태블릿PC	395,000			
7	1006	노트북	450,000			
8	1007	노트북	280,000			
9	1008	태블릿PC	565,000			
10	1009	컴퓨터	455,000			
11	1010	컴퓨터	550,000			
12						

식　=MAXIFS(C2:C11,B2:B11,E2)

설명　분류(B2~B11) 안에서 셀 E2와 동일한 값(태블릿PC)을 찾고, 발견된 행에서 금액(C2~C11)의 최댓값을 구합니다.

▶ AVERAGE

숫자의 평균값을 구한다

지정한 숫자의 평균(산술평균)값을 반환합니다. 셀 범위에 포함된 문자열, 논리값, 빈 셀은 무시됩니다. 인수에 직접 논리값을 지정하면 TRUE는 1, FALSE는 0으로 간주합니다.

| 형식 | AVERAGE(숫자 1,[숫자 2],…) |

[숫자]에는 평균을 구하고자 하는 숫자나 셀 범위를 지정합니다.

▶ AVERAGEA

데이터의 평균값을 구한다

지정한 값의 평균값을 구합니다. 셀에 입력된 문자열은 0, TRUE는 1, FALSE는 0으로 간주합니다. 셀 범위 내에 포함된 빈 셀은 무시됩니다.

| 형식 | AVERAGEA(값 1,[값 2],…) |

[값]에는 평균값을 구할 숫자나 셀 범위를 지정합니다.

| 예시 1 | 시험의 평균 점수를 구합니다.

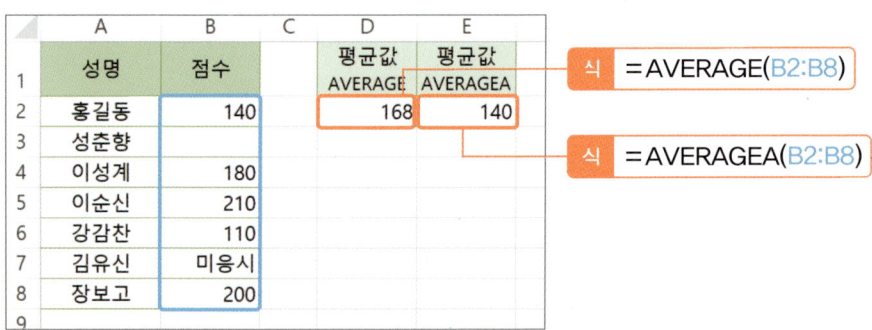

	A	B	C	D	E
1	성명	점수		평균값 AVERAGE	평균값 AVERAGEA
2	홍길동	140		168	140
3	성춘향				
4	이성계	180			
5	이순신	210			
6	강감찬	110			
7	김유신	미응시			
8	장보고	200			
9					

식 =AVERAGE(B2:B8)

식 =AVERAGEA(B2:B8)

> **설명** 셀 D2에서는 AVERAGE 함수를 사용해 점수(B2~B8)의 평균을 구합니다. 빈 셀과 문자열은 계산 대상에서 제외됩니다. 셀 E2에서는 AVERAGEA 함수를 사용해 마찬가지로 평균을 구합니다. 빈 셀은 계산 대상에서 제외되지만, 문자열은 0으로 간주되어 계산 대상에 포함되므로 '140'이 반환됩니다.

수학/삼각

날짜/시간

통계

문자열 조작

논리

검색/행렬 · 웹

큐브

정보

데이터베이스

재무

공학

기초지식

유용한 테크닉

COLUMN

평균의 종류

평균에는 산술평균, 기하평균, 조화평균 세 가지 종류가 있습니다. 각 평균값은 0 이상의 x_1, x_2···, x_n이라는 n개의 숫자에 대해 각각 다음 식을 통해 구할 수 있습니다.

- 산술평균(A)은 상가평균이라고도 하며, 일반적인 평균값입니다. 예를 들어, 시험의 평균 점수를 구할 때 사용합니다(AVERAGE 함수).

$$A = \frac{x_1 + x_2 + \dots + x_n}{n}$$

- 기하평균(G)은 변화율의 평균을 구할 때 사용합니다. 예를 들어, 제품 매출의 연도별 성장률(%)의 평균을 구할 때 사용합니다(GEOMEAN 함수).

$$G = n\sqrt{x_1 x_2 \dots x_n}$$

- 조화평균(H)은 각 데이터 역수의 산술평균의 역수로 구합니다. 예를 들어, 왕복 평균 시속을 구할 때 사용합니다(HARMEAN 함수).

$$\frac{1}{H} = \frac{1}{n} \left(\frac{1}{x_1} + \frac{1}{x_2} + \dots + \frac{1}{x_n} \right)$$

| 관련 | **AVERAGE** 숫자의 평균값을 구한다 ➡ p.110
      GEOMEAN 기하평균을 구한다 ➡ p.114
      HARMEAN 조화평균을 구한다 ➡ p.114
      TRIMMEAN 극단적인 데이터를 제외한 평균을 구한다 ➡ p.115

▶ AVERAGEIF

조건을 만족하는 숫자의 평균값을 구한다

지정한 셀 범위 중 검색 조건을 만족하는 데이터의 평균값을 반환합니다.

형식   **AVERAGEIF(범위, 검색 조건, [평균 범위])**

- [범위] 안에서 [검색 조건]과 일치하는 값을 찾고, 찾은 행의 [평균 범위] 값의 평균을 구합니다.
- [범위]에는 검색할 셀 범위를 지정합니다.
- [검색 조건]에는 [범위] 안에서 평균을 구하고자 하는 데이터 조건을 지정합니다. 숫자 와 셀 범위 외에는 ""로 묶어 지정합니다. 비교 연산자, 와일드카드 문자를 사용한 조 건을 설정할 수도 있습니다(p.32 표 참조).
- [평균 범위]에는 평균을 구할 데이터가 입력된 셀 범위를 지정합니다. 생략할 경우 [범 위]에 있는 숫자를 평균합니다.

예시 1   '종로점'의 수량 평균값을 구합니다.

	A	B	C	D	E
1	날짜	매장	수량		종로점 평균
2	10월 1일	종로점	10		17.5
3	10월 2일	용산점	20		
4	10월 3일	홍대점	15		
5	11월 1일	용산점	10		
6	11월 2일	종로점	25		
7	11월 3일	홍대점	30		
8					

식   =AVERAGEIF(B2:B7, "종로점", C2:C7)

설명   [범위](B2~B7) 안에서 [검색 조건](종로점)을 찾아, 찾은 행에서 [평균 범위] (C2~C7)의 값을 평균합니다.

AVERAGEIFS

여러 조건을 만족하는 평균값을 구한다

여러 범위별로 조건을 설정하고 모든 조건을 만족하는 숫자의 평균값을 반환합니다.

| 형식 | AVERAGEIFS(평균 범위,조건 범위 1,조건 1,[조건 범위 2, 조건 2],…) |

- [조건 범위] 안에서 [조건]과 일치하는 값을 찾고, 찾은 행의 [평균 범위]에 있는 값의 평균을 계산합니다. [조건 범위]와 [조건]은 반드시 세트로 지정해야 하며, 최대 127세트까지 지정할 수 있습니다. [조건 범위]와 [조건] 세트를 늘릴 경우, 모든 조건을 만족하는 경우에만 평균값을 계산합니다.
- [평균 범위]에는 평균을 구할 데이터가 입력된 셀 범위를 지정합니다.
- [조건 범위]에는 검색 대상 셀 범위를 지정합니다.
- [조건]에는 [조건 범위] 안에서 평균을 구하고자 하는 데이터의 조건을 지정합니다. 숫자, 문자열, 셀 범위, 비교 연산자, 와일드카드 문자를 사용해 지정할 수 있으며, 숫자와 셀 범위 외에는 ""로 묶어 지정합니다.

예시 1 매장명이 '홍대점'이고 종별이 '100'인 점포의 평균 매출액을 구합니다.

	A	B	C	D	E	F	G
1	날짜	매장명	종별	상품	금액		홍대점에서 종별이 100인 상품의 평균매출액
2	10월 1일	종로점	100	초콜릿	45,000		32,500
3	10월 2일	용산점	200	마카롱 종합세트	20,000		
4	10월 3일	홍대점	100	초코 케이크	35,000		
5	11월 1일	용산점	200	마카롱 한정판매	20,000		
6	11월 2일	종로점	300	쿠키 캔	25,000		
7	11월 3일	홍대점	100	사탕 세트	30,000		
8							

식 =AVERAGEIFS(E2:E7,B2:B7,"홍대점",C2:C7,100)

설명 [조건 범위 1](B2~B7) 안에서 [조건 1](홍대점), [조건 범위 2](C2~C7) 안에서 [조건 2](100)를 찾아 두 조건에 맞는 행의 [평균 범위](E2~E7)의 값을 평균합니다.

| 관련 | SUMIF 조건을 만족하는 값을 합산한다 ➡ p.32

▶ GEOMEAN

기하평균을 구한다

지정한 숫자의 기하평균을 반환합니다. 기하평균은 성장률이나 이자율의 평균을 구할 때 사용합니다.

형식　GEOMEAN(숫자 1,[숫자 2],…)

[숫자]에는 기하평균을 구할 숫자나 셀 범위를 지정합니다. 셀에 입력된 문자열, 논리값, 빈 셀은 무시됩니다.

예시 1　지난 4년간의 전년 대비 이익률에서 평균 성장률을 구합니다.

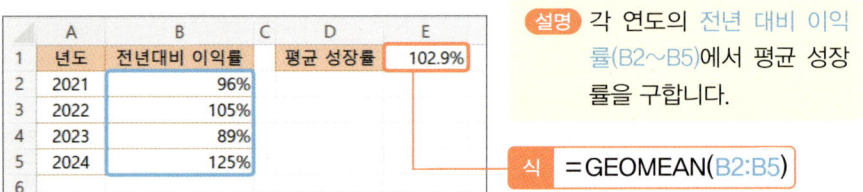

설명 각 연도의 전년 대비 이익률(B2~B5)에서 평균 성장률을 구합니다.

식 =GEOMEAN(B2:B5)

▶ HARMEAN

조화평균을 구한다

지정한 숫자의 조화평균을 반환합니다. 조화평균은 평균 속도를 계산할 때 자주 사용합니다.

형식　HARMEAN(숫자 1,[숫자 2],…)

[숫자]에는 숫자나 셀 범위를 지정합니다. 셀에 입력된 문자열, 논리값, 빈 셀은 무시됩니다.

예시 1　3개 구간의 평균 속도에서 전체 평균 속도를 구합니다.

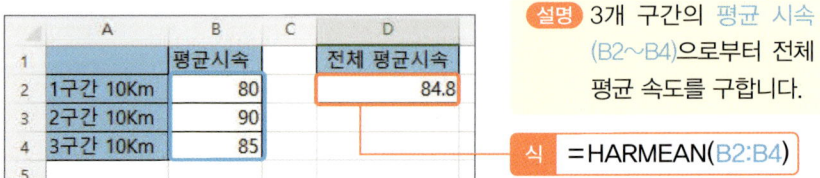

설명 3개 구간의 평균 시속(B2~B4)으로부터 전체 평균 속도를 구합니다.

식 =HARMEAN(B2:B4)

▶ TRIMMEAN

극단적인 데이터를 제외한 평균을 구한다

지정한 숫자 범위의 상한과 하한에서 일정 비율의 데이터를 제거한 나머지 숫자의 평균을 반환합니다. 전체에 비해 극단적으로 크거나 작은 숫자를 제외한 평균을 구할 수 있습니다.

형식	**TRIMMEAN(배열,비율)**

- [배열]에는 평균을 구할 배열 또는 셀 범위를 지정합니다.
- [비율]에는 계산에서 제외할 비율을 지정합니다. 예를 들어, 0.2로 설정한 경우, 상한과 하한에서 각각 10%씩 제외해 전체에서 20%를 제외합니다.

예시 1 상위 10%, 하위 10%를 제외한 평균값을 구합니다.

	A	B	C	D	E
1	번호	멀리던지기 기록(m)		상하위 10%를 제외한 평균	25.5
2	1001	3		전체 평균	25.9
3	1002	18			
4	1003	22			
5	1004	30			
6	1005	52			
7	1006	32			
8	1007	22			
9	1008	36			
10	1009	24			
11	1010	20			
12					

식 =AVERAGE(B2:B11)　　　**식** =TRIMMEAN(B2:B11,0.2)

설명 멀리던지기 기록(m)(B2~B11) 중, 전체 20%(상위 및 하위 각각 10%씩)의 데이터를 제외한 숫자의 평균을 구합니다.

▶ RANK.EQ
순위를 구한다

범위 내에서 지정한 숫자가 오름차순 혹은 내림차순으로 몇 번째인지 순위를 구합니다. 같은 숫자가 있으면 같은 순위가 됩니다.

형식	**RANK.EQ(숫자,범위,[순서])**

- [숫자]에는 순위를 조사할 숫자를 지정합니다.
- [범위]에는 숫자 배열 또는 셀 범위를 지정합니다. 범위 안의 문자열, 논리값, 빈 셀은 무시됩니다.
- [순서]에는 0을 지정하거나 생략한 경우 내림차순(큰 순서)으로, 1을 지정한 경우 오름 차순(작은 순서)으로 1부터 순위를 매깁니다.

예시 1	시험 점수의 순위를 매깁니다.

⬛	A	B	C	D	E
1	학생 번호	점수	순위	중복횟수	중복을 고려한 순위
2	1	140	6	1	6
3	2	180	3	1	3
4	3	150	5	1	5
5	4	210	1	1	1
6	5	110	7	1	7
7	6	180	3	2	4
8	7	200	2	1	2
9					

| HINT | 중복 순위가 부여되지 않게 하려면 D열과 같이 COUNTIF 함수로 중복된 숫자에 연번을 부여하고(p.101 COUNTIF 예시 참조), E열과 같이 '순위+중복횟수−1'로 중복되지 않은 순위를 구할 수 있습니다. 이는 중복되지 않은 순위를 기준으로 학생번호를 검색하고 싶을 때 등에 이용할 수 있습니다. |

식	=COUNTIF($C$2:C2,C2)

식	=C2+D2−1

식	=RANK.EQ(B2,$B$2:$B$8,0)

| 설명 | 점수(B2~B8) 중 셀 B2(140)가 내림차순으로 몇 위인지 구합니다. 180점이 3위로 두 번 중복되므로 다음 순서인 150점이 5위가 됩니다. |

관련	COUNTIF　조건을 만족하는 데이터 개수를 구한다 ➡ p.100
	RANK.AVG　동일한 순위일 경우 평균값으로 순위를 구한다 ➡ p.117

RANK　호환성 함수 ➡ p.421

▶ RANK.AVG

동일한 순위일 경우 평균값으로 순위를 구한다

범위 안에서 지정한 숫자가 오름차순 혹은 내림차순으로 몇 번째인지 순위를 구합니다. 같은 숫자가 있는 경우, 순위의 평균값으로 같은 순위가 됩니다.

형식 **RANK.AVG(숫자,범위,[순서])**

- [숫자]에는 순위를 조사할 숫자를 지정합니다.
- [범위]에는 숫자 배열 또는 셀 범위를 지정합니다. 범위 내의 문자열, 논리값, 빈 셀은 무시됩니다.
- [순서]에는 0을 지정하거나 생략한 경우 내림차순(큰 순서)으로, 1을 지정한 경우 오름 차순(작은 순서)으로 1부터 순위를 매깁니다.

예시 1 시험 점수로 순위를 구합니다(동점자는 평균값으로 순위 결정).

	A	B	C
1	번호	점수	순위
2	1	140	6
3	2	180	3.5
4	3	150	5
5	4	210	1
6	5	110	7
7	6	180	3.5
8	7	200	2
9			

식 =RANK.AVG(B2,$B$2:$B$8,0)

설명 점수(B2~B8) 중 셀 B2(140)가 내림차순으로 몇 위인지 구합니다. 180점이 2개이 므로 3위와 4위의 평균값은 3.5위이고, 140점은 6위가 됩니다.

관련 | RANK.EQ 순위를 구한다 ➡ p.116

▶ SMALL / LARGE

작은 값 또는 큰 값 기준으로 지정한 순위에 있는 값을 구한다

SMALL 함수는 범위 안에서 작은 값 순서로 지정된 순위에 있는 값을 구합니다. LARGE 함수는 범위 안에서 큰 순서로 지정된 순위에 있는 값을 구합니다.

형식	SMALL(**범위**,**순위**) LARGE(**범위**,**순위**)

- [범위]에는 검색할 숫자 배열 또는 셀 범위를 지정합니다. 문자열, 논리값, 빈 셀은 무시됩니다.
- [순위]에는 작은 순서 또는 큰 순서로 몇 번째 값을 구할 것인지 숫자로 지정합니다.

예시　1　50m 달리기와 멀리던지기 순위를 구합니다.

	A	B	C	D	E	F	G
1	번호	50m 달리기	멀리던지기		순위	50m 달리기	멀리던지기
2	1001	9.27	3		1	8.15	30
3	1002	11.33	18		2	9.27	22
4	1003	8.15	22				
5	1004	10.05	30				
6							

식	=SMALL($B$2:$B$5,E2)

식	=LARGE($C$2:$C$5,E2)

> **설명**　셀 F2에서는 SMALL 함수를 사용해 50m 달리기(B2~B5)에서 1위(E2)의 기록을 구합니다. 셀 G2에서는 LARGE 함수를 사용해 멀리던지기(C2~C5)에서 1위(E2)의 거리를 구합니다.

| 관련 |　MIN　숫자의 최솟값을 구한다 ➡ p.106

　　　　MINA　데이터의 최솟값을 구한다 ➡ p.106

▶ PERCENTRANK.INC / PERCENTRANK.EXC

백분율로 순위를 구한다

PERCENTRANK.INC 함수는 배열 내 값의 순위를 작은 것부터 계산해 몇 %의 위치에 있는지를 0 이상 1 이하의 값으로 반환합니다. PERCENTRANK.EXC 함수는 배열 내 값의 순위를 작은 것부터 계산해 몇 %의 위치에 있는지를 0 초과 1 미만의 값으로 반환합니다.

형식	PERCENTRANK.INC(배열,x,[유효 자릿수]) PERCENTRANK.EXC(배열,x,[유효 자릿수])

- [배열]에는 숫자 배열 상수 또는 셀 범위를 지정합니다. 셀 범위 내에 있는 문자열, 논리값, 빈 셀은 무시됩니다.
- [x]는 순위를 조사하고자 하는 숫자를 지정합니다. [배열] 범위 안에 [x]가 포함되지 않은 경우, 해당 값을 [배열]에 추가해 계산합니다.
- [유효 자릿수]는 계산 결과를 백분율로 소수점 이하 몇 자리까지 표시할지를 지정합니다. 생략하면 소수점 셋째 자리까지 계산합니다.

예시　1　테스트 결과를 백분율 순위로 구합니다.

	A	B	C	D
1	성명	점수	백분율 순위	
2			0%와 100% 포함	0%와 100% 미포함
3	홍길동	140	0.16	0.25
4	성춘향	180	0.5	0.5
5	이성계	150	0.33	0.37
6	이순신	210	1	0.87
7	강감찬	110	0	0.12
8	김유신	180	0.5	0.5
9	장보고	200	0.83	0.75
10				

식　=PERCENTRANK.EXC($B$3:$B$9,B3,2)

식　=PERCENTRANK.INC($B$3:$B$9,B3,2)

설명　셀 C3에서는 PERCENTRANK.INC 함수를 사용해 점수($B$3~$B$9) 중 셀 B3(140)이 0% 이상 100% 이하의 범위에서 전체의 몇 % 위치에 있는지 소수점 둘째 자리까지 구합니다. 셀 D3에서는 PERCENTRANK.EXC 함수를 사용해 마찬가지로 0%보다 크고 100%보다 작은 범위에서 전체의 몇 % 위치에 있는지 구합니다.

▶ PERCENTILE.INC / PERCENTILE.EXC

백분위수를 구한다

PERCENTILE.INC 함수는 배열 내 값의 순위를 작은 순서대로 0 이상 1 이하의 범위에서 지정한 백분율 위치에 있는 값을 반환합니다. PERCENTILE.EXC 함수는 배열 내 값의 순위를 작은 순서대로 0 초과 1 미만의 범위에서 지정한 백분율 위치에 있는 값을 반환합니다.

| 형식 | PERCENTILE.INC(**배열**,**비율**)
PERCENTILE.EXC(**배열**,**비율**) |

- [배열]에는 백분위수를 조사하기 위한 숫자의 배열 상수 또는 셀 범위를 지정합니다. 셀 범위 내에 있는 문자열, 논리값, 빈 셀은 무시됩니다.
- [비율]에서 PERCENTILE.INC 함수는 원하는 값의 위치를 0 이상 1 이하의 범위에서 지정합니다. 0을 지정하면 배열 내에서 최솟값을, 1을 지정하면 최댓값을 반환합니다. 또한, [비율]이 1÷(데이터 개수−1)의 배수가 아닌 경우에는 데이터를 보간하여 해당 비율에 해당하는 백분위수의 값을 구합니다. PERCENTILE.EXC 함수는 0 초과 1 미만의 범위에서 값을 지정합니다. 지정한 백분위수의 비율이 배열의 두 값 사이에 있는 경우 비율 보간이 이루어지지만, 지정된 비율을 보간할 수 없는 경우에는 오류값 '#NUM!'을 반환합니다. 예를 들어, 0.1이나 0.9처럼 0이나 1에 가까운 비율을 지정하면 오류가 발생할 수 있습니다. 0과 1을 포함하지 않고 계산하는 점이 PERCENTILE.INC 함수와의 차이점입니다.

예시 1 테스트 점수를 기준으로 상위 10%, 하위 10%에 해당하는 값을 구합니다.

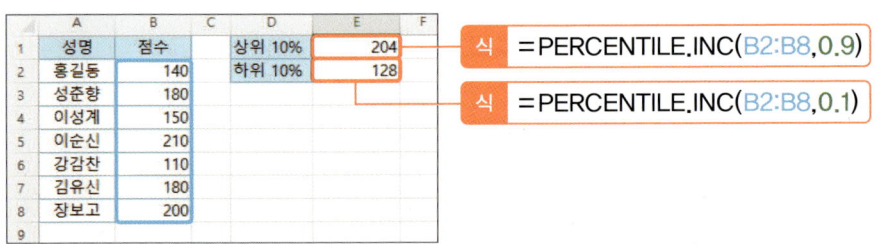

	A	B	C	D	E	F
1	성명	점수		상위 10%	204	
2	홍길동	140		하위 10%	128	
3	성춘향	180				
4	이성계	150				
5	이순신	210				
6	강감찬	110				
7	김유신	180				
8	장보고	200				
9						

식 =PERCENTILE.INC(B2:B8,0.9)

식 =PERCENTILE.INC(B2:B8,0.1)

설명 셀 E1에서는 점수 열(B2~B8) 중 상위 10%(큰 것부터 10%이므로 0.9)에 해당하는 점수, 셀 E2에서는 하위 10%(작은 것부터 0.1)에 해당하는 점수를 구합니다. 둘 다 일치하는 숫자가 점수열에 없으므로 각각의 위치에 해당하는 데이터가 보간된 결과가 반환됩니다.

▶ QUARTILE.INC / QUARTILE.EXC

사분위수를 구한다

QUARTILE.INC 함수는 배열 내 값의 순위를 작은 것부터 계산해 지정한 사분위수(0%, 25%, 50%, 75%, 100%) 위치에 있는 값을 반환합니다. 배열 안에 해당하는 값이 없는 경우에는 보간하여 계산됩니다. QUARTILE.EXC 함수는 사분위수(25%, 50%, 75%) 위치에 있는 값을 반환합니다. 0%와 100%를 포함하지 않는 점이 QUARTILE.INC 함수와의 차이점입니다.

형식	**QUARTILE.INC**(**배열**,**반환값**) **QUARTILE.EXC**(**배열**,**반환값**)

- [배열]에는 사분위수를 구할 배열 상수 또는 셀 범위를 지정합니다.
- [반환값]에는 반환값으로 반환되는 사분위수의 내용을 0~4의 숫자로 지정합니다. QUARTILE.EXC 함수는 1~3의 숫자로 지정합니다(표 참조).

매개변수	반환값	같은 함수
0	최솟값(0%)	MIN 함수
1	1사분위수(25%)	
2	2사분위수(50%)	MEDIAN 함수
3	3사분위수(75%)	
4	최댓값(100%)	MAX 함수

예시 1 상위 25%에 해당하는 점수를 합격선으로 정합니다.

	A	B	C	D	E	F
1	성명	점수		합격선		
2	홍길동	140		상위 25%	190	
3	성춘향	180				
4	이성계	150				
5	이순신	210				
6	강감찬	110				
7	김유신	180				
8	장보고	200				
9						

식 **=QUARTILE.INC(B2:B8,3)**

> **설명** 점수(B2~B8) 범위에서 상위 25%(3사분위수)에 해당하는 점수를 구합니다. 점수의 상위는 점수가 높을수록 상위이므로 상위 25%는 점수가 작은 쪽에서 75%가 되므로, 두 번째 인수는 3을 지정합니다.

▶ VAR.P

숫자를 기반으로 분산을 구한다

지정한 숫자를 모집단 전체로 간주해 모집단의 분산을 반환합니다. 셀 범위 내에 있는 논리값과 문자열은 무시하고 계산합니다.

형식 VAR.P(**숫자 1**,[**숫자 2**],···)

[숫자]에는 숫자, 배열 상수, 셀 범위를 지정합니다. 배열이나 셀 범위에 포함된 숫자만 계산 대상이며 빈 셀, 논리값, 문자열, 오류값은 무시됩니다. 인수에 직접 지정한 논리값 (TRUE는 1, FALSE는 0)과 숫자를 나타내는 문자열은 계산 대상이 됩니다.

HINT • 분산은 데이터의 흩어진 정도를 나타내는 값을 말합니다. 각 데이터가 평균값에서 얼마나 떨어져 있는지를 나타내며, 분산값이 클수록 평균값에서 벗어난 데이터가 많다는 의미입니다. 분산을 구하려면 각 데이터의 평균값과의 차이를 제곱한 후 모두 더하고 데이터 개수로 나눕니다. 각 데이터를 x, 평균을 μ, 개수를 n이라고 하면 다음과 같은 식이 됩니다.

$$\frac{\sum(x-\mu)^2}{n}$$

• 모집단이란 통계를 낼 때 전체 데이터를 가리킵니다. 전체 데이터 중 일부를 추출한 것을 표본이라고 합니다.

예시 1 시험 결과에서 국어와 수학의 분산을 구합니다.

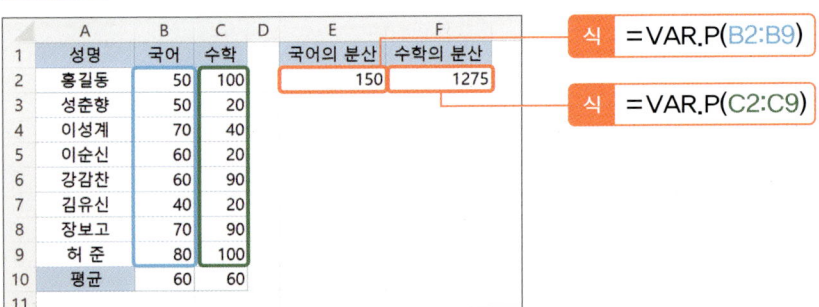

설명 셀 E2는 국어 점수(B2~B9)의 분산을 구하고 셀 F2는 수학 점수(C2~C9)의 분산을 구합니다. 국어와 수학 모두 평균값은 같지만, 수학의 분산값이 더 큽니다. 평균값에서 벗어난 데이터가 국어보다 많다는 것을 알 수 있습니다.

수학/삼각

날짜/시간

통계

문자열 조작

논리

검색/행렬·웹

큐브

정보

데이터베이스

재무

공학

기초지식

유용한 테크닉

| 통계 | 분산 | 365 | 2021 | 2019 | 2016 |

▶ VARPA

데이터를 기반으로 분산을 구한다

지정한 수치를 모집단 전체로 간주하여 모집단의 분산을 반환합니다. 범위 내에 있는 논리값이나 문자열을 계산 대상에 포함한다는 점이 VAR.P 함수와의 차이점입니다.

| 형식 | **VARPA(값 1,[값 2],…)** |

[값]에는 숫자, 배열 상수, 셀 범위를 지정합니다. 인수에 포함된 논리값 중 TRUE는 1, FALSE는 0, 문자열은 0으로 간주합니다. 배열 상수 또는 셀 범위 내의 빈 셀과 문자열은 무시됩니다.

| 통계 | 분산 | 365 | 2021 | 2019 | 2016 |

▶ VAR.S

숫자를 기반으로 표본분산을 구한다

지정한 숫자를 정규 모집단의 표본으로 간주하고, 표본을 기준으로 모집단의 분산 추정치를 반환합니다. 셀 범위 내에 있는 논리값과 문자열은 무시하고 계산합니다.

| 형식 | **VAR.S(숫자 1,[숫자 2],…)** |

[숫자]에는 모집단의 표본에 해당하는 숫자, 배열 상수, 셀 범위를 지정합니다. 인수에 직접 지정한 논리값(TRUE는 1, FALSE는 0)과 숫자를 나타내는 문자열은 계산 대상이 되지만, 배열 상수 또는 셀 범위 내에 있는 문자열, 논리값, 빈 셀, 오류값은 무시됩니다.

| HINT ▶ 표본분산은 각 데이터를 x, 평균값을 μ, 개수를 n이라 하면 다음과 같은 식이 됩니다.

$$\frac{\sum (x - \mu)^2}{n - 1}$$

| 예시 1 | 추출한 데이터에서 표본분산을 구합니다.

▲	A	B	C	D
1	추출번호	득점		표본 분산
2	1011	50		171.4286
3	1023	50		
4	2018	70		
5	2230	60		
6	3520	60		
7	3670	40		
8	4550	70		
9	5672	80		

식 **=VAR.S(B2:B9)**

설명 점수 열(B2~B9)을 모집단의 표본으로 간주해 표본분산을 구합니다.

123

▶ VARA

데이터를 기반으로 표본분산을 구한다

지정한 값을 정규 모집단의 표본으로 간주하고 표본을 기준으로 모집단의 분산 추정치를 반환합니다. 셀 범위 내에 있는 논리값이나 문자열을 계산 대상으로 하는 점이 VAR.S 함수와의 차이점입니다.

형식	VARA(값 1,[값 2],⋯)

[값]에는 숫자, 배열 상수, 셀 범위를 지정합니다. 인수에 포함된 논리값 중 TRUE는 1, FALSE는 0, 문자열은 0으로 간주합니다. 빈 셀은 무시됩니다.

▶ STDEV.P

숫자를 기반으로 표준편차를 구한다

지정한 숫자를 전체 모집단으로 간주해 모집단의 표준편차를 반환합니다. 셀 범위 내에 있는 논리값과 문자열은 무시하고 계산합니다.

형식	STDEV.P(숫자 1,[숫자 2],⋯)

[숫자]에는 집단 전체에 해당하는 숫자, 배열 상수, 셀 범위를 지정합니다. 인수로 직접 지정한 논리값(TRUE는 1, FALSE는 0)과 숫자를 나타내는 문자열은 계산 대상이지만, 배열 상수 또는 셀 범위를 지정한 경우에는 문자열, 논리값, 빈 셀, 오류값을 무시합니다.

HINT ▶ • 표준편차란 데이터가 평균으로부터 얼마나 넓은 범위에 분포되어 있는지를 측정한 것입니다. 각 데이터를 x, 평균값을 μ, 개수를 n이라 하면 다음과 같은 식이 성립되어, 표준편차 $=\sqrt{분산}$이라는 관계가 성립합니다. 숫자가 평균값에 가깝게 집중되어 있으면 표준편차가 작고, 평균에서 멀어지면 표준편차가 커집니다.

$$\sqrt{\frac{\sum(x-\mu)^2}{n}}$$

표준편차를 사용하여 편차치를 구할 수 있습니다. 편차치는 평균을 50으로 했을 때 평균에서 얼마나 떨어져 있는지를 나타내는 숫자로, 다음과 같은 공식으로 구할 수 있습니다.

편차치 = (개인 점수–평균 점수)÷(표준편차)×10+50

예시 1 전체 학생을 대상으로 표준편차를 구합니다.

	A	B	C	D	E	F	G	H	I
1	번호	1반	2반	3반	4반	5반		평균값	63.1
2	1	33	86	36	41	81		표준편차	17.99509
3	2	56	45	44	59	63			
4	3	21	69	63	81	78		편차치	
5	4	44	61	96	73	74		2반 3번: 69점	53.27867
6	5	58	69	77	76	99		5반 5번: 99점	69.94983
7	6	62	70	60	50	68			

설명 1반~5반의 전체 학생의 각 점수에서 표준편차를 구합니다.

식 =STDEV.P(B2:F7)

수학/삼각

날짜/시간

통계

문자열 조작

논리

검색/행렬 · 웹

큐브

정보

데이터베이스

재무

공학

기초지식

유용한 테크닉

| 통계 | 표준편차 | 365 | 2021 | 2019 | 2016 |

▶ STDEVPA

데이터를 기반으로 표준편차를 구한다

지정한 수치를 전체 모집단으로 간주해 모집단의 표준편차를 반환합니다. 셀 범위 내에 있는 논리값이나 문자열을 계산 대상으로 한다는 점이 STDEV.P 함수와 다릅니다.

> **형식** STDEVPA(값 1,[값 2],…)

[값]에는 모집단에 해당하는 값, 숫자, 숫자 배열, 숫자가 포함된 범위를 참조하는 이름 또는 셀 참조, 숫자를 나타내는 문자열, TRUE 또는 FALSE와 같은 논리값을 지정할 수 있습니다. TRUE는 1, FALSE는 0, 셀 범위에 포함된 문자열은 0으로 간주되며, 빈 셀은 무시됩니다.

| 통계 | 표준편차 | 365 | 2021 | 2019 | 2016 |

▶ STDEV.S

숫자를 기반으로 표본표준편차를 구한다

지정한 숫자를 모집단의 표본으로 간주해 모집단의 표본표준편차를 반환합니다. 셀 범위 내에 있는 논리값과 문자열은 무시하고 계산합니다.

> **형식** STDEV.S(숫자 1,[숫자 2],…)

[숫자]에는 모집단의 표본에 해당하는 숫자, 배열 상수, 셀 범위를 지정합니다. 인수로 직접 지정한 논리값과 숫자를 나타내는 문자열은 계산 대상이 되지만, 배열 상수 또는 셀 범위 내의 문자열, 논리값, 빈 셀, 오류값은 무시됩니다.

> **예시 1** 전체 학생 중 일부를 추출해 표본표준편차를 구합니다.

▲	A	B	C	D	E	F	G	H	I
1	번호	1반	2반	3반	4반	5반		평균값	57.06667
2	1	33	86	36	41	81		표준편차	19.88706
3	2	56	45	44	59	63			
4	3	21	69	63	81	78		편차치	
5								2반 3번: 69점	56.00055

> **식** =STDEV.S(B2:F4)

> **설명** 1반~5반의 추출된 학생들의 각 점수로부터 표본표준편차를 구합니다.

HINT 표본표준편차는 모집단의 표준편차 추정치입니다. 각 데이터를 x, 평균값을 μ, 개수를 n으로 가정하면 다음과 같은 식이 됩니다.

$$\sqrt{\dfrac{\sum (x - \mu)^2}{n - 1}}$$

▶ STDEVA

데이터를 기반으로 표본표준편차를 구한다

지정한 숫자를 모집단의 표본으로 간주해 표본표준편차를 반환합니다. 셀 범위 내에 있는 논리값이나 문자열을 계산 대상으로 한다는 점이 STDEV.S 함수와 다릅니다.

| 형식 | STDEVA(값 1,[값 2],···) |

[값]에는 모집단의 표본에 해당하는 숫자, 배열 상수, 셀 범위를 지정합니다. 숫자를 나타내는 문자열, TRUE, FALSE 등의 논리값을 지정할 수도 있으며, TRUE는 1, FALSE는 0으로 간주합니다. 셀 범위에 포함된 문자열은 0으로 간주되며, 빈 셀은 무시됩니다.

▶ AVEDEV

숫자를 기반으로 절대편차의 평균을 구한다

지정한 숫자를 기반으로 절대편차의 평균을 반환합니다. 절대편차의 평균이란 데이터의 흩어짐을 나타내는 지표 중 하나로, 각 데이터와 평균값의 차이의 절댓값을 모두 합한 것을 개수로 나눈 값입니다.

| 형식 | AVEDEV(숫자 1,[숫자 2],···) |

[숫자]에는 평균절대편차를 구할 대상 숫자, 배열 상수, 셀 범위를 지정합니다. 인수에 직접 지정한 논리값이나 숫자를 나타내는 문자열은 계산 대상이 되지만, 배열 상수 또는 셀 범위에 있는 문자열, 논리값, 빈 셀은 무시됩니다.

> HINT ▶ 평균절대편차는 각 데이터를 x, 평균값을 μ, 개수를 n이라 하면 다음과 같은 식이 성립합니다.

$$\frac{1}{n}\sum lx - \mu l$$

수학/삼각

날짜/시간

통계

문자열 조작

논리

검색/행렬 · 웹

큐브

정보

데이터베이스

재무

공학

기초지식

유용한 테크닉

| 통계 | 편차 | 365 | 2021 | 2019 | 2016 |

▶ DEVSQ

숫자를 기반으로 편차의 제곱합을 구한다

지정한 숫자의 편차 제곱합을 반환합니다. 편차 제곱합은 각 데이터와 평균값의 차이(편차)를 제곱해 합산한 값입니다.

| 형식 | **DEVSQ(숫자 1,[숫자 2],…)** |

[숫자]에는 편차의 제곱합을 계산할 숫자, 배열 상수, 셀 범위를 지정합니다. 인수에 직접 지정한 논리값과 숫자를 나타내는 문자열은 계산 대상이지만, 배열 상수 또는 셀 범위에 있는 문자열, 논리값, 빈 셀은 무시됩니다.

HINT ▶ 평균편차는 각 데이터를 x, 평균값을 μ, 개수를 n이라 하면 다음과 같은 식이 성립합니다.

$$\frac{\sum(x-\mu)^2}{n-1}$$

| 통계 | 왜도/첨도 | 365 | 2021 | 2019 | 2016 |

▶ SKEW

왜도를 구한다

지정한 숫자로부터 왜도(치우침 정도)를 반환합니다. 왜도는 데이터 분포의 좌우 대칭성을 나타내는 지표입니다.

| 형식 | **SKEW(숫자 1,[숫자 2],…)** |

[숫자]에는 왜도 계산의 대상이 되는 숫자, 배열 상수, 셀 범위를 지정합니다. 인수에 직접 지정한 논리값과 숫자를 나타내는 문자열은 계산 대상이 되지만, 배열 상수 또는 셀 범위 안에 있는 문자열, 논리값, 빈 셀은 무시됩니다. 지정한 [숫자]의 수가 2개 이하이거나 표본의 표준편차가 0인 경우, 오류값 '#DIV/0!'을 반환합니다.

HINT ▶ 왜도 결과가 양수인 경우, 최빈값이 왼쪽으로 치우쳐 오른쪽 밑단이 긴 분포가 됩니다. 이는 평균보다 극단적으로 작은 값이 있는 경향을 나타냅니다. 왜도 결과가 음수인 경우, 최빈값이 오른쪽으로 치우쳐 왼쪽 밑단이 긴 분포가 됩니다. 0인 경우 좌우 대칭으로 정규분포를 나타냅니다. 정규분포는 평균값을 중심으로 좌우 대칭을 이루며, 종 모양처럼 좌우로 넓게 퍼지는 곡선을 말합니다. 정규분포에서는 평균값, 최빈값, 중앙값이 일치합니다.

왜도 = 0 (정규분포)

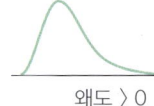
왜도 〉 0

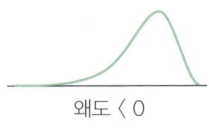
왜도 〈 0

| 통계 | 왜도/첨도 | 365 | 2021 | 2019 | 2016 |

▶ SKEW.P

모집단을 기반으로 분포의 왜도를 구한다

모집단을 기반으로 한 분포의 왜도(치우침 정도)를 반환합니다. 모집단 전체의 표준편차를 사용해 계산하는 점이 SKEW 함수와 다릅니다.

| 형식 | **SKEW.P(숫자 1,[숫자 2],…)** |

[숫자]는 왜도 계산의 대상인 숫자, 배열 상수, 셀 범위를 지정합니다. 인수에 직접 지정한 논리값과 숫자를 나타내는 문자열은 계산 대상이 되지만, 배열 상수 또는 셀 범위 안에 있는 문자열, 논리값, 빈 셀은 무시됩니다.

| 통계 | 왜도/첨도 | 365 | 2021 | 2019 | 2016 |

▶ KURT

첨도를 구한다

지정한 숫자로부터 첨도(뾰족한 정도)를 반환합니다. 첨도는 정규분포와 비교해 데이터가 상대적으로 얼마나 집중되어 있는지를 나타내는 지표입니다.

| 형식 | **KURT(숫자 1,[숫자 2],…)** |

[숫자]에는 첨도 계산의 대상이 되는 숫자, 배열 상수, 셀 범위를 지정합니다. 인수에 직접 지정한 논리값과 숫자를 나타내는 문자열은 계산 대상이 되지만, 배열 상수 또는 셀 범위 안에 있는 문자열, 논리값, 빈 셀은 무시됩니다.

> **HINT** ▶ 정규분포는 첨도의 결과가 0이 됩니다. 정규분포와 비교해 데이터가 평균 부근에 집중되어 뾰족하면 양의 값, 데이터가 평균 부근에서 흩어져 정규분포보다 평탄하면 음의 값이 됩니다.

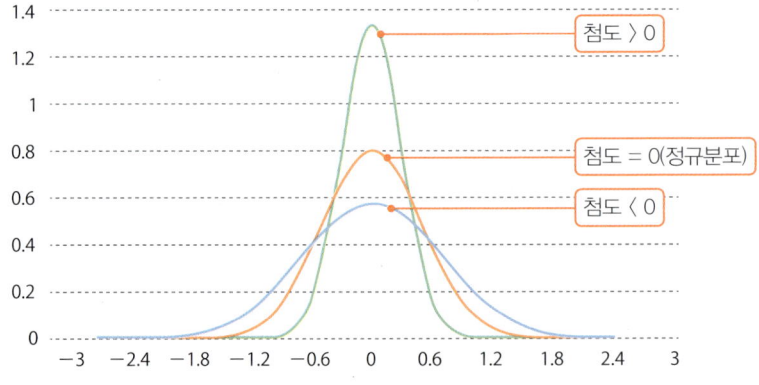

▶ CORREL

상관계수를 구한다

두 종류의 데이터를 기반으로 상관계수를 반환합니다. 상관계수는 두 변수 간의 연관성을 조사하는 지표로, 값의 범위는 −1.0~1.0입니다. 절댓값이 1에 가까울수록 연관성이 강하고, 0에 가까울수록 연관성이 약합니다. 양의 상관관계(두 변수 중 하나가 증가하면 다른 변수도 증가하는 관계)에서는 상관계수가 1에 가깝고, 음의 상관관계(두 변수 중 하나가 증가하면 다른 변수가 감소하는 관계)에서는 상관계수가 −1에 가깝습니다.

형식 **CORREL(배열 1,배열 2)**

[배열]에는 상관관계를 조사하고자 하는 배열 상수 또는 셀 범위를 같은 크기로 지정합니다. 문자열, 논리값, 빈 셀은 무시됩니다.

예시 1 두 종류의 데이터의 상관계수를 구합니다.

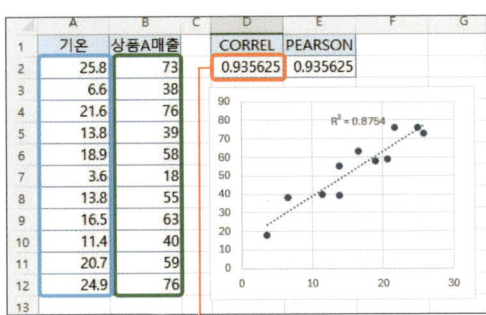

식 **=CORREL(A2:A12,B2:B12)**

설명 기온(A2~A12)과 상품A 매출 (B2~B12)의 상관관계를 구합니다. 반환값 0.93은 1에 가깝기 때문에 양의 상관관계가 강하다고 볼 수 있습니다. 여기서는 A1~B12를 바탕으로 산점도 그래프를 작성하고 선형 근사 곡선을 추가해 근사 곡선의 R 제곱값 (RSQ 함수 결과와 동일한 값)을 표시합니다.

| 통계 | 상관 | 365 | 2021 | 2019 | 2016 |

▶ PEARSON

피어슨 상관계수를 구한다

피어슨 상관계수 r(−1.0~1.0)의 값을 반환합니다. r은 두 데이터 간의 선형 상관관계 정도를 나타냅니다. CORREL 함수와 동일한 결과를 반환합니다.

형식 **PEARSON(배열 1,배열 2)**

[배열]에는 상관관계를 조사하고자 하는 배열 상수 또는 셀 범위를 같은 크기로 지정합니다. 문자열, 논리값, 빈 셀은 무시됩니다.

▶ RSQ

회귀직선의 결정계수를 구한다

피어슨 상관계수 r의 제곱값(결정계수)을 반환합니다. 결정계수는 회귀직선의 적합도(정확도)를 나타냅니다. 0~1 범위의 값을 가지며, 1에 가까울수록 정확도가 높아집니다.

| 형식 | **RSQ(알려진 y, 알려진 x)** |

- [알려진 y]에는 직선 회귀의 데이터가 포함된 셀 범위 또는 배열 상수를 지정합니다.
- [알려진 x]에는 직선 회귀의 데이터가 포함된 셀 범위 또는 배열 상수를 지정합니다.

▶ COVARIANCE.P

공분산을 구한다

지정한 두 종류의 데이터를 모집단으로 간주하고 공분산을 반환합니다. 공분산이란 두 종류의 데이터의 관계를 나타내는 지표로, 각 데이터의 편차(평균과의 차이)의 곱의 평균값입니다. 공분산은 상관계수의 기초가 되는 값입니다.

| 형식 | **COVARIANCE.P(배열 1, 배열 2)** |

- [배열 1]에는 상관관계를 조사할 데이터를 지정합니다.
- [배열 2]에는 상관관계를 조사하고자 하는 다른 데이터를 지정합니다.

HINT ▶ 공분산은 두 종류의 값을 각각 x와 y라 하고, x의 평균값을 μ_1, y의 평균값을 μ_2, 데이터의 개수를 n이라 할 때 다음 수식으로 계산할 수 있습니다.

$$\frac{1}{n}\sum(x-\mu_1)(y-\mu_2)$$

▶ COVARIANCE.S

표본공분산을 구한다

지정한 두 종류의 데이터를 모집단의 표본으로 간주하고 표본공분산을 반환합니다.

| 형식 | **COVARIANCE.S(배열 1, 배열 2)** |

- [배열 1]에는 데이터가 입력된 한쪽 셀 범위를 지정합니다.
- [배열 2]에는 데이터가 입력된 다른 셀 범위를 지정합니다.

HINT ▶ 표본공분산은 두 종류의 값을 각각 x와 y라 하고, x의 평균값을 μ_1, y의 평균값을 μ_2, 데이터 개수를 n이라 했을 때 다음 수식으로 계산할 수 있습니다.

$$\frac{1}{n-1}\sum(x-\mu_1)(y-\mu_2)$$

▶ NORM.DIST

정규분포의 확률밀도나 누적확률을 구한다

지정한 평균과 표준편차로 표현되는 정규분포함수의 값(확률밀도 또는 누적확률)을 반환합니다. 정규분포함수는 가설검증을 비롯한 다양한 통계학 분야에서 활용할 수 있습니다. 예를 들어, 평균과 표준편차를 지정해 정규분포 그래프를 만들거나, 60점 이상 응시자의 비율을 구할 수 있습니다.

| 형식 | **NORM.DIST(x,평균,표준편차,함수 형식)** |

- [x]에는 정규분포함수에 대입할 값을 지정합니다.
- [평균]에는 대상이 되는 분포의 평균값(산술평균)을 지정합니다.
- [표준편차]에는 대상이 되는 분포의 표준편차를 지정합니다.
- [함수 형식]에는 계산에 사용할 함수의 형식을 논리값으로 지정합니다. TRUE를 지정하면 누적분포함수의 값을, FALSE를 지정하면 확률밀도함수의 값을 반환합니다.

> **HINT**
> - 확률밀도란 확률 변수 x의 상대적인 값의 출현 빈도를 나타냅니다.
> - 누적분포함수는 확률 변수가 어떤 값 이하가 될 확률을 나타내는 함수입니다.

| 예시 1 | 정규분포를 바탕으로 평균값과 표준편차에서 지정한 값이 나올 확률밀도를 구합니다.

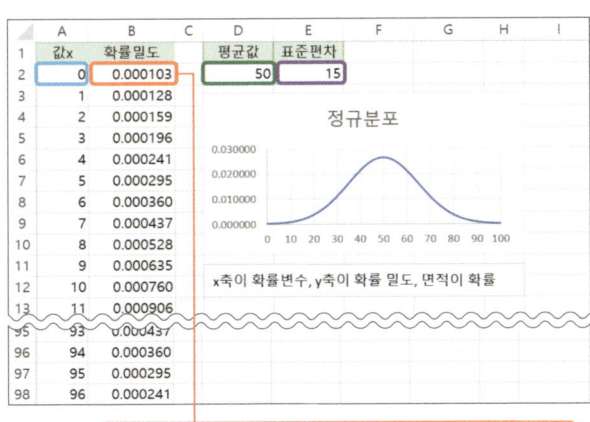

| 식 | =NORM.DIST(A2,$D$2,$E$2,FALSE) |

설명 평균값 50, 표준편차 15의 정규분포를 기준으로, 값(확률변수)이 셀 A2(0)일 때의 확률밀도를 구합니다. 셀 A2~A102에 0부터 100까지의 숫자를 입력하고, 셀 B2의 수식을 셀 B102까지 복사하면 각 값에 대한 확률밀도가 표시됩니다. 셀 A1~B102를 범위 선택해 산점도(평활선) 그래프를 작성하면 그림과 같은 정규분포 그래프를 만들 수 있습니다.

정규분포를 기반으로 평균값과 표준편차에서 60점 이상 인원의 비율을 구합니다.

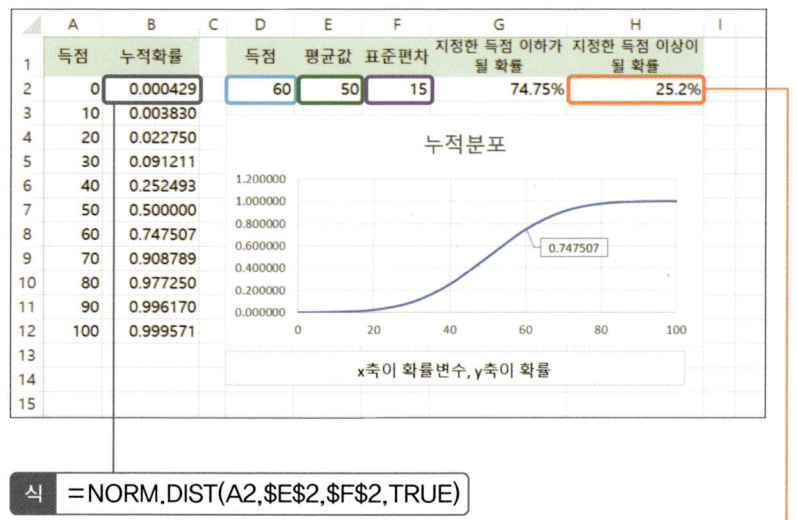

	A	B	C	D	E	F	G	H	I
1	득점	누적확률		득점	평균값	표준편차	지정한 득점 이하가 될 확률	지정한 득점 이상이 될 확률	
2	0	0.000429		60	50	15	74.75%	25.2%	
3	10	0.003830							
4	20	0.022750							
5	30	0.091211							
6	40	0.252493							
7	50	0.500000							
8	60	0.747507							
9	70	0.908789							
10	80	0.977250							
11	90	0.996170							
12	100	0.999571							
13									
14									
15									

누적분포

x축이 확률변수, y축이 확률

식 =NORM.DIST(A2,$E$2,$F$2,TRUE)

식 =1−NORM.DIST(D2,E2,F2,TRUE)

설명 평균값이 50, 표준편차가 15인 정규분포에서, 셀 D2(60)의 점수 이상 인원 비율은 1에서 NORM.DIST 함수의 네 번째 인수 [함수 형식]에 TRUE를 지정하여 구한 누적확률을 뺀 값으로 구할 수 있습니다.

▶ NORM.INV

정규분포의 누적분포함수의 역함수값을 구한다

지정한 평균과 표준편차로 표현되는 정규분포의 누적분포함수의 역함수값을 반환합니다. 예를 들어, 누적확률 85%에 위치한 점수를 역산할 수 있습니다. 평균이 0, 표준편차가 1인 경우, 표준정규분포함수의 역함수값을 반환합니다.

형식	**NORM.INV(확률,평균,표준편차)**

- [확률]에는 정규분포의 누적확률을 지정합니다.
- [평균]에는 대상 분포의 평균값(산술평균)을 지정합니다.
- [표준편차]에는 대상 분포의 표준편차를 지정합니다.

예시 1　누적확률이 80%일 때 점수를 구합니다.

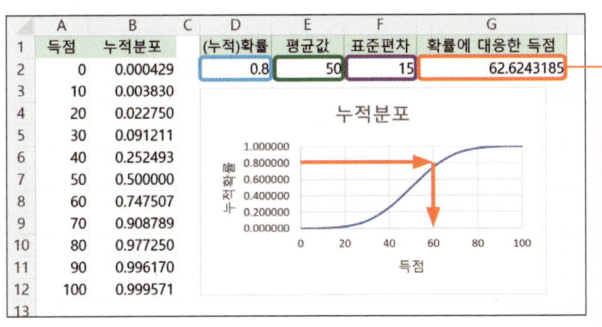

식　**=NORM.INV(D2,E2,F2)**

설명　평균값 50(E2), 표준편차 15(F2)로 표현되는 정규분포에서 누적확률이 80%(D2)일 때의 점수를 구하면 약 62.6점이 표시됩니다. 이를 통해 상위 20%가 되려면 약 62.6점 이상을 받아야 함을 알 수 있습니다.

▶ NORM.S.DIST

표준정규분포의 확률밀도나 누적확률을 구한다

지정한 값을 표준정규분포함수에 대입했을 때의 확률밀도함수의 값 또는 누적분포함수의 값을 반환합니다. 표준정규분포는 평균값이 0, 표준편차가 1인 정규분포로, 통계학에서 가장 많이 사용되고 있습니다.

형식 **NORM.S.DIST(z,함수 형식)**

• [z]에는 표준정규분포 함수에 대입할 값을 지정합니다.
• [함수 형식]에는 계산에 사용할 함수의 형식을 논리값으로 지정합니다. TRUE를 지정하면 누적분포함수의 값을, FALSE를 지정하면 확률밀도함수의 값을 반환합니다.

예시 1 표준정규분포의 확률밀도와 누적확률을 작성합니다.

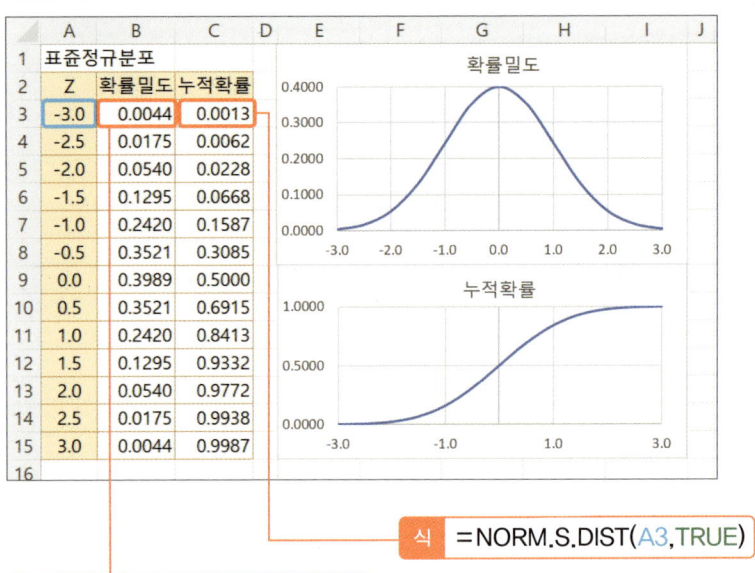

식 =NORM.S.DIST(A3,TRUE)

식 =NORM.S.DIST(A3,FALSE)

설명 표준정규분포에서 값 Z가 −3∼3일 때의 확률밀도와 누적확률 표를 작성합니다. 표를 바탕으로 확률밀도와 누적확률의 산점도(평활선) 그래프를 작성합니다.

▶ NORM.S.INV

표준정규분포의 누적분포함수의 역함수값을 구한다

표준정규분포의 누적분포함수의 역함수값을 반환합니다. 누적확률에서 해당 값 Z를 역산할 수 있습니다.

형식   **NORM.S.INV(확률)**

[확률]에는 표준정규분포로 값을 역산할 때 지정하는 누적확률을 0~1 범위로 지정합니다. 예를 들어 '=NORM.S.INV(0.85)'로 설정하면 누적확률(85%)에 해당하는 값 '1.036433'을 반환합니다.

▶ PHI

표준정규분포의 확률밀도를 구한다

표준정규분포의 확률밀도함수 값을 반환합니다. NORM.S.DIST 함수에서 두 번째 인수 [함수 형식]을 FALSE로 설정했을 때와 동일한 결과를 반환합니다.

형식   **PHI(x)**

[x]는 표준정규분포의 확률밀도를 구하는 숫자를 지정합니다.

▶ STANDARDIZE

데이터를 표준화(정규화)한다

평균과 표준편차로 표현되는 정규분포상의 값을 평균이 0, 표준편차가 1인 표준정규분포로 변환한 값(표준화 변량)을 반환합니다. 이를 표준화 또는 정규화라고 합니다.

형식   **STANDARDIZE(x,평균,표준편차)**

- [x]에는 표준화(정규화)할 값을 지정합니다.
- [평균]에는 대상 분포의 평균값(산술평균)을 지정합니다.
- [표준편차]에는 대상 분포의 표준편차를 지정합니다.

HINT ▶ 표준화 변수는 값을 x, 평균값을 μ, 표준편차를 s라고 할 때, 다음과 같은 수식으로 정의됩니다.

$$\frac{x - \mu}{s}$$

▶ GAUSS

지정한 표준편차 범위에 해당하는 확률을 구한다

표준정규분포에서, 모집단으로부터 무작위로 추출한 어떤 값이 평균값에서 표준편차의 몇 배 이내의 범위에 포함될 확률을 반환합니다.

| 형식 | **GAUSS(값)** |

[값]에는 분포를 구할 값을 지정합니다.

| HINT ▶ 표준정규분포의 누적분포함수보다 0.5 작은 값을 반환합니다. 예를 들어, 값을 '10'으로 설정하면 '=GAUSS(10)'은 '0.5'를 반환합니다. 이때, '=NORM.S.DIST(10,TRUE)'는 '1.0'을 반환합니다.

▶ LOGNORM.DIST

로그정규분포의 확률밀도나 누적확률을 구한다

평균과 표준편차로 표현되는 로그정규분포에서 값 x일 때 확률밀도함수나 누적분포함수의 값을 구합니다.

| 형식 | **LOGNORM.DIST(x,평균,표준편차,함수 형식)** |

- [x]에는 함수에 대입할 값을 지정합니다.
- [평균]에는 ln(x)의 평균값(산술평균)을 지정합니다.
- [표준편차]에는 ln(x)의 표준편차를 지정합니다.
- [함수 형식]에 TRUE를 지정하면 누적분포함수의 값을 계산하고, FALSE를 지정하면 확률밀도함수의 값을 계산합니다.

▶ LOGNORM.INV

로그정규분포의 누적분포함수의 역함수값을 구한다

지정한 평균과 표준편차로 표현되는 로그정규분포의 누적확률에 대한 원래 값을 구합니다. LOGNORM.DIST 함수에 TRUE를 지정한 경우(누적분포함수)의 역함수값을 반환합니다.

| 형식 | **LOGNORM.INV(확률,평균값,표준편차)** |

- [확률]에는 로그정규분포에 따른 확률을 지정합니다.
- [평균값]에는 ln(x)의 평균값(산술평균)을 지정합니다.
- [표준편차]에는 ln(x)의 표준편차를 지정합니다.

수학/삼각

날짜/시간

통계

문자열 조작

논리

검색/행렬·웹

큐브

정보

데이터베이스

재무

공학

기초지식

유용한 테크닉

| 통계 | 상한과 하한치의 확률 | 365 | 2021 | 2019 | 2016 |

▶ PROB

확률 범위가 하한과 상한 사이에 해당하는 확률을 구한다

이산확률분포에서, 지정한 범위와 해당 확률 범위로 표현되는 분포를 기반으로 상한과 하한 사이에 들어갈 확률을 반환합니다.

| 형식 | **PROB(x 범위,확률 범위,하한,[상한])** |

- [x 범위]에는 확률 범위와 대응되는 숫자 x를 포함하는 배열 상수 또는 셀 범위를 지정합니다.
- [확률 범위]에는 [x 범위]에 포함된 각 숫자에 해당하는 확률을 합계가 1이 되도록 배열 상수 또는 셀 범위로 지정합니다. [x 범위]와 [확률 범위]의 크기는 동일해야 합니다.
- [하한]에는 대상 숫자의 하한값을 지정합니다.
- [상한]에는 대상 숫자의 상한값을 지정합니다. [상한]을 생략하면 [x 범위]에 포함된 숫자가 [하한]의 값과 같을 확률을 계산합니다.

| 통계 | 지수분포 | 365 | 2021 | 2019 | 2016 |

▶ EXPON.DIST

지수분포의 확률밀도나 누적확률을 구한다

지수분포의 확률밀도함수 또는 누적분포함수에 값을 대입한 결과를 반환합니다.

| 형식 | **EXPON.DIST(x,λ,함수 형식)** |

- [x]에는 지수분포함수에 대입할 값을 지정합니다.
- [λ]에는 단위 기간에 평균적으로 몇 번의 이벤트가 발생하는지를 지정합니다.
- [함수 형식]에는 TRUE를 지정하면 누적분포함수의 값을 반환하고, FALSE를 지정하면 확률밀도함수의 값을 반환합니다.

HINT ▶ 지수분포는 정의역이 $(0,\infty)$이며, 모수 $\lambda>0$에 대해 확률밀도함수와 누적분포함수는 각각 다음과 같은 식으로 표현됩니다.
확률밀도함수: $f(x;\lambda)=\lambda e^{-\lambda x}$ 누적분포함수: $F(x;\lambda)=1-e^{-\lambda x}$

예시 1 시간당 평균 10명이 방문하는 매장에서 10분 이내에 손님이 올 확률을 구합니다.

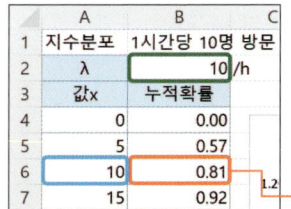

	A	B	C
1	지수분포	1시간당 10명 방문	
2	λ	10 /h	
3	값x	누적확률	
4	0	0.00	
5	5	0.57	
6	10	0.81	
7	15	0.92	

설명 1시간당 평균 10명(B2)이 방문하는 매장에서 10분(1/6시간) 이내에(A6) 손님이 올 확률(누적확률: TRUE)은 '0.81'이 됩니다.

식 =EXPON.DIST(A6/60,$B$2,TRUE)

137

▶ BINOM.DIST

이항분포의 확률과 누적확률을 구한다

이항분포의 확률을 반환합니다. 특정 확률로 이벤트가 발생할 때, 시도 횟수 중 지정한 성공 횟수가 발생할 확률 또는 누적확률을 구합니다. 이항분포 확률은 시도 횟수가 고정되어 있고, 모든 시도의 결과는 양자택일의 결과로만 표현됩니다. 각 시도가 독립적이고 전체 시도 동안 성공 확률이 일정할 때 사용합니다.

형식	BINOM.DIST(**성공 횟수**,**시도 횟수**,**성공률**,**함수 형식**)

- [성공 횟수]에는 시도의 성공 횟수를 지정합니다.
- [시도 횟수]에는 독립적인 시도 횟수를 지정합니다.
- [성공률]에는 각 시도가 성공할 확률을 지정합니다.
- [함수 형식]에 TRUE를 지정하면 누적분포함수로 0~성공 횟수 범위의 성공 확률을 계산합니다. FALSE를 지정하면 확률질량함수로 성공 횟수만큼의 성공 확률을 계산합니다.

예시 1 성공 확률 30%, 시도 횟수 10회일 때 성공 횟수 k에 대한 이항분포의 확률을 구합니다.

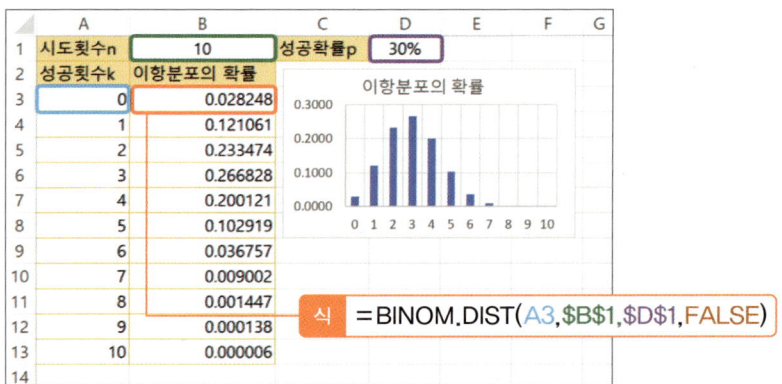

식 =BINOM.DIST(A3,$B$1,$D$1,FALSE)

설명 어떤 사건에 대해 시도 횟수 10(B1), 성공 확률 30%(D1)를 설정하고, A3에서 지정한 성공 횟수가 되는 이항분포의 확률을 구합니다. 셀 A2~B13을 범위로 지정하고 집합 세로막대 그래프를 작성해 이항분포의 확률을 그래프로 나타냅니다.

▶ BINOM.DIST.RANGE

이항분포를 사용해 시도 결과의 확률을 구한다

이항분포의 지정 구간의 누적확률을 반환합니다. 예를 들어, 성공 횟수가 3~5회일 확률처럼 지정한 구간에서 성공할 확률을 구합니다.

형식	BINOM.DIST.RANGE(시도 횟수,성공률,성공 횟수 1,[성공 횟수 2])

- [시도 횟수]에는 독립적인 시도 횟수를 0 이상의 숫자로 지정합니다.
- [성공률]에는 각 시도에서 성공할 확률을 0 이상, 1 이하로 지정합니다.
- [성공 횟수 1]에는 시도의 성공 횟수를 0 이상, [시도 횟수] 이하의 숫자로 지정합니다.
- [성공 횟수 2]에는 [성공 횟수 1] 이상, [시도 횟수] 이하의 성공 횟수를 지정합니다. 지정한 경우, [성공 횟수 1]과 [성공 횟수 2] 사이에 들어갈 확률을 반환합니다.

HINT ▶ [시도 횟수]와 [성공률]로 표현되는 이항분포로 [성공 횟수 1]을 하한, [성공 횟수 2]를 상한으로 하는 범위의 이항분포 누적확률을 구합니다. [성공 횟수 2]를 생략하면 [성공 횟수 1]이 될 확률을 반환합니다.

예시 **1** 성공 확률이 30%, 시도 횟수가 10회인 경우, 성공 횟수가 3회부터 5회까지 발생하는 이항분포의 확률을 구합니다.

	A	B	C	D	E	F
1	시도횟수n	10	성공확률p	30%		
2	성공횟수1	3	성공횟수2	5		
3	누적확률	0.569868				
4						
5	성공횟수k	이항분포의 확률				
6	0	0.028248				
7	1	0.121061				
8	2	0.233474				
9	3	0.266828				
10	4	0.200121				
11	5	0.102919				
12	6	0.036757				
13	7	0.009002				
14	8	0.001447				
15	9	0.000138				
16	10	0.000006				
17						

식 =BINOM.DIST.RANGE(B1,D1,B2,D2)

성공 횟수 3~5회까지의 확률의 합

설명 시도 횟수가 10(B1), 성공 확률이 30%(D1)로 표현되는 이항분포에서, 성공 횟수가 3회에서 5회 사이에 발생할 확률을 구합니다.

▶ BINOM.INV

누적이항분포가 기준치 이상이 되는 최솟값을 구한다

누적이항분포가 기준치 이상이 되는 최솟값을 반환합니다. 예를 들어, 품질관리에서 불량품이 일정한 확률 p로 생산되는 경우, 시도 횟수 n을 추출해 검사할 때 불량품의 누적확률을 α 퍼센트로 억제하기 위해 허용할 수 있는 불량품의 최솟값을 구할 수 있습니다.

형식　BINOM.INV(시도 횟수,성공률,α)

- [시도 횟수]에는 시도 횟수를 지정합니다.
- [성공률]에는 각 시도가 성공할 확률을 지정합니다.
- [α]에는 기준값이 될 누적확률을 지정합니다.

예시 1　6번의 시도 횟수 중 성공 확률의 누적값이 0.5 이상일 때 최소 성공 횟수를 구합니다.

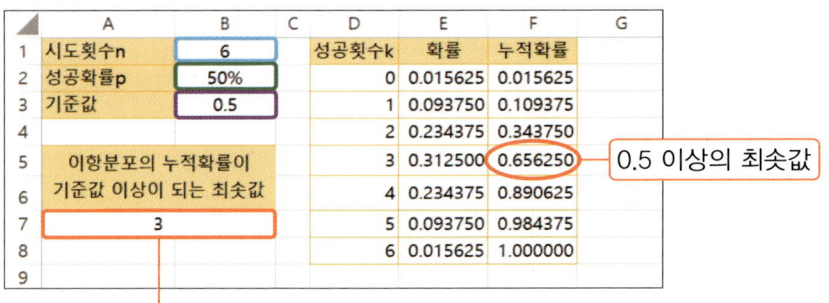

	A	B	C	D	E	F	G
1	시도횟수n	6		성공횟수k	확률	누적확률	
2	성공확률p	50%		0	0.015625	0.015625	
3	기준값	0.5		1	0.093750	0.109375	
4				2	0.234375	0.343750	
5	이항분포의 누적확률이			3	0.312500	0.656250	0.5 이상의 최솟값
6	기준값 이상이 되는 최솟값			4	0.234375	0.890625	
7	3			5	0.093750	0.984375	
8				6	0.015625	1.000000	
9							

식　=BINOM.INV(B1,B2,B3)

설명　시도 횟수가 6(B1), 성공 확률이 50%(B2)로 표현되는 이항분포의 누적확률이 0.5(B3) 이상인 최소 성공 횟수를 구합니다.

수학/삼각

날짜/시간

통계

문자열 조작

논리

검색/행렬·월

큐브

정보

데이터베이스

재무

공학

기초지식

유용한 테크닉

통계 | 이항분포 | 365 | 2021 | 2019 | 2016

▶ NEGBINOM.DIST

음이항분포의 확률을 구한다

음이항분포의 확률함수값을 반환합니다. 이벤트의 성공률이 일정할 때, 지정한 성공 횟수가 달성되기 전에 지정한 실패 횟수만큼 실패할 확률을 구합니다.

형식 | **NEGBINOM.DIST(실패 횟수,성공 횟수,성공률,함수 형식)**

- [실패 횟수]에는 시도가 실패한 횟수를 지정합니다.
- [성공 횟수]에는 시도가 성공한 횟수를 지정합니다.
- [성공률]에는 시도가 성공할 확률을 지정합니다.
- [함수 형식]에 TRUE를 지정하면 누적분포함수의 값을 반환하고, FALSE를 지정하면 확률밀도함수의 값을 반환합니다.

HINT ▶ 이항분포는 시도 횟수를 고정하고 성공 횟수가 확률 변수가 되는 반면, 음이항분포는 성공 횟수를 고정하고 시도 횟수가 확률 변수가 됩니다. 예를 들어, 앞면이 나올 확률이 30%인 동전을 앞면이 5번 나올 때까지 계속 던졌을 때, 뒷면이 3번 나올 확률을 계산할 수 있습니다. 이 경우 '=NEGBINOM.DIST(3,5,30%,FALSE)'가 되며 '약 0.029'가 나옵니다. 음이항분포에서 성공 횟수 k=1인 경우는 기하분포(처음 성공할 때까지의 횟수가 따르는 분포)가 됩니다.

통계 | 초기하분포 | 365 | 2021 | 2019 | 2016

▶ HYPGEOM.DIST

초기하분포의 확률을 구한다

초기하분포를 반환합니다. 초기하분포는, 예를 들어 M개의 당첨 복권과 (N−M)개의 낙첨 복권으로 구성된 N개의 복권을 n번 뽑았을 때, n번 중 x번이 당첨될 확률을 말합니다.

형식 | **HYPGEOM.DIST(표본의 성공 횟수,표본 수,모집단의 성공 횟수, 모집단의 크기,함수 형식)**

- [표본의 성공 횟수]에는 표본 내에서 성공하는 횟수를 지정합니다.
- [표본 수]에는 표본 수를 지정합니다.
- [모집단의 성공 횟수]에는 모집단 내 성공 횟수를 지정합니다.
- [모집단의 크기]에는 전체 모집단의 수를 지정합니다.
- [함수 형식]에 TRUE를 지정하면 HYPGEOM.DIST에 의해 누적분포함수의 값이 계산되고, FALSE를 지정하면 확률밀도함수의 값이 계산됩니다.

HINT ▶ 예를 들어, 4개의 당첨 번호가 들어 있는 20개의 복권을 5번 뽑을 때, 5번 중 당첨될 확률을 구하려면 '=HYPGEOM.DIST(1,5,4,20,FALSE)'가 되어 '약 0.47'을 반환합니다.

▶ POISSON.DIST

포아송분포의 확률을 구한다

포아송 확률값을 반환합니다. 포아송분포는 드물게 발생하는 사건의 발생 횟수를 확률 변수 x라고 할 때, x가 따르는 (이산)확률분포를 말합니다.

> **형식**　　**POISSON.DIST(이벤트 수,평균,함수 형식)**

- 일정 기간 내에 [평균] 번밖에 일어나지 않는 희귀한 사건이 [이벤트 수] 번 일어날 확률을 구합니다.
- [이벤트 수]에는 발생하는 사건 수를 지정합니다.
- [평균]에는 일정 기간 내에 발생하는 사건의 평균값을 지정합니다.
- [함수 형식]에 TRUE를 지정하면 발생하는 사건 수가 0~이벤트 수 범위인 누적 포아송 확률을 계산하고, FALSE를 지정하면 발생하는 사건 수가 정확히 이벤트 수가 되도록 포아송 확률을 계산합니다.

> **예시 1**　한 달에 평균 3개의 불량품이 발생할 때, 한 달에 0~10개의 불량품이 발생할 확률을 각각 구합니다.

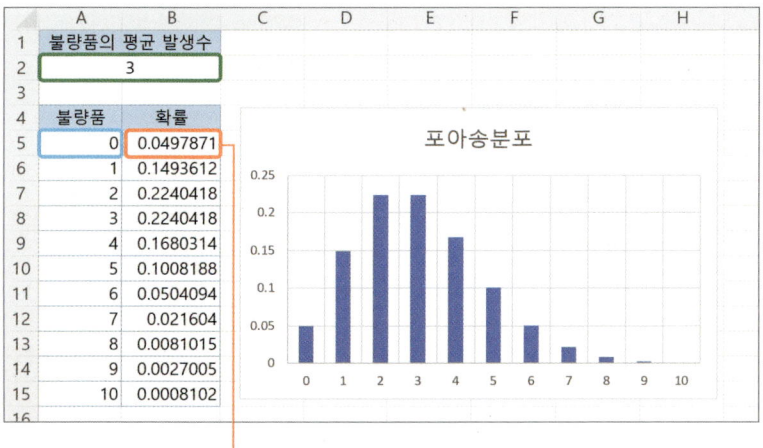

> **식**　**=POISSON.DIST(A5,$A$2,FALSE)**

> **설명**　한 달에 불량품이 평균 3개(A2)가 발생하는 경우, 한 달에 0개(A5)의 불량품이 발생할 확률을 구합니다. 불량품 수와 그 확률(A4~B15)로 집합 세로 막대 그래프를 만들면 불량품의 평균 발생 수가 3일 때의 포아송분포 그래프가 됩니다.

▶ CHISQ.DIST

카이제곱분포의 확률밀도나 누적확률을 구한다

지정한 자유도에서 카이제곱분포의 확률밀도함수 또는 누적분포함수에 값을 대입한 결과를 반환합니다. 카이제곱분포는 좌우 비대칭이고 자유도에 따라 모양이 크게 달라지는 특징이 있습니다.

형식	CHISQ.DIST(x,자유도,함수 형식)

- [x]에는 분포 평가에 사용할 값을 지정합니다.
- [자유도]에는 자유도를 나타내는 숫자를 지정합니다.
- [함수 형식]에 TRUE를 지정하면 누적분포함수의 값(좌측 확률)이 계산되고, FALSE를 지정하면 확률밀도함수의 값이 계산됩니다.

예시 1	자유도가 5인 카이제곱분포 그래프를 작성합니다.

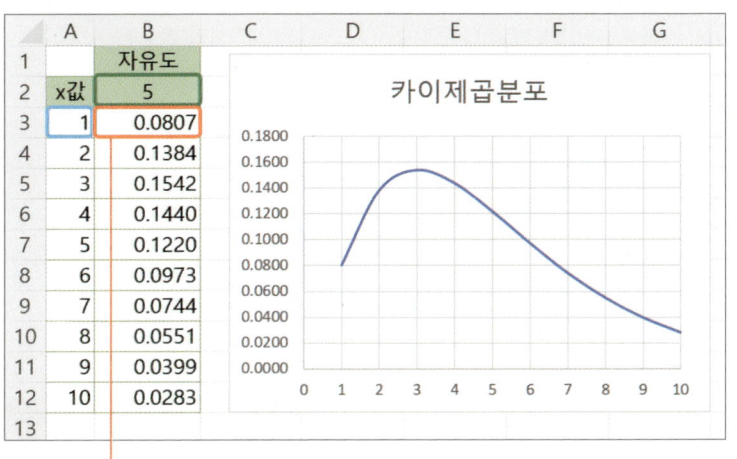

식	=CHISQ.DIST(A3,$B$2,FALSE)

설명	자유도가 5(B2)인 카이제곱분포에서 값 x(A3)의 확률밀도를 구합니다. 셀 A2~B12를 그래프 범위로, 그래프 종류를 산점도(평활선)로 설정해 카이제곱분포 그래프를 작성합니다.

▶ CHISQ.DIST.RT

카이제곱분포의 우측 검정 확률을 구한다

카이제곱 검정에서 사용하는 카이제곱분포의 우측 확률(상측 확률)값을 반환합니다.

형식 **CHISQ.DIST.RT(x,자유도)**

- [x]에는 분포 평가에 사용할 값을 지정합니다.
- [자유도]에는 자유도를 나타내는 숫자를 지정합니다. 예를 들어, [x]가 6, [자유도]가 5일 때 우측 확률은 '=CHISQ.DIST.RT(6,5)'로 '약 0.306'을 반환합니다.

▶ CHISQ.INV

카이제곱분포의 좌측 확률에서 확률 변수를 구한다

카이제곱분포의 좌측 확률의 역함수값을 반환합니다. 즉, 지정한 자유도를 가진 카이제곱분포에서 지정한 좌측 확률(하측 확률)이 되는 확률 변수를 구할 수 있습니다.

형식 **CHISQ.INV(좌측 확률,자유도)**

- [좌측 확률]에는 좌측 확률값을 지정합니다.
- [자유도]에는 카이제곱분포의 자유도를 지정합니다. 예를 들어, 자유도가 5인 카이제곱분포에서 좌측 확률이 0.3인 경우, '=CHISQ.INV(0.3,5)'로 지정하면 확률 변수 '약 3.0'을 반환합니다.

▶ CHISQ.INV.RT

카이제곱분포의 우측 확률의 역함수값을 구한다

카이제곱분포의 우측 확률의 역함수값을 반환합니다. 즉, 지정한 자유도를 가진 카이제곱분포에서 지정한 우측 확률(상측 확률)이 되는 확률 변수를 구할 수 있습니다.

형식 **CHISQ.INV.RT(우측 확률,자유도)**

- [우측 확률]에는 우측 확률값을 지정합니다.
- [자유도]에는 카이제곱분포의 자유도를 지정합니다. 예를 들어, 자유도가 5인 카이제곱분포에서 우측 확률이 0.3인 경우 '=CHISQ.INV.RT(0.3,5)'로 지정하면 확률 변수 '약 6.0'을 반환합니다.

▶ CHISQ.TEST

카이제곱 검정을 수행한다

카이제곱 검정을 수행합니다

형식　**CHISQ.TEST(실측값 범위,기대값 범위)**

- [실측값 범위]에는 검정의 실측값이 입력된 데이터 범위를 지정합니다.
- [기대값 범위]에는 기대값이 입력된 데이터 범위를 지정합니다. 실측값과 기대값은 행 방향의 합계와 열 방향의 합계가 각각 동일하도록 설정해야 합니다.

HINT 카이제곱 검정은 실측값을 바탕으로 작성한 집계표(크로스 집계)에서 표 내의 두 변수가 관련성이 있는지(예: 남녀에 따른 결과의 차이) 적합성 또는 독립성을 조사하는 검정을 말합니다. 이를 위해 실측값 표 외에 기대값 표를 준비해야 하며, 실측값과 기대값을 사용해 CHISQ.TEST 함수로 P값을 구합니다. 함수의 결과가 유의수준 0.05 이하이면 독립적이지 않은 것으로 판단할 수 있습니다. P값은 귀무가설이 성립할 확률로, 값이 작을수록 검정 통계량이 그 값이 될 가능성이 낮다는 것을 의미합니다.

예시 1 신상품 A를 '구매한다'와 '구매하지 않는다'의 비율에 남녀 차이가 있는지 카이제곱 검정을 통해 알아봅니다.

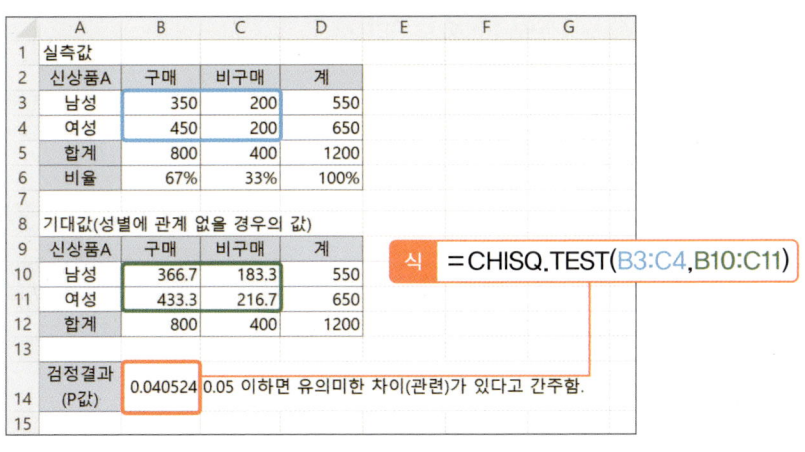

설명 남성 550명, 여성 650명에게 신제품 A의 구매 여부를 설문 조사한 결과의 집계표(실측값: B3~C4)에서 구매 여부는 성별과 무관하다고 가정해 구한 기대값 표(B10~C11)를 바탕으로 카이제곱 검정 결과 '약 0.04'가 반환됐습니다. 이는 유의수준 0.05보다 작기 때문에 성별에 따라 구매와 비구매가 다르다고 판단할 수 있습니다.

▶ CONFIDENCE.NORM

정규분포를 사용해 모평균에 대한 신뢰구간을 구한다

정규분포를 사용해 모집단의 평균에 대한 신뢰구간을 구합니다.

형식   **CONFIDENCE.NORM(α,표준편차,표본 수)**

- [α]에는 신뢰도 계산에 사용할 유의수준을 지정합니다. 신뢰도는 $100*(1-\alpha)$%로 계산합니다. $\alpha=0.05$인 경우, 신뢰도는 95%가 됩니다.
- [표준편차]에는 데이터 범위의 모표준편차를 지정합니다. 이는 이미 알려진 값이라고 가정합니다.
- [표본 수]에는 표본의 개수(데이터 수)를 지정합니다.

HINT   예를 들어, α(유의수준)를 '0.05', 표준편차를 '10', 표본 수를 '50'으로 설정한 경우, 'CONFIDENCE.NORM(0.05,10,50)'이 되어 '약 2.77'을 반환합니다. 평균값이 50인 경우, 모집단 평균의 신뢰구간은 50±2.77로 '47.23~52.77'이 됩니다.

▶ CONFIDENCE.T

t분포를 사용해 모평균에 대한 신뢰구간을 구한다

스튜던트 t분포를 사용해 모집단 평균에 대한 신뢰구간을 반환합니다.

형식   **CONFIDENCE.T(α,표준편차,표본 수)**

- [α]에는 신뢰도 계산에 사용할 유의수준을 지정합니다. 신뢰도는 $100*(1-\alpha)$%로 계산합니다. $\alpha=0.05$인 경우, 신뢰도는 95%가 됩니다.
- [표준편차]에는 데이터 범위의 모표준편차를 지정합니다. 이는 이미 알려진 값이라고 가정합니다.
- [표본 수]에서는 표본의 개수(데이터 수)를 지정합니다.

HINT   예를 들어, α(유의수준)를 '0.05', 표준편차를 '10', 표본 수를 '50'으로 설정한 경우, 'CONFIDENCE.T(0.05,10,50)'이 되어 약 '2.84'를 반환합니다. 평균값이 50인 경우, 모집단 평균의 신뢰구간은 50±2.84로 '47.16~52.84'가 됩니다.

| 관련 | CONFIDENCE   호환성 함수 ➡ p.421

▶ T.DIST

t분포의 확률밀도나 누적확률을 구한다

t분포의 확률밀도함수의 값 또는 누적분포함수(좌측 확률)의 값을 반환합니다.

형식　**T.DIST(x,자유도,함수 형식)**

- [x]에는 t분포를 계산할 숫자를 지정합니다.
- [자유도]에는 분포의 자유도를 정수로 지정합니다.
- [함수 형식]에 TRUE를 지정하면 누적분포함수의 값을 계산하고, FALSE를 지정하면 확률밀도함수의 값을 계산합니다.

예시　1　자유도가 3인 t분포의 확률밀도를 구합니다.

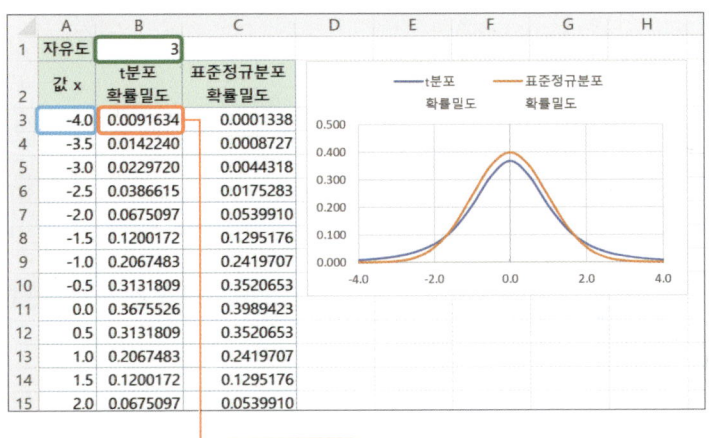

식　=T.DIST(A3,$B$1,FALSE)

설명　자유도 3(B1)의 t분포에서 값 x(A3)일 때의 확률밀도를 구합니다. t분포는 자유도 (B1)가 커질수록 정규분포에 가까워집니다.

관련　T.DIST.RT　t분포의 우측 확률을 구한다 ➡ p.148
　　　　TDIST.2T　t분포의 양측 확률을 구한다 ➡ p.148
　　　　T.TEST　t검정을 실시한다 ➡ p.150

▶ T.DIST.RT

*t*분포의 우측 확률을 구한다

*t*분포의 우측 확률값을 반환합니다.

형식   **T.DIST.RT(x,자유도)**

- [x]에는 *t*분포를 계산할 숫자를 지정합니다.
- [자유도]에는 *t*분포의 자유도를 지정합니다.

HINT ▶ T.DIST 함수에서 함수의 형식을 TRUE로 설정하면 *t*분포의 좌측 확률(누적확률)이 구해지며, T.DIST.RT의 값과 합은 1이 됩니다.

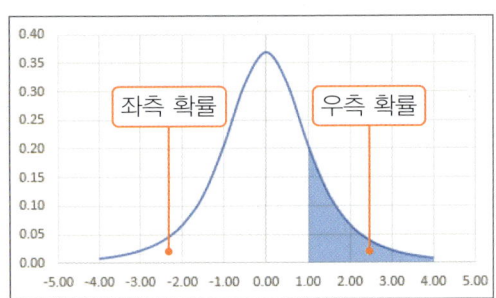

▶ T.DIST.2T

*t*분포의 양측 확률을 구한다

*t*분포의 양측 확률값을 반환합니다.

형식   **T.DIST.2T(x,자유도)**

- [x]에는 *t*분포를 계산할 숫자를 지정합니다.
- [자유도]에는 *t*분포의 자유도를 지정합니다.

HINT ▶ 예를 들어, x가 1일 때의 양측 확률은 x가 1일 때의 우측 확률과 x가 −1일 때의 좌측 확률을 합한 값이 됩니다.

▶ T.INV

t분포의 좌측 확률로부터 역함수값을 구한다

t분포의 좌측 확률에서 해당 t값을 반환합니다. T.DIST 함수의 역함수입니다.

수학/삼각

날짜/시간

통계

문자열 조작

논리

검색/행렬·웹

큐브

정보

데이터베이스

재무

공학

기초지식

유용한 테크닉

형식	**T.INV(확률,자유도)**

- [확률]에는 t분포를 따르는 확률(좌측 확률)을 지정합니다.
- [자유도]에는 분포의 자유도를 지정합니다.

예시 **1** 자유도가 3인 t분포에서 좌측 확률에 대한 t값을 구합니다.

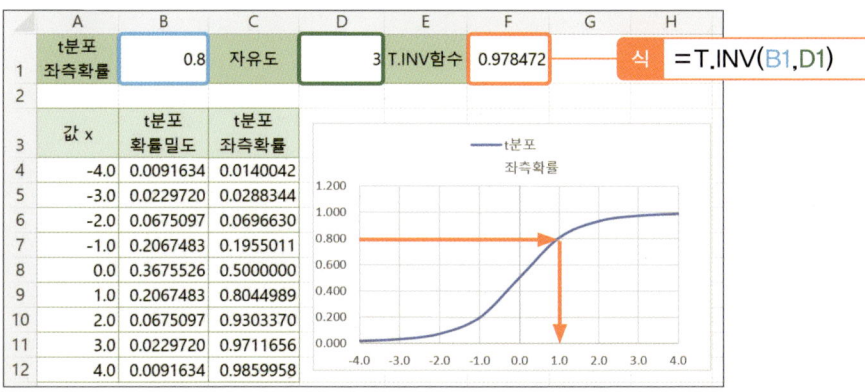

설명 자유도 3(D1)의 t분포의 좌측 확률이 0.8(B1)일 때 t값을 구합니다. t분포의 좌측 확률(누적) 그래프를 보면 확률 0.8에서 추적된 값임을 확인할 수 있습니다.

▶ T.INV.2T

t분포의 양측 확률로부터 역함수값을 구한다

t분포의 양측 확률에서 해당 t값을 반환합니다. T.DIST.2T 함수의 역함수입니다.

형식	**T.INV.2T(확률,자유도)**

- [확률]에는 t분포의 양측 확률을 지정합니다.
- [자유도]에는 분포의 자유도를 지정합니다.

▶ T.TEST

t검정을 실시한다

t검정에 근거한 확률을 반환합니다. 두 표본이 평균값이 동일한 모집단에서 추출된 표본인지를 확률적으로 예측할 수 있습니다.

| 형식 | **T.TEST(배열 1,배열 2,꼬리,검정 유형)** |

- [배열 1]에는 비교할 한쪽 데이터를 지정합니다.
- [배열 2]에는 비교할 다른 한쪽 데이터를 지정합니다.
- [꼬리]에 1을 지정하면 한쪽 검정, 2를 지정하면 양쪽 검정을 지정합니다.
- [검정 유형]에는 t검정 유형을 숫자로 지정합니다.

검정의 유형

검정의 유형	실행
1	쌍을 이루는 데이터에 대한 t검정
2	분산이 같은 두 표본을 대상으로 한 t검정
3	분산이 다른 두 표본을 대상으로 한 t검정

| 예시 1 | 테스트 형식에 따라 평균값에 차이가 있는지 t검정을 실시합니다. |

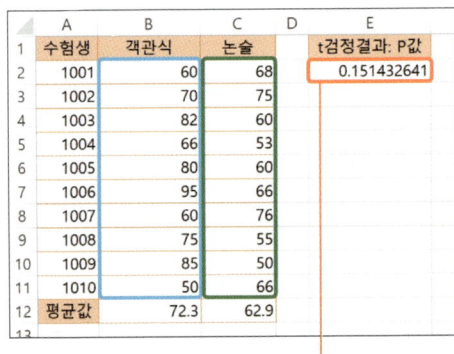

	A	B	C	D	E
1	수험생	객관식	논술		t검정결과: P값
2	1001	60	68		0.151432641
3	1002	70	75		
4	1003	82	60		
5	1004	66	53		
6	1005	80	60		
7	1006	95	66		
8	1007	60	76		
9	1008	75	55		
10	1009	85	50		
11	1010	50	66		
12	평균값	72.3	62.9		

> 설명 쌍을 이루는 데이터 '객관식(B2~B11)과 논술(C2~C11)'로 t검정을 양측 확률(2)로 구한 결과는 '약 0.15'로, 유의수준 0.05보다 큽니다. 귀무가설이 수용됩니다(차이가 있다고는 할 수 없다).

| 식 | =T.TEST(B2:B11,C2:C11,2,1) |

| HINT | 귀무가설은 둘 사이에 차이가 없다고 가정하는 것입니다. 유의수준 0.05보다 큰 경우, 귀무가설이 받아들여져 유의미한 차이가 없다고 가정합니다. 0.05보다 작은 경우, 귀무가설이 기각되어 둘 사이에 유의미한 차이가 있다고 가정합니다.

▶ Z.TEST

z검정의 우측 확률을 구한다

지정한 표본의 평균값이 정규분포를 따르는 모집단의 평균이라고 할 수 있는지를 검정합니다. z검정의 우측 확률(상측 확률)을 반환합니다.

형식	Z.TEST(배열,μ,[σ])

- [배열]에는 표본이 될 데이터의 배열 상수 또는 셀 범위를 지정합니다.
- [μ]에는 검정할 값(모집단의 평균값)을 지정합니다.
- [σ]에는 모집단의 표준편차를 지정합니다. 생략할 경우, 표본을 기준으로 한 표준편차 (표본표준편차)가 사용됩니다.

> HINT ▶ z검정이란 모집단의 평균과 표준편차를 알고 있을 때 표본의 평균과 모집단의 평균이 일치하는지를 판단할 수 있습니다. Z.TEST 함수에서는 우측 확률(상측 확률)을 구할 수 있습니다. 양측 확률을 구하려면 '=2*MIN(Z.TEST(배열,μ,σ),1−Z.TEST(배열,μ,σ))'를 사용합니다.

예시 1	표본으로 추출한 17세 남자의 평균 신장이 전국 평균과 같다고 할 수 있는지 검증합니다.

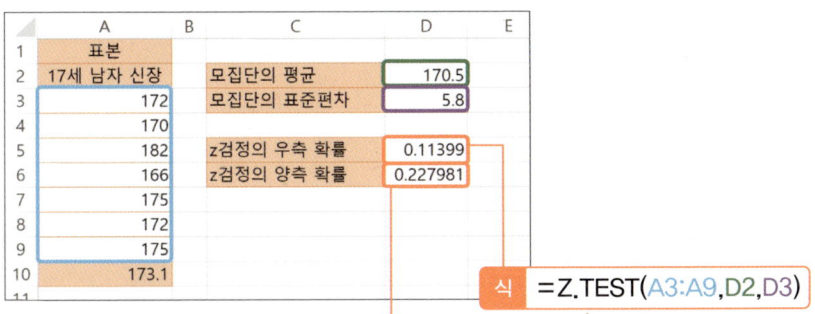

식 =Z.TEST(A3:A9,D2,D3)

식 =2*MIN(Z.TEST(A3:A9,D2,D3),1−Z.TEST(A3:A9,D2,D3))

> 설명 귀무가설을 '평균 신장은 170.5cm다'로, 대립가설을 '평균 신장은 170.5cm라고 할 수 없다'로 설정하고 유의수준을 0.05로 정한 경우, z검정 결과에서 우측 확률과 양측 확률 모두 0.05보다 큽니다. 이에 따라 귀무가설은 기각되지 않고 수용됩니다.

▶ F.DIST

F분포의 확률밀도나 누적확률을 구한다

두 개의 자유도로 표현되는 F분포의 확률 함수(확률밀도함수 또는 누적분포함수)에 값을 대입한 결과를 반환합니다.

형식	**F.DIST(x,자유도 1,자유도 2,함수형식)**

- [x]에는 함수에 대입할 값을 지정합니다.
- [자유도 1]에는 첫 번째 자유도를 지정합니다.
- [자유도 2]에는 두 번째 자유도를 지정합니다.
- [함수 형식]에 TRUE를 지정하면 누적분포함수의 값을 반환하고, FALSE를 지정하면 확률밀도함수의 값을 반환합니다.

▶ F.DIST.RT

F분포의 우측 확률을 구한다

두 개의 자유도로 표현되는 F분포에서 지정한 값에 대한 우측 확률을 반환합니다.

형식	**F.DIST.RT(x,자유도 1,자유도 2)**

- [x]에는 함수에 대입할 값을 지정합니다.
- [자유도 1]에는 첫 번째 자유도를 지정합니다.
- [자유도 2]에는 두 번째 자유도를 지정합니다.

HINT	값이 [x]일 때 F.DIST 함수에서 [함수 형식]이 TRUE인 결과와 F.DIST.RT 함수 결과의 합은 1이 됩니다.

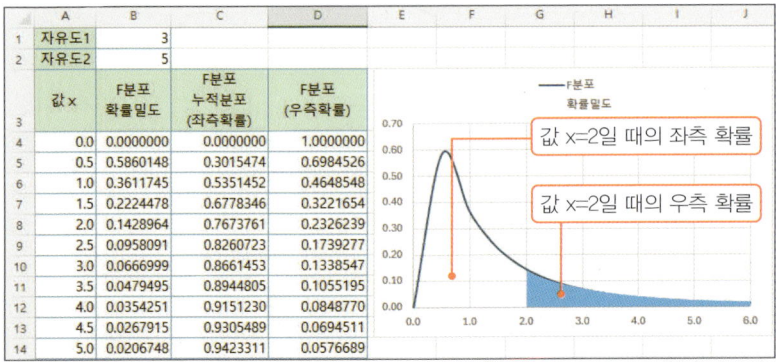

값 x	F분포 확률밀도	F분포 누적분포 (좌측확률)	F분포 (우측확률)
0.0	0.0000000	0.0000000	1.0000000
0.5	0.5860148	0.3015474	0.6984526
1.0	0.3611745	0.5351452	0.4648548
1.5	0.2224478	0.6778346	0.3221654
2.0	0.1428964	0.7673761	0.2326239
2.5	0.0958091	0.8260723	0.1739277
3.0	0.0666999	0.8661453	0.1338547
3.5	0.0479495	0.8944805	0.1055195
4.0	0.0354251	0.9151230	0.0848770
4.5	0.0267915	0.9305489	0.0694511
5.0	0.0206748	0.9423311	0.0576689

자유도1　3
자유도2　5

▶ F.INV

F분포의 좌측 확률로부터 역함수값을 구한다

두 개의 자유도로 표현되는 F분포에서, 지정한 좌측 확률일 때의 F값(F.DIST 함수에서 [함수 형식]이 TRUE인 경우의 역함수값)을 반환합니다.

형식	**F.INV(좌측 확률,자유도 1,자유도 2)**

- [좌측 확률]에는 값을 조사하고자 하는 F분포의 좌측 확률(누적분포, 하측 확률)을 지정합니다.
- [자유도 1]에는 첫 번째 자유도를 지정합니다.
- [자유도 2]에는 두 번째 자유도를 지정합니다.

예시 1 자유도가 '3', '5'인 F분포에서 좌측 확률이 '0.6'일 때의 F값을 구합니다.

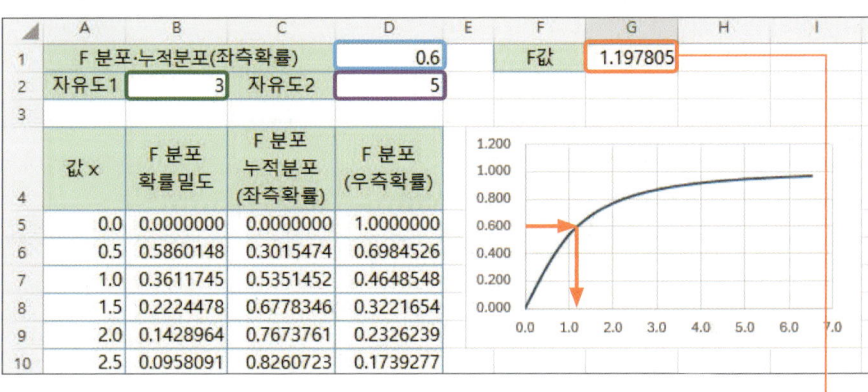

	A	B	C	D	E	F	G
1	F 분포·누적분포(좌측확률)			0.6		F값	1.197805
2	자유도1	3	자유도2	5			
3							
4	값 x	F 분포 확률밀도	F 분포 누적분포 (좌측확률)	F 분포 (우측확률)			
5	0.0	0.0000000	0.0000000	1.0000000			
6	0.5	0.5860148	0.3015474	0.6984526			
7	1.0	0.3611745	0.5351452	0.4648548			
8	1.5	0.2224478	0.6778346	0.3221654			
9	2.0	0.1428964	0.7673761	0.2326239			
10	2.5	0.0958091	0.8260723	0.1739277			

식	**=F.INV(D1,B2,D2)**

설명 자유도가 3과 5로 표현되는 F분포의 좌측 확률이 D1(0.6)일 때 F값을 역산한 결과(1.197805)를 구합니다.

| 관련 | **F.DIST** F분포의 확률밀도나 누적확률을 구한다 ➡ p.152

통계　　　F분포/검정　　　365　2021　2019　2016

▶ F.INV.RT

F분포의 우측 확률로부터 역함수값을 구한다

두 개의 자유도로 표현되는 F분포에서, 지정한 우측 확률일 때의 F값(F.DIST.RT의 역함수값)을 반환합니다.

형식　**F.INV.RT(우측 확률,자유도 1,자유도 2)**

- [우측 확률]에는 F값을 역산하고자 하는 F분포의 우측 확률을 지정합니다.
- [자유도 1]에는 첫 번째 자유도를 지정합니다.
- [자유도 2]에는 두 번째 자유도를 지정합니다.

통계　　　F분포/검정　　　365　2021　2019　2016

▶ F.TEST

F검정의 양측 확률을 구한다

F검정을 수행해 지정된 두 데이터 그룹(표본)의 모분산이 동일한지를 검사하고 양측 확률을 반환합니다.

형식　**F.TEST(배열 1,배열 2)**

- [배열 1]에는 비교 대상인 한쪽의 배열 상수 또는 셀 범위를 지정합니다.
- [배열 2]에는 비교 대상인 다른 한쪽의 배열 상수 또는 셀 범위를 지정합니다.

HINT F검정이란 분산이 동일한지 검사하는 검정을 말합니다. 이때, '귀무가설은 두 집단의 분산에 차이가 없다. 대립가설은 두 집단의 분산에 차이가 있다'로 하며, 유의수준을 0.05로 설정했을 때 확률이 5% 이하이면 귀무가설이 기각됩니다. F.TEST 함수는 양측 확률을 반환한다는 점에 주의해야 합니다.

통계　　　회귀분석　　　365　2021　2019　2016

▶ FORECAST.LINEAR

선형회귀를 사용해 예측값을 구한다

하나의 독립변수와 종속변수를 사용해 단일회귀분석을 수행하고, 예측한 값을 반환합니다. 예를 들어, 기온(독립변수)과 청량음료 판매량(종속변수) 목록을 바탕으로, 지정한 기온일 때의 청량음료 판매량을 예측할 수 있습니다.

형식　**FORECAST.LINEAR(x,알려진 y,알려진 x)**

- [x]에는 예측값을 구하고자 하는 값(독립변수)을 지정합니다.
- [알려진 y]에는 알려진 종속변수(목적변수)의 값이 입력된 셀 범위 또는 배열을 지정합니다.
- [알려진 x]에는 알려진 독립변수(설명변수)의 값이 입력된 셀 범위 또는 배열을 지정합니다.

예시 1 기온과 청량음료 판매량으로부터 기온이 40도일 때의 판매량을 예측합니다.

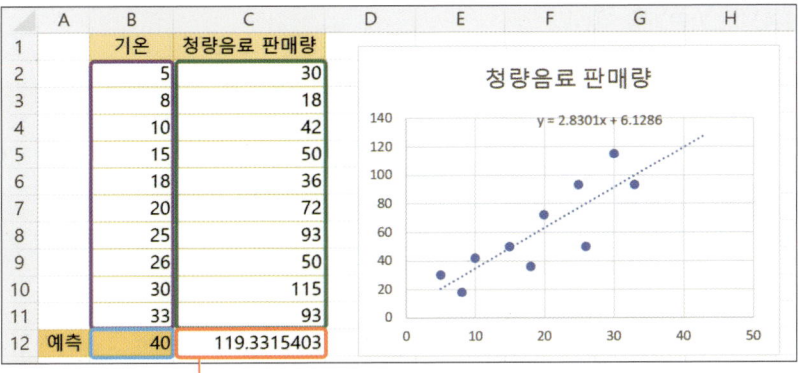

식　=FORECAST.LINEAR(B12,C2:C11,B2:B11)

설명 기온(B2~B11)과 청량음료 판매량(C2~C11)으로 볼 때 기온이 40도(B12)일 때의 판매량을 예측합니다.

COLUMN

예시에서는 셀 B1~C11을 바탕으로 산점도 그래프를 작성하고 선형 추세선을 추가했습니다. [추세선 서식 설정] 작업 창에서 '앞으로'를 10으로 설정해 추세선의 선을 연장해 예측값을 표현하고, [수식을 차트에 표시]를 체크해 단일회귀분석 수식을 표시하고 있습니다.

| 관련 | FORCAST   호환성 함수 ➡ p.420

| 통계 | 회귀분석 | 365 | 2021 | 2019 | 2016 |

▶ SLOPE

선형회귀선의 기울기를 구한다

선형회귀선의 기울기를 반환합니다. 기울기는 단일회귀분석의 식 'y=ax+b'의 'a'에 해당하는 부분으로, 직선 위 두 점 사이의 수직 거리를 수평 거리로 나눈 값입니다. 이는 선형회귀의 변화율에 해당합니다.

> **형식** SLOPE(**알려진 y**,**알려진 x**)

- [알려진 y]에는 이미 알려진 종속변수(목적변수)의 값이 입력된 셀 범위 또는 배열을 지정합니다.
- [알려진 x]에는 이미 알려진 독립변수(설명변수)의 값이 입력된 셀 범위 또는 배열을 지정합니다.

| 통계 | 회귀분석 | 365 | 2021 | 2019 | 2016 |

▶ INTERCEPT

선형회귀선의 절편을 구한다

회귀직선의 절편을 반환합니다. 절편은 단일회귀분석의 식 'y=ax+b'의 'b'에 해당하는 부분으로, x가 0일 때 y의 값입니다.

> **형식** INTERCEPT(**알려진 y**,**알려진 x**)

- [알려진 y]에는 이미 알려진 종속변수(목적변수)의 값이 입력된 셀 범위 또는 배열을 지정합니다.
- [알려진 x]에는 이미 알려진 독립변수(설명변수)의 값이 입력된 셀 범위 또는 배열을 지정합니다.

COLUMN

회귀분석

회귀분석은 관찰한 복수의 (x, y)값을 바탕으로 최소제곱법을 이용해 구한 계수(기울기)나 상수(절편)로, x와 y의 관계성을 'y=ax+b'나 'y=a_1x_1+a_2x_2+⋯+b'와 같이 나타냅니다. 이를 통해 주어진 x의 값으로부터 y의 값을 예측할 수 있습니다. 이때 x를 '독립변수(설명변수)', y를 '종속변수(목적변수)'라고 합니다. 하나의 x로부터 하나의 y를 예측하는 것을 '단일회귀분석'이라고 하며, 'y=ax+b'로 표현합니다. 두 종류 이상의 x로부터 하나의 y를 예측하는 것을 '다중회귀분석'이라고 하며, 'y=a_1x_1+a_2x_2+⋯+b'로 표현합니다. 여기서 a는 계수(기울기), b는 상수(절편)가 됩니다.

▶ STEYX

선형회귀분석에서 선형회귀선의 표준오차를 구한다

회귀선상에 있는 예측값과 실젯값 사이의 표준오차를 반환합니다. 표준오차는 개별 x값에 대한 y 예측값의 오차 정도를 측정하기 위한 척도입니다.

형식　　**STEYX(알려진 y, 알려진 x)**

- [알려진 y]에는 이미 알려진 종속변수(목적변수)의 값이 입력된 셀 범위 또는 배열 상수를 지정합니다.
- [알려진 x]에는 이미 알려진 독립변수(설명변수)의 값이 입력된 셀 범위 또는 배열 상수를 지정합니다.

예시 1　선형회귀직선의 기울기와 절편 및 표준오차를 구합니다.

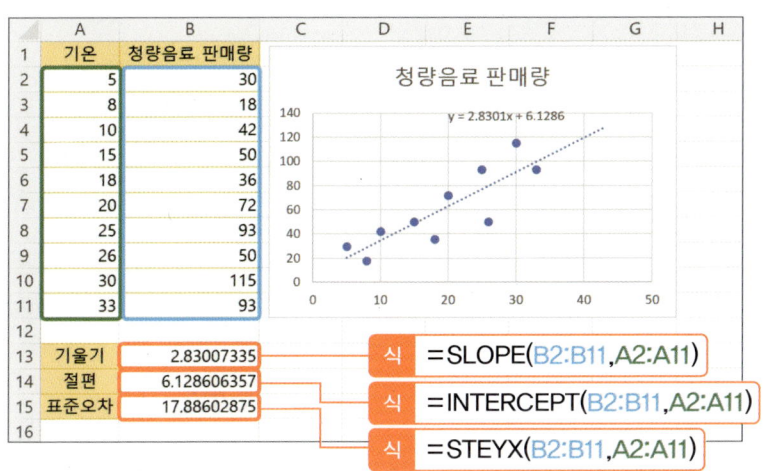

설명　독립변수가 기온(A2~A11), 종속변수가 판매량(B2~B11)일 때, 셀 B13에서는 SLOPE 함수를 사용해 기울기를 구하고, 셀 B14에서는 INTERCEPT 함수를 사용해 절편을, 셀 B15에서는 STEYX 함수를 사용해 표준오차를 구합니다.

▶ TREND

다중회귀분석을 사용해 예측값을 구한다

두 개 이상의 독립변수와 하나 이상의 종속변수를 사용하여 다중회귀분석을 수행하고, 예측
값을 반환합니다. 예를 들어, 기온과 습도(독립변수), 청량음료 판매량(종속변수)을 바탕으로,
지정한 기온과 습도일 때의 판매량을 예측할 수 있습니다.

형식　　TREND(**알려진 y**,[**알려진 x**],[**새로운 x**],[**상수**])

- [알려진 y]에는 이미 알려진 종속변수(목적변수)의 값이 입력된 셀 범위 또는 배열을 지
  정합니다.
- [알려진 x]에는 이미 알려진 독립변수(설명변수)의 값이 입력된 셀 범위 또는 배열을 지
  정합니다. [알려진 y]와 [알려진 x]가 같은 수라면 단일회귀분석, [알려진 x]의 범위가
  [알려진 y]의 범위의 2배 이상이라면 다중회귀분석으로 간주합니다. 생략할 경우, [알
  려진 y]와 같은 개수의 '{1,2,3…}' 배열을 지정한 것으로 간주합니다.
- [새로운 x]에는 예측값을 구하고자 하는 값(독립변수)을 지정합니다.
- [상수]에 TRUE를 설정하거나 생략할 경우, 상수를 계산합니다. FALSE를 지정하면 '0'
  으로 설정됩니다.

예시　1　기온과 습도를 독립변수로 다중회귀분석을 통해 판매량을 예측합니다.

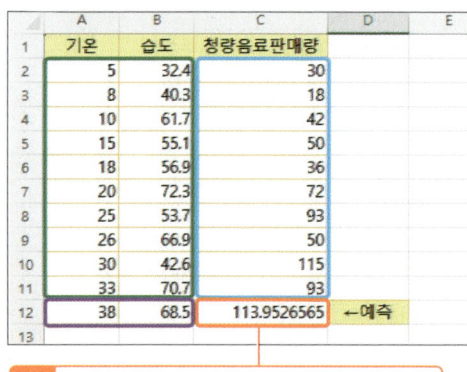

	A	B	C	D	E
1	기온	습도	청량음료판매량		
2	5	32.4	30		
3	8	40.3	18		
4	10	61.7	42		
5	15	55.1	50		
6	18	56.9	36		
7	20	72.3	72		
8	25	53.7	93		
9	26	66.9	50		
10	30	42.6	115		
11	33	70.7	93		
12	38	68.5	113.9526565	←예측	
13					

설명　독립변수가 기온과 습도
(A2~B11), 종속변수가 판매
량(C2~C11)일 때, 다중회귀
분석을 통해 기온 38도(A12),
습도 68.5(B12)일 때의 판매
량을 예측합니다.

식　=TREND(C2:C11,A2:B11,A12:B12)

▶ LINEST

회귀분석의 계수나 상수항을 구한다

최소제곱법을 사용해 단일회귀분석의 식 'y=ax+b' 또는 다중회귀분석의 식 'y=a_1x_1+a_2x_2+a_2x_2+⋯+b'에 해당하는 계수나 상수 등의 정보를 배열로 반환합니다.

형식	LINEST(**알려진 y**,**[알려진 x]**,**[상수]**,**[보정]**)

- [알려진 y]에는 이미 알려진 종속변수의 값을 셀 범위 또는 배열 상수로 지정합니다.
- [알려진 x]에는 이미 알려진 독립변수의 값을 셀 범위 또는 배열 상수로 지정합니다. [알려진 y]와 [알려진 x]가 같은 수라면 단일회귀분석으로 간주합니다. 생략할 경우, [알려진 y]와 같은 개수의 '{1,2,3⋯}' 배열을 지정한 것으로 간주합니다.
- [상수]에 TRUE를 지정하거나 생략할 경우, 상수 b를 계산합니다. FALSE를 지정할 경우, 상수를 0으로 설정합니다.
- [보정]은 TRUE로 설정하면 지수회귀곡선의 보정항을 반환합니다. FALSE로 설정하거나 생략하면 계수 a와 상수 b만 반환합니다.

예시 **1**	기온과 습도, 음료수 판매량으로부터 다중회귀분석의 계수, 상수항 등의 정보를 취득합니다.

	A	B	C	D	E	F	G	H	I
1	기온(x1)	습도(x2)	음료수 판매량			x2의 계수	x1의 계수	상수항 b	
2	5	32.4	30		계수	0.602746	1.370461	-8.5931	
3	8	40.3	18		계수·상수에 대한 표준오차	0.992052	1.556187	33.6908	
4	15	55.1	50		결정계수r²와 y에 대한 표준오차	0.737696	16.10009	#N/A	
5	18	56.9	36		F값·자유도	5.62473	4	#N/A	
6	20	72.3	72		회귀의 제곱합·나머지 차의 제곱합	2916.006	1036.852	#N/A	
7	26	66.9	50						
8	33	70.7	93						
9									

식	{=LINEST(**C2:C8**,**A2:B8**,,**TRUE**)}

> **설명** 배열 수식으로 입력할 때 셀 범위는, 열수는 '독립변수의 수+1', 행수는 [보정]을 FALSE로 설정하면 2행, TRUE로 설정하면 5행을 선택합니다. 그런 다음 함수를 입력하고 Ctrl+Shift+Enter를 눌러 입력을 확정합니다. 반환값은 예시와 같은 데이터를 반환합니다.

▶ GROWTH

지수회귀곡선을 사용해 예측한다

지정한 데이터를 기반으로 표현된 지수회귀곡선으로부터 예측된 값을 반환합니다. 여기서 다루는 지수회귀곡선은 'y=bm˟'(b는 상수, m은 밑)으로 표현됩니다.

형식　**GROWTH(알려진 y,[알려진 x],[새로운 x],[상수])**

· [알려진 y]에는 이미 알려진 종속변수의 값이 입력된 셀 범위 또는 배열 상수로 지정합니다.

· [알려진 x]에는 'y=bm˟'이 성립할 수 있는 이미 알려진 독립변수의 값을 셀 범위 또는 배열 상수로 지정합니다. 하나 또는 여러 개의 변수 계열을 지정할 수 있으며, 생략할 경우 [알려진 y]와 같은 개수의 '{1,2,3…}' 배열이 지정된 것으로 간주합니다.

· [새로운 x]에는 예측값을 구하고자 하는 값(독립변수)을 지정합니다. 여러 값을 지정하면 여러 개의 y가 반환되므로 배열 수식으로 입력합니다.

· [상수]에 TRUE를 지정하거나 생략하면 b의 값도 함께 계산됩니다. FALSE를 지정하면 b의 값이 1로 설정되어, 'y=m˟'이 되도록 m의 값이 조정됩니다.

예시　**1**　경과와 매출 데이터를 기반으로 지수회귀곡선을 사용해 예측합니다.

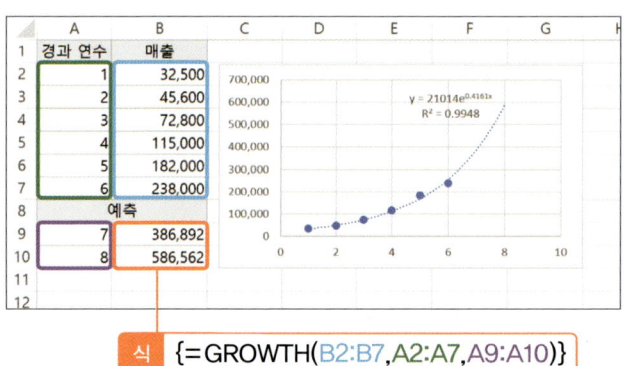

식　{=GROWTH(B2:B7,A2:A7,A9:A10)}

설명　경과 연수(A2~A7)와 매출(B2~B7) 데이터를 기반으로 지수회귀곡선을 구해 예측값을 표시합니다. 예측할 경과 연수(A9~A10)에 대한 예측 매출을 계산하기 위해 셀 B9~B10을 선택해 배열 수식으로 입력합니다.

▶ LOGEST

지수회귀곡선의 밑과 상수를 구한다

지정한 데이터를 기반으로 표현된 지수회귀곡선으로부터 상수, 밑 등의 정보를 배열로 반환합니다.

형식 **LOGEST(알려진 y,[알려진 x],[상수],[보정])**

- [알려진 y]에는 이미 알려진 종속변수의 값을 셀 범위 또는 배열 상수로 지정합니다.
- [알려진 x]에는 이미 알려진 독립변수의 값을 셀 범위 또는 배열 상수로 지정합니다. 하나 또는 여러 개의 변수 계열을 지정할 수 있으며, 생략할 경우 [알려진 y]와 같은 개수의 '{1,2,3…}' 배열이 지정된 것으로 간주합니다.
- [상수]에 TRUE를 지정하거나 생략하면 b의 값도 함께 계산됩니다. FALSE를 지정하면 b의 값이 1로 설정되어, 'y=m^x'이 되도록 m의 값이 조정됩니다.
- [보정]에는 회귀직선의 보정항을 추가 정보로 반환할지를 논리값으로 지정합니다. TRUE를 지정하면 지수회귀곡선의 보정항이 추가 정보로 반환되며, FALSE를 지정하거나 생략하면 밑 m과 상수 b만 반환합니다.

예시 1 지수회귀곡선의 밑과 상수를 구합니다.

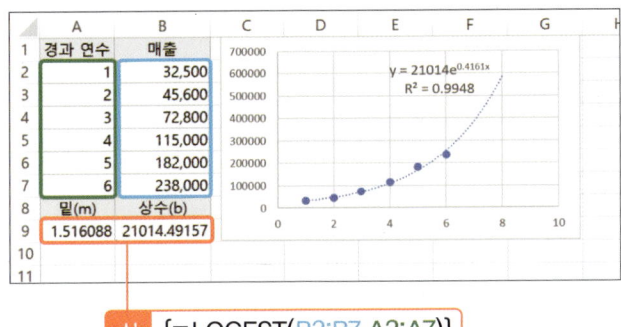

식 {=LOGEST(B2:B7,A2:A7)}

설명 경과 연수(A2~A7)와 매출(B2~B7) 데이터를 기반으로 표현되는 지수회귀곡선 (y=bm^x)의 밑(m)과 상수(b)를 구합니다. 셀 A9~B9를 선택해, 'LOGEST(B2:B7, A2:A7)'을 입력한 후 Ctrl + Shift + Enter 를 눌러 배열 수식으로 입력합니다.

▶ FORECAST.ETS

기존값을 기반으로 미래값을 예측한다

기존(과거)값을 기반으로 미래값을 계산하거나 예측합니다.

형식	FORECAST.ETS(대상 날짜,값,타임라인,[계절성], [데이터 완성],[집계])

- [대상 날짜]에는 예측하고자 하는 날짜를 지정합니다.
- [값]에는 예측을 위한 이력 데이터를 지정합니다.
- [타임라인]에는 일정 간격의 날짜 등 숫자 배열 상수 또는 셀 범위를 [값]과 같은 크기로 지정합니다.
- [계절성]에는 데이터에 계절 주기가 있는 경우 그 기간을 최대 8,760(1년의 시간 수)까지의 숫자로 지정합니다. 계절성 주기를 1로 지정하거나 생략하면 자동으로 예측 계절이 설정됩니다. 0은 계절성이 없는 것으로 간주합니다.
- [데이터 완성]에는 타임라인에 누락된 부분이 있고 일정 간격이 아닐 경우 조정하는 방법을 지정합니다. 전체의 30%까지는 조정이 이루어집니다. 1 또는 생략 시에는 누락된 부분과 인접한 점의 평균으로 설정하고, 0은 누락된 값을 0으로 설정합니다.
- [집계]에는 타임라인에 중복된 기간이 있는 경우 [값]을 숫자로 집계합니다. 생략할 경우, 집계하지 않습니다.

집계 방법

값	집계 방법	값	집계 방법
1	평균(AVERAGE)	5	중앙값(MEDIAN)
2	숫자 개수(COUNT)	6	최솟값(MIN)
3	데이터 개수(COUNTA)	7	합계(SUM)
4	최댓값(MAX)		

> HINT ▶ 삼중지수평활법(ETS) 알고리즘의 AAA버전 기능을 사용하여 예측합니다. FORECAST.ETS 함수는 [데이터] 탭의 [예측 시트]를 클릭해 생성된 예측 시트 표에서, [예측] 열에 표시되는 예측값을 계산하는 데 사용됩니다(오른쪽 페이지 칼럼 참조).

▶ FORECAST.ETS.CONFINT

예측값의 신뢰구간을 구한다

지정한 대상 날짜의 예측값에 대한 신뢰구간을 반환합니다.

형식	FORECAST.ETS.CONFINT(대상 날짜,값,타임라인,[신뢰도],[계절성],[데이터 완성],[집계])

- [대상 날짜]에는 예측하고자 하는 날짜를 지정합니다.
- [값]에는 예측을 위한 이력 데이터를 지정합니다.
- [타임라인]에는 일정 간격의 날짜 등 숫자 배열 상수 또는 셀 범위를 [값]과 같은 크기로 지정합니다.
- [신뢰도]에는 신뢰 구간의 신뢰도를 나타내는 0보다 크고 1보다 작은 값을 지정합니다. 생략할 경우, 0.95로 간주합니다.
- [계절성]은 데이터에 계절성 주기가 있는 경우, 그 기간을 최대 8,760(1년의 시간 수)까지의 숫자로 지정합니다. 계절성 주기를 1로 설정하거나 생략하면 자동으로 예측 계절이 설정됩니다. 0은 계절성이 없는 것으로 간주합니다.
- [데이터 완성]에는 타임라인에 누락된 부분이 있고 일정 간격이 아닌 경우 조정하는 방법을 지정합니다. 전체 30%까지는 조정이 이루어집니다. 1 또는 생략 시에는 누락된 부분과 인접한 점의 평균으로 설정하고, 0은 누락된 값을 0으로 설정합니다.
- [집계]에는 타임라인에 같은 기간이 있는 경우 [값]을 집계합니다. 집계 방법을 숫자로 지정합니다(p.162 표 참조).

COLUMN

[예측 시트] 계산에 사용되고 있다

엑셀에는 시계열 데이터를 기반으로 한 [예측 시트] 기능이 있습니다. 예를 들어, p.164의 FORECAST.ETS.SEASONALITY 함수 사용 예시에서 셀 범위 A1부터 B13까지의 데이터를 선택한 후, [데이터] 탭 → [예측 시트]를 클릭하고 예측 종료 기간을 '2025-1-1'로 설정하면 워

FORECACAST.ETS 함수와 FORECAST.ETS.CONFINT 함수가 사용되었습니다.

크시트가 추가되며, 지정한 셀 범위를 기반으로 예측값이 포함된 표와 그래프가 작성됩니다. '예측(방문객)'(C14)은 FORECAST.ETS의 결과, '신뢰 하한(방문객)'(D14)은 FORECACAST.ETS – FORECAST.ETS.CONFINT, '신뢰상한(방문객)'(E14)은 FORECACAST.ETS+FORECAST.ETS.CONFINT의 결과가 각각 표시되어 있습니다. 자세한 내용은 샘플을 참조하세요.

▶ FORECAST.ETS.SEASONALITY
시계열의 이력을 기반으로 계절 변동의 길이를 구한다

시계열 데이터에서 계절적 변동(증감 반복 패턴)의 길이를 반환합니다. 패턴이 감지되지 않으면 0을 반환합니다. 예를 들어, 시계열 데이터가 월 단위일 때, 계절 변동이 6인 경우 반년마다 같은 패턴이 반복되는 것으로 볼 수 있습니다.

형식	FORECAST.ETS.SEASONALITY(값,타임라인,[데이터 완성], [집계])

- [값]에는 예측을 위한 이력 데이터를 지정합니다.
- [타임라인]에는 일정 간격의 날짜 등 숫자 배열 상수 또는 셀 범위를 [값]과 같은 크기로 지정합니다.
- [데이터 완성]에는 타임라인에 누락된 부분이 있고 일정 간격이 아닌 경우 조정하는 방법을 지정합니다. 전체의 30%까지는 조정이 이루어집니다. 1 또는 생략 시에는 누락된 부분과 인접한 점의 평균으로 설정하고, 0은 누락된 값을 0으로 설정합니다.
- [집계]에는 타임라인에 같은 기간이 있는 경우 [값]을 집계합니다. 집계 방법을 숫자로 지정합니다(p.162 표 참조).

예시 1 지난 1년간의 데이터를 통해 신뢰구간, 계절별 방문객 수를 예측합니다.

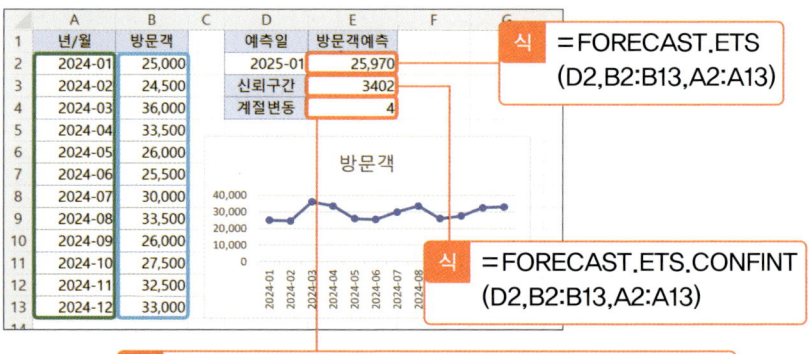

식 =FORECAST.ETS (D2,B2:B13,A2:A13)

식 =FORECAST.ETS.CONFINT (D2,B2:B13,A2:A13)

식 =FORECAST.ETS.SEASONALITY(B2:B13,A2:A13)

설명 년/월(A2~A13)과 방문객(B2~B13) 데이터를 바탕으로 '2025/01'을 대상 날짜로 설정하여, 셀 E2에는 FORECAST.ETS 함수를 사용해 방문객 예측값을 구합니다. 셀 E3에 FORECAST.ETS.CONFINT 함수를 사용해 신뢰 수준을 기본값인 0.95로 설정하여 신뢰구간을 구합니다. 그 결과, 예측일의 방문객 예측 수는 25,970± 3,402의 신뢰구간 안에 있음을 알 수 있습니다. 또한, 셀 E4에서는 FORECAST. ETS.SEASONALITY 함수를 사용해 계절 변동 4가 반환되어, 4개월마다 같은 패턴이 반복되는 것을 알 수 있습니다.

▶ FORECAST.ETS.STAT

시계열 분석으로 통계값을 구한다

시계열 예측 결과에서 통계값을 반환합니다.

형식	FORECAST.ETS.STAT(**값**,**타임라인**,**통계 종류**,**[계절성]**, **[데이터 완성]**,**[집계]**)

- [값]에는 예측을 위한 이력 데이터를 지정합니다.
- [타임라인]에는 일정 간격의 날짜 등 숫자 배열 상수 또는 셀 범위를 [값]과 같은 크기로 지정합니다.
- [통계 종류]에는 수집하고자 하는 통계 정보의 종류를 숫자로 지정합니다(아래 표 참조).
- [계절성]은 데이터에 계절성 주기가 있는 경우, 그 기간을 최대 8,760(1년의 시간 수)까지의 숫자로 지정합니다. 계절성 주기를 1로 설정하거나 생략하면 자동으로 예측 계절이 설정됩니다. 0은 계절성이 없는 것으로 간주합니다.
- [데이터 완성]에는 타임라인에 누락된 부분이 있고 일정 간격이 아닌 경우 조정하는 방법을 지정합니다. 전체의 30%까지는 조정이 이루어집니다. 1 또는 생략 시에는 누락된 부분과 인접한 점의 평균으로 설정하고, 0은 누락된 값을 0으로 설정합니다.
- [집계]에는 타임라인에 같은 기간이 있는 경우 [값]을 집계합니다. 집계 방법을 숫자로 지정합니다(p.162 표 참조).

통계의 종류

값	통계값	설명
1	Alpha	기준값 매개변수. 값이 클수록 최근 데이터 요소의 가중치가 커집니다.
2	Beta	방향성 매개변수. 값이 클수록 최근 추세의 가중치가 커집니다.
3	Gamma	계절성 값 매개변수. 값이 클수록 최근 계절의 가중치가 커집니다.
4	MASE	평균 절대 스케일링 오차 지표. 예측 정확도 측정
5	SMAPE	대칭 평균 절대 백분율 오류 지표. 비율 오차를 기반으로 한 정확도 측정
6	MAE	대칭 평균 절대 백분율 오류 지표. 비율 오차를 기반으로 한 정확도 측정
7	RMSE	루트 평균 제곱 오차 메트릭. 예측값과 관측값의 차이 측정
8	검색된 단계 크기	이력 타임라인에서 감지된 단계 크기

▶ BETA.DIST

베타분포의 확률밀도나 누적확률을 구한다

베타분포의 확률밀도함수 또는 누적분포함수에 값을 대입한 결과를 반환합니다. 베타분포는 여러 표본을 대상으로 비율의 변화를 분석할 때 등에 사용합니다.

형식   **BETA.DIST(x,α,β,함수 형식,[A],[B])**

- [x]에는 구간 A~B 범위 안에서 함수를 평가할 시점을 지정합니다.
- [α]에는 확률분포의 파라미터를 지정합니다.
- [β]에는 확률분포의 파라미터를 지정합니다.
- [함수 형식]에 TRUE를 지정하면 누적분포함수의 값을 계산하고, FALSE를 지정하면 확률밀도함수의 값을 계산합니다.
- [A]에는 x 구간의 하한을 지정합니다. 생략할 경우, 0으로 간주합니다.
- [B]에는 x 구간의 상한을 지정합니다. 생략할 경우, 1로 간주합니다.

예시 1   베타분포의 확률밀도와 누적분포표를 만듭니다.

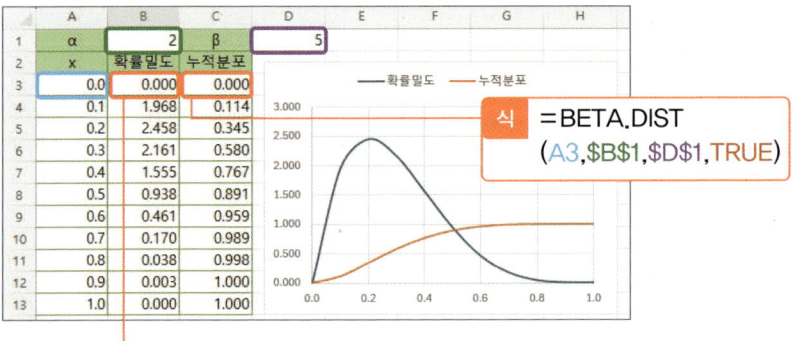

식 =BETA.DIST(A3,$B$1,$D$1,TRUE)

식 =BETA.DIST(A3,$B$1,$D$1,FALSE)

설명 파라미터 α(B1), β(D1)일 때 x값(A3~A13)에 대해 0~1 범위의 β분포의 확률밀도함수를 B3~B13에서, 누적분포함수를 C3~C13에서 구하고 있습니다. 셀 A2~C13을 바탕으로 산포도(평활선)를 작성합니다. 파라미터값(B1, D1)을 변경하면 확률밀도함수의 그래프 모양이 변경됩니다.

| 통계 | 확장분포 | 365 2021 2019 2016 |

▶ BETA.INV
베타분포의 누적함수의 역함수값을 구한다
베타분포의 누적분포함수의 역함수값을 반환합니다.

| 형식 | BETA.INV(누적확률,α,β,[A],[B]) |

- [누적확률]에는 값을 구하고자 하는 β분포의 누적확률을 지정합니다.
- [α]에는 확률분포의 파라미터를 지정합니다.
- [β]에는 확률분포의 파라미터를 지정합니다.
- [A]에는 β분포의 하한을 지정합니다. 생략할 경우, 0으로 간주합니다.
- [B]에는 β분포의 상한을 지정합니다. 생략할 경우, 1로 간주합니다.

| 통계 | 감마함수 | 365 2021 2019 2016 |

▶ GAMMA
감마함수의 값을 구한다
지정한 숫자에서 감마함수의 값을 반환합니다.

| 형식 | GAMMA(숫자) |

[숫자]에는 숫자를 지정합니다. 음수 또는 0을 지정하면 오류값인 '#NUM!'을 반환합니다.

| 통계 | 감마함수 | 365 2021 2019 2016 |

▶ GAMMALN / GAMMALN.PRECISE
감마함수의 자연로그값을 구한다
감마함수의 자연로그값을 반환합니다.

| 형식 | GAMMALN(x) / GAMMALN.PRECISE(x) |

[x]에는 GAMMALN/GAMMALN.PRECISE 함수에 대입할 값을 지정합니다.

▶ GAMMA.DIST

감마분포의 확률밀도나 누적확률을 구한다

감마분포의 확률밀도함수와 누적분포함수에 값을 대입했을 때의 계산 결과를 반환합니다. 감마분포는 기간 β마다 평균 1회 발생하는 랜덤한 사건이, α번 발생할 때까지 걸리는 시간의 분포를 나타냅니다.

형식 GAMMA.DIST(x,α,β,함수 형식)

- [x]에는 감마함수에 대입할 값을 지정합니다.
- [α]에는 파라미터 α(형상 모수)를 양수로 지정합니다. 정수의 경우 얼랑분포라고 합니다. 또한 1일 경우, 지수분포가 됩니다.
- [β]에는 파라미터 β(척도 모수)를 양수로 지정합니다. β가 1일 경우, 표준감마분포의 값을 반환합니다.
- [함수 형식]에 TRUE를 지정하면 누적분포함수를 반환하고, FALSE를 지정하면 확률밀도함수를 반환합니다.

▶ GAMMA.INV

감마분포의 누적분포함수의 역함수를 구한다

감마분포의 누적분포함수의 역함수값을 반환합니다.

형식 GAMMA.INV(누적확률,α,β)

- [α]에는 파라미터 α(형상 모수)를 양수로 지정합니다. 정수의 경우 얼랑분포라고 합니다. 또한 1일 경우, 지수분포가 됩니다.
- [β]에는 파라미터 β(척도 모수)를 양수로 지정합니다. β가 1인 경우, 표준감마분포의 값을 반환합니다.

| 관련 | GAMMADIST 호환성 함수 ➡ p.421
         GAMMAINV 호환성 함수 ➡ p.421

수학/삼각

날짜/시간

통계

문자열 조작

논리

검색/행렬 · 웹

큐브

정보

데이터베이스

재무

공학

기초지식

유용한 테크닉

| 통계 | 와이블분포 | 365 | 2021 | 2019 | 2016 |

▶ WEIBULL.DIST

와이블분포의 확률밀도와 누적확률을 구한다

와이블분포의 확률밀도함수 또는 누적분포함수의 값을 반환합니다. 와이블분포는 기계가 고장날 때까지의 평균 시간과 같은 신뢰성 분석에 사용됩니다.

| 형식 | WEIBULL.DIST(x,α,β,함수 형식) |

- [x]에는 함수에 대입할 값을 지정합니다.
- [α]에는 파라미터 α를 지정합니다.
- [β]에는 파라미터 β를 지정합니다.
- [함수 형식]에 TRUE를 지정하면 누적분포함수의 값을 계산하고, FALSE를 지정하면 확률밀도함수의 값을 계산합니다.

| 통계 | 피셔 변환 | 365 | 2021 | 2019 | 2016 |

▶ FISHER

피셔 변환값을 구한다

상관계수를 피셔 변환한 값을 반환합니다. 이 함수는 좌우 비대칭인 상관계수의 분포를 좌우 대칭인 정규분포로 변환할 수 있습니다. 피셔 변환은 '피셔의 z 변환'이라고도 하며, 상관계수의 가설 검정을 시행할 때 사용합니다.

| 형식 | FISHER(x) |

[x]에는 상관계수를 지정합니다.

| HINT ▶ 피셔 변환은 다음 수식으로 정의됩니다.

$$z = \frac{1}{2}\ln\left(\frac{1+x}{1-x}\right)$$

| 통계 | 피셔 변환 | 365 | 2021 | 2019 | 2016 |

▶ FISHERINV

피셔 변환의 역함수값을 구한다

피셔 변환의 역함수값을 반환합니다. 이 함수는 데이터 범위 또는 배열 상수 간의 상관관계를 분석할 때 사용합니다.

| 형식 | FISHERINV(y) |

[y]에는 피셔 변환 후의 값(역변환 대상값)을 지정합니다.

▶ PERMUT

순열의 수를 구한다

n개에서 r개를 꺼내 열에 정렬할 순열의 개수를 반환합니다. 예를 들어, 3개의 문자 집합 'a,b,c' 중에서 2개를 추출했을 때의 순열은 'ab', 'ba', 'ac', 'ca', 'bc', 'cb'의 6가지가 있습니다.

형식	PERMUT(총수,추출 수)

• [총수]에는 순열의 바탕이 되는 항목의 총 개수(n)를 지정합니다.

• [추출 수]에는 순열로 추출할 수(r)를 지정합니다.

HINT ▶ 순열의 수는 '$_nP_r = n(n-1)(n-2)\cdots(n-r+1)$'로 표현됩니다.

▶ PERMUTATIONA

중복 순열의 수를 구한다

n개에서 중복을 허용하여 r개를 추출해 열에 정렬할 순열의 총 개수를 반환합니다. 예를 들어, 3개의 문자 집합 'a,b,c'에서 중복을 허용하여 2개를 추출해 정렬하면, 순열은 'aa', 'ab', 'ba', 'ac', 'ca', 'bb', 'bc', 'cb', 'cc'로 총 9가지가 있습니다.

형식	PERMUTATIONA(총수,추출 수)

• [총수]에는 순열의 바탕이 되는 항목의 총 개수(n)를 지정합니다.

• [추출 수]에는 순열로 추출할 수를 지정합니다.

예시 1	중복 없음과 중복 있음으로 항목의 순열 수를 구합니다.

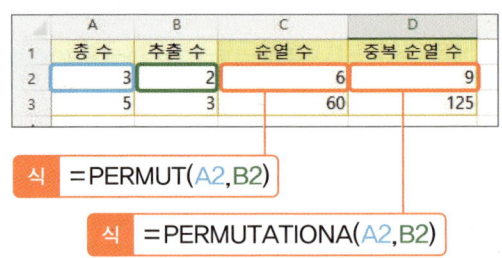

	A	B	C	D
1	총 수	추출 수	순열 수	중복 순열 수
2	3	2	6	9
3	5	3	60	125

식	=PERMUT(A2,B2)

식	=PERMUTATIONA(A2,B2)

설명 셀 C2는 PERMUT 함수를 사용하여, 셀 A2(3)를 총수, 셀 B2(2)를 추출 수로 했을 때의 중복 없는 순열의 수를 구하고 있습니다. 셀 D2에서는 PERMUTATIONA 함수를 사용하여 중복 순열의 수를 구하고 있습니다.

문자열 조작 함수 🔍 ▼

문자열 조작 함수를 사용하면 문자와 문자를 연결하거나, 문자의 일부만 추출하거나, 문자열 내에서 특정 문자의 위치를 찾는 등 문자와 문자열을 조작할 수 있습니다. 또한, 반각 문자를 전각 문자로 변환하는 등 데이터 표기를 통일시킬 수도 있습니다.

▶ LEN

문자열의 문자 수를 구한다

지정한 문자열의 문자 수를 반환합니다. 전각, 반각 구분 없이 1문자로 계산합니다.

형식 **LEN(문자열)**

[문자열]에는 문자 수를 조사할 문자열이나 숫자를 지정합니다.

HINT ▶ 문자열 내의 공백이나 기호도 계산합니다. 셀에 설정된 표시 형식은 문자 수로 계산할 수 없습니다.

▶ LENB

문자열의 바이트 수를 구한다

지정된 문자열의 바이트 수를 반환합니다. 전각 문자는 2바이트, 반각 문자는 1바이트로 계산합니다.

형식 **LENB(문자열)**

[문자열]에는 바이트 수를 조사할 문자열이나 숫자를 지정합니다.

HINT ▶ 문자열 안의 기호도 계산합니다. 셀에 설정된 표시 형식은 바이트 수로 계산할 수 없습니다.

예시 1 셀 내 데이터의 문자 및 바이트 수를 계산합니다.

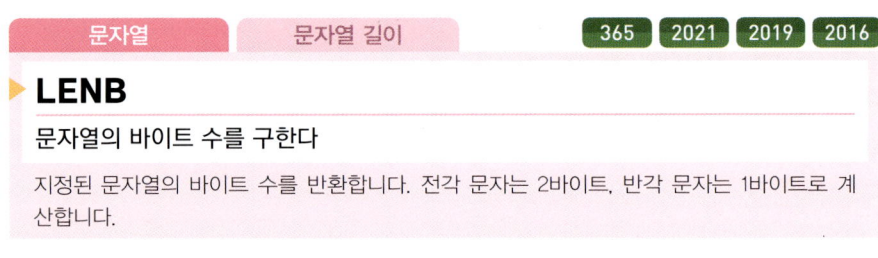

	A	B	C	D
1	문자열	LEN함수 (문자수)	LENB함수 (바이트 수)	
2	달력	2	4	
3	A4용지	4	6	
4	12345	5	5	
5				

설명 셀 A2의 문자열에 대해 셀 B2에서는 LEN 함수로 문자 수(B2)를, 셀 C2에서는 LENB 함수로 바이트 수(C2)를 조사합니다.

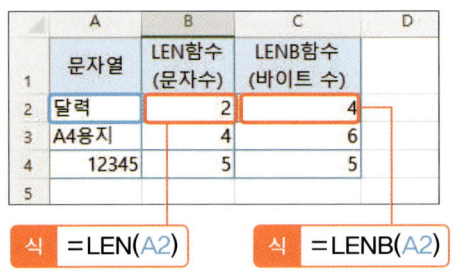

식 =LEN(A2)   **식** =LENB(A2)

172

수학/삼각

날짜/시간

통계

문자열 조작

논리

검색/행렬 · 웹

큐브

정보

데이터베이스

재무

공학

기초지식

유용한 테크닉

문자열　　　　　　문자열 추출　　　　365　2021　2019　2016

▶ LEFT

문자열의 시작 부분부터 지정한 수의 문자를 추출한다

문자열의 시작(왼쪽 끝)부터 지정한 수의 문자를 반환합니다. 반각, 전각 구분 없이 1문자로 계산합니다.

형식　　LEFT(문자열,[문자 수])

- [문자열]에는 추출 대상 문자열을 지정합니다.
- [문자 수]에는 추출할 문자 수를 지정합니다. 생략하면 1로 간주합니다. 문자열보다 큰 문자 수를 지정하면 모든 문자열이 추출됩니다.

문자열　　　　　　문자열 추출　　　　365　2021　2019　2016

▶ LEFTB

문자열의 시작 부분부터 지정한 바이트 수만큼의 문자를 추출한다

문자열의 시작(왼쪽 끝)부터 지정한 바이트 수만큼의 문자를 반환합니다. 반각 문자는 1바이트, 전각 문자는 2바이트로 계산합니다.

형식　　LEFTB(문자열,[바이트 수])

- [문자열]에는 추출 대상 문자열을 지정합니다.
- [바이트 수]에는 추출할 바이트 수를 지정합니다. 생략하면 1로 간주합니다. 문자열보다 큰 바이트 수를 지정하면 모든 문자열이 추출됩니다.

예시 1 문자열의 시작에서 4문자, 4바이트를 추출합니다.

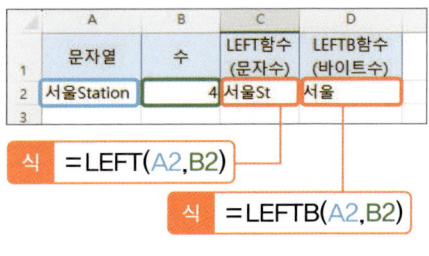

	A	B	C	D
1	문자열	수	LEFT함수 (문자수)	LEFTB함수 (바이트수)
2	서울Station	4	서울St	서울
3				

식　=LEFT(A2,B2)

식　=LEFTB(A2,B2)

설명 셀 A2의 문자열에 대해 셀 C2에서는 LEFT 함수로 맨 앞 4문자(B2)를, 셀 D2에서는 LEFTB 함수로 맨 앞 4바이트(B2)를 추출합니다.

▶ RIGHT

문자열 끝에서부터 지정한 수의 문자를 추출한다

문자열의 끝(오른쪽 끝)부터 지정한 수의 문자를 반환합니다. 반각, 전각 구분 없이 1문자로 계산합니다.

> **형식**　RIGHT(**문자열**,**[문자 수]**)

- [문자열]에는 추출 대상 문자열을 지정합니다.
- [문자 수]에는 추출할 문자 수를 지정합니다. 생략하면 1로 간주합니다. 문자열보다 큰 문자 수를 지정하면 모든 문자열이 추출됩니다.

▶ RIGHTB

문자열 끝에서부터 지정한 바이트 수만큼의 문자를 추출한다

문자열의 끝(오른쪽 끝)부터 지정한 바이트 수만큼의 문자를 반환합니다. 반각 문자는 1바이트, 전각 문자는 2바이트로 계산합니다.

> **형식**　RIGHTB(**문자열**,**[바이트 수]**)

- [문자열]에는 추출 대상 문자열을 지정합니다.
- [바이트 수]에는 추출할 바이트 수를 지정합니다. 생략하면 1로 간주합니다. 문자열보다 큰 바이트 수를 지정하면 모든 문자열이 추출됩니다.

예시 1 문자열의 끝에서 4문자, 4바이트를 추출합니다.

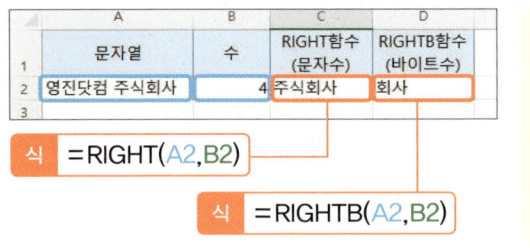

설명 셀 A2의 문자열에 대해 셀 C2에서는 RIGHT 함수로 맨 끝에서 4문자(B2)를 추출하고, 셀 D2에서는 RIGHTB 함수로 맨 끝에서 4바이트(B2)를 추출합니다.

수학/삼각

날짜/시간

통계

문자열 조작

논리

검색/행렬 · 웹

큐브

정보

데이터베이스

재무

공학

기초지식

유용한 테크닉

문자열　　　　문자열 추출　　　　365　2021　2019　2016

▶ MID

문자열의 지정한 위치에서 지정한 개수의 문자를 추출한다

문자열의 지정된 위치에서 지정한 문자 수만큼의 문자를 반환합니다. 반각, 전각 구분 없이 1문자로 계산합니다.

형식　　**MID(문자열,시작 위치,문자 수)**

• [문자열]에는 추출 대상 문자열을 지정합니다.
• [시작 위치]에는 추출하고자 하는 문자열이 [문자열]의 첫 글자를 1로 하였을 때 몇 번째 문자인지 지정합니다. 지정한 위치가 문자 수보다 크면 빈 문자("")를 반환합니다.
• [문자 수]에는 추출할 문자 수를 지정합니다. 지정한 문자 수가 시작 위치 이후의 문자 수보다 큰 경우, 문자열의 마지막 문자까지 반환합니다.

예시　**1**　전화번호의 국번과 번호를 추출합니다.

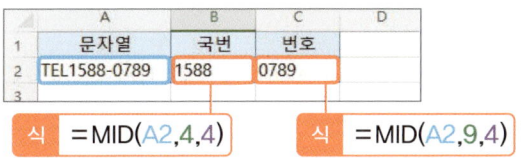

식　**=MID(A2,4,4)**　　　　식　**=MID(A2,9,4)**

설명　셀 A2의 문자열에 대해 셀 B2에서는 네 번째 문자부터 4개의 문자를, 셀 C2에서는 아홉 번째 문자부터 4개의 문자를 추출합니다.

문자열　　　　문자열 추출　　　　365　2021　2019　2016

▶ MIDB

문자열의 지정한 위치에서 지정한 바이트 수만큼의 문자를 추출한다

문자열의 지정한 위치에서 지정한 바이트 수만큼의 문자를 반환합니다. 반각 문자는 1바이트, 전각 문자는 2바이트로 계산합니다.

형식　　**MIDB(문자열,시작 위치,바이트 수)**

• [문자열]에는 추출 대상 문자열을 지정합니다.
• [시작 위치]에는 추출하고자 하는 문자열의 시작 위치를 [문자열]의 첫 문자를 1로 하였을 때 몇 번째 바이트인지로 지정합니다.
• [바이트 수]는 추출할 바이트 수를 지정합니다. 생략하면 1로 간주합니다. 문자열보다 큰 바이트 수를 지정하면 모든 문자열이 추출됩니다.

▶ CONCAT

여러 문자열을 결합한다

여러 문자열을 하나의 문자열로 연결합니다.

| 형식 | **CONCAT(텍스트 1,[텍스트 2],…)** |

[텍스트]에는 결합할 문자열을 문자열 또는 셀 범위로 지정합니다. [텍스트 2] 이후를 지정할 경우 ','로 구분한 후 추가합니다. 최대 253개까지 추가할 수 있습니다.

| HINT | [텍스트]에 지정한 셀 범위에 날짜나 시간이 포함되어 있으면, 날짜 일련번호가 표시됩니다. 날짜 시간으로 연결하고 싶다면 TEXT 함수를 사용해 문자열로 변환합니다.

| 예시 **1** | 각 셀의 문자를 결합해 주소를 만듭니다.

	A	B	C	D	E
1	시	구	주소1	주소2	연결문자열
2	서울특별시	금천구	디지털로	1000	서울특별시 금천구 디지털로 1000
3					

| 식 | **=CONCAT(A2:D2)** |

| 설명 | 셀 A2~D2의 각 셀의 문자열을 연결합니다.

| 예시 **2** | 퍼센트와 문자열을 연결합니다.

	A	B	C	D
1	값1	값2	값3	
2	A상품의 매출이	30%	증가했습니다.	
3	연결문자열			
4	A상품의 매출이 30%증가했습니다.			
5				

| 식 | **=CONCAT(A2,TEXT(B2,"0%"),C2)** |

| 설명 | 셀 A2와, 셀 B2의 숫자를 TEXT 함수로 표시 형식을 설정한 문자열로 변환한 것과, 셀 C2를 연결해 하나의 문자열로 만들었습니다. '=CONCAT(A2:C2)'로 지정하면 'A상품의 매출이 0.3 증가했습니다.'와 같이 숫자 그대로 표시되기 때문에, TEXT 함수를 이용해 문자열로 변환한 후 연결합니다.

| 관련 | **MID** 문자열의 지정한 위치에서 지정한 개수의 문자를 추출한다 ➡ p.175
CONCATENATE 호환성 함수 ➡ p.422
TEXT 숫자에 표시 형식을 설정해 문자열로 변환한다 ➡ p.187

▶ TEXTBEFORE / TEXTAFTER

구분기호 앞 또는 뒤의 문자열을 추출한다

TEXTBEOFRE 함수는 지정한 구분기호 앞(왼쪽)에 있는 문자열을 반환합니다.
TEXTAFTER 함수는 지정한 구분기호 뒤(오른쪽)에 있는 문자열을 반환합니다.

형식	**TEXTBEFORE(문자열,구분기호,[구분 위치],[검색 모드],[끝부분 처리],[구분기호가 없는 경우])** **TEXTAFTER(문자열,구분기호,[구분 위치],[검색 모드],[끝부분 처리],[구분기호가 없는 경우])**

- [문자열]에는 분할하고자 하는 대상 문자열을 지정합니다.
- [구분기호]에는 구분기호를 지정합니다.
- [구분 위치]에는 구분기호가 복수일 경우, 몇 번째 구분기호를 대상으로 할 것인지 지정합니다. 생략 시에는 1로 간주하며, 음수를 지정하면 맨 뒤부터 검색합니다.
- [검색 모드]에는 구분기호의 대/소문자 구별 여부를 지정합니다. 0 또는 생략 시에는 대/소문자를 구별하고, 1이면 구별하지 않습니다.
- [끝부분 처리]에는 문자열의 끝을 구분기호로 처리할지 여부를 지정합니다. 0 또는 생략 시에는 끝을 구분기호로 간주하지 않고, 0일 경우 끝을 구분기호로 간주합니다.
- [구분기호가 없는 경우]에는 [구분기호]에서 지정한 구분기호를 찾을 수 없는 경우 표시할 값을 지정합니다. 생략 시 '#N/A'가 표시됩니다.

예시 1 전체 경로 문자열에서 폴더와 파일명을 분할합니다.

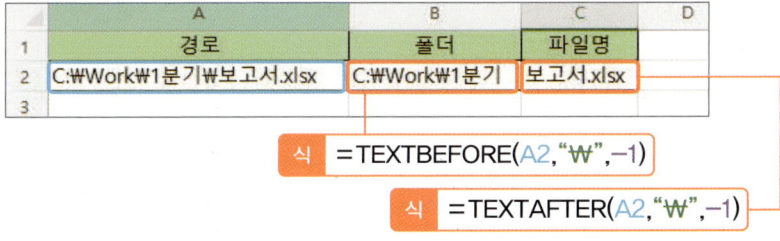

▲	A	B	C	D
1	경로	폴더	파일명	
2	C:\Work\1분기\보고서.xlsx	C:\Work\1분기	보고서.xlsx	
3				

식 =TEXTBEFORE(A2,"\",−1)

식 =TEXTAFTER(A2,"\",−1)

> **설명** 셀 B2에서는 셀 A2의 문자열에서 '\'를 구분기호로 사용하여 문자열의 끝에서 첫 번째 구분기호인 '\'의 앞에 있는 문자열을 추출합니다. 셀 C2에서는 셀 A2의 문자열에서 '\'를 구분기호로 사용하여 문자열의 끝에서 첫 번째 구분기호인 '\'의 뒤쪽에 있는 문자열을 추출합니다.

▶ TEXTJOIN

구분기호로 여러 문자열을 결합한다

여러 개의 문자열을 구분기호로 구분해 한 줄의 문자열로 연결합니다.

형식	TEXTJOIN(**구분기호**,**빈 문자 무시**,**문자열 1**,[**문자열 2**],…)

- [구분기호]에는 [문자열] 사이에 삽입할 문자열을 지정합니다. 직접 지정하는 경우 ""로 묶어 지정합니다.
- [빈 문자 무시]에는 [문자열]이 비어 있는 경우의 처리를 지정합니다. TRUE를 지정하면 빈 문자를 무시해 [구분기호]를 삽입하지 않고, FALSE를 지정하면 빈 문자에도 [구분기호]를 삽입합니다.
- [문자열]에는 연결하고자 하는 문자열 또는 셀 범위를 지정합니다. 문자열을 직접 지정할 경우에는 ""로 묶고, 셀 범위를 지정할 경우에는 각 셀을 [구분기호]로 구분해 연결합니다.

예시 1 데이터를 쉼표로 구분해 하나로 합칩니다.

	A	B	C	D	E
1	번호	성명	연령	성별	연결문자열
2	A1001	신 사임당		여성	A1001,신 사임당,,여성
3					

식	=TEXTJOIN(",",FALSE,A2:D2)

설명 빈 셀을 무시하지 않고 쉼표(,)로 구분해 셀 A2∼D2 안의 셀 문자열을 연결합니다. 여기서는 '연령'이 비어 있지만 쉼표만 삽입합니다.

HINT ▶ 연결 가능한 문자 수는 최대 32767자(셀에 입력할 수 있는 글자 수 제한)입니다.

수학/삼각

날짜/시간

통계

문자열 조작

논리

검색/행렬 · 웹

큐브

정보

데이터베이스

재무

공학

기초지식

유용한 테크닉

문자열 ・ 문자열 분할 ・ 365 2021 2019 2016

▶ TEXTSPLIT

문자열을 여러 셀로 분할한다

지정한 문자열 안에 있는 기호를 행, 열 구분으로 분할한 결과를 셀 범위에 표시합니다. 스필 기능으로 연속된 여러 셀에 결과를 표시합니다.

형식	TEXTSPLIT(문자열,열 구분,[행 구분],[빈 문자 무시], [검색 모드],[빈 셀에 표시할 값])

- [문자열]에는 분할할 문자열을 지정합니다.
- [열 구분]에는 열을 구분하는 기호를 지정합니다.
- [행 구분]에는 행을 구분하는 기호를 지정합니다.
- [빈 문자 무시]에는 구분기호가 연속될 경우 빈 셀을 생성할지를 설정합니다. TRUE 또는 생략 시 생성되지 않으며, FALSE를 지정하면 생성됩니다.
- [검색 모드]에는 구분기호의 대/소문자 구분 여부를 지정합니다. TRUE 또는 생략 시 구분하고 FALSE를 지정하면 구분하지 않습니다.
- [빈 셀에 표시할 값]에는 행수나 열수가 같지 않은 경우, 생성되는 빈 셀에 표시할 값을 지정합니다. 생략하면 '#N/A'가 표시됩니다.

예시 1 셀 안의 문자열에서 쉼표로 열을 구분하고 콜론으로 행을 구분해 여러 셀로 분할합니다.

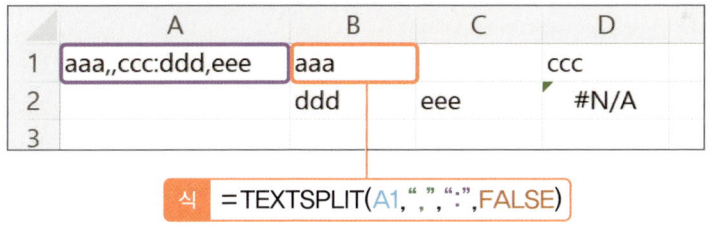

식 =TEXTSPLIT(A1,",",":",FALSE)

설명 셀 B1에서는 셀 A1의 문자열에서 ','를 열 구분자로, ':'을 행 구분자로 설정해 빈 문자를 무시하지 않는 설정으로 문자열을 분할합니다. 또한, 스필 기능을 통해 연속된 셀에 자동으로 결과를 표시합니다.

| 관련 | TEXTJOIN 구분기호로 여러 문자열을 결합한다 ➡ p.178
동적 배열 수식과 스필 ➡ p.375

▶ REPLACE

지정한 문자 수만큼의 문자를 다른 문자로 바꾼다

문자열에 포함된 지정된 문자 수만큼의 문자를 다른 문자로 바꿉니다. 반각, 전각 구분 없이 1문자로 계산합니다.

형식	**REPLACE(문자열,시작 위치,문자 수,대체 문자열)**

- [문자열]에 대해, 지정된 [시작 위치]에서 [문자 수]만큼의 문자를 [대체 문자열]로 바꿉니다.
- [문자열]에는 대체의 대상이 되는 문자열을 지정합니다.
- [시작 위치]에는 문자열의 첫 번째 문자를 1로 하여 몇 번째 문자부터 대체할 것인지 위치를 지정합니다.
- [문자 수]에는 대체할 문자 수를 지정합니다.
- [대체 문자열]에는 대체할 문자열을 지정합니다.

예시 1   ID의 마지막 5글자만 표시하고 나머지는 '*'로 대체합니다.

▲	A	B	C
1	ID번호	끝 4자리	
2	0123-4567-8910	*********-8910	
3	0123-4567-8911	*********-8911	
4			

식   =REPLACE(A2,1,9,"*********")

설명   셀 A2(ID)의 첫 번째부터 아홉 번째까지 9개의 문자를 '*********'로 바꿉니다. 아래의 예시와 같이 작성하면, 원래의 문자 수와 상관없이 마지막 5글자 이외의 문자를 '*'로 대체합니다.
예: "=REPLACE(A2,1,LEN(A2)−5,REPT("*",LEN(A2)−5))"

| 관련 | REPLACEB   지정한 바이트 수만큼의 문자를 다른 문자로 바꾼다 ➡ p.181
| | LEN   문자열의 문자 수를 구한다 ➡ p.172
| | REPT   지정한 횟수만큼 문자열을 표시한다 ➡ p.185

▶ REPLACEB

지정한 바이트 수만큼의 문자를 다른 문자로 바꾼다

문자열 안에 포함된 지정된 바이트 수만큼의 문자를 다른 문자로 바꿉니다. 반각 문자는 1바이트, 전각 문자는 2바이트로 계산합니다.

형식 REPLACEB(**문자열**,**시작 위치**,**바이트 수**,**대체 문자열**)

- [문자열]의 지정된 [시작 위치]에서 [바이트 수]만큼의 문자를 [대체 문자열]로 대체합니다.
- [문자열]에는 대체할 대상의 문자열을 지정합니다.
- [시작 위치]에는 문자열의 시작을 1로 하였을 때 몇 번째 문자부터 대체할 것인지 지정합니다.
- [바이트 수]에는 대체할 바이트 수를 지정합니다.
- [대체 문자열]에는 대체할 문자열을 지정합니다.

▶ SUBSTITUTE

검색한 문자열을 다른 문자열로 바꾼다

문자열 안에서 지정한 문자열을 검색해 다른 문자열로 바꿉니다.

형식 SUBSTITUTE(**문자열**,**검색 문자열**,**대체 문자열**,**[바꿀 대상]**)

- [문자열]에는 대체할 문자가 포함된 문자열을 지정합니다.
- [검색 문자열]에는 바뀔 문자열을 지정합니다.
- [대체 문자열]에서는 바꿀 문자열을 지정합니다.
- [바꿀 대상]은 [문자열] 안에 [검색 문자열]이 여러 개 있을 경우, 몇 번째를 바꿀지 숫자로 지정합니다. 예를 들어, 첫 번째 문자열만 대체하려면 '1'을 지정합니다. 생략하면 발견된 모든 [검색 문자열]이 대체됩니다.

예시 1 첫 번째 '/'를 ':'로 바꿉니다.

	A	B
1	문자열	치환후
2	대상/2021/2019/2016/2013	대상: 2021/2019/2016/2013
3		

식 =SUBSTITUTE(A2,"/",":",1)

설명 셀 A2의 문자열에서 '/'를 검색하고 첫 번째 '/'를 ':'로 바꿉니다.

| 관련 | REPLACE 지정한 문자 수만큼의 문자를 다른 문자로 바꾼다 ➡ p.180

▶ FIND

문자열의 위치를 찾는다

문자열에서 지정한 문자열을 검색하여, 맨 앞부터 세었을 때 몇 번째에 있는지를 반환합니다. 반각, 전각 구분 없이 1문자로 계산합니다.

형식	**FIND(검색 문자열,대상,[시작 위치])**

- [검색 문자열]에는 검색할 문자열을 지정합니다. 빈 문자("")를 지정한 경우, 시작 위치의 문자를 반환합니다.
- [대상]에는 검색할 문자가 포함된 문자열을 지정합니다.
- [시작 위치]에는 [대상]의 시작부터 몇 번째 문자를 검색의 시작 위치로 할 것인지 지정합니다. 생략 시 1로 간주합니다.

HINT ▶ 대문자와 소문자를 구분합니다. 와일드카드 문자는 사용할 수 없습니다. 검색 문자열을 찾을 수 없는 경우, 오류값 '#VALUE!'를 반환합니다.

예시 1 메일 주소의 '@' 위치를 찾습니다.

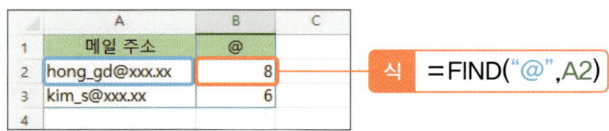

식　**=FIND("@",A2)**

설명 메일 주소(A2) 중 '@'의 위치를 확인합니다.

예시 2 메일 주소의 '@' 앞뒤 문자열을 추출합니다.

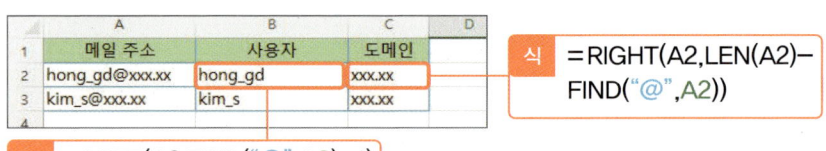

식　**=RIGHT(A2,LEN(A2)−FIND("@",A2))**

식　**=LEFT(A2,FIND("@",A2)−1)**

설명 셀 B2에서는 FIND 함수로 셀 A2의 이메일 주소 중 '@'의 위치를 찾고, 그 위치에서 1을 뺀 수만큼 LEFT 함수로 문자열을 가져옵니다. 이렇게 하면 '@'보다 앞의 문자열을 얻을 수 있습니다.

설명 셀 C2에서는 FIND 함수로 셀 A2의 이메일 주소 중 '@'의 위치를 찾습니다. LEN 함수로 계산한 전체 문자 수에서 '@'의 위치를 뺀 수만큼 RIGHT 함수를 사용해 문자열을 가져옵니다. 이렇게 하면 '@' 뒤에 있는 문자열을 얻을 수 있습니다.

▶ FINDB

문자열의 바이트 위치를 찾는다

문자열 안에서 지정한 문자열을 검색하여, 맨 앞부터 세었을 때 몇 바이트째에 있는지를 반환합니다. 반각 문자는 1바이트, 전각 문자는 2바이트로 계산합니다.

| 형식 | **FINDB(검색 문자열,대상,[시작 위치])** |

- [검색 문자열]에는 검색할 문자열을 지정합니다. 빈 문자("")를 지정한 경우, 시작 위치의 문자를 반환합니다.
- [대상]에는 검색할 문자가 포함된 문자열을 지정합니다.
- [시작 위치]는 [대상]의 시작에서 몇 바이트째부터 검색을 시작할지 지정합니다. 생략하면 1로 간주합니다.

> **HINT** ▶ 반각 문자와 전각 문자, 대문자와 소문자를 구분합니다. 와일드카드 문자는 사용할 수 없습니다. 찾을 수 없는 경우, 오류값 '#VALUE!'를 반환합니다.

예시 1 문자열 안에서 ':'의 위치를 찾습니다.

	A	B	C
1	값	:	
2	EXCEL함수 : 2025	11	
3	EXCELVBA : 2025	10	
4			

| 식 | **=FINDB(":",A2)** |

> **설명** 값(A2) 중에서 반각 문자는 1, 전각 문자는 2로 계산해 ':'의 위치를 구합니다.

| 관련 | **LEN** 　문자열의 문자 수를 구한다 ➡ p.172
　　　　LEFT 　문자열의 시작 부분부터 지정한 수의 문자를 추출한다 ➡ p.173
　　　　RIGHT 　문자열 끝에서부터 지정한 수의 문자를 추출한다 ➡ p.174

▶ SEARCH

문자열의 위치를 찾는다

문자열 안에서 지정한 문자열을 검색하여, 맨 앞부터 세었을 때 몇 번째에 발견되는지를 반환합니다. 반각, 전각 구분 없이 1문자로 계산합니다.

> **형식**　　SEARCH(검색 문자열, 대상, [시작 위치])

- [검색 문자열]에는 검색할 문자열을 지정합니다. 빈 문자("")를 지정한 경우, 시작 위치 문자를 반환합니다.
- [대상]에서는 검색할 문자가 포함된 문자열을 지정합니다.
- [시작 위치]는 [대상]의 시작에서 몇 글자부터 검색할지 지정합니다. 생략하면 1로 간주합니다.

> **HINT** ▶ 대문자와 소문자는 구분하지 않지만, 와일드카드 문자는 사용할 수 있습니다. 검색 문자열을 찾지 못하면 오류값 '#VALUE!'를 반환합니다. 대문자와 소문자를 구분하려면 FIND 함수를 사용합니다.

예시 1 지정한 패턴 문자열의 시작 위치를 확인합니다.

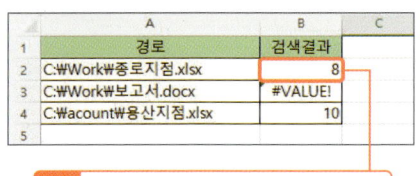

> **설명** 셀 A2의 네 번째 문자 이후에 있는 '₩로 시작하고 xlsx로 끝나는 문자열'의 위치를 조사합니다. 찾지 못하면 오류값을 표시합니다.

> **식** =SEARCH("₩*xlsx", A2, 4)

예시 2 폴더 안의 엑셀 파일명을 추출합니다.

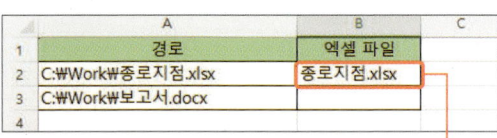

> **식** =IFERROR(MID(A2, SEARCH("₩*xlsx", A2, 4)+1, 20), "")

> **설명** C드라이브의 하위 폴더에서 엑셀 파일의 위치를 찾고, MID 함수로 파일 이름만 추출합니다. 찾지 못하면 에러가 발생하므로, IFERROR 함수를 사용해 에러일 경우 아무것도 표시하지 않도록("") 처리합니다.

수학/삼각

날짜/시간

통계

문자열 조작

논리

검색/행렬 · 웹

큐브

정보

데이터베이스

재무

공학

기초지식

유용한 테크닉

문자열	문자열 검색

▶ SEARCHB

문자열의 바이트 위치를 찾는다

문자열 안에서 지정한 문자열을 검색하여, 맨 앞부터 세었을 때 몇 바이트째에 있는지를 반환합니다. 반각 문자는 1바이트, 전각 문자는 2바이트로 계산합니다.

형식	SEARCHB(검색 문자열,대상,[시작 위치])

- [검색 문자열]에는 검색할 문자열을 지정합니다. 빈 문자("")를 지정한 경우, 시작 위치 의 문자를 반환합니다.
- [대상]에는 검색할 문자가 포함된 문자열을 지정합니다.
- [시작 위치]는 [대상]의 시작에서 몇 바이트째부터 검색을 시작할지 지정합니다. 생략 하면 1로 간주합니다.

HINT ▶ 대문자와 소문자는 구분하지 않지만, 와일드카드 문자는 사용할 수 있습니다. 검색 문자열을 찾지 못하면 오류값 '#VALUE!'를 반환합니다.

문자열	문자열 표시

▶ REPT

지정한 횟수만큼 문자열을 표시한다

문자열을 지정한 횟수만큼 반복해서 표시합니다.

형식	REPT(문자열,반복 횟수)

- [문자열]에는 반복할 문자열을 지정합니다.
- [반복 횟수]는 0~32737 범위에서 지정합니다. 0으로 설정하면 빈 문자("")를 반환합니다. 정수가 아닌 숫자를 지정하면 소수점 이하는 절사합니다.

예시 1	평가 점수만큼 '★'을 반복합니다.

식 =REPT("★",B2)

설명 셀 B2의 숫자만큼 '★'을 반복합니다. 소수점 이하 자릿수는 절사하므로, '3.5'의 경우 '★'이 3개 표시됩니다.

▶ FIXED

숫자에 쉼표나 소수점 기호를 붙여 문자열로 변환한다

숫자를 지정한 자릿수로 반올림하고, 결과를 쉼표 ","와 소수점 "."을 붙여 문자열로 변환합니다.

형식   FIXED(숫자,[자릿수],[자릿수 구분])

- [숫자]에는 대상 숫자를 지정합니다.
- [자릿수]에는 소수점 이하 자릿수를 지정합니다. 지정 방법은 ROUND 함수와 동일합니다. 예를 들어, 1로 지정하면 소수점 이하 첫 번째 자리, 0으로 지정하면 1의 자리, −1로 지정하면 10의 자리로 반올림합니다. 생략하면 2로 간주합니다.
- [자릿수 구분]에 FALSE를 지정하거나 생략하면 쉼표로 구분합니다. TRUE를 지정하면 쉼표로 구분하지 않습니다.

HINT ▶ 숫자를 통화나 백분율 형식의 문자열로 변환하고 싶다면 TEXT 함수를 사용합니다.

예시 **1**   숫자를 지정한 자릿수로 반올림해 문자열로 변환합니다.

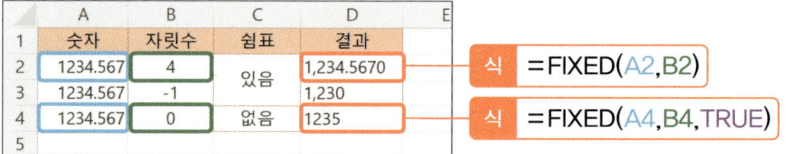

	A	B	C	D	E
1	숫자	자릿수	쉼표	결과	
2	1234.567	4	있음	1,234.5670	
3	1234.567	-1		1,230	
4	1234.567	0	없음	1235	
5					

식   =FIXED(A2,B2)

식   =FIXED(A4,B4,TRUE)

설명   셀 D2에서는 셀 A2의 숫자를 소수점 이하 네 번째 자리까지 표시되도록 반올림하고 쉼표로 구분합니다. 셀 D4에서는 셀 A4의 숫자를 1의 자리까지 표시되도록 반올림하고 쉼표로 구분하지 않습니다.

| 관련 | TEXT   숫자에 표시 형식을 설정해 문자열로 변환한다 ➡ p.187

ROUND   지정한 자릿수에서 숫자를 반올림한다 ➡ p.45

▶ TEXT

숫자에 표시 형식을 설정해 문자열로 변환한다

숫자에 표시 형식을 설정해 문자열로 변환합니다.

형식	**TEXT(숫자,표시 형식)**

- [숫자]에는 표시 형식을 설정할 숫자를 지정합니다.
- [표시 형식]은 서식 기호를 사용해 표시 형식을 문자열로 지정합니다. 예를 들어, "#,###0"과 같이 서식을 ""로 묶어 지정합니다.

예시 1 날짜에서 요일을 표시합니다.

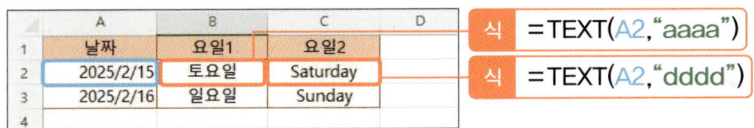

	A	B	C	D
1	날짜	요일1	요일2	
2	2025/2/15	토요일	Saturday	
3	2025/2/16	일요일	Sunday	
4				

식 =TEXT(A2,"aaaa")

식 =TEXT(A2,"dddd")

> **설명** 셀 B2에서는 셀 A2 날짜의 요일을 'aaaa'로 표시하고, 셀 C2에서는 마찬가지로 'dddd'로 표시합니다.

예시 2 날짜나 금액을 문자열로 연결합니다.

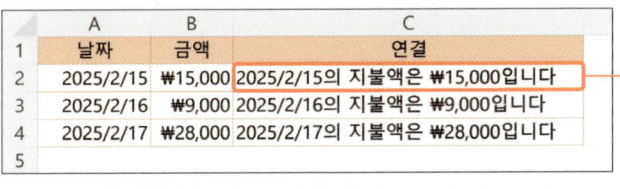

	A	B	C
1	날짜	금액	연결
2	2025/2/15	₩15,000	2025/2/15의 지불액은 ₩15,000입니다
3	2025/2/16	₩9,000	2025/2/16의 지불액은 ₩9,000입니다
4	2025/2/17	₩28,000	2025/2/17의 지불액은 ₩28,000입니다
5			

식 =CONCAT(TEXT(A2,"yyyy/m/d"),"의 지불액은", TEXT(B2,"₩#,##0"),"입니다")

> **설명** TEXT 함수를 사용해 날짜(A2)와 금액(B2)에 표시 형식을 설정하고 문자열로 변환한 후, CONCAT 함수로 날짜, 금액, 문자열을 연결합니다.

| 관련 | 표시 형식 설정 ➡ p.381

▶ ARRAYTOTEXT

배열을 문자열로 변환한다

배열을 문자열로 변환해 반환합니다. 문자열은 그대로, 숫자나 논릿값 등의 값은 문자열로 변환되며, 각 데이터는 반각 ','로 구분됩니다.

형식 　 **ARRAYTOTEXT(배열,[서식])**

- [배열]에는 문자열의 배열로 변환할 값을 지정합니다.
- [서식]에는 변환 형식을 지정합니다. 0 또는 생략하면 간단한 형식으로 변환되며, 문자열은 그대로 반환됩니다. 1을 지정하면 정확한 형식으로 변환되며, 문자열은 큰따옴표 ("")로 둘러싸입니다. 반환값 앞뒤가 중괄호 '{}'로 둘러싸인 배열 상수 형식이 됩니다. 0과 1 모두에서, 숫자나 논릿값 등의 다른 데이터는 그대로 변환되고, 날짜와 시간은 일련번호로 변환됩니다.

예시 1 셀 범위의 값을 문자열 배열로 변환합니다.

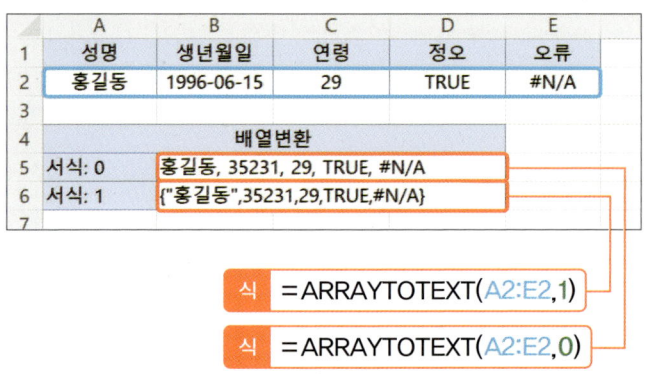

	A	B	C	D	E
1	성명	생년월일	연령	정오	오류
2	홍길동	1996-06-15	29	TRUE	#N/A
3					
4		배열변환			
5	서식: 0	홍길동, 35231, 29, TRUE, #N/A			
6	서식: 1	{"홍길동",35231,29,TRUE,#N/A}			
7					

식 　 **=ARRAYTOTEXT(A2:E2,1)**

식 　 **=ARRAYTOTEXT(A2:E2,0)**

설명 셀 B5에서는 셀 A2~E2의 데이터를 간단한 형식(0)의 문자열 배열로 변환하고, 셀 B6에서는 셀 A2~E2의 데이터를 정확한 형식(1)의 문자열 배열로 변환합니다.

| 관련 | VALUETOTEXT 　임의의 값을 문자열로 변환한다 ➡ p.189
　　　　 CONCAT 　여러 문자열을 결합한다 ➡ p.176
　　 TEXTJOIN 　구분기호로 여러 문자열을 결합한다 ➡ p.178

수학/삼각

날짜/시간

통계

문자열 조작

논리

검색/행렬 참

큐브

정보

데이터베이스

재무

공학

기초지식

유용한 테크닉

365 | 2021 | 2019 | 2016

문자열　　　문자열 변환

▶ VALUETOTEXT

임의의 값을 문자열로 변환한다

값으로 지정한 데이터를 문자열로 변환해 반환합니다. 문자열은 그대로 반환되며, 숫자나 논 릿값 등의 값은 문자열로 변환됩니다.

형식　**VALUETOTEXT(값,[서식])**

- [값]에는 문자열로 변환할 값을 지정합니다.
- [서식]에는 변환 형식을 지정합니다. 0 또는 생략하면 간단한 형식으로 변환되고, 문자 열은 그대로 반환됩니다. 1로 지정하면 정확한 형식으로 변환되고, 문자열은 " "로 둘러 싸여 반환됩니다. 0과 1 모두에서, 숫자나 논릿값 등의 다른 데이터는 그대로 문자열로 변환되며, 날짜와 시간은 일련번호로 변환됩니다.

예시 1 셀 안의 데이터를 문자열로 변환합니다.

	A	B	C	D
1			문자열변환	
2			서식: 0	서식: 1
3	성명	홍길동	홍길동	"홍길동"
4	생년월일	1996-06-15	35231	35231
5	연령	29	29	29
6	정오	TRUE	TRUE	TRUE
7	오류	#N/A	#N/A	#N/A

식　=VALUETOTEXT(B3,0)

식　=VALUETOTEXT(B3,1)

설명 셀 C3에서는 셀 B3의 데이터를 간단한 형식(0)의 문자열로 변환하고 셀 D3에서 는 셀 B3의 데이터를 정확한 형식(1)의 문자열로 변환합니다.

문자열　　　문자열 변환

365 | 2021 | 2019 | 2016

▶ ASC

전각 문자를 반각 문자로 변환한다

전각 영문자와 숫자(2바이트)를 반각 영문자와 숫자(1바이트)로 변환합니다.

형식　**=ASC(문자열)**

[문자열]에는 반각으로 변환할 영문자나 숫자가 포함된 문자열을 지정합니다. 문자열에 포함된 한자는 반각으로 변환되지 않습니다.

| 관련 | ARRAYTOTEXT　배열을 문자열로 변환한다 ➡ p.188
TEXT　숫자에 표시 형식을 설정해 문자열로 변환한다 ➡ p.187

▶ JIS

반각 문자를 전각 문자로 변환한다

반각 영문자와 숫자(1바이트)를 전각 영문자와 숫자(2바이트)로 변환합니다.

형식   JIS(문자열)

[문자열]에는 전각으로 변환할 영문자와 숫자가 포함된 문자열을 지정합니다.

▶ WON

숫자를 원화 문자열로 변환한다

지정된 자릿수가 되도록 숫자를 반올림한 후, 원화 통화 형식(₩)을 사용해 문자열로 변환합니다.

형식   WON(숫자,[자릿수])

- [숫자]에는 숫자를 지정합니다. 예를 들어 '=WON(1500)'은 '₩1,500'을 반환합니다.
- [자릿수]에는 표시할 자릿수를 지정합니다. 예를 들어 '2'를 지정하면 소수점 이하 둘째 자리까지 표시되도록 반올림합니다. 지정 방법은 ROUND 함수와 동일합니다. 생략하면 0으로 간주합니다.

▶ DOLLAR

숫자를 달러 통화 문자열로 변환한다

지정된 자릿수가 되도록 숫자를 반올림한 후, 달러 통화 형식($)을 사용해 문자열로 변환합니다.

형식   DOLLAR(숫자,[자릿수])

- [숫자]에는 숫자를 지정합니다. 예를 들어 '=DOLLAR(1500)'은 '$1,500.00'을 반환합니다.
- [자릿수]에는 표시할 자릿수를 지정합니다. 예를 들어 '2'를 지정하면 소수점 이하 둘째 자리까지 표시되도록 반올림합니다. 지정 방법은 ROUND 함수와 동일합니다. 생략하면 0으로 간주합니다.

| 문자열 | 문자열 변환 | 365 | 2021 | 2019 | 2016 |

▶ YEN

숫자를 엔 통화 문자열로 변환한다

지정된 자릿수가 되도록 숫자를 반올림한 후, 엔화 통화 형식(¥)을 사용해 문자열로 변환합니다.

형식 YEN(**숫자**,[**자릿수**])

- [숫자]에는 숫자를 지정합니다. 예를 들어 '=YEN(1500)'은 '¥1,500'을 반환합니다.
- [자릿수]에는 표시할 자릿수를 지정합니다. 예를 들어 '2'를 지정하면 소수점 이하 둘째 자리까지 표시되도록 반올림합니다. 지정 방법은 ROUND 함수와 동일합니다. 생략하면 0으로 간주합니다.

| 문자열 | 문자열 변환 | 365 | 2021 | 2019 | 2016 |

▶ LOWER

영문자를 소문자로 변환한다

문자열에 포함된 영문 대문자를 모두 소문자로 변환합니다.

형식 LOWER(**문자열**)

[문자열]에는 원본 문자열을 지정합니다. 영문자는 전각, 반각에 상관없이 변환됩니다. 예를 들어 '=LOWER("Apple pie")'를 지정하면 'apple pie'를 반환합니다.

| 문자열 | 문자열 변환 | 365 | 2021 | 2019 | 2016 |

▶ UPPER

영문자를 대문자로 변환한다

문자열에 포함된 영문 소문자를 모두 대문자로 변환합니다.

형식 UPPER(**문자열**)

[문자열]에는 원본 문자열을 지정합니다. 영문자는 전각, 반각에 상관없이 변환됩니다. 예를 들어 '=UPPER("Apple pie")'를 지정하면 'APPLE PIE'를 반환합니다.

▶ PROPER

영어 단어의 첫 글자만 대문자로 변환한다

문자열에 포함된 영어 단어의 첫 글자와 기호 다음 글자를 대문자로 변환하고, 그 외의 모든 영문자는 소문자로 변환합니다.

형식 **PROPER(문자열)**

[문자열]에는 원본 문자열을 지정합니다. 영문자는 전각, 반각에 상관없이 변환됩니다. 예를 들어 '=PROPER("Apple pie")'를 지정하면 'Apple Pie'를 반환합니다.

▶ NUMBERSTRING

숫자를 한글 또는 한자로 변환한다

숫자를 지정한 형식의 한글 또는 한자 문자열로 변환합니다.

형식 **NUMBERSTRING(숫자,형식)**

- [숫자]에는 변환할 숫자를 지정합니다.
- [형식]에는 변환할 한글 또는 한자의 형식을 1~3까지의 정수로 지정합니다(아래 표 참조). 예를 들어, '=NUMBERSTRING(15432,1)'을 지정하면 '일만오천사백삼십이'를 반환합니다.

숫자 형식

형식	변환 문자(15432의 경우)	해당 셀의 표시 형식
1	일만오천사백삼십이	[DBNum1]
2	壹萬伍阡四百參拾貳	[DBNum2]
3	일오사삼이	[DBNum1] #

HINT 이 함수는 함수 라이브러리에서 선택할 수 없으므로 직접 입력해야 합니다.

수학/삼각
날짜/시간
통계
문자열 조작
논리
검색/행렬·월
큐브
정보
데이터베이스
재무
공학
기초지식
유용한 테크닉

365 2021 2019 2016

문자열   문자열 변환

▶ NUMBERVALUE

지역 표시 형식으로 표현된 숫자를 일반 숫자로 변환한다

특정 지역의 표시 형식으로 표현된 문자열의 숫자를 지정한 소수점 기호와 자릿수 구분기호에 따라 일반적으로 사용하는 숫자로 변환합니다.

형식	**NUMBERVALUE(문자열,[소수점 기호],[자릿수 구분기호])**

- [문자열]에는 특정 국가나 지역에서 사용하는 방식의 숫자를 문자열로 지정합니다. 빈 문자("")의 경우 0을 반환합니다.
- [소수점 기호]에는 소수점 기호로 사용할 기호를 지정합니다. 생략하면 현재 컴퓨터의 설정이 적용됩니다.
- [자릿수 구분기호]에는 3자리마다 숫자 구분기호로 사용할 기호를 지정합니다. 생략하면 현재 컴퓨터의 설정이 적용됩니다.

HINT	독일이나 프랑스 등에서는 자릿수 구분기호로 '.'(마침표), 소수점 기호로 ','(쉼표)를 사용하는 등 한국이나 미국과는 다른 기호 형식을 사용합니다. 이처럼 다른 국가나 지역의 표시 형식을 일반 숫자로 변환하고자 할 때 사용합니다.

예시 1 유럽식 표시 형식의 숫자를 달러화 숫자로 변환합니다.

	A	B	C
1	표기 종류	문자열	변환 후(통화: 달러)
2	독일 표기	2.500,25	$2,500.25
3			

식	**=NUMBERVALUE(B2,",",".")**

설명	숫자 구분기호로 '.'를, 소수점 기호로 ','를 사용한 셀 B2의 숫자를 일반 숫자로 변환합니다. 변환 후 [홈] 탭 → [통화 표시 형식]의 [▼] → [$영어(미국)]를 클릭해 달러 표시 형식으로 설정합니다.

▶ VALUE

숫자를 나타내는 문자열을 숫자로 변환한다

숫자를 나타내는 문자열을 숫자로 변환합니다. 다른 애플리케이션에서 가져온 데이터가 문자열로 표시될 때 숫자로 변환할 수 있습니다.

형식 VALUE(**문자열**)

[문자열]에는 숫자로 변환할 문자열을 지정합니다. 숫자, 날짜 시간, 퍼센트, 통화 등 엑셀이 숫자로 인식하는 형식으로 입력된 문자열을 지정해야 합니다. 변환할 수 없는 경우 오류값인 '#VALUE!'를 반환합니다.

예시 1 문자열로 입력된 값을 숫자로 변환합니다.

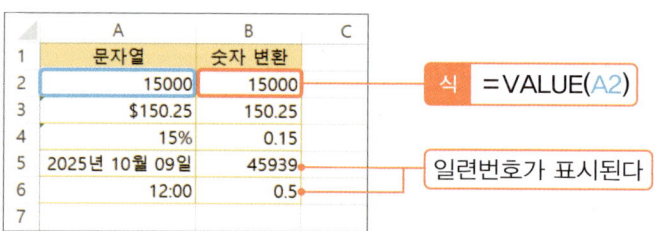

식 =VALUE(A2)

일련번호가 표시된다

설명 셀 A2에 문자열로 입력된 숫자를 숫자로 변환합니다. 날짜나 시간은 숫자로 변환하면 일련번호가 표시되므로, 필요에 따라 날짜 시간 표시 형식을 설정합니다.

▶ EXACT

두 개의 문자열이 같은지 검사한다

두 문자열을 비교해 완전히 같으면 TRUE, 그렇지 않으면 FALSE를 반환합니다.

형식 EXACT(**문자열 1,문자열 2**)

• [문자열 1]에는 비교하고자 하는 문자열을 지정합니다.
• [문자열 2]에는 비교할 다른 문자열을 지정합니다. 예를 들어, '=EXACT("Apple", "apple")'을 지정하면, 같지 않으므로 FALSE를 반환합니다.

HINT ▶ 대문자/소문자, 전각/반각도 구분합니다.

수학/삼각

날짜/시간

예계

문자열 조작

논리

검색/행렬·웹

큐브

정보

데이터베이스

재무

공학

기초지식

유용한 테크닉

365 2021 2019 2016

문자열 | 공백 삭제

▶ TRIM

불필요한 공백을 제거한다

각 단어 사이의 공백은 1개만 남기고, 그 외의 불필요한 공백은 모두 삭제합니다.

형식   **TRIM(문자열)**

[문자열]에는 대상 문자열을 지정합니다. 예를 들어, '=TRIM(" New   York")'을 지정하면 단어 사이에 공백을 하나만 남겨서 'New York'을 반환합니다.

문자열 | 제어 문자 삭제

365 2021 2019 2016

▶ CLEAN

인쇄할 수 없는 문자를 삭제한다

지정한 문자열에서 줄바꿈 기호, 탭 기호 등 인쇄할 수 없는 문자를 삭제합니다.

형식   **CLEAN(문자열)**

[문자열]에는 원본 문자열이 입력된 셀을 지정합니다.

HINT ▶ ASCII 코드의 0~31에 해당하는 제어 문자를 삭제합니다.

예시 **1** 줄바꿈 문자를 제거합니다.

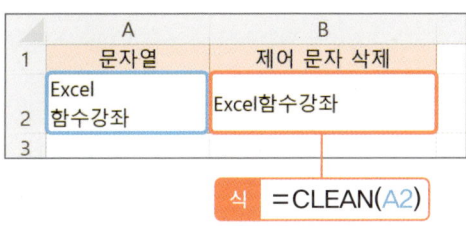

	A	B
1	문자열	제어 문자 삭제
2	Excel 함수강좌	Excel함수강좌
3		

식   **=CLEAN(A2)**

설명 셀 A2에 포함된 줄바꿈 문자가 삭제되어 한 줄로 표시됩니다.

▶ CODE

지정한 문자의 문자 코드를 구한다

지정한 문자열의 첫 번째 문자의 문자 코드(ASCII 등)를 10진수로 반환합니다.

> **형식** **CODE(문자열)**

[문자열]에는 문자 코드를 조회할 문자를 지정합니다. 여러 문자를 지정한 경우, 첫 번째 문자의 문자 코드를 반환합니다.

> **HINT** ▶ 문자 코드는 컴퓨터에서 문자를 표시하기 위해 각 문자에 할당한 식별 번호를 말합니다. 문자 코드에는 여러 종류가 있는데, ASCII 코드는 제어 문자와 반각 영문자 및 기호에 할당된 문자 코드로, 전 세계에서 가장 널리 쓰이는 문자 인코딩 방식입니다.

▶ UNICODE

지정한 문자의 유니코드 번호를 구한다

지정한 문자열의 첫 번째 문자의 유니코드 번호를 10진수로 반환합니다.

> **형식** **UNICODE(문자열)**

[문자열]에는 유니코드 번호를 조회할 문자열을 지정합니다. 여러 문자를 지정한 경우, 첫 번째 문자의 문자 코드를 반환합니다.

> **HINT** ▶ 유니코드(Unicode)는 세계 주요 언어 대부분의 문자를 수록하고 일련번호를 부여한 국제 표준 문자 코드 규격입니다.

예시 1 ASCII 및 유니코드를 구합니다.

	A	B	C	D
1	문자열	문자 코드 ASCII	문자 코드 UNICODE	
2	!	33	33	
3	A	65	65	
4	1	49	49	
5	가	45217	44032	
6	金	53713	37329	
7				

설명 셀 B2에서는 CODE 함수를 사용해 셀 A2의 ASCII 코드를 구합니다. 셀 C2에서는 UNICODE 함수를 사용해 셀 A2의 유니코드 번호를 구합니다.

식 =CODE(A2)

식 =UNICODE(A2)

수학/삼각

날짜/시간

통계

문자열 조작

논리

검색/행렬 · 웹

큐브

정보

데이터베이스

재무

공학

기초지식

유용한 테크닉

| 문자열 | 문자 코드 | 365 2021 2019 2016 |

▶ CHAR

문자 코드로 문자를 찾는다

지정한 문자 코드에 해당하는 문자를 반환합니다.

| 형식 | **CHAR(숫자)** |

[숫자]에는 조사하고자 하는 문자의 ASCII 코드를 10진수로 지정합니다.

> **HINT ▶** 문자 코드를 16진수로 알고 있는 경우, HEX2DEC 함수를 사용해 16진수를 10진수로 변환한 후 CHAR 함수를 사용합니다.

| 문자열 | 문자 코드 | 365 2021 2019 2016 |

▶ UNICHAR

유니코드 번호로 문자를 찾는다

지정한 유니코드 번호에 해당하는 문자를 반환합니다.

| 형식 | **UNICHAR(숫자)** |

[숫자]에는 조회하고자 하는 문자의 유니코드 번호를 10진수로 지정합니다.

> **HINT ▶** 문자 코드를 16진수로 알고 있는 경우, HEX2DEC 함수를 사용해 16진수를 10진수로 변환한 후 UNICHAR 함수를 사용합니다.

| 예시 **1** | 문자 코드로 문자를 찾습니다. |

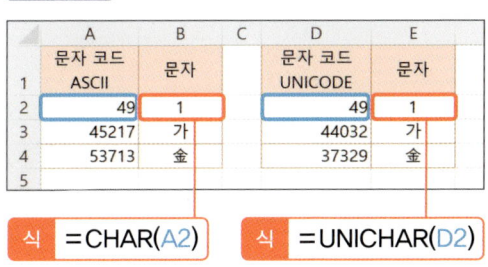

식 **=CHAR(A2)**   식 **=UNICHAR(D2)**

> **설명** 셀 B2에서는 CHAR 함수를 사용해 셀 A2의 ASCII 코드에서 해당 문자를 구합니다. 셀 E2에서는 UNICHAR 함수를 사용해 셀 D2의 유니코드 번호에서 해당 문자를 구합니다.

| 관련 | HEX2DEC   16 진수를 10 진수로 변환한다 ➡ p.336

▶ T

문자열만 꺼낸다

지정한 값이 문자열을 참조하는 경우 해당 문자열을 반환하고, 문자열을 참조하지 않는 경우 빈 문자열("")을 반환합니다.

형식	T(값)

[값]에는 추출하고자 하는 문자열 또는 셀 참조를 지정합니다.

예시 1 셀에 입력된 값에서 문자만 표시합니다.

	A	B	C	D
1	값	문자열추출	데이터 형식	
2	홍길동	홍길동	문자열	
3	25/10/9		수식(=TODAY())	
4	123		숫자	
5	TRUE		논리값	
6				

식 **=T(A2)**

설명 셀 A2의 문자열을 표시합니다. 셀 A3~A5에는 문자열이 입력되어 있지 않으므로 빈 문자열("")을 반환합니다.

논리 함수

논리 함수에는 조건의 만족 여부에 따라 다른 결과를 표시하는 함수나 TRUE 또는 FALSE를 결과로 반환하는 함수가 준비되어 있습니다. 논리 함수에서는 주로 논리식을 사용합니다. 여기서는 하나 이상의 논리식을 조합하는 다양한 함수의 종류와 그 사용법을 알아봅시다.

▶ IF

조건 충족 여부에 따라 다른 값을 반환한다

지정한 조건식이 성립하는 경우와 성립하지 않는 경우에 따라 다른 결과를 표시합니다.

> **형식**   IF(논리식,참일 경우,[거짓일 경우])

- [논리식]의 결과가 TRUE라면 [참일 경우]를 반환하고, FALSE라면 [거짓일 경우]의 값을 반환합니다.
- [논리식]에는 TRUE 또는 FALSE를 반환하는 식을 지정합니다.
- [참일 경우]에는 [논리식]이 TRUE 또는 0이 아닐 때 반환하는 값이나 수식을 지정합니다.
- [거짓일 경우]에는 [논리식]이 FALSE 또는 0일 때 반환하는 값이나 수식을 지정합니다. 생략하면 논리식이 FALSE인 경우 '0'을 반환합니다.

> **예시 1**   연령이 20세 미만인지 확인합니다.

	A	B	C	D
1	성명	연령	연령 체크	
2	홍길동	32		
3	이순신	16	보호자 확인	
4	김유신	23		

식 =IF(B2<20,
"보호자 확인","")

> **설명** 연령(B2)이 20 미만인 경우(B2<20), '보호자 확인'으로 표시하고, 그렇지 않은 경우 아무것도 표시하지 않습니다. 아무것도 표시하지 않을 경우, ""로 지정합니다.

> **예시 2**   IF 함수 안에 IF 함수를 설정하고 점수에 따라 'A', 'B', 'C' 등급을 표시합니다.

	A	B	C	D
1	학생 성명	점수	평가	
2	이성계	86	A	
3	강감찬	60	C	
4	성춘향	72	B	

식 =IF(B2>=85,"A",
IF(B2>=70,"B","C"))

> **설명** 점수(B2)가 85 이상이면 'A'로 표시하고, 그렇지 않다면 IF 함수를 추가로 설정해 점수가 70 이상이면 'B', 그렇지 않으면 'C'로 표시합니다. 이처럼 [거짓일 경우]에 IF 함수를 추가하면 여러 조건을 설정해 단계적으로 판별할 수 있습니다.

수학/삼각

날짜/시간

통계

문자열 조작

논리

검색/행렬 · 웹

큐브

정보

데이터베이스

재무

과학

기초지식

유용한 테크닉

예시 3 날짜가 '2025-1-4' 이후인 경우 '제출완료'로 표시합니다.

	A	B	C	D
1	학생 성명	날짜	확인(1/4 이후제출)	
2	이순신	2025/1/27	제출완료	
3	홍길동			
4	김유신	2025/2/3	제출완료	
5	이성계			
6				

식　=IF(B2>=DATE(2025,1,4),"제출완료","")

설명　셀 B2가 '2025-1-4' 이후인 경우 '제출완료'로 표시합니다. 날짜를 비교할 때는 일련번호로 비교해야 하므로 DATE 함수를 사용해 날짜를 지정합니다. 'B2>="2025-1-4"'와 같이 문자열로 설정하면 올바른 결과를 얻을 수 없습니다.

예시 4 소속이 3학년인지 아닌지에 따라 표시할 값을 변경합니다.

	A	B	C	D
1	학생 성명	소속	안내장 발송	
2	이순신	2학년 1반	불필요	
3	홍길동	3학년 2반	필요	
4	김유신	1학년 3반	불필요	
5	이성계	3학년 1반	필요	
6				

식　=IF(COUNTIF(B2,"3학년*"),"필요","불필요")

설명　셀 B2의 소속이 '3학년으로 시작하는' 경우 '필요', 그렇지 않은 경우 '불필요'로 표시합니다. 논리식 'COUNTIF(B2,"3학년*")'으로 지정했을 때 '3학년'으로 시작하면 1(TRUE), 그렇지 않으면 0(FALSE)을 반환합니다. 와일드카드 문자를 사용해 조건을 설정하고 싶을 때 사용할 수 있습니다.

관련 | IFS　여러 조건을 단계적으로 판정한 결과에 따라 다른 값을 반환한다 ➡ p.206
DATE　년, 월, 일로 날짜를 구한다 ➡ p.81

▶ AND

여러 조건이 모두 충족되는지를 확인한다

인수로 지정한 논리식이 모두 성립하는 경우(TRUE)에는 TRUE를 반환하고, 하나라도 성립하지 않는 경우(FALSE)에는 FALSE를 반환합니다. IF 함수에서 여러 조건을 지정하고, 모두 만족할 때와 그렇지 않을 때 서로 다른 값을 반환하고 싶은 경우의 논리식으로 사용할 수 있습니다.

형식 AND(논리식 1,[논리식 2]…)

[논리식]에는 TRUE(0 이외) 또는 FALSE(0)를 반환하는 수식을 지정합니다.

HINT ▶ AND 함수는 아래 그림과 같이 조건 1(셀 B2의 값이 남자)과 조건 2(셀 C2가 25 이상)가 있을 때, 둘 다 만족하는 교집합 부분만 TRUE가 되고, 나머지는 FALSE가 됩니다. 이러한 논리연산을 '논리곱'이라고 합니다.

논리곱

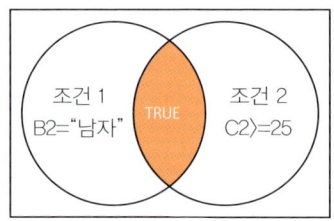

조건 1 B2="남자"　TRUE　조건 2 C2)=25

AND(B2="남자",C2)=25)

예시　1 직원의 성별이 '남자'이고 연령이 '25세 이상'인 경우 '대상자'로 표시합니다.

	A	B	C	D
1	사원번호	성별	연령	성인병 검진 대상자
2	1001	남자	26	대상자
3	1002	남자	23	
4	1003	남자	38	대상자
5	1004	여자	26	
6				

설명 성별(B2)이 '남자'이고 연령(C2)이 '25세 이상'인 경우 '대상'으로 표시하고, 그 외에는 아무것도 표시하지 않습니다.

식 =IF(AND(B2="남자",C2)=25),"대상자","")

| 관련 | IF　조건 충족 여부에 따라 다른 값을 반환한다 ➡ p.200
　　　　OR　여러 조건 중 하나라도 충족하는지 확인한다 ➡ p.203

▶ OR

여러 조건 중 하나라도 충족하는지를 확인한다

인수로 지정한 논리식 중 하나라도 성립하는 경우(TRUE)에는 TRUE를 반환하고, 모두 성립하지 않는 경우(FALSE)에는 FALSE를 반환합니다. IF 함수에서 여러 조건 중 하나라도 만족할 때와 하나도 만족하지 않을 때 서로 다른 값을 반환하고 싶은 경우의 논리식으로 사용할 수 있습니다.

| 형식 | **OR(논리식 1,[논리식 2]···)** |

[논리식]에는 TRUE(0 이외) 또는 FALSE(0)를 반환하는 수식을 지정합니다. 최대 255개까지 지정할 수 있습니다.

| HINT ▶ OR 함수는 아래 그림과 같이 조건1(셀 B2의 값이 남자)과 조건 2(셀 C2의 값이 25 이상)가 있을 때, 둘 중 하나라도 만족하는 부분이 TRUE가 되고, 그렇지 않으면 FALSE가 됩니다. 이러한 논리연산을 '논리합'이라고 합니다.

논리합

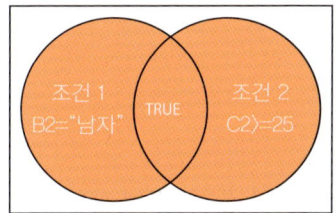

OR(B2="남자",C2)=25)

| 예시 1 | 직원의 성별이 '남자' 또는 연령이 '25세 이상'인 경우 '대상자'로 표시합니다.

	A	B	C	D
1	사원번호	성별	연령	건강검진 대상자
2	1001	남자	26	대상자
3	1002	남자	23	대상자
4	1003	남자	38	대상자
5	1004	여자	26	대상자
6				

| 설명 | 성별(B2)이 '남자' 또는 연령(C2)이 '25세 이상'인 경우 '대상자'로 표시하고, 그 외에는 아무것도 표시하지 않습니다.

| 식 | **=IF(OR(B2="남자",C2)=25),"대상자","")** |

| 관련 | **IF** 조건 충족 여부에 따라 다른 값을 반환한다 ➡ p.200
AND 여러 조건이 모두 충족되는지를 확인한다 ➡ p.202

수학/삼각

날짜/시간

통계

문자열 조작

논리

검색/행렬 · 웹

큐브

정보

데이터베이스

재무

공학

기초지식

유용한 테크닉

▶ NOT

TRUE인 경우 FALSE, FALSE인 경우 TRUE를 반환한다

지정한 논리식이 TRUE인 경우 FALSE를 반환하고, FALSE인 경우 TRUE를 반환합니다.

| 형식 | **NOT(논리식)** |

[논리식]에는 TRUE(0 이외) 또는 FALSE(0)를 반환하는 수식을 지정합니다.

| HINT ▶ | NOT 함수는 아래 그림과 같이 조건 1(셀 B2의 값이 A)이 TRUE인 경우, 결과가 반전되어 FALSE인 부분이 TRUE가 됩니다. 'NOT(B2="A")'는 비교 연산자를 이용한 'B2<>"A"'와 같은 의미입니다. 이러한 논리연산을 '부정'이라고 합니다.

부정

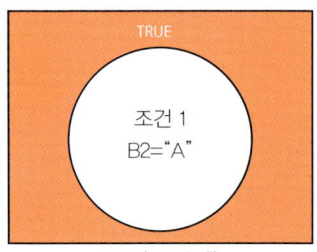

TRUE

조건 1
B2="A"

NOT(B2="A")

| 예시 **1** | A 등급이 아닌 학생의 과제란에 '과제배포'라고 표시합니다.

	A	B	C	D
1	학생 성명	평가	과제	
2	홍길동	B	과제배포	
3	이순신	C	과제배포	
4	성춘향	A		
5	김유신	D	과제배포	
6				

| 식 | **=IF(NOT(B2="A"),"과제배포","")** |

| 설명 | 평가(B2)가 'A'가 아닌 경우 '과제 배포'로 표시하고, 그 외에는 아무것도 표시하지 않습니다.

▶ XOR

두 개의 논리식에서 한 개만 충족하는지를 확인한다

여러 개의 논리식의 결과에서 TRUE의 수가 홀수라면 TRUE, 짝수라면 FALSE를 반환합니다. 예를 들어, 두 개의 논리식이 있는 경우, 둘 중 하나가 참(TRUE)이고 다른 하나가 거짓(FALSE)이라면 TRUE가 되고, 둘 다 참(TRUE)이거나 둘 다 거짓(FALSE)이라면 FALSE를 반환합니다.

형식 **XOR(논리식 1,[논리식 2],…)**

[논리식]에는 TRUE 또는 FALSE를 반환하는 수식을 지정합니다. 최대 254개까지 지정할 수 있습니다.

HINT ▶ XOR 함수는 아래 그림과 같이 조건 1(셀 B2의 값이 합격)과 조건 2(셀 C2의 값이 합격) 중 하나만 TRUE인 경우에만 TRUE를 반환합니다. 이러한 논리연산을 '배타적 논리합'이라고 합니다.

배타적 논리합

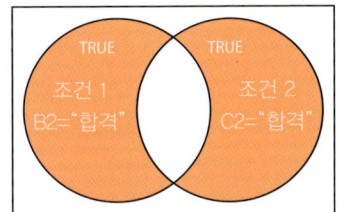

XOR(B2="합격",C2="합격")

예시 1 문법과 독해 시험에서 한쪽만 합격한 학생에게 '1'을 표시합니다.

	A	B	C	D	E
1	학생 성명	문법	독해	하나만 합격	
2	홍길동	합격	불합격	1	
3	이순신	불합격	불합격		
4	성춘향	불합격	합격	1	
5	김유신	합격	합격		
6					

식 **=IF(XOR(B2="합격",C2="합격"),"1","")**

설명 문법(B2)과 독해(C2) 중 하나만 '합격'인 경우 '1'로 표시하고, 그 외에는 아무것도 표시하지 않습니다.

▶ IFS

여러 조건을 단계적으로 판정한 결과에 따라 다른 값을 반환한다

여러 조건이 순서대로 성립하는지를 판정하고, 가장 먼저 성립한 조건에 해당하는 결과를 반환합니다.

| 형식 | **IFS(논리식 1,참인 경우 1,[논리식 2,참인 경우 2],…,**
[TRUE,논리식이 모두 거짓인 경우]) |

- [논리식 1]이 참(TRUE)이면 [참인 경우 1]을 반환하고, 거짓(FALSE)이면 다음 [논리식 2]를 판정한 후 참이면 [참인 경우 2]를 반환합니다. 이와 같이 조건을 순서대로 판정해 참일 경우 결과를 반환합니다. [논리식]과 [참인 경우]는 반드시 세트로 지정합니다.
- [논리식]에는 TRUE 또는 FALSE를 반환하는 수식을 지정합니다. 최대 127개까지 추가할 수 있습니다.
- [참인 경우]에는 [논리식]이 TRUE 또는 0이 아닌 경우 반환하는 값이나 수식을 지정합니다.
- [TRUE]는 어떤 [논리식]도 만족하지 않는 경우 실행할 처리를 지정하며, 'TRUE'를 지정합니다.
- [논리식이 모두 거짓인 경우]에는 어떤 [논리식]도 만족하지 않는 경우 반환하는 값이나 수식을 지정합니다.

예시 1 점수에 따라 A~D까지 등급을 지정합니다.

	A	B	C	D
1	학생 성명	점수	평가	
2	홍길동	86	A	
3	이순신	60	C	
4	성춘향	72	B	
5	김유신	50	D	
6				

| 식 | **=IFS(B2>=85,"A",B2>=70,"B",B2>=60,"C",TRUE,"D")** |

| 설명 | 셀 B2가 85 이상일 경우 'A', 70 이상일 경우 'B', 60 이상일 경우 'C', 이외의 경우 'D'를 표시합니다. 어느 쪽도 아닌 경우, 논리식에 'TRUE'를 지정한 것이 포인트입니다. |

| 관련 | **IF** 조건 충족 여부에 따라 다른 값을 반환한다 ➡ p.200

365 2021 2019 2016

논리   조건

수학/삼각

날짜/시간

통계

문자열 조작

논리

검색/행렬·웹

큐브

정보

데이터베이스

재무

공학

기초지식

무요한 테크닉

▶ SWITCH

지정한 값에 해당하는 값을 표시한다

검색값에 대해 값 목록을 순서대로 평가하여, 가장 먼저 일치하는 값에 해당하는 결과를 반환합니다. 어느 것도 일치하지 않는 경우에 표시할 결과를 기본값으로 지정할 수 있습니다.

| 형식 | SWITCH(검색값,값 1,결과 1,[값 2,결과 2],…,[기본값]) |

- [검색값]에 대해 [값]의 목록을 준비하고, 해당 [값]과 일치하는지를 순서대로 판정하여 일치한다면 해당 [결과]를 표시합니다. 일치한 값이 없으면 [기본값]을 표시합니다.
- [검색값]에는 검색할 값을 지정합니다.
- [값]에는 [검색값]과 일치하는지를 판단할 값을 지정합니다. 최대 126개까지 지정할 수 있습니다.
- [결과]에는 [값]이 [검색값]과 일치할 때 표시할 값을 지정합니다.
- [기본값]에는 일치하는 값이 없을 때 표시할 값을 지정합니다. 지정하지 않을 경우 오류값 '#N/A'를 반환합니다.

예시 1 좌석 종류에 따른 요금을 표시합니다.

	A	B	C	D
1	공연	좌석	요금	
2	라이온킹	A	9,000	
3	클래식의 왕자	S	12,000	
4	난타	B	확인 필요	
5				

| 식 | =SWITCH(B2,"S",12000,"A",9000,"확인 필요") |

설명 좌석(B2)이 'S'인 경우 12000, 'A'인 경우 9000, 그 외에는 '확인 필요'를 표시합니다.

| 관련 | CHOOSE 인수 목록에서 값을 추출한다 ➡ p.225

▶ IFERROR

결과가 오류일 경우 표시할 값을 지정한다

수식이 오류일 경우, 오류값을 표시하는 대신 빈 문자열이나 다른 값을 표시하고, 그렇지 않은 경우 수식의 결과를 표시합니다.

형식 IFERROR(값,오류일 때 표시할 값)

- [값]에는 오류 여부를 판단할 수식이나 셀 참조를 지정합니다.
- [오류일 때 표시할 값]에는 [값]이 오류일 때 표시할 내용을 지정합니다.

예시 1 계산 결과가 오류일 경우 '−'로 표시합니다.

	A	B	C	D
1	지점	전년도	금년도	성장율
2	인천지점	100	116	116%
3	대전지점		135	-
4	대구지점	150	120	80%
5	부산지점		155	-
6				

설명 'C2/B2' 수식에서 전년도의 값(B2)이 공란인 경우, 오류값 '#DIV/0!'이 표시되는 대신 '−'가 표시됩니다.

식 =IFERROR(C2/B2,"−")

HINT 예시에서 '=IF(B2="","−",C2/B2)'로도 동일한 결과를 얻을 수 있습니다. 이 식은 'B2가 공란'인 경우 '−'로 표시하고, 그렇지 않은 경우 'C2/B2'의 결과를 표시합니다. 'C2/B2'에서 B2가 공란일 때 오류값 '#DIV/0!'이 발생하므로, 오류값이 되지 않도록 IF 함수를 설정했습니다.

▶ IFNA

결과가 오류값 '#N/A'일 때 표시할 값을 지정한다

수식이 오류값 '#N/A'를 반환하는 경우, 오류값을 표시하는 대신 빈 문자열이나 다른 값을 표시하고, 그렇지 않은 경우 수식의 결과를 표시합니다. VLOOKUP 함수에서 검색값이 존재하지 않을 때, 오류값 '#N/A'가 표시되는 대신 빈 문자열이나 다른 값을 표시하고자 할 때 자주 사용합니다.

형식 IFNA(값,오류일 때 표시할 값)

- [값]에는 오류값 '#N/A' 여부를 판단할 수식이나 셀 참조를 지정합니다.
- [오류일 때 표시할 값]에는 [값]이 오류값 '#N/A'일 때 표시할 내용을 지정합니다.

수학/삼각

날짜/시간

통계

문자열 조작

논리

검색/행렬·웹

큐브

정보

데이터베이스

재무

공학

기초지식

유용한 테크닉

| 논리 | 논릿값 | 365 2021 2019 2016 |

▶ TRUE

항상 'TRUE'를 반환한다

항상 논릿값 'TRUE'를 반환하며, 인수는 없습니다. 이 함수는 다른 표 계산 소프트웨어와의 호환성을 위해 제공됩니다. 엑셀에서는 직접 셀이나 수식에 'TRUE'만 입력할 수 있습니다.

| 형식 | **TRUE()** |

| 논리 | 논릿값 | 365 2021 2019 2016 |

▶ FALSE

항상 'FALSE'를 반환한다

항상 논릿값 'FALSE'를 반환합니다. 다른 표 계산 소프트웨어와의 호환성을 위해 제공됩니다. 엑셀에서는 직접 셀이나 수식에 'FALSE'만 입력할 수 있습니다.

| 형식 | **FALSE()** |

| 논리 | 수식 정의 | 365 2021 2019 2016 |

▶ LET

계산 결과에 이름을 지정한다

수식 내 계산 결과 등의 값에 이름을 할당하고, 그 이름을 같은 수식 내의 다른 계산에서 사용한 결과를 반환합니다.

| 형식 | **LET(이름 1,값 1,[이름 2,값 2],…,계산)** |

- [이름]을 정의하고 [값]을 할당한 뒤, [값]이 할당된 [이름]을 [계산]에서 사용하여 계산을 수행합니다. 반환값은 [계산]의 결과가 됩니다.
- [이름]에는 값을 할당할 문자열을 지정합니다. 숫자나 셀 참조와 동일한 이름은 사용할 수 없습니다. 셀 범위에 이름을 지정할 때와 같은 규칙을 따릅니다.
- [값]에는 [이름]에 할당할 값을 지정합니다. 숫자, 계산식, 셀 참조를 지정할 수 있으며, [이름]과 [값]은 반드시 세트로 지정해야 하고, 최대 126개까지 지정할 수 있습니다.
- [계산]에는 결과를 반환할 계산식을 지정합니다. 계산식에서는 [이름]을 값 대신 사용할 수 있습니다.

HINT ▶ LET 함수에서 [이름]은 프로그래밍 언어의 변수와 같은 역할을 합니다. 예를 들어, '=LET(a,1+2,b,3+4,a*b)'라고 하면 a에 '1+2', b에 '3+4'가 대입되어 a*b의 결과 '21'을 반환합니다. '1+2'나 '3+4'와 같은 중간 계산식의 결과를 a나 b에 할당하여 [계산]의 수식 안에서 사용할 수 있으므로, 복잡한 수식을 간단하게 작성할 수 있습니다. 또한, 정의한 [이름]은 LET 함수 안에서만 유효합니다.

| 관련 | VLOOKUP 참조 범위를 세로로 검색해 데이터를 추출한다 ➡ p.218

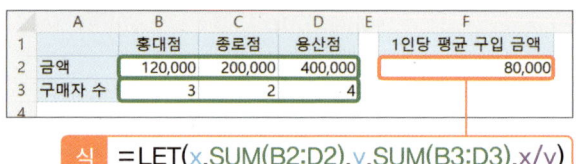

	A	B	C	D	E	F
1		홍대점	종로점	용산점		1인당 평균 구입 금액
2	금액	120,000	200,000	400,000		80,000
3	구매자 수	3	2	4		
4						

식 =LET(x,SUM(B2:D2),y,SUM(B3:D3),x/y)

설명 SUM(B2:D2)의 결과를 'x'에, SUM(B3:D3)의 결과를 'y'에 대입해 'x/y'를 계산한 결과를 구합니다.

논리	수식 정의		365	2021	2019	2016

▶ LAMBDA

인수와 수식을 정의해 사용자 정의 함수를 만든다

인수와 인수를 사용한 수식을 정의해 사용자 정의 함수를 생성합니다.

형식 **LAMBDA([인수 1,인수 2,…],수식)(값 1,값 2,…)**

- [인수]에는 [수식]에서 사용할 인수를 지정합니다. 최대 253개까지 지정할 수 있습니다.
- [수식]에는 결과로 반환할 수식을 지정합니다.
- [값]에는 인수에 할당할 구체적인 값을 지정합니다. 주로 지정한 인수와 수식을 테스트하는 경우에 이용합니다.

HINT ▶ 실제로 사용자 정의 함수를 만들려면 [새 이름] 대화 상자에서 생성한 LAMBDA 함수의 이름을 지정해야 합니다(p.211 칼럼 참조).

예시 **1** LAMBDA 함수를 사용해 BMI를 구합니다.

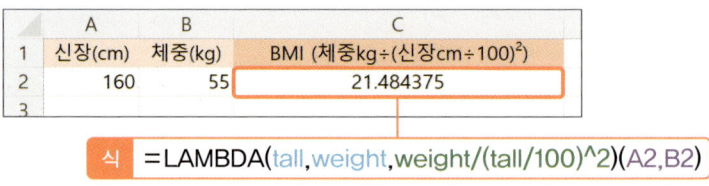

	A	B	C
1	신장(cm)	체중(kg)	BMI (체중kg÷(신장cm÷100)²)
2	160	55	21.484375
3			

식 =LAMBDA(tall,weight,weight/(tall/100)^2)(A2,B2)

설명 인수 tall과 인수 weight를 사용해 BMI를 구하는 수식 'weight/(tall/100)^2'를 생성하고, 셀 A2와 셀 B2의 값을 각각 인수 tall과 인수 weight에 대입해 계산한 결과를 구합니다.

HINT ▶ BMI 수치는 '체중(kg)÷신장(m)÷신장(m)'으로 구할 수 있습니다. 이 공식을 변형하면 '체중(kg)÷(신장(cm)÷100)²'이 되며, 이를 이용해 수식을 정의하고 있습니다.

수학/삼각

날짜/시간

통계

문자열 조작

논리

검색/행렬·웹

큐브

정보

데이터베이스

재무

외학

기초지식

유용한 테크닉

COLUMN

LAMBDA 함수를 이름으로 정의하여 통합 문서 내에서 사용할 수 있는 사용자 정의 함수를 만든다

앞 페이지의 예시에서는 셀 A2와 셀 B2의 값을 이용해 BMI를 구하고 있습니다. 단순히 BMI를 구하는 것이라면 굳이 LAMBDA 함수를 사용할 필요는 없습니다. 하지만 LAMBDA 함수는 LAMBDA 함수 내에서 정의한 수식을 사용자 정의 함수로 사용할 수 있는 기능을 제공합니다. 사용자 정의 함수를 만들려면 [새 이름] 대화 상자에서, 생성한 LAMBDA 함수에 함수 이름을 붙이면 됩니다. 여기서는 예시에서 작성한 LAMBDA 함수를 활용해, 통합 문서 내에서 사용할 수 있는 사용자 정의 함수 'BMI'를 만드는 방법을 설명합니다.

• 사용자 정의 함수를 만든다

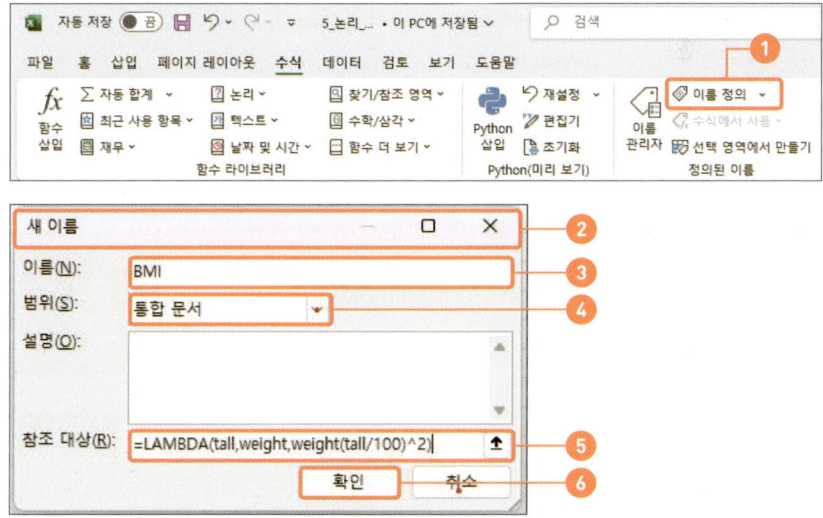

❶ [수식] 탭 → [이름 정의]를 클릭합니다.

❷ [새 이름] 대화 상자가 나타납니다.

❸ [이름]에 원래 함수 이름(여기서는 'BMI')을 입력합니다.

❹ [범위]가 '통합 문서'인 것을 확인합니다.

❺ [참조 대상]에 수식을 정의한 LAMBDA 함수를 입력합니다.

❻ [확인]을 클릭합니다.

• 사용자 정의 함수를 사용한다

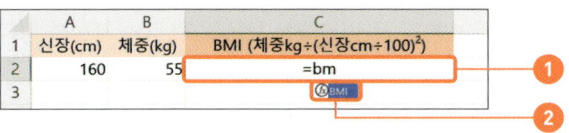

❶ 함수를 입력할 셀을 클릭하고 사용자 정의 함수의 입력을 시작합니다.

❷ 중간 정도 입력하면 철자가 일치하는 함수가 목록으로 표시되므로(여기서는 'BMI'), 함수를 선택하고 [Tab]을 누릅니다.

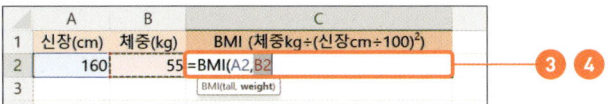

❸ 함수가 입력되면 계속해서 인수의 값을 지정합니다.

❹ ')'를 입력하고 [Enter]를 눌러 함수 입력을 확정합니다.

> **HINT** 인수를 입력할 때 다른 엑셀 함수와 마찬가지로 함수의 서식이 팝업 힌트로 표시됩니다.

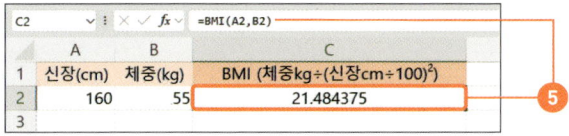

❺ 사용자 정의 함수가 입력되고 셀에 결과가 표시됩니다.

논리	수식 정의

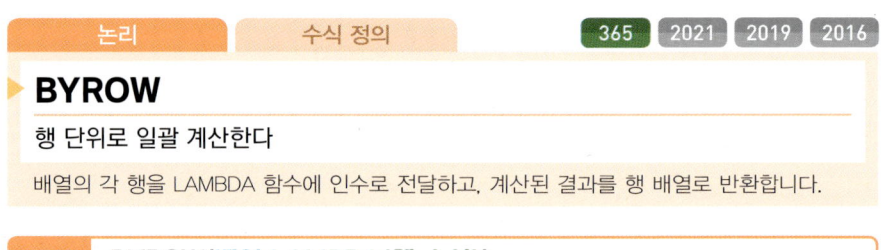
`365` `2021` `2019` `2016`

▶ BYROW

행 단위로 일괄 계산한다

배열의 각 행을 LAMBDA 함수에 인수로 전달하고, 계산된 결과를 행 배열로 반환합니다.

형식	**BYROW(배열,LAMBDA(행,수식))**

• [배열]에는 행으로 구분된 배열을 지정합니다.
• [LAMBDA(행, 수식)]에는 배열의 각 행에서 수행할 수식을 지정합니다.

수학/삼각

날짜/시간

통계

문자열 조작

논리

검색/행렬 · 웹

큐브

정보

데이터베이스

재무

공학

기초지식

유용한 테크닉

예시 1 테스트 결과표에서 개인 평균을 한 번에 구합니다.

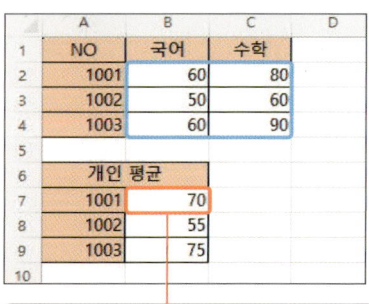

설명 셀 범위 B2~C4에 대한 각 행(2~4행)
의 평균값을 AVERAGE 함수로 구한 결
과를 표시합니다. 셀 B7의 수식은 스필
기능에 의해 B8~B9까지 자동으로 표
시됩니다.

식 =BYROW(B2:C4,LAMBDA(x,AVERAGE(x)))

논리	수식 정의	365	2021	2019	2016

▶ BYCOL

열 단위로 일괄 계산한다

배열의 각 열을 LAMBDA 함수에 인수로 전달하고, 계산된 결과를 열 배열로 반환합니다.

형식 **BYCOL(배열,LAMBDA(열,수식))**

- [배열]에는 열로 구분된 배열을 지정합니다.
- [LAMBDA(열, 수식)]에는 배열의 각 열에서 수행할 수식을 지정합니다.

예시 1 시험 결과표에서 과목 평균을 한 번에 구합니다.

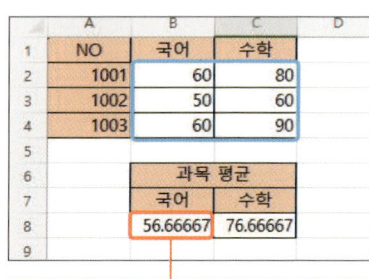

설명 셀 범위 B2~C4에 대해 각 열(B~C열)
의 평균값을 AVERAGE 함수로 구한 결
과를 표시하고 있습니다. 셀 B8의 수식
은 스필 기능에 의해 C8에 자동으로 표
시됩니다.

식 =BYCOL(B2:C4,LAMBDA(x,AVERAGE(x)))

| 관련 | LAMBDA   인수와 수식을 정의해 사용자 정의 함수를 만든다 ➡ p.210

▶ MAKEARRAY

지정한 행수, 열수로 계산한 배열을 생성한다

행수와 열수를 지정하여 각 행렬을 LAMBDA 함수에 전달하고, 그 계산 결과를 행과 열의 위치에 표시해 배열을 생성합니다. 예를 들어, 구구단 표를 만드는 것과 같은 작업을 할 수 있습니다.

형식 **MAKEARRAY(행수,열수,LAMBDA(행,열,수식))**

- [행수]에는 생성할 배열의 행수를 지정합니다.
- [열수]에는 생성할 배열의 열수를 지정합니다.
- [LAMBDA(행,열,수식)]에는 배열의 각 행렬에서 수행할 수식을 지정합니다. 예를 들어, '=MAKEARRAY(3,10,LAMBDA(row,col,row*col))'로 지정하면 행수 3, 열수 10의 배열이 생성되고 각 행과 각 열을 곱한 결과가 각 셀에 표시됩니다.

예시 1 구구단 표를 작성합니다.

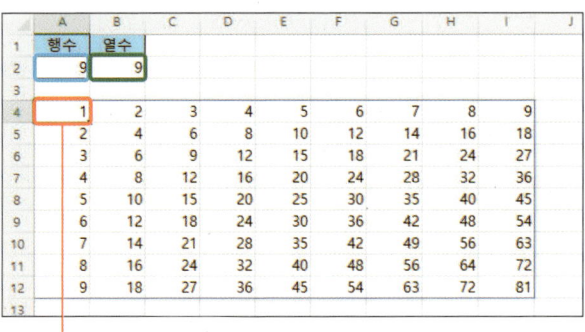

식 **=MAKEARRAY(A2,B2,LAMBDA(row,col,row*col))**

설명 셀 A2(9)의 행수, 셀 B2(9)의 열수를 기준으로 배열을 작성하고, 배열의 각 셀에 '행×열'의 계산 결과를 표시합니다. 셀 A4의 수식은 스필 기능에 의해 자동으로 9행, 9열의 배열로 확장되어 표시됩니다.

▶ MAP

배열값으로 계산한 배열을 작성한다

배열(셀 범위)의 각 셀값을 사용해 LAMBDA 함수로 계산하고 그 결과를 배열로 반환합니다.

형식   **MAP(배열 1,[배열 2],…,LAMBDA(인수 1,[인수],…,수식))**

- [배열]에는 계산에 사용할 배열을 지정합니다. 여러 개를 지정한 경우, 각 배열의 같은 위치에 있는 값끼리 계산됩니다. 최대 253개까지 지정할 수 있습니다. 배열의 크기가 달라 결과를 구할 수 없는 경우 해당 셀에 오류값 '#N/A'가 표시됩니다.
- [LAMBDA(인수 1,[인수],…,수식)]에는 배열의 값을 인수에 대입해 수식으로 계산합니다.

예시 1   개인 성적표로부터 횟수별, 과목별 최고점 점수표를 작성합니다.

	A	B	C	D	E	F	G
1	김유신	국어	수학		최고점수	국어	수학
2	1회	80	90		1회	100	90
3	2회	50	65		2회	70	80
4	이순신						
5	1회	100	70				
6	2회	60	55				
7	강감찬						
8	1회	40	60				
9	2회	70	80				
10							

식   =MAP(B2:C3,B5:C6,B8:C9,LAMBDA(a,b,c,MAX(a,b,c)))

설명   셀 B2~C3, 셀 B5~C6, 셀 B8~C9의 같은 위치에 있는 셀을 각각 인수 a, b, c에 대입하고 MAX 함수로 3개 중 최댓값을 구합니다. 셀 F2의 수식은 스필 기능에 의해 자동으로 셀 G3까지 표시됩니다.

| 관련 | LAMBDA   인수와 수식을 정의해 사용자 정의 함수를 만든다 ➡ p.210

▶ SCAN / REDUCE

배열의 값을 누적 계산한다

배열의 각 값을 차례로 LAMBA 함수의 값에 대입해 수식으로 계산한 결과를 누적 계산합니다. SCAN 함수는 누적 계산 과정을 배열로 반환하고, REDUCE 함수는 누적 계산의 결과만을 반환합니다.

형식	SCAN(초깃값,배열,LAMBDA(누계,값,수식)) REDUCE(초깃값,배열,LAMBDA(누계,값,수식))

- [초깃값]에는 누적 계산의 초깃값을 지정합니다.
- [배열]에는 계산의 기초가 되는 배열의 셀 범위를 지정합니다.
- [LAMBDA(누계,값,수식)]에는 각 배열의 값을 순서대로 '값'에 대입하고, 누적 계산 결과를 '누계'에 대입합니다.

예시　1　상품 5% 할인 후 배송비를 합산한 금액의 합계를 구합니다.

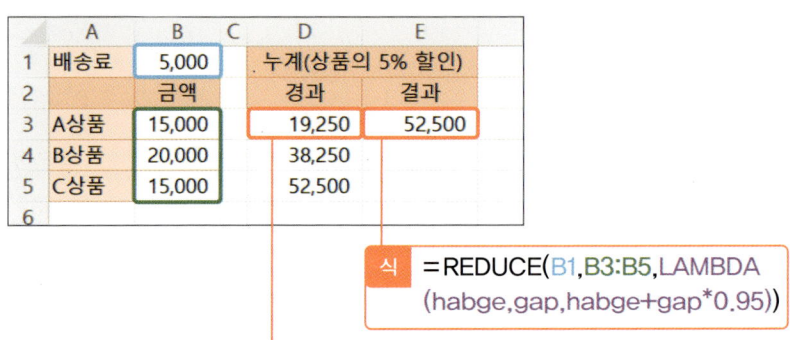

식	=REDUCE(B1,B3:B5,LAMBDA (habge,gap,habge+gap*0.95))

식	=SCAN(B1,B3:B5,LAMBDA(nuge,gap,nuge+gap*0.95))

> **설명**　셀 D3에서는 셀 B1(5,000)을 초깃값으로 하여 배열(B3~B5)의 각 값을 LAMBDA 함수의 변수 gap에 대입하고, 그 값에서 5% 할인한 값을 nuge에 누적 계산합니다. 그 과정을 스필 기능을 통해 자동으로 배열로 표시합니다. 셀 E3에서는 셀 B1(5,000)을 초깃값으로 하여 배열(B3~B5)의 각 값을 LAMBDA 함수의 변수 gap에 대입하고, 그 값에서 5% 할인한 값을 habge에 누적 계산해, 누적 계산의 최종 결과만 표시하고 있습니다.

검색/행렬 · 웹 함수 🔍 ▼

검색/행렬 함수에는 표 내의 특정 데이터를 구하거나, 기준 셀에서 지정한 행수와 열수만큼 이동한 위치에 있는 값을 구하는 등 다양한 방법으로 데이터를 검색할 수 있는 함수들이 준비되어 있습니다. 또한, 셀, 행, 열을 다루는 함수 및 URL 인코딩 등 웹과 관련된 함수들도 제공됩니다.

▶ VLOOKUP

참조 범위를 세로로 검색해 데이터를 추출한다

검색값을 참조 범위의 1열에서 아래 방향으로 검색하고, 찾은 행에서 지정한 열에 있는 값을 반환합니다. 검색 유형을 지정해 완전 일치하는 값을 가져오거나 근삿값을 가져올 수 있습니다.

> **형식**　VLOOKUP(**검색값**,**범위**,**열 번호**,[**검색 유형**])

- [검색값]에는 검색할 값을 지정합니다.
- [범위]에는 검색할 셀 범위를 지정합니다. 첫 번째 열에는 [검색값]이 포함된 열을 준비합니다.
- [열 번호]에는 값을 가져올 열 번호를 지정합니다. [범위]의 첫 번째 열부터 1, 2, 3…으로 계산합니다.
- [검색 유형]은 FALSE 또는 0을 지정하면 완전 일치, TRUE 또는 1을 지정하거나 생략하면 근사치로 구합니다. TRUE의 경우, [범위]의 첫 번째 열에 완전 일치하는 값이 없으면 검색값보다 작은 값 중 가장 큰 값을 검색 결과로 간주합니다. 이때 첫 번째 열의 값은 오름차순으로 정렬되어야 합니다.

> **HINT**　검색 유형이 FALSE(완전 일치)인 경우, 검색값을 범위의 첫 번째 열에서 찾을 수 없거나 검색값이 비어 있다면 오류값 '#N/A'를 반환합니다. IFNA 함수나 IFERROR 함수를 함께 사용하면 오류가 발생했을 때 표시할 값을 지정할 수 있습니다.

> **예시　1**　제품 모델번호를 세로로 검색해 제품명과 가격을 표시합니다.

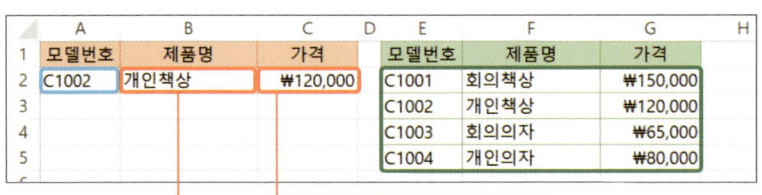

> **식**　=VLOOKUP($A2,$E$2:$G$5,2,FALSE)

> **식**　=VLOOKUP($A2,$E$2:$G$5,3,FALSE)

> **설명**　셀 B2의 수식은 표(E2~G5)의 첫 번째 열에서 모델번호(A2)의 값과 완전 일치하는 값을 검색해 찾은 행의 두 번째 열의 값을 가져옵니다. 셀 C2의 수식도 마찬가지로 세 번째 열의 값을 가져옵니다.

> **HINT**　다른 시트에 있는 표를 [범위]로 사용할 경우, '시트명!셀 범위' 형식으로 지정할 수 있습니다. 예를 들어, 'Sheet1!E2:G5'와 같이 설정합니다.

수학/삼각

날짜/시간

통계

문자열 조작

논리

검색/행렬

큐브

정보

데이터베이스

재무

공학

기초지식

유용한 테크닉

예시 2 출시연도 및 분류로 제품 정보를 검색합니다.

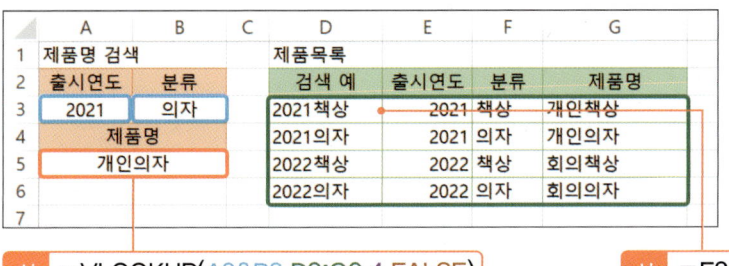

식 =VLOOKUP(A3&B3,D3:G6,4,FALSE)

식 =E3&F3

설명 출시연도(A3)와 분류(B3)의 조합으로 제품명을 검색합니다. 검색값에는 두 셀의 내용을 연결한 'A3&B3'를 사용하며, 표(D3~G6)의 1열은 '=E3&F3'으로 검색용 열을 만들어 두고 제품명을 검색합니다. 여러 값을 키로 검색할 때 사용할 수 있습니다.

예시 3 화물의 크기에 따라 배송비를 계산합니다.

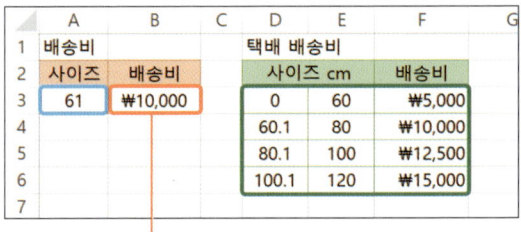

식 =VLOOKUP(A3,D3:F6,3,TRUE)

설명 사이즈(A3)의 검색 유형을 TRUE(근사치)로 지정해 표(D3~F6)의 왼쪽 열에서 검색한 뒤, 세 번째 열의 값을 가져옵니다. 셀 A3(61)의 값보다 작은 값 중 가장 큰 값을 근삿값으로 반환하므로 여기서는 '60.1'이 검색되고, 3열의 '10,000원'이 결과로 반환됩니다.

| 관련 | IFERROR　결과가 오류일 경우 표시할 값을 지정한다 ➡ p.208

　　　　IFNA　결과가 오류값 '#N/A'일 때 표시할 값을 지정한다 ➡ p.208

▶ HLOOKUP

참조 범위를 가로로 검색해 데이터를 추출한다

검색값을 참조 범위의 첫 번째 행에서 오른쪽 방향으로 검색하고, 검색된 열에서 지정한 행에 있는 값을 반환합니다. 검색 유형을 지정해 완전 일치하는 것을 가져오거나 근사치를 가져올 수 있습니다.

형식　**HLOOKUP(검색값,범위,행 번호,[검색 유형])**

- [검색값]에는 검색할 값을 지정합니다.
- [범위]에는 검색할 셀 범위를 지정합니다. 첫 번째 행에는 [검색값]이 포함된 행을 준비합니다.
- [행 번호]에는 값을 추출할 행 번호를 지정합니다. [범위]의 첫 번째 행부터 1, 2, 3…으로 계산합니다.
- [검색 유형]은 FALSE 또는 0을 지정하면 완전 일치, TRUE 또는 1을 지정하거나 생략하면 근사치로 구합니다. TRUE의 경우, [범위]의 첫 번째 행에 완전 일치하는 값이 없으면 검색값보다 작은 값 중 가장 큰 값을 검색 결과로 간주합니다. 이때 첫 번째 행의 값은 오름차순으로 정렬되어야 합니다.

HINT　검색 유형이 FALSE(완전 일치)인 경우, 검색값을 범위의 첫 번째 행에서 찾을 수 없거나 검색값이 비어 있다면, 오류값 '#N/A'를 반환합니다. IFNA 함수나 IFERROR 함수를 함께 사용하면 오류가 발생했을 때 표시할 값을 지정할 수 있습니다.

예시 1　제품 모델번호를 가로로 검색해 상품명을 표시합니다.

	A	B	C	D
1	모델번호	상품명	가격	
2	C1002	개인책상	₩120,000	
3				
4	모델번호	C1001	C1002	C1003	C1004
5	상품명	회의책상	개인책상	회의의자	개인의자
6	가격	₩150,000	₩120,000	₩65,000	₩80,000
7					

식　=HLOOKUP($A2,$B$4:$E$6, 2,FALSE)

설명　셀 B2는 표(B4~E6)의 첫 번째 행에서 모델번호(A2)의 값을 완전 일치로 검색하고, 검색된 열의 두 번째 행의 값을 가져옵니다.

관련　IFERROR　결과가 오류일 경우 표시할 값을 지정한다 ➡ p.208
　　　　IFNA　결과가 오류값 '#N/A'일 때 표시할 값을 지정한다 ➡ p.208

▶ LOOKUP (벡터 형식)

값을 검색할 범위와 추출할 범위를 따로 지정한다

한 행 또는 한 열로 구성된 셀 범위에서 지정한 값을 검색하고, 해당 값을 찾으면 같은 위치에 있는 다른 행 또는 열의 값을 반환합니다. 이처럼 검색할 셀 범위와 추출할 셀 범위를 별도로 지정할 수 있습니다.

형식 LOOKUP(검색값,검색 범위,대응 범위)

- [검색값]에서 지정한 값을 [검색 범위]에서 지정한 한 행 또는 한 열에서 찾고, 찾은 위치와 같은 위치에 있는 다른 행 또는 열의 [대응 범위]에 있는 값을 반환합니다.
- [검색값]에는 검색할 값을 지정합니다.
- [검색 범위]에는 검색할 셀 범위를 한 행 또는 한 열로 지정합니다. 이때 값은 오름차순으로 정렬되어 있어야 합니다. 일치하는 값이 없다면, 검색값보다 작은 값 중 가장 큰 값을 검색 결과로 간주하므로, 이 기능을 사용하려면 [검색 범위]가 오름차순으로 정렬되어 있어야 합니다.
- [대응 범위]에는 값을 추출할 셀 범위를 한 행 또는 한 열로 지정합니다. 추출할 값은 [검색 범위]와 같은 크기로 지정합니다.

예시 1 지정한 순위의 디저트를 추출합니다.

	A	B	C
1	순위	1	
2	디저트	한정판 치즈 케이크	
3			
4	디저트	포인트	순위
5	한정판 치즈 케이크	633	1
6	몽블랑	569	2
7	딸기 케이크	501	3
8	슈크림	460	4
9	초콜릿 케이크	423	5
10	초콜릿 슈크림	296	6
11			

식 =LOOKUP(B1,C5:C10,A5:A10)

설명 순위(B1)가 1위인 값을 순위 열(C5~C10)에서 검색해, 검색된 위치와 같은 위치에 있는 값을 디저트 열(A5~A10)에서 가져옵니다. 이처럼 검색 범위와 대응 범위(값을 추출할 범위)를 별도로 지정할 수 있습니다.

▶ LOOKUP(배열 형식)

표의 행과 열 중 더 긴 쪽을 검색하여 정보를 추출한다

표의 첫 번째 행 또는 열에서 지정한 값을 검색한 후, 해당 값을 찾으면 표의 마지막 행 또는 열의 같은 위치에 있는 값을 반환합니다. 이때 첫 번째 열(세로)과 첫 번째 행(가로) 중 더 긴 쪽이 검색 대상이 됩니다. 동일할 경우 첫 번째 열을 대상으로 합니다.

> **형식**　LOOKUP(검색값,배열)

- [검색값]에 지정한 값을 [배열]에서 지정한 셀 범위의 첫 번째 열 또는 첫 번째 행의 상단에서 검색하고, 해당 행 또는 열의 마지막 셀에 있는 값을 반환합니다.
- [검색값]에는 검색할 값을 지정합니다.
- [배열]에는 검색할 셀 범위를 첫 번째 열 또는 첫 번째 행으로 설정하고, 검색할 값은 최종 행 또는 열에 준비합니다. 일치하는 값이 없는 경우, 검색값보다 작은 값 중 가장 큰 값을 검색 결과로 간주하므로, 오름차순으로 정렬해야 합니다.

예시 **1**　지정한 달의 매출액을 추출합니다.

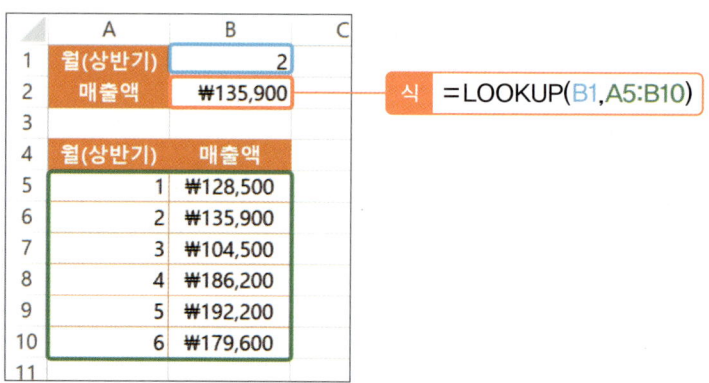

식　=LOOKUP(B1,A5:B10)

> **설명**　월(상반기)(B1)이 '2'인 값을 셀 범위(A5~B10)의 첫 번째 열에서 검색해 찾은 행의 마지막 열의 값을 추출합니다. 이 경우 셀 범위는 행수가 많으므로 첫 번째 열에서 검색해 마지막 열의 값을 반환합니다.

▶ XLOOKUP

값을 검색할 범위와 추출할 범위를 별도로 지정해 정보를 검색한다

표, 범위 또는 배열에서 값을 검색하여, 찾은 행의 위치에 해당하는 값을 반환합니다. 같은 행에 있는 여러 값을 한꺼번에 반환할 수 있으며, 찾지 못한 경우 표시할 값과 검색 방법 등 다양한 설정을 통해 검색할 수 있습니다.

형식　XLOOKUP(검색값,검색 범위,반환값 범위,
　　　　 [값을 찾지 못한 경우],[일치 모드],[검색 모드])

- [검색값]에는 검색할 값을 지정합니다. 대문자/소문자, 전각/반각은 구분하지 않습니다.
- [검색 범위]에는 검색할 배열 상수 또는 셀 범위를 첫 번째 열로 지정합니다.
- [반환값 범위]에는 값을 추출할 배열 상수 또는 셀 범위를 지정합니다. 추출할 값은 [검색 범위]에서 검색된 값과 같은 행의 위치에 있는 값이 됩니다.
- [값을 찾지 못한 경우]에는 [검색값]을 찾을 수 없는 경우 표시할 문자열을 지정합니다. 생략하면, [검색값]을 찾지 못했을 때 오류값 '#N/A'를 반환합니다.
- [일치 모드]에는 일치 방법을 숫자로 지정합니다.

일치 모드

0 또는 생략	완전 일치(기본값)
-1	완전 일치 또는 다음 작은 항목
1	완전 일치 또는 다음 큰 항목
2	와일드카드 문자와 일치

- [검색 모드]에는 검색할 방향을 숫자로 지정합니다.

검색 모드

1 또는 생략	맨 앞에서 맨 뒤로 검색(기본값)
-1	맨 뒤에서 맨 앞으로 검색
2	이진 검색(검색 범위가 오름차순으로 정렬되어 있어야 함)
-2	이진 검색(검색 범위가 내림차순으로 정렬되어 있어야 함)

HINT ▶ [반환값 범위]에 여러 열 범위를 지정한 경우, 스필 기능을 통해 자동으로 인접한 셀에 함수가 설정되며, VLOOKUP 함수나 HLOOKUP 함수처럼 참조하는 열이나 행마다 열 번호나 행 번호를 지정해 함수를 설정할 필요가 없습니다.

	A	B	C	D	E	F	G
1	모델번호	상품명	가격		모델번호	상품명	가격
2	C1002	개인책상	₩120,000		C1001	회의책상	₩150,000
3					C1002	개인책상	₩120,000
4					C1003	회의의자	₩65,000
5					C1004	개인의자	₩80,000
6							

식 =XLOOKUP(A2,E2:E5,F2:G5,"−")

설명 셀 A2의 모델번호(C1002)를 모델번호 열(E2:E5)에서 검색한 후, 상품명 열, 가격 열(F2:G5)에서 같은 위치에 있는 행의 값의 세트를 구합니다. 찾지 못하면 '−'를 표시합니다. 스필 기능을 통해 자동으로 셀 C2에 함수가 설정되어 값이 표시됩니다.

예시 **2** 사이즈에 따른 배송비를 계산합니다(근사치인 경우).

	A	B	C	D	E
1	배송비				
2	사이즈	배송비		사이즈	배송비
3	61	₩10,000		60	₩5,000
4				80	₩10,000
5				100	₩12,500
6				120	₩15,000
7					

식 =XLOOKUP(A3,D3:D6,E3:E6,"−",1)

설명 셀 A3의 사이즈(61)를 사이즈 열(D3:D6)에서 검색하고, 배송비 열(E3~E6)에서 값을 가져옵니다. 일치하는 값이 없으면 검색값 '61' 다음으로 큰 값을 반환하므로 '80'이 되고, 배송비 '10,000원'이 반환됩니다. 또한, 120을 초과하는 값이 검색값인 경우 해당 값이 없으므로 '−'가 반환됩니다.

▶ CHOOSE

인수 목록에서 값을 추출한다

인덱스 번호에 해당하는 값을 값 목록에서 반환합니다. 예를 들어, 인덱스 번호가 2인 경우, 값 목록의 두 번째 값을 반환합니다.

형식　　**CHOOSE(인덱스,값 1,[값 2],…)**

- [인덱스]에는 [값] 목록에서 몇 번째 값을 가져올지 1, 2, 3…과 같은 정수로 지정합니다. 정수가 아닌 숫자의 경우, 소수점 이하가 절사된 정수로 간주합니다.
- [값]에는 [인덱스]에서 가져오는 값을 최대 254개까지 지정할 수 있습니다.

HINT 값은 셀 범위를 참조할 수 있습니다. 예를 들어, '=SUM(CHOOSE(2,B2:B3,E2:E3,H2:H3))'라고 하면 두 번째 'E2:E3'가 SUM 함수의 셀 범위가 되어 '=SUM(E2:E3)' 결과를 반환합니다.

예시　1　분류번호로부터 분류를 표시합니다.

	A	B	C	D
1	날짜	분류번호	분류	
2	8월1일(금)	3	할인판매일	
3	8월2일(토)	2	정기휴일	
4	8월3일(일)	2	정기휴일	
5	8월4일(월)	1	영업일	
6	8월5일(화)	1	영업일	
7	8월6일(수)	1	영업일	
8				

설명 분류번호(B2)에 입력된 숫자에 해당하는 분류(1: 영업일, 2: 정기휴일, 3: 할인판매일)을 표시합니다. 여기서는 3이므로 세 번째 값인 '할인판매일'이 표시됩니다.

식　=CHOOSE(B2,"영업일","정기휴일","할인판매일")

| 관련 | **SWITCH** 지정한 값에 해당하는 값을 표시한다 ➡ p.207

▶ INDEX

행과 열 번호로 지정한 셀의 값을 구한다

지정한 셀 범위 안에서 행과 열의 위치가 교차하는 곳에 있는 셀의 값 또는 해당 값의 셀 참조를 반환합니다.

형식   INDEX(참조,행 번호,[열 번호],[영역 번호])

- [참조]에는 검색 범위를 지정합니다. 여러 개의 떨어진 범위를 지정할 수 있습니다.
- [행 번호]에는 [참조]에서 지정한 셀 범위의 위쪽에서 몇 번째 행의 값을 가져올지 숫자로 지정합니다.
- [열 번호]에는 [참조]에서 지정한 셀 범위의 왼쪽에서 몇 번째 열의 값을 가져올지 숫자로 지정합니다.
- [영역 번호]에는 [참조]에 여러 개의 떨어진 범위를 지정한 때의 영역 번호를 지정합니다. 생략할 경우, 1로 간주합니다.

HINT ▶
- [참조]에 여러 범위를 지정할 때는 '=INDEX((B3:C7,D3:E7,F3:G7),3,1,2)'와 같이 '()'로 둘러쌉니다. 여기서는 두 번째 영역(D3:E7)의 3행 1열의 값을 반환합니다.
- [행 번호] 또는 [열 번호]가 0이거나 이를 생략하면 [참조]에서 지정한 전체 열 또는 전체 행의 셀 참조를 반환합니다. 예를 들어 '=SUM(INDEX(B3:C7,,2))'라고 하면 INDEX 함수에서 'B3:C7'의 두 번째 열인 'C3:C7'을 참조해 '=SUM(C3:C7)'의 결과를 반환합니다.

예시 1   강좌 목록에서 지정한 강좌 ID, NO의 강좌명을 추출합니다.

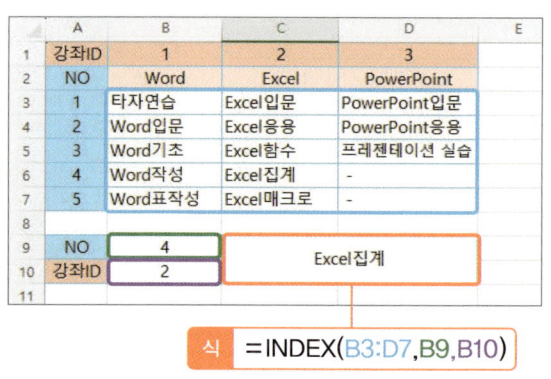

	A	B	C	D	E
1	강좌ID	1	2	3	
2	NO	Word	Excel	PowerPoint	
3	1	타자연습	Excel입문	PowerPoint입문	
4	2	Word입문	Excel응용	PowerPoint응용	
5	3	Word기초	Excel함수	프레젠테이션 실습	
6	4	Word작성	Excel집계	-	
7	5	Word표작성	Excel매크로	-	
8					
9	NO	4	Excel집계		
10	강좌ID	2			
11					

설명 강좌 목록(B3~D7)에서 셀 B9(4행), 셀 B10(2열)에 있는 값을 가져옵니다.

식   =INDEX(B3:D7,B9,B10)

수학/삼각

날짜/시간

통계

문자열 조작

논리

검색/행렬 · 참조

큐브

정보

데이터베이스

재무

공학

기초지식

유용한 테크닉

▶ ROW

셀의 행 번호를 구한다

지정한 셀 또는 셀 범위의 첫 번째 행 번호를 반환합니다.

형식	ROW([범위])

[범위]에는 셀 또는 셀 범위를 지정합니다. 셀 범위를 지정하면 맨 위 행의 행 번호를 반환합니다. 예를 들어 '=ROW(C3:E6)'를 지정하면 '3'을 반환합니다. 생략하면 함수가 설정된 셀의 행 번호를 반환합니다.

▶ COLUMN

셀의 열 번호를 구한다

지정한 셀 또는 셀 범위의 첫 번째 열 번호를 반환합니다. 열 번호는 A열, B열, C열,…의 순서로 1, 2, 3,…이 됩니다.

형식	COLUMN([범위])

[범위]에는 셀 또는 셀 범위를 지정합니다. 셀 범위를 지정하면 가장 왼쪽 열의 열 번호를 반환합니다. 예를 들어 '=COLUMN(D3:G6)'을 지정하면 '4'를 반환합니다. 생략하면 함수가 설정된 셀의 열 번호를 반환합니다.

예시 1 세로 및 가로 연속 번호를 자동으로 표시합니다.

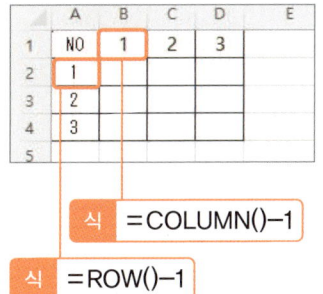

식 =COLUMN()-1

식 =ROW()-1

설명 셀 A2에 '=ROW()-1'을 지정하면 인수를 생략했기 때문에 셀의 행 번호 '2'에서 '1'을 뺀 '1'을 반환합니다. 수식을 셀 A3~A4에 복사하면 자동으로 연번이 표시됩니다. 마찬가지로 셀 B1에 '=COLUMN()-1'을 지정하면 열 번호 '2'에서 '1'을 뺀 '1'이 됩니다. 수식을 셀 C1~D1에 복사하면 자동으로 연번이 표시됩니다.

▶ ROWS

셀 범위의 행수를 구한다

지정한 셀 범위에 포함된 행수를 반환합니다.

> **형식**　ROWS(**범위**)

[범위]에는 행수를 구할 셀 범위 또는 배열 상수를 지정합니다.

▶ COLUMNS

셀 범위의 열수를 구한다

지정한 셀 범위에 포함된 열수를 반환합니다.

> **형식**　COLUMNS(**범위**)

[범위]에는 열수를 구할 셀 범위 또는 배열 상수를 지정합니다.

예시 1 표의 행수와 열수를 구합니다.

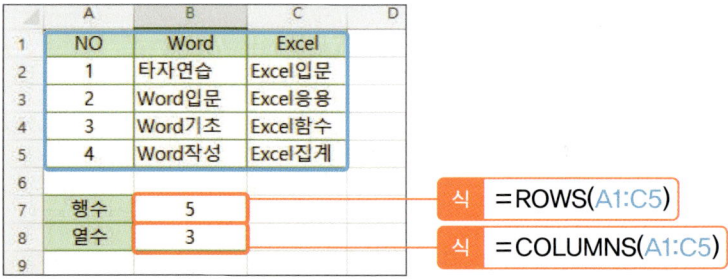

	A	B	C	D
1	NO	Word	Excel	
2	1	타자연습	Excel입문	
3	2	Word입문	Excel응용	
4	3	Word기초	Excel함수	
5	4	Word작성	Excel집계	
6				
7	행수	5		
8	열수	3		
9				

식 ＝ROWS(A1:C5)

식 ＝COLUMNS(A1:C5)

> **설명** 셀 B7에서는 ROWS 함수를 사용해 셀 A1~C5 범위에 포함된 행수(5)를 구하고 있습니다. 셀 B8에서는 COLUMNS 함수를 사용해 마찬가지로 열수(3)를 구하고 있습니다.

| **관련** | ROW　셀의 행 번호를 구한다 ➡ p.227
| | COLUMN　셀의 열 번호를 구한다 ➡ p.227

▶ ADDRESS

행 번호와 열 번호에서 셀 참조 문자열을 구한다

지정한 행 번호와 열 번호에서 셀 참조를 반환합니다. 설정 방법에 따라 절대 참조, 상대 참조, 복합 참조를 지정하거나 참조 형식을 R1C1 형식, A1 형식으로 지정할 수 있습니다.

형식　　ADDRESS(**행 번호**,**열 번호**,**[참조 유형]**,**[참조 형식]**,**[시트명]**)

- [행 번호]에는 셀 참조에 사용할 행 번호를 숫자로 지정합니다.
- [열 번호]에는 셀 참조에 사용할 열 번호를 숫자로 지정합니다.
- [참조 유형]에는 절대 참조, 복합 참조, 상대 참조를 숫자로 지정합니다. 생략할 경우, 절대 참조가 됩니다.
- [참조 형식]에는 참조 형식을 A1 형식, R1C1 형식으로 지정합니다. 생략할 경우 A1 형식이 됩니다.

참조 유형

값	내용
1	절대 참조(기본값)
2	행: 절대 참조, 열: 상대 참조
3	행: 상대 참조, 열: 절대 참조
4	상대 참조

참조 형식

값	내용
1 또는 TRUE	A1형식(기본값)
0 또는 FALSE	R1C1 형식

- [시트명]에는 같은 통합 문서 안의 다른 시트 이름이나 다른 통합 문서에 있는 시트를 지정해 외부 참조식을 설정할 수 있습니다. 생략할 경우, 동일 시트 안으로 간주합니다.

설정 예

함수(행: 3, 열: 2)	설정 내용	결과
=ADDRESS(3,2,4)	A1 형식. 상대 참조	B3
=ADDRESS(3,2)	A1 형식. 절대 참조	$B$3
=ADDRESS(3,2,2,0)	R1C1 형식. 행은 절대 참조, 열은 상대 참조	R3C[2]
=ADDRESS(3,2,1,0,"Sheet1")	R1C1 형식. Sheet1에 대한 절대 참조	'Sheet1'!R2C3
=ADDRESS(3,2,1,1,"[Book1]Sheet1")	A1 형식, Book1의 Sheet1에 대한 절대 참조	'[Book1]Sheet1'!$B$3

| **관련** | 셀 참조 방식 ➡ p.362

ADDRESS 함수의 참조 유형과 참조 형식 조합에 따른 셀 참조의 차이점

ADDRESS 함수에는 세 번째 인수의 '참조 유형'으로 절대 참조, 복합 참조, 상대 참조를 지정하고, 네 번째 인수의 '참조 형식'으로 A1 형식, R1C1 형식을 지정합니다. 여기서는 행 번호가 '8', 열 번호가 '6'인 경우 '참조 유형'과 '참조 형식'의 조합에 의해 ADDRESS 함수가 반환하는 셀 참조의 차이를 정리합니다. 예를 들어, 상대 참조, A1 형식으로 된 셀 참조를 'F8'로 표시하고 싶은 경우, '=ADDRESS(8,6,4,1)'로 지정합니다.

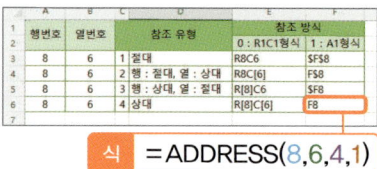

식 =ADDRESS(8,6,4,1)

검색/행렬　　　　　셀 참조　　　　　365　2021　2019　2016

▶ AREAS

범위나 이름에 포함된 영역의 수를 구한다

지정한 범위에 포함된 셀 또는 셀 범위의 영역 수를 반환합니다.

형식　**AREAS(범위)**

[범위]에는 하나 이상의 셀이나 셀 범위 또는 이름을 지정합니다. 여러 영역을 지정할 때는 '=AREAS(A1,C1:D2)'가 아닌 '=AREAS((A1,C1:D2))'와 같이 범위를 ()로 묶어 줍니다.

설정 예

함수	설정 내용	결과
=AREAS(C1:D2)	셀 범위 C1:D2	1
=AREAS((A1,C1:D2))	셀 A1와 셀 범위 C1:D2	2
=AREAS(C1:D2,D2)	셀 범위 C1:D2와 셀 D2가 교차하는 범위	1
=AREAS(합계)	셀 A1:A2와 C1:C2에 '합계'라는 이름이 정의	2

예시 **1** 합계 범위의 영역 수를 조사합니다.

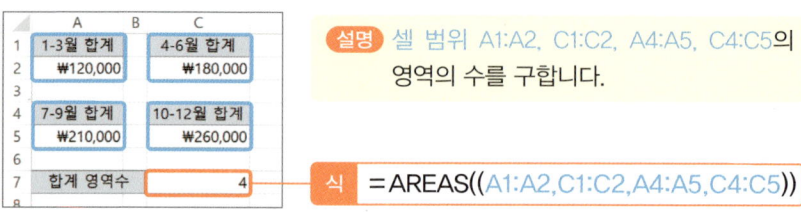

설명 셀 범위 A1:A2, C1:C2, A4:A5, C4:C5의 영역의 수를 구합니다.

식 =AREAS((A1:A2,C1:C2,A4:A5,C4:C5))

▶ INDIRECT

셀 참조 문자열을 기반으로 간접적으로 셀값을 구한다

'A1'과 같은 셀 참조를 나타내는 문자열에서 해당 셀의 참조를 반환합니다. 예를 들어, '=INDIRECT("A1")'로 설정하면 셀 A1의 값이 반환됩니다.

형식	INDIRECT(참조 문자열,[참조 형식])

- [참조 문자열]에는 셀 참조를 나타내는 문자열(셀 참조 또는 이름)을 지정합니다. 셀 참조를 나타내는 문자열이 입력된 셀을 참조할 수도 있습니다. 셀 참조나 이름에 해당하지 않는 경우 오류값 '#REF!'를 반환합니다.
- [참조 형식]에는 참조 문자열 형식이 A1이라면 TRUE 또는 생략, R1C1이라면 FALSE를 지정합니다.

예시 1 인수로 지정한 문자열 'B3'에 해당하는 셀의 값을 추출합니다.

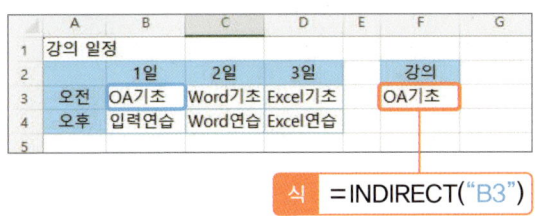

식 =INDIRECT("B3")

설명 인수에 문자열로 지정한 셀("B3")에 있는 값(OA기초)을 표시합니다.

예시 2 인수로 지정한 셀에 입력된 셀 참조의 값을 추출합니다.

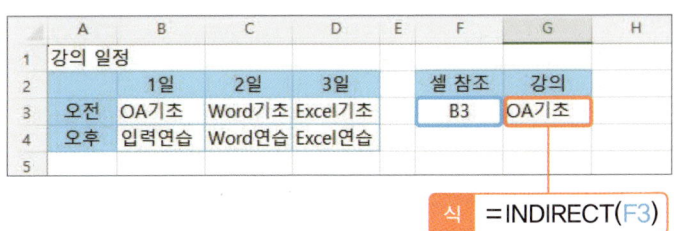

식 =INDIRECT(F3)

설명 셀 F3에 입력된 셀 참조(B3)에 있는 값을 표시합니다.

| 관련 | 셀 참조 방식 ➡ p.362

예시 3 이름의 셀 범위를 참조해 합계를 구합니다.

식 =SUM(INDIRECT(E3))

> **설명** 셀 E3에 입력된 값(A메뉴)이 참조하는 셀 범위(B3:B4)가 INDIRECT 함수에 의해 반환되고, 이 범위가 SUM 함수의 인수로 전달되어 A메뉴 합계를 구합니다. 여기서는 셀 범위 B3:B4에 'A메뉴', 셀 범위 C3:C4에 'B메뉴'라는 이름이 각각 정의되어 있습니다.

예시 4 구분(회원, 비회원)으로 표를 전환해 요금을 검색합니다.

식 =VLOOKUP(A3,INDIRECT(B3),2,FALSE)

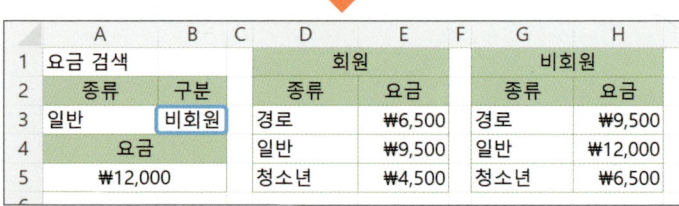

> **설명** VLOOKUP 함수로 셀 A3의 종류(일반)를 셀 B3의 구분(회원)에서 지정한 이름 범위의 첫 번째 열에서 검색해 두 번째 열의 값을 가져옵니다. 이때 INDIRECT 함수를 이용해 참조할 이름(회원과 비회원)을 전환함으로써 검색할 테이블을 전환할 수 있습니다.

| 관련 | 이름 정의 ➡ p.363

VLOOKUP 참조 범위를 세로로 검색해 데이터를 추출한다 ➡ p.218

▶ TRANSPOSE

행과 열의 위치를 바꾼다

지정한 셀 범위의 행과 열을 바꿔서 표시합니다. 원래의 표는 그대로 두고 다른 곳에 행렬을 바꾼 표를 표시합니다.

형식	**TRANSPOSE(배열)**

[배열]에는 행과 열을 바꿀 표(셀 범위)를 지정합니다.

> **HINT** 배열 수식으로 입력하려면 먼저 [배열]의 행과 열을 바꿀 범위를 선택한 후, 수식을 입력하고 Ctrl + Shift + Enter 를 누릅니다. 참고로 Microsoft365에서는 스필 기능을 통해 왼쪽 상단 셀에 함수를 입력하면 배열 수식이 자동으로 입력됩니다.

예시 1 강의 일정의 행과 열을 바꿉니다.

▲	A	B	C	D	E	F	G	H	I
1	강의 일정								
2	일정	1일	2일	3일		일정	오전	오후	
3	오전	OA기초	Word기초	Excel기초		1일	OA기초	입력연습	
4	오후	입력연습	Word연습	Excel연습		2일	Word기초	Word연습	
5						3일	Excel기초	Excel연습	
6									

식	**=TRANSPOSE(A2:D4)**

> **설명** 수식을 입력할 셀 범위 F2:H5를 선택한 뒤 '=TRANSPOSE(A2:D4)'를 입력하고 Ctrl + Shift + Enter 를 누르면 배열 수식으로 입력되며, 수식 입력창에는 {=TRANSPOSE(A2:D4)}로 표시됩니다. 원본 표와 연결되어 있으므로 원본 표를 변경하면 연동되어 자동으로 변경됩니다. 또한, Excel2021, Microsoft365에서는 첫 번째 셀(F2)에 함수를 입력하고 Enter 만 눌러도 스필 기능에 의해 셀 범위가 자동으로 확장됩니다.

| 관련 | 배열 수식 ➡ p.373

▶ OFFSET

기준 셀에서 지정한 행수와 열수만큼 이동한 셀을 참조한다

기준 셀에서 지정한 행수와 열수만큼 이동한 셀의 값과 셀 참조를 반환합니다.

형식　　**OFFSET(기준,행수,열수,[높이],[너비])**

- [기준]에는 기준 셀 또는 셀 범위를 지정합니다. 셀 범위를 지정한 경우, 왼쪽 상단 셀이 기준이 됩니다.
- [행수]에는 [기준] 셀에서 아래쪽으로 이동할 수를 지정합니다. 음수를 지정하면 위쪽으로 이동합니다.
- [열수]에는 [기준] 셀에서 오른쪽으로 이동할 수를 지정합니다. 음수를 지정하면 왼쪽 방향으로 이동합니다.
- [높이], [너비]에는 참조할 범위의 행수와 열수를 각각 지정합니다. 이를 지정하면 셀 참조를 반환하므로, 함수 인수로 셀 범위를 사용할 때 활용합니다. 예를 들어, 아래 예시에서'=SUM(OFFSET(E1,1,0,A2)'를 지정하면 셀 E1을 기준으로 한 줄 아래 셀부터 셀 A2의 값(3)만큼 높이(셀 범위 E2:E4)를 참조해 SUM 함수의 범위로 삼고 누적 거리를 구합니다.

예시 1　지정한 구간의 거리를 추출합니다.

	A	B	C	D	E	F
1	구간	거리		구간	거리Km	
2	3	7.5		1구간	5	
3				2구간	4.5	
4				3구간	7.5	
5				4구간	6	
6						

식　=OFFSET(E1,A2,0)

설명 셀 E1을 기준으로 셀 A2의 값(3)만큼 아래 셀의 값을 표시합니다.

234

▶ MATCH

검색값의 상대적 위치를 구한다

배열 또는 셀 범위 안에서 지정한 값을 검색하고, 해당 값이 범위 안에서 몇 번째 위치에 있는지 숫자로 반환합니다.

형식	MATCH(**검색값**,**검색 범위**,**[대조 유형]**)

- 지정한 [검색 범위] 안에서 [대조 유형]에 따라 [검색값]을 검색하여 일치하는 셀의 상대적 위치를 반환합니다.
- [검색값]에는 검색할 값을 지정합니다.
- [검색 범위]에는 [검색값]을 검색할 범위를 한 행 또는 한 열로 지정합니다.
- [대조 유형]에는 검색 방법을 숫자로 지정합니다.

대조 유형

0	[검색값]과 완전 일치. [검색값]이 문자열이라면, 와일드카드 문자를 사용할 수 있습니다.
−1	[검색값] 이상의 최솟값. [검색 범위]를 내림차순으로 정렬해야 합니다.
1 또는 생략	[검색값] 이하의 최댓값(기본값). [검색 범위]를 오름차순으로 정렬해야 합니다.

> HINT ▶ 검색 시 대문자와 소문자를 구분하지 않지만, 전각 문자와 반각 문자는 구분합니다.

예시 1 인기 순위 1위의 위치를 조사합니다.

	A	B	C	D
1	NO	강의	신청자	인기순위
2	1	Excel입문	98	2
3	2	Excel응용	76	4
4	3	Excel함수	128	1
5	4	Excel집계	89	3
6	5	Excel매크로	62	5
7				
8	인기순위	1		
9	위치	3		
10				

식 =MATCH(B8,D2:D6,0)

> **설명** 셀 B8의 인기 순위(1)값을 셀 범위 D2:D6에서 찾고, 완전 일치로 몇 번째인지 확인합니다.

| 관련 | 와일드카드 문자 ➡ p.370

인기 순위 1위와 일치하는 강좌명을 추출합니다.

	A	B	C	D	E
1	NO	강의	신청자	인기순위	
2	1	Excel입문	98	2	
3	2	Excel응용	76	4	
4	3	Excel함수	128	1	
5	4	Excel집계	89	3	
6	5	Excel매크로	62	5	
7					
8	인기순위	1			
9	강의명	Excel함수			
10					

설명 MATCH 함수로 셀 B8의 인기 순위(1)가 셀 범위 D2:D6 중 완전 일치로 몇 번째 위치인지 확인하고, INDEX 함수로 셀 범위 B2:B6의 강의 목록 중 해당하는 행수의 위치에 있는 값을 추출합니다.

식 =INDEX(B2:B6,MATCH(B8,D2:D6,0))

| 검색/행렬 | 상대 위치 | | 365 | 2021 | 2019 | 2016 |

▶ XMATCH

검색 방향을 지정해 검색값의 상대적 위치를 구한다

배열 또는 셀 범위 안에서 지정한 값을 검색해, 범위 안에서 몇 번째 위치에 있는지 숫자로 반환합니다. 검색하는 방향을 위에서뿐만 아니라 아래에서도 검색할 수 있습니다.

형식 **XMATCH(검색값,검색 범위,[일치 모드],[검색 모드])**

- 지정한 [검색 범위] 안에서 [일치 모드]와 [검색 모드]에 따라 [검색값]을 검색해 일치하는 셀의 상대적 위치를 반환합니다.
- [검색값]에는 검색할 값을 지정합니다.
- [검색 범위]에는 [검색값]을 검색할 범위를 한 행 또는 한 열로 지정합니다.
- [일치 모드]에는 일치 방법을 숫자로 지정합니다.

일치 모드

0 또는 생략	완전 일치(기본값)
−1	완전 일치 또는 다음 작은 항목
1	완전 일치 또는 다음 큰 항목
2	와일드카드 문자와 일치

- [검색 모드]에는 검색할 방향을 숫자로 지정합니다. 생략할 경우, 1로 간주합니다.

| **관련** | **INDEX** 행과 열로 지정한 셀의 값을 구한다 ➡ p.226

검색 모드

1 또는 생략	맨 앞에서 맨 뒤로 검색(기본값)
−1	맨 뒤에서 맨 앞으로 검색
2	이진 검색(검색 범위가 오름차순으로 정렬되어 있어야 함)
−2	이진 검색(검색 범위가 내림차순으로 정렬되어 있어야 함)

예시 1 합격 기준점을 초과한 점수의 상대적 위치를 구합니다.

	A	B	C	D	E
1	수험생	점수		합격 기준점	185
2	이순신	298		합격 라인	4
3	김유신	231		합격자 라인	강감찬
4	장보고	206			
5	강감찬	188			
6	성춘향	173			
7	신사임당	166			
8	홍길동	152			
9					

식 =XMATCH(E1,B2:B8,1)

식 =INDEX(A2:A8,E2)

설명 점수 열의 셀 범위 B2:B8에서 합격 기준점 셀 E1(185)을 일치 모드 1(완전 일치 또는 다음 큰 항목)로 검색합니다. 완전 일치하는 값이 없는 경우, 다음으로 큰 항목이 검색되므로 '188'이 검색되며, 위에서 네 번째이므로 '4'가 반환됩니다. 또한, 셀 E3에서는 INDEX 함수를 사용해 수험생(A2:A8) 중에서 셀 E2(4)의 값을 추출합니다.

수학/삼각

날짜/시간

통계

문자열 조작

논리

검색/행렬·열

큐브

정보

데이터베이스

재무

공학

기초지식

유용한 테크닉

▶ SORT
데이터를 정렬한 결과를 표시한다

지정한 셀 범위 또는 배열 상수의 내용을 정렬해 표시합니다. 원래의 표는 그대로 두고 다른 곳에 정렬된 결과를 표시합니다.

| 형식 | **SORT(배열,[정렬 인덱스],[순서],[정렬 방향])** |

- [배열]에서 지정한 범위 또는 배열 상수의 내용을 정렬합니다. 정렬 방법은 [정렬 인덱스], [순서], [정렬 방향] 설정에 따릅니다.
- [배열]에는 정렬의 기준이 되는 셀 범위 또는 배열 상수를 지정합니다.
- [정렬 인덱스]에는 정렬 기준이 되는 행 또는 열의 시작을 1의 숫자로 지정합니다. 생략할 경우, 1로 간주합니다.
- [순서]는 오름차순의 경우 1(기본값), 내림차순의 경우 −1로 지정합니다.
- [정렬 방향]은 FALSE 또는 생략한다면 행으로 정렬하고, TRUE이면 열로 정렬합니다.

> **HINT** 표시할 범위의 왼쪽 상단 셀에 함수를 입력하면, 스필 기능으로 함수가 자동 입력되어 정렬된 표가 표시됩니다.

예시 1 강좌 정렬 순서를 인기 순위로 정렬합니다.

	A	B	C	D	E	F	G	H	I	J
1	NO	강의	신청자	인기 순위		NO	강의	신청자	인기 순위	
2	1	Excel입문	98	2		1	Excel함수	128	1	
3	2	Excel응용	76	4		2	Excel입문	98	2	
4	3	Excel함수	128	1		3	Excel집계	89	3	
5	4	Excel집계	89	3		4	Excel응용	76	4	
6	5	Excel매크로	62	5		5	Excel매크로	62	5	
7										

| 식 | =SORT(B2:D6,3,1) |

> **설명** 셀 범위 B2:D6을 세 번째 열을 기준으로 오름차순(1)으로 행 단위로 정렬합니다. 네 번째 인수인 [정렬 방향]을 생략했기 때문에 행 단위로 정렬됩니다.

▶ SORTBY

여러 기준으로 데이터를 정렬한 결과를 표시한다

지정한 셀 범위 또는 배열 상수의 내용을 여러 기준으로 정렬하고 표시합니다. 원래의 표는
그대로 두고 다른 곳에 정렬된 결과를 표시합니다.

형식 **SORTBY(범위,기준 1,[순서 1],[기준 2,순서 2],…)**

- [범위]에서 지정한 범위 또는 배열 상수의 내용을 [기준]에 따라 정렬합니다. 정렬 방법
은 [순서]에서 지정합니다.
- [기준]과 [순서]는 세트로 지정합니다.
- [범위]에는 정렬할 셀 범위 또는 배열 상수를 지정합니다.
- [기준]에는 정렬의 기준이 되는 범위를 지정합니다. 여러 개를 지정할 경우, 순서를 세
트로 지정합니다.
- [순서]는 오름차순의 경우 1 또는 생략, 내림차순의 경우 –1을 지정합니다.

예시 1 회원 명단표의 구분을 오름차순, 연령을 내림차순으로 정렬해 표시합
니다.

	A	B	C	D	E	F	G	H	I	J
1	NO	회원명	구분	연령		NO	회원명	구분	연령	
2	1	성춘향	2	23		2	김유신	1	44	
3	2	김유신	1	44		6	장보고	1	30	
4	3	김좌진	3	18		4	홍길동	2	27	
5	4	홍길동	2	27		1	성춘향	2	23	
6	5	이순신	3	49		5	이순신	3	49	
7	6	장보고	1	30		3	김좌진	3	18	
8										

식 **=SORTBY(A2:D7,C2:C7,1,D2:D7,–1)**

설명 회원 명단표(A2:D7)의 구분 열(C2:C7)을 오름차순(1)으로 정렬하고, 연령 열
(D2:D7)을 내림차순(–1)으로 정렬합니다. 정렬된 표를 표시할 범위의 왼쪽 상단
셀(F2)에 수식을 입력하면, 스필 기능으로 함수가 자동 입력되어 표 전체에 함수
가 적용되고 정렬된 표가 표시됩니다.

239

▶ FILTER

조건에 맞는 데이터를 추출한다

정의한 조건에 따라, 지정한 셀 범위의 데이터를 필터링하여 표시합니다. 원래의 표는 그대로 두고 다른 곳에 추출한 표를 표시합니다.

형식	FILTER(**범위**,**조건**,**[조건을 만족하지 않는 경우의 값]**)

- [범위]에는 추출할 셀 범위 또는 배열 상수를 지정합니다.
- [조건]에는 [범위]에서 추출할 행을 검색할 조건을 배열로 지정합니다.
- [조건을 만족하지 않는 경우의 값]에는 조건과 일치하는 값을 찾지 못한 경우 표시할 값을 지정합니다.

예시 1 구분이 A인 데이터를 추출해 표시합니다.

식 =FILTER(A4:D9,C4:C9=G1,"")

> **설명** 셀 범위 A4:D9에서 구분 열(C4:C9)이 셀 G1(A)의 값과 일치하는 행을 추출해 표시합니다. 해당하지 않으면 아무것도 표시하지 않습니다(""). 맨 앞의 셀에 함수를 입력하면, 스필 기능에 의해 필요한 만큼 함수가 자동 입력됩니다.

예시 2 구분이 A이고 연령이 20 이상인 데이터만 추출해 표시합니다.

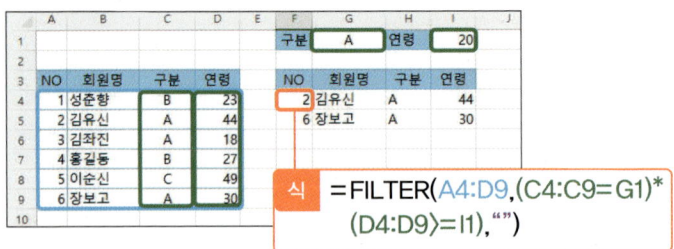

식 =FILTER(A4:D9,(C4:C9=G1)*(D4:D9)=I1),"")

> **설명** 셀 범위 A4:D9에서 구분 열(C4:C9)이 셀 G1(A)의 값과 일치하고, 연령 열(D4:D9)이 셀 I1(20) 이상인 행을 추출해 표시합니다. 해당하지 않으면 아무것도 표시하지 않습니다("").

COLUMN

FILTER 함수의 [조건] 설정 방법

- [조건]은 배열로 지정하기 때문에 'C4:C9="A"'라는 형식으로 조건식을 지정합니다. 이는 셀 C4부터 C9까지 각 값이 A인지를 판단해 A이면 TRUE, A가 아니면 FALSE가 반환되어 {FALSE;TRUE;TRUE;FALSE;FALSE;TRUE}와 같은 배열 상수가 생성됩니다. 이때 TRUE인 행이 조건을 만족하는 것으로 간주되어 표시됩니다.
- 복수의 조건을 AND 조건(그리고)으로 지정할 경우, '(C4:C9="A")*(D4:D9)=20)'과 같이 '*'로 조건을 연결합니다.
- 복수의 조건을 OR 조건(또는)으로 지정할 경우, '(C4:C9="A")+(D4:D9)=20)'과 같이 '+'로 조건을 연결합니다.

검색/행렬 · 데이터 추출 · 365 · 2021 · 2019 · 2016

▶ UNIQUE

중복 데이터를 일괄 추출한다

지정한 범위에서 중복되는 값을 하나로 합치거나 하나뿐인 값을 추출합니다.

형식 **UNIQUE(배열,[비교 방향],[횟수])**

- [배열]에는 대상 셀 범위 또는 배열 상수를 지정합니다.
- [비교 방향]이 TRUE이면 열을 비교하고, FALSE이거나 생략하면 행을 비교합니다.
- [횟수]가 TRUE이면 한 번만 나타나는 값을 가져오고, FALSE이거나 생략하면 여러 번 나타나는 값을 하나로 묶어 추출합니다.

예시 **1** 회원 소재 지역 목록 및 1인 지역 목록을 표시합니다.

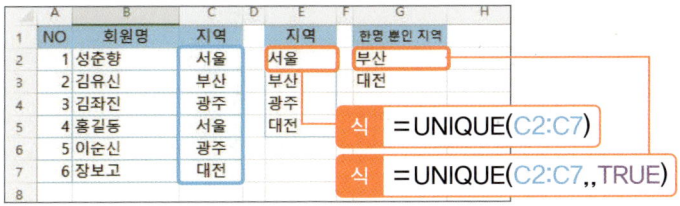

설명 셀 E2에서는 지역 열(C2:C7)에 중복된 데이터 목록을 표시하고, 셀 G2에서는 지역 열(C2:C7)에 한 번만 나타난 데이터 목록을 표시하고 있습니다. 첫 번째 셀에 함수를 입력하면, 스필 기능을 통해 필요한 만큼의 함수가 자동 입력됩니다.

▶ FIELDVALUE

주가나 지리 데이터를 추출한다

주식, 지리 등 링크된 외부 데이터에서 종류(필드)를 지정해 데이터를 추출합니다.

형식   FIELDVALUE(**값**,**필드명**)

- [값]에는 주식 데이터나 지리 데이터를 지정합니다.
- [필드명]에는 추출하고자 하는 데이터의 종류를 문자열로 지정합니다.

> **HINT** ▶ 이 함수를 사용하기 전에 [값]에 사용할 기업명, 국가명, 도시명 등이 입력된 셀을 선택하고 [데이터] 탭 → [주식(영어)] 또는 [지리(영어)]를 클릭해 외부 데이터에 연결해 두어야 합니다. 외부 데이터에 연결되면 셀에 아이콘이 표시됩니다.

예시 1 수도의 인구 수와 나라명을 검색합니다.

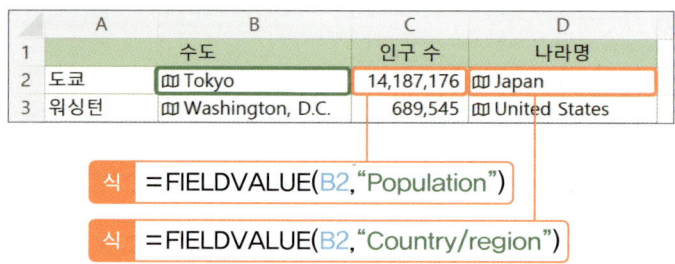

	A	B	C	D
1		수도	인구 수	나라명
2	도쿄	🏛 Tokyo	14,187,176	🏛 Japan
3	워싱턴	🏛 Washington, D.C.	689,545	🏛 United States

식 =FIELDVALUE(B2,"Population")

식 =FIELDVALUE(B2,"Country/region")

> **설명** 셀 C2에서는 셀 B2의 수도명(Tokyo)에서 인구 수를 추출하고 있습니다. 셀 D2에서도 마찬가지로 나라명을 추출하고 있습니다.

| 관련 | 수식 표시 ➡ p.415

    TAKE / DROP 배열에서 연속된 행과 열의 개수를 추출/제외한다 ➡ p.245

▶ RTD

RTD 서버에서 데이터를 추출한다

컴포넌트 오브젝트 모델(COM) 자동화 서버를 호출해 주가, 환율 등의 데이터를 실시간으로 취득할 수 있습니다. 이 기능을 이용하기 위해서는 RTD 서버가 구축되어 있어야 합니다.

형식 RTD(프로그램 ID,서버,토픽 1,[토픽 2],…)

- [프로그램 ID]에는 RTD(RealTimeData) 서버의 프로그램 ID를 문자열로 지정합니다.
- [서버]에는 RTD 서버가 실행되는 컴퓨터 이름을 문자열로 지정합니다. RTD 서버가 로컬에서 실행되는 경우, 빈 문자("")를 지정할 수 있습니다.
- [토픽]에는 실시간 데이터로 추출하고자 하는 데이터의 항목명(토픽)을 지정합니다.

▶ FORMULATEXT

수식을 문자열로 추출한다

지정한 셀에 입력된 수식을 문자열로 반환합니다.

형식 FORMULATEXT(참조)

[참조]에는 수식이 입력된 셀 참조를 지정합니다. 참조한 셀에 수식이 입력되어 있지 않으면 오류값 '#N/A'를 반환합니다.

HINT ▶ • 다른 워크시트나 열려 있는 다른 통합 문서의 셀을 참조할 수도 있습니다.
 • 셀 범위를 지정하면 왼쪽 상단 셀의 수식을 반환합니다.

예시 1 셀에 입력된 수식을 표시합니다.

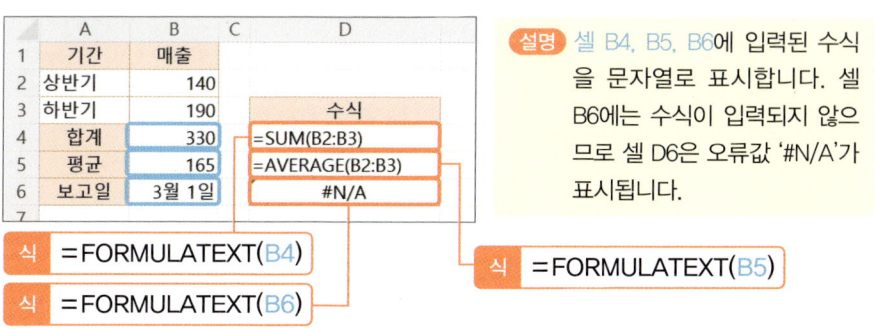

	A	B	C	D
1	기간	매출		
2	상반기	140		
3	하반기	190		수식
4	합계	330		=SUM(B2:B3)
5	평균	165		=AVERAGE(B2:B3)
6	보고일	3월 1일		#N/A
7				

설명 셀 B4, B5, B6에 입력된 수식을 문자열로 표시합니다. 셀 B6에는 수식이 입력되지 않으므로 셀 D6은 오류값 '#N/A'가 표시됩니다.

식 =FORMULATEXT(B4)
식 =FORMULATEXT(B6)
식 =FORMULATEXT(B5)

▶ EXPAND

배열 크기를 확장한다

배열을 지정한 행수와 열수로 확장합니다. 확장한 결과에서 빈 셀에 표시할 값을 지정할 수 있습니다. 결과는 스필 기능을 통해 자동으로 확장되어 표시됩니다.

형식   EXPAND(배열,행수,[열수],[비어 있는 경우])

- [배열]에는 원본 배열이나 셀 범위를 지정합니다.
- [행수]는 확장 후의 행수를 [배열]의 행수 이상으로 지정합니다. 생략할 경우, [배열]과 동일한 것으로 간주합니다.
- [열수]는 확장 후의 열수를 [배열]의 열수 이상으로 지정합니다. 생략할 경우, [배열]과 동일한 것으로 간주합니다.
- [비어 있는 경우]에는 확장된 행이나 열에 값이 없는 경우 오류값 대신 표시할 값을 지정할 수 있습니다. 생략할 경우, 오류값 '#N/A'가 표시됩니다.

HINT▶ [행수] 또는 [열수]가 [배열]보다 작으면 오류값 '#VALUE!'가 표시됩니다.

예시 1 셀 범위의 행을 확장하고 빈 셀에 '–'를 표시합니다.

	A	B	C	D	E	F	G	H
1								
2		A상품	B상품			A상품	B상품	
3	1 월	10	10		1 월	10	10	
4	2 월	20	20		2 월	20	20	
5	3 월				3 월	-	-	
6	4 월				4 월	-	-	
7								

식 =EXPAND(B3:C4,4,," – ")

설명 셀 F3에서 셀 범위 B3~C4를 4행으로 확장하고, 열은 원래 셀 범위와 동일(생략 시)하며, 빈 셀에 '–'를 표시하고 있습니다.

▶ TAKE / DROP

배열에서 연속된 행과 열의 개수를 추출/제외한다

TAKE 함수는 [배열]에서 지정한 [행수], [열수]의 배열을 맨 앞 또는 맨 뒤에서 추출합니다. DROP 함수는 [배열]에서 지정한 [행수], [열수]의 배열을 맨 앞 또는 맨 뒤에서 제외합니다. 결과는 스필 기능을 통해 자동으로 확장되어 표시됩니다.

형식	**TAKE(배열,행수,[열수])** **DROP(배열,행수,[열수])**

- [배열]에는 원본 배열이나 셀 범위를 지정합니다.
- [행수]에는 추출하거나 제외할 행수를 지정합니다. 생략할 경우, [배열]과 동일한 행수로 간주합니다. 음수를 지정한 경우, 맨 뒤에서부터 추출합니다.
- [열수]에는 추출하거나 제외할 열수를 지정합니다. 생략할 경우, [배열]과 동일한 열수로 간주합니다. 음수를 지정한 경우, 맨 뒤에서부터 추출합니다.

예시 1 매출표에서 2022년만 추출하고, 부산과 2024년을 제외합니다.

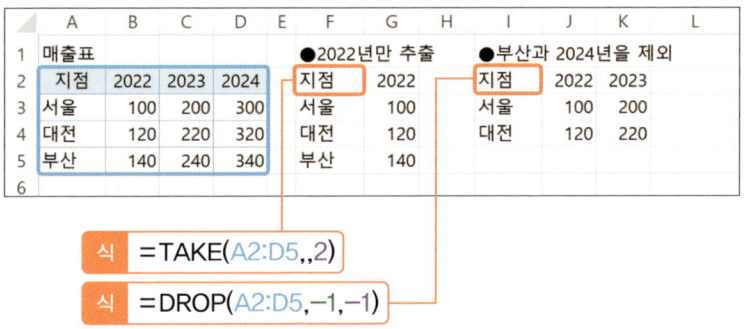

식	=TAKE(A2:D5,,2)
식	=DROP(A2:D5,−1,−1)

> **설명** 셀 F2에서는 셀 범위 A2~D5의 표에서 행은 그대로 유지하고(생략), 열은 앞에서부터 2열([지점] 열부터 [2022] 열까지)을 추출했습니다. 셀 I2에서는 셀 범위 A2~D5의 표에서 아래쪽 1행과 오른쪽 끝 1열을 제외하고 추출했습니다.

▶ CHOOSEROWS / CHOOSECOLS

배열에서 지정한 행이나 열을 추출한다

CHOOSEROWS 함수는 배열에서 지정한 위치에 있는 행을 추출합니다. CHOOSECOLS 함수는 배열에서 지정한 위치에 있는 열을 추출합니다. 결과는 스필 기능을 통해 자동으로 확장되어 표시됩니다.

형식	CHOOSEROWS(배열,행 1,[행 2,…])
	CHOOSECOLS(배열,열 1,[열 2,…])

· [배열]에는 원본 배열이나 셀 범위를 지정합니다.

· [행]에는 추출할 행 번호를 지정합니다. 음수를 지정한 경우, 맨 끝에서 순서대로 계산해 행을 추출합니다.

· [열]에는 추출할 열 번호를 지정합니다. 음수를 지정한 경우, 맨 끝에서 순서대로 계산해 열을 추출합니다.

HINT ▶ TAKE 함수는 연속된 행이나 열을 추출하는 반면, CHOOSEROWS 함수, CHOOSECOLS 함수는 떨어져 있는 행이나 열을 추출할 수 있습니다.

예시 **1** 매출표에서 연도별 합계 열과 지구별 합계 행을 각각 가져옵니다.

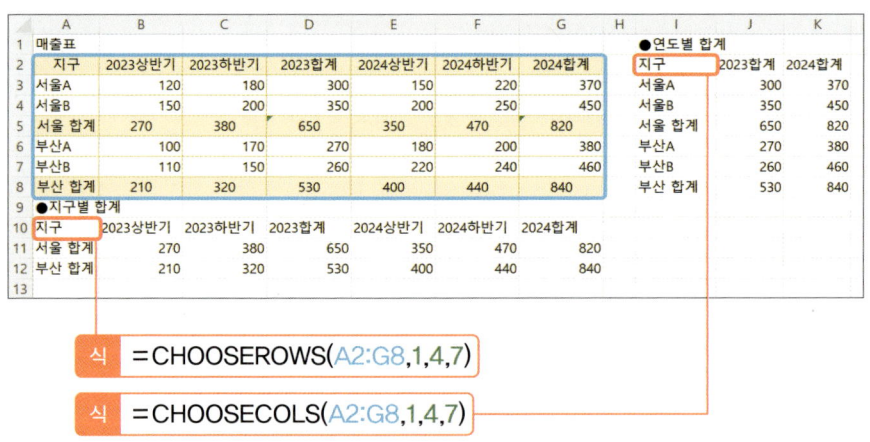

식 =CHOOSEROWS(A2:G8,1,4,7)

식 =CHOOSECOLS(A2:G8,1,4,7)

설명 셀 A10에서는 셀 A2~G8의 1행(열 머리글), 4행([서울 합계] 행), 7행([부산 합계] 행)을 추출해 표시하고 있습니다. 셀 I2에서는 셀 A2~G8의 1열(행 머리글), 4열([2023합계] 열), 7열([2024합계] 열)을 추출해 표시하고 있습니다.

▶ TOROW / TOCOL

배열을 한 행 또는 한 열로 정리한다

TOROW 함수는 배열을 한 행으로 묶어서 추출합니다. TOCOL 함수는 배열을 한 열로 묶어서 추출합니다. 추출할 때 특정 문자를 무시하거나 배열의 값을 추출하는 방향을 지정할 수 있습니다. 결과는 스필 기능을 통해 자동으로 확장되어 표시됩니다.

형식	**TOROW(배열,[무시할 값],[열 방향으로 검색])** **TOCOL(배열,[무시할 값],[열 방향으로 검색])**

- [배열]에는 원본 배열이나 셀 범위를 지정합니다.
- [무시할 값]에는 무시할 특정 값을 지정합니다(아래 표 참조). 생략할 경우, 모두 추출합니다.
- [열 방향으로 검색]은 TRUE이면 배열을 열 방향으로 추출하고, FALSE이거나 생략하면 행 방향으로 추출합니다.

값	내용
0 또는 생략	모든 값을 추출
1	공백을 무시
2	오류를 무시
3	공백 및 오류를 무시

예시 1 배열을 한 행, 한 열로 정리합니다.

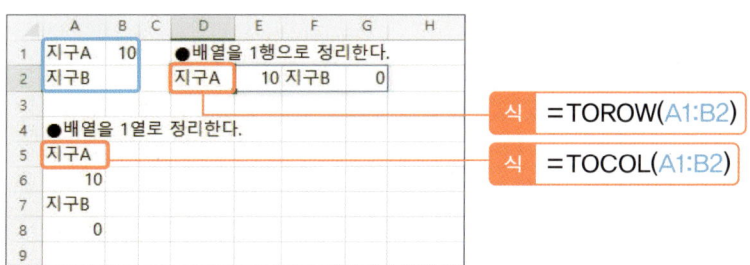

=TOROW(A1:B2)

=TOCOL(A1:B2)

> **설명** 셀 D2에서는 셀 A1~B2의 모든 값(두 번째 인수 생략)을 행 방향(세 번째 인수 생략)으로 추출해 한 행으로 정리했습니다. 셀 A5에서는 셀 A1~B2의 모든 값(두 번째 인수 생략)을 행 방향(세 번째 인수 생략)으로 추출해 한 열로 정리했습니다. 두 번째 인수를 생략한 경우, 셀 B2와 같이 셀이 비어 있으면 '0'이 표시됩니다.

| 관련 | WRAPROWS / WRAPCOLS　한 행이나 한 열의 데이터를 분해해서 추출한다 ➡ p.249　247

▶ VSTACK / HSTACK

배열을 세로 또는 가로 방향으로 연결해 추출한다

VSTACK 함수는 지정한 배열을 세로 방향으로 순서대로 연결해 더 큰 배열을 반환합니다. HSTACK 함수는 지정한 배열을 가로 방향으로 순서대로 연결해 더 큰 배열을 반환합니다. 결과는 스필 기능을 통해 자동으로 확장되어 표시됩니다.

형식	VSTACK(배열 1,[배열 2,…])
	HSTACK(배열 1,[배열 2,…])

- [배열]에는 연결하고자 하는 배열이나 셀 범위를 지정합니다. 지정한 배열이 결과 배열의 열수 또는 행수보다 부족한 경우, 부족한 셀에 오류값 '#N/A'가 표시됩니다. (※ 자세한 내용은 샘플 파일 참조)

▶ STOCKHISTORY

주식 종목의 주가 정보를 추출한다

[금융상품]에서 지정한 주식 종목의 주가 정보(시가, 종가, 최고가, 최저가, 거래량)를 지정한 날짜와 기간으로 조회하고, 그 결과를 스필 기능을 통해 배열로 표시합니다.

형식	STOCKHISTORY(금융상품,시작일,[마지막 날짜],[기간],
	[제목],[취득 정보 1],…[취득 정보 6])

- [금융상품]에는 금융상품의 종목 코드를 지정합니다. 예를 들면, 마이크로소프트사의 경우 "MSFT"로 지정합니다.
- [시작일]에는 주가 정보를 가져올 시작일을 지정합니다. "2025-5-1"처럼 문자열로 지정하거나 셀 참조, TODAY 함수와 같은 함수를 지정할 수도 있습니다.
- [마지막 날짜]에는 주가 정보를 가져올 마지막 날짜를 지정합니다. 생략할 경우, 시작일과 같은 날짜가 지정됩니다. 지정 방법은 [시작일]과 동일합니다.
- [기간]에는 주가 정보를 추출할 기간을 지정하며, 0 또는 생략할 경우 일별, 1은 주간, 2는 월간이 설정됩니다.
- [제목]에는 결과 상단에 제목을 표시할지를 지정합니다. 0은 제목 없음, 1 또는 생략할 경우 제목을 표시하고, 2는 종목 코드와 제목을 표시합니다.
- [취득 정보]에는 취득해 표시할 정보를 0~5의 범위로 설정합니다. 괄호 안에 6개까지 지정할 수 있습니다(오른쪽 표 참조). 모두 표시할 경우 '0,1,2,3,4,5'로 지정하지만, 날짜와 거래량만 표시할 경우 '0,5'처럼 필요한 정보만 지정할 수 있습니다. 생략할 경우 날짜와 종가 '0,1'이 표시됩니다.

값	내용	값	내용
0	날짜	3	최고가
1	종가	4	최저가
2	시가	5	거래량

| HINT | [금융상품]에서 4자리의 ISO시장식별코드와 ':(콜론)' 뒤에 종목코드(예: "XNAS: MSFT")를 지정하면 특정 거래소를 참조할 수 있습니다. 지정하지 않으면 기본 거래소가 지정됩니다.

| HINT | 예를 들어, '=STOCKHISTORY("MSFT","2025/5/1")'로 지정하면 마이크로소프트사의 '2025/5/1' 종가를 가져옵니다.
(※자세한 내용은 샘플 파일 참조)

검색/행렬   배열 조작   365 2021 2019 2016

▶ WRAPROWS / WRAPCOLS

한 행이나 한 열의 데이터를 분해해서 추출한다

WRAPROWS 함수는 한 행 또는 한 열로 지정한 셀 범위에서 지정한 행수만큼 잘라서 추출합니다. WRAPCOLS 함수는 한 행 또는 한 열로 지정한 셀 범위에서 지정한 열수만큼 잘라서 추출합니다. 두 함수 모두 스필 기능을 통해 결과가 자동으로 확장되어 표시됩니다.

| 형식 | **WRAPROWS(벡터,줄 바꿈 수,[빈 경우])**
WRAPCOLS(벡터,줄 바꿈 수,[빈 경우]) |

· [벡터]에는 한 행 또는 한 열의 셀 범위를 지정할 수 있습니다.
· [줄 바꿈 수]에는 줄 바꿈할 행수 또는 열수를 지정합니다.
· [빈 경우]에는 줄 바꿈 결과 비어 있는 셀에 표시할 값을 지정합니다. 생략할 경우, 오류값 '#N/A'를 반환합니다.

예시 1 1행의 데이터를 2행 또는 2열로 잘라서 표시합니다.

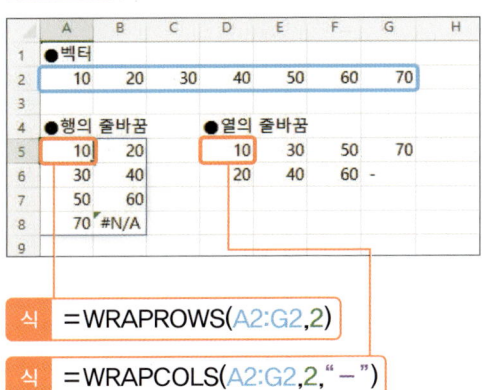

설명 셀 A5에서는 셀 A2~G2의 1행 데이터를 2열로 접어서 표시합니다. 세 번째 인수를 생략했기 때문에 빈 셀 B8에 오류값 '#N/A'가 표시됩니다. 셀 D5에서는 셀 A2~G2의 1행 데이터를 2행으로 접어서 표시합니다. 빈 셀 G6에는 '-'가 표시됩니다.

식 **=WRAPROWS(A2:G2,2)**

식 **=WRAPCOLS(A2:G2,2,"-")**

| 관련 | TOROW / TOCOL   배열을 한 행 또는 한 열로 정리한다 ➡ p.247
VSTACK / HSTACK   배열을 세로 또는 가로 방향으로 연결해 추출한다 ➡ p.248

▶ ENCODEURL

문자열을 URL 형식으로 인코딩한다

지정한 문자열을 URL 인코딩해 반환합니다. URL 인코딩은 URL에서 사용할 수 없는 문자를 URL에서 사용할 수 있는 형식으로 변환하는 것입니다. Mac용 Excel에서는 사용할 수 없습니다.

형식	ENCODEURL(문자열)

[문자열]에는 URL로 인코딩할 문자열을 지정합니다. 예를 들어, '=ENCODEURL("Excel 함수")'로 설정하면 URL 인코딩된 문자열 'Excel%ED%95%A8%EC%88%98'을 반환합니다.

▶ WEBSERVICE

웹 서비스를 이용해 데이터를 가져온다

지정한 인터넷 또는 인트라넷의 웹 서비스에서 데이터를 가져옵니다. 가져온 데이터는 XML 또는 JSON 형식입니다. Mac용 Excel에서는 사용할 수 없습니다.

형식	WEBSERVICE(URL)

[URL]에는 웹 서비스를 제공하는 웹사이트의 URL을 지정합니다.

▶ FILTERXML

XML 문서에서 필요한 정보를 가져온다

지정한 XML 형식의 데이터에서 XML 경로에 있는 데이터를 가져옵니다. 지정된 경로가 여러 개일 경우 여러 개의 데이터가 배열로 반환됩니다. Mac용 Excel에서는 사용할 수 없습니다.

형식	FILTERXML(XML,경로)

• [XML]에는 XML 형식의 데이터가 입력된 셀을 참조하거나 문자열을 지정합니다.
• [경로]에는 추출하고자 하는 데이터가 포함된 XML 경로(표준 XPath 형식의 문자열)를 지정합니다.

▶ HYPERLINK

하이퍼링크를 작성한다

지정한 링크 위치로 이동하는 하이퍼링크를 작성합니다. URL을 지정해 웹 사이트를 열거나 다른 통합 문서의 경로를 지정해 통합 문서를 열 수 있습니다.

형식　HYPERLINK(**경로,[별칭]**)

- [경로]에는 URL이나 파일 경로 등을 나타내는 문자열을 지정합니다.
- [별칭]에는 셀에 표시할 문자열을 지정합니다. 생략할 경우, [경로]에서 지정한 문자열 이 표시됩니다.

경로 지정 예

경로 내용	설정 예시
웹 페이지	https://www.youngjin.com/
UNC 경로(₩₩서버명₩공유폴더₩파일명)	₩₩sv1₩work₩보고서.xlsx
다른 통합 문서	F:₩work₩보고서.xlsx
동일 통합 문서 안의 다른 시트의 셀	Sheet2!B2

HINT　하이퍼링크가 설정된 셀을 선택하려면 셀에서 마우스 포인터 모양이 될 때까지 마우스 버튼을 길게 누릅니다.

예시 1　웹 페이지를 표시하는 하이퍼링크를 작성합니다.

	A	B
1	Web사이트	
2	영진닷컴 / PC, IT서적	
3		

식　=HYPERLINK("https://www.youngjin.com/","영진닷컴 / PC, IT서적")

설명　셀에 '영진닷컴 / PC, IT서적'이라고 표시하고 URL 'https://www.youngjin.com/' 으로 하이퍼링크를 설정합니다.

▶ GETPIVOTDATA

피벗 테이블 안의 데이터를 추출한다

피벗 테이블에서 집계한 데이터를 가져옵니다. 피벗 테이블 이외의 셀에 집계 결과를 표시하고 싶을 때 사용할 수 있습니다.

형식	GETPIVOTDATA(데이터 필드,피벗 테이블,[필드 1,항목 1], [필드 2,항목 2],…)

- [데이터 필드]에는 추출하고자 하는 값의 데이터 필드를 문자열로 지정합니다.
- [피벗 테이블]에는 데이터를 가져올 피벗 테이블을 지정합니다. 보통 피벗 테이블의 왼쪽 상단 모서리에 있는 셀을 지정합니다.
- [필드]에는 데이터를 추출할 필드 이름을 지정합니다(예: 상품명).
- [항목]에는 [필드]의 요소를 지정합니다(예: 녹차).

> **HINT** ▶ GETPIVOTDATA 함수는 함수를 입력하고자 하는 셀에 '='를 입력하고 피벗테이블 내 데이터를 클릭한 후 Enter 를 누르기만 하면 자동 입력이 됩니다. 단, [피벗 테이블 분석] 탭의 [피벗 테이블] → [옵션]의 ▼에서 GETPIVOT 생성에 체크가 되어 있어야 합니다.

예시 1 피벗 테이블에서 녹차의 판매액을 가져옵니다.

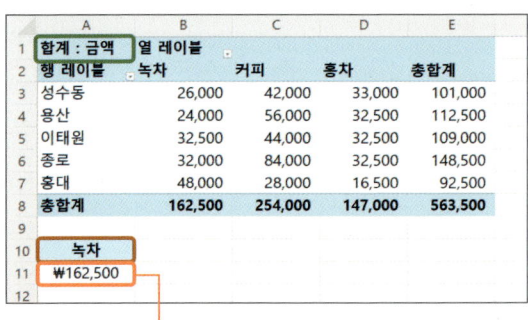

식	=GETPIVOTDATA("금액",$A$1,"상품명",A10)

> **설명** 셀 A1에 있는 피벗 테이블의 [금액] 데이터 필드를 대상으로 [상품명] 필드의 [녹차] 값을 가져옵니다. 네 번째 인수에서 셀 A10을 참조하고 있으므로, 셀 A10의 값을 '커피'로 설정하면 커피값을 가져올 수 있습니다.

큐브 함수 🔍 ▼

큐브 함수는 SQL 서버와 같은 외부 데이터베이스에 접속해 데이터나 집계 결과를 가져오거나, 여러 테이블을 불러와서 만든 엑셀 데이터 모델에서 데이터나 집계 결과를 가져오는 함수입니다. 또한, 엑셀 테이블에서 피벗 테이블을 생성할 때 엑셀 데이터 모델을 생성할 수 있으므로, 여기서는 이를 사용해 동작을 확인할 수 있습니다. Microsoft사의 SQL Server 데이터베이스에 접속하여 사용할 경우, Microsoft SQL Server Analysis Services가 필요합니다. SQL Server는 대규모 데이터를 취급하는 기업용 서버로 이용되고 있습니다.

▶ CUBEMEMBER

큐브 내의 멤버나 튜플을 추출한다

큐브 내의 멤버 또는 튜플을 반환합니다. 큐브 안에 멤버 또는 튜플이 존재하는지 확인하는
데 사용됩니다.

형식   CUBEMEMBER(접속명,멤버식,[캡션])

- [접속명]으로 데이터베이스에 접속하고 [멤버식]으로 지정한 멤버 또는 튜플을 반환합
니다. 지정한 멤버 또는 튜플이 존재할 경우 [캡션]에서 지정한 문자열이 표시됩니다.
- [접속명]에는 큐브에 대한 접속명을 나타내는 문자열을 지정합니다. 통합 문서의 Excel
데이터 모델에 연결하는 경우, 'ThisWorkbookDataModel'을 지정합니다.
- [멤버식]에는 큐브의 고유한 멤버를 나타내는 다차원식(MDX) 문자열을 지정합니다. 예
를 들어, '매출표 내 상품명 중 토트백'을 지정하는 경우, '[매출표].[상품명].[토트백]'이
라고 기술합니다.
- [캡션]에는 [멤버식]에서 지정한 내용을 찾았을 때 표시되는 문자열을 지정합니다. 생
략할 경우, 튜플의 마지막 멤버의 값이 사용됩니다. 찾을 수 없는 경우, '#N/A'를 반환
합니다.

예시 1   엑셀 데이터 모델에서 지정한 멤버를 추출합니다.

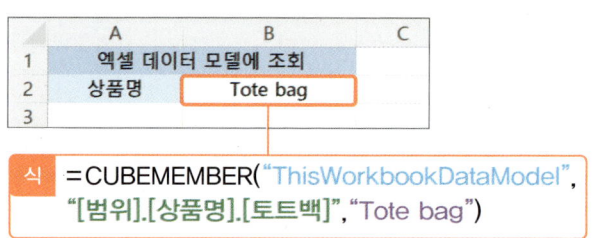

식   =CUBEMEMBER("ThisWorkbookDataModel",
"[범위].[상품명].[토트백]","Tote bag")

설명 통합 문서에서 생성한 Excel 데이터 모델에 멤버 '토트백'이 발견되었으므로
'Tote bag'으로 표시됐습니다. 여기서 세 번째 인수를 생략하면 마지막 멤버 이름
인 '토트백'으로 표시됩니다.

▶ CUBEVALUE

큐브에서 집계값을 구한다

접속명을 사용해 큐브에 접속하여, 지정한 멤버식의 집계값을 반환합니다.

형식	**CUBEVALUE(접속명,[멤버식 1],[멤버식 2],···)**

- [접속명]에는 큐브에 연결하기 위한 이름을 문자열을 지정합니다.
- [멤버식]에는 큐브의 고유한 멤버 또는 튜플을 나타내는 다차원식(MDX) 문자열을 지정합니다. 멤버식은 CUBEMEMBER 함수로 지정한 멤버나 CUBESET 함수로 정의한 집합을 사용할 수도 있습니다. 집계값인 '합계: 금액'을 사용하는 경우, '[Measures].[합계: 금액]'과 같이 지정합니다.

예시 1   데이터 모델에서 토트백 판매 합계를 추출합니다.

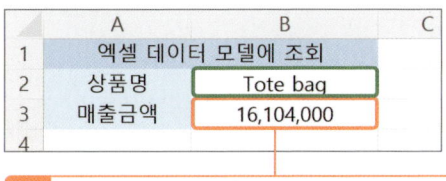

	A	B	C
1	엑셀 데이터 모델에 조회		
2	상품명	Tote bag	
3	매출금액	16,104,000	
4			

식	=CUBEVALUE("ThisWorkbookDataModel",B2, "[Measures].[합계: 금액]")

설명   통합 문서에서 작성한 Excel 데이터 모델에서 셀 B2의 멤버 '토트백'과 집계값 '합계: 금액'에서 토트백의 매출 합계가 표시됩니다. 셀 B2에 상품명 '토트백'을 추출하는 CUBEMEMBER 함수가 설정되어 있으며, 이를 멤버식으로 사용하고 있습니다.

HINT ▶ [접속명]이나 [멤버식]을 입력할 때 선택 항목이 표시됩니다. 사용할 항목을 선택하면서 수식을 입력할 수 있습니다. 단, 멤버식에서 마지막 멤버가 표시되지 않는 경우 직접 수기로 입력해야 합니다.

수학/삼각 · 날짜/시간 · 통계 · 문자열 조작 · 논리 · 검색/행렬 · 웹 · 큐브 · 정보 · 데이터베이스 · 재무 · 공학 · 기초지식 · 유용한 테크닉

• 엑셀 데이터 모델을 준비한다

이 책에서는 엑셀의 표에서 피벗 테이블을 만들 때 작성한 데이터 모델에 접속해 동작을 확인하고 있습니다. 다음과 같은 순서로 조작합니다.

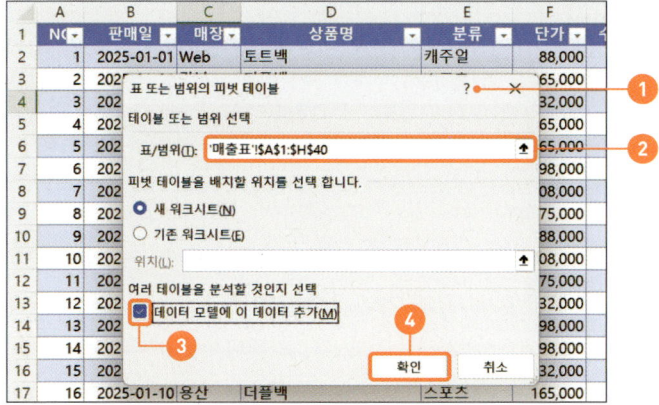

1 표 안을 클릭한 후 [삽입] 탭 → [피벗 테이블]을 클릭해 [피벗 테이블 만들기] 대화 상자를 표시합니다.

2 [표/범위]에서 테이블 전체가 지정되어 있는지 확인합니다.

3 [데이터 모델에 이 데이터 추가]를 체크합니다.

4 [확인]을 클릭합니다.

• 피벗 테이블을 큐브 함수로 변환한다

위 작업으로 피벗 테이블을 작성한 경우, 피벗 테이블을 큐브 함수로 변환할 수 있습니다. 큐브 함수를 기술할 때 참고가 됩니다.

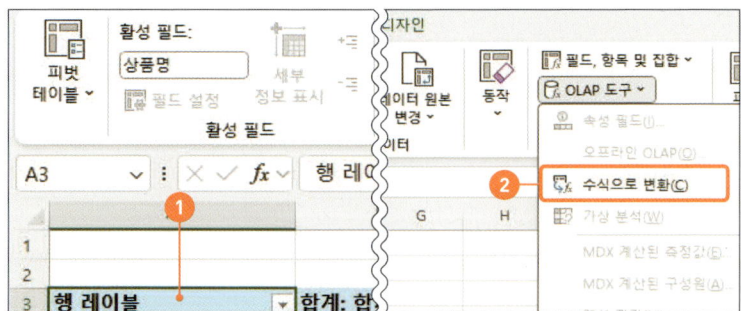

① 피벗테이블 내 클릭

② [피벗 테이블 분석] 탭 → [OLAP 도구] → [수식으로 변환] 클릭

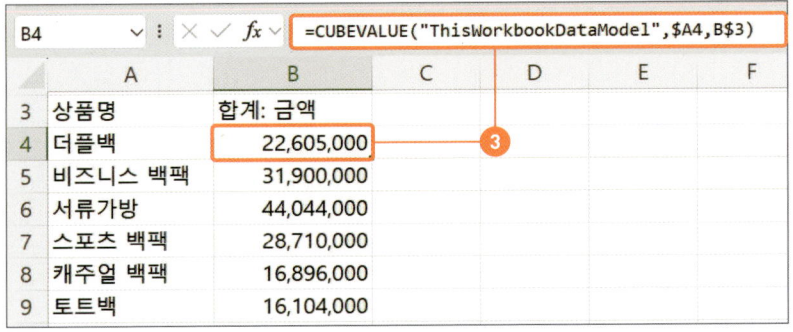

③ 피벗 테이블의 집계 결과가 큐브 함수로 대체됩니다.

※이 책에서는 피벗 테이블의 작성이나 조작에 대해서는 설명하지 않습니다.

큐브에 대해

'큐브'는 큐브 함수로 접속하는 데이터베이스를 말합니다. 이 데이터베이스에서 다룰 수 있는 데이터는 행과 열로 구성된 2차원 표뿐만 아니라 3차원 이상의 데이터도 취급할 수 있습니다. 예를 들어, 날짜, 상품명, 매장 데이터를 조합한 데이터를 추출할 수 있습니다. 이러한 분석 대상의 축이 되는 항목을 '차원', 수량, 금액과 같은 집계 대상 항목을 '기준'이라고 합니다. 차원에 있는 값을 '멤버', 차원과 멤버의 조합을 '튜플', 여러 튜플의 집합을 '세트'라고 합니다.

다차원식(MDX) 문자열을 사용해 특정 멤버나 튜플을 지정할 수 있습니다. 예를 들어, '매출표'의 '상품명'(차원)에 있는 '토트백'(멤버)을 지정하려면 '[매출표].[상품명].[토트백]'이라고 기술합니다.

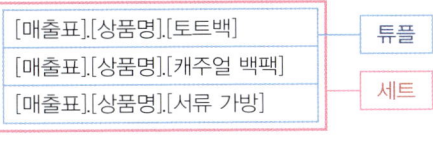

수학/삼각

날짜/시간

통계

문자열 조작

논리

검색/행렬 · 웹

큐브

정보

데이터베이스

재무

공학

기초지식

유용한 테크닉

▶ CUBESET

큐브에서 튜플이나 멤버의 세트를 꺼낸다

연결된 큐브에서 지정된 방법으로 멤버 또는 튜플 세트를 꺼냅니다.

> **형식** **CUBESET(접속명,세트식,[캡션],[정렬 순서],[정렬 키])**

- [접속명]에는 큐브에 연결하기 위한 이름을 문자열을 지정합니다.
- [세트식]에는 멤버 또는 세트(튜플)의 집합을 나타내는 집합 표현식을 문자열로 지정합니다. 또한, 하나 이상의 멤버, 튜플 또는 세트를 포함하는 셀 범위를 지정할 수도 있습니다.
- [캡션]은 정의된 경우 큐브의 캡션 대신 셀에 표시할 문자열을 지정합니다.
- [정렬 순서]에는 정렬 종류를 숫자로 지정합니다. 생략 시, 정렬 실행하지 않습니다(아래 표 참조).

정렬의 종류

값	내용
0	기존 순서 유지
1	[정렬 키]로 오름차순 정렬
2	[정렬 키]로 내림차순 정렬
3	알파벳 오름차순으로 정렬
4	알파벳 내림차순으로 정렬
5	원본 데이터의 오름차순으로 정렬
6	원본 데이터의 내림차순으로 정렬

- [정렬 키]에는 정렬에 사용할 키를 지정합니다. [정렬 순서]가 1 또는 2의 경우 지정합니다.

> **HINT** ▶ p.259의 예시에 있는 셀 D1의 CUBESET 함수에서는 세트식에 셀 범위 A2~A7을 지정하고 셀 B1의 열을 내림차순(2)으로 정렬한 세트를 추출하여 셀에 '매출 1위'라고 표시하고 있습니다. 셀 D1을 참조하여, 추출한 세트에 대해 다양한 쿼리를 수행할 수 있습니다. 참고로, 셀 범위 A2~A7, 셀 B1에서는 CUBEMEMBER 함수로 멤버를 추출했으며, 셀 B2~B8에서는 CUBEVALUE 함수로 집계되었습니다.

수학/삼각

날짜/시간

통계

문자열 조작

논리

검색/행렬·웹

큐브

정보

데이터베이스

재무

공학

기초지식

유용한 테크닉

▶ CUBERANKEDMEMBER

지정한 순위의 멤버를 꺼낸다

지정한 세트 내에서 지정한 순위의 멤버를 추출합니다.

형식	CUBERANKEDMEMBER(접속명,세트식,순위,[캡션])

- [접속명]에는 큐브에 연결하기 위한 이름을 문자열로 지정합니다.
- [세트식]에는 세트식을 나타내는 문자열을 지정합니다. 숫자가 입력된 셀을 참조할 수 도 있습니다.
- [순위]에는 추출할 멤버의 순위(위에서부터 순서대로)를 지정합니다.
- [캡션]에는 셀에 표시할 문자열을 지정합니다. 생략할 경우, 추출한 멤버 이름이 표시 됩니다.

▶ CUBESETCOUNT

큐브 세트에 있는 항목의 개수를 구한다

세트 내 항목의 개수를 반환합니다.

형식	CUBESETCOUNT(세트)

[세트]에는 큐브 세트를 지정하며, CUBESET 함수 또는 CUBESET 함수가 입력된 셀에 대한 참조를 지정할 수 있습니다.

> **예시 1** 상품 수와 매출액이 1위인 상품명을 검색합니다.

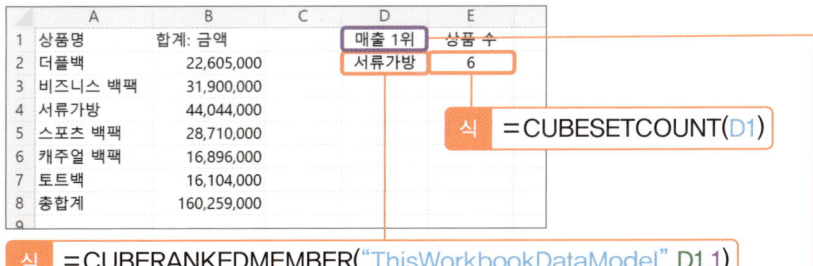

| 식 | =CUBESETCOUNT(D1) |

| 식 | =CUBERANKEDMEMBER("ThisWorkbookDataModel",D1,1) |

| 식 | =CUBESET("ThisWorkbookDataModel",A2:A7,"매출 1위",2,B1) |

> **설명** 셀 E2에서는 셀 D1의 CUBESET 함수에서 세트의 항목 수(상품 수)를 가져옵니다. 셀 D2에서는 엑셀 데이터 모델에 대해 셀 D1의 CUBESET 함수로 세트를 참조하 고, 세트의 맨 위에 있는 첫 번째 멤버를 반환합니다.

▶ CUBEMEMBERPROPERTY

큐브에서 멤버의 속성값을 구한다

큐브 내 멤버의 속성값을 반환합니다. 큐브 내에 멤버 이름이 존재하는지 확인하고, 멤버의 속성값을 얻을 수 있습니다.

형식   **CUBEMEMBERPROPERTY(접속명,멤버식,속성)**

- [접속명]에는 큐브에 연결하기 위한 이름을 문자열을 지정합니다.
- [멤버식]에는 큐브의 멤버를 나타내는 다차원 표현식(MDX) 문자열을 지정합니다.
- [속성]에는 속성 이름을 나타내는 문자열 또는 속성 이름이 포함된 셀에 대한 참조를 지정합니다.

▶ CUBEKPIMEMBER

핵심성과지표(KPI) 속성을 구한다

주요 성과 지표(KPI) 속성을 반환하고 KPI 이름을 셀에 표시합니다. 통합 문서가 Microsoft SQL Server 2005 Analysis Services 이상의 데이터에 연결된 경우에만 사용할 수 있습니다.

형식   **CUBEKPIMEMBER(접속명,KPI명,KPI 속성,[캡션])**

- [접속명]에는 큐브에 연결하기 위한 이름을 문자열을 지정합니다.
- [KPI명]에는 큐브 내 KPI의 이름을 나타내는 문자열을 지정합니다.
- [KPI 속성]에는 원하는 KPI의 속성을 정숫값으로 지정합니다.

정숫값	내용
1	KPI명
2	목표치
3	특정 시점의 KPI 상태
4	일정 기간의 값 측정
5	KPI에 할당된 상대적 중요도
6	KPI의 일시적 내용

- [캡션]에는 속성값 대신 셀에 표시할 문자열을 지정합니다.

정보 함수

정보 함수에는 셀에 입력된 값이 문자열인지, 숫자인지 등 셀의 내용을 판별하거나 셀에 설정된 표시 형식을 조사하는 등 데이터와 셀에 대한 다양한 정보를 가져오는 함수와 시트, 통합 문서, 사용 환경 정보를 반환하는 함수가 정리되어 있습니다.

▶ ISNUMBER

숫자인지 확인한다

지정한 값이 숫자라면 TRUE를 반환하고, 숫자가 아니라면 FLASE를 반환합니다.

형식   ISNUMBER(테스트 대상)

[테스트 대상]에는 숫자인지 검사할 값 또는 수식, 셀 참조를 지정합니다. 예를 들어, '=ISNUMBER(7)'을 지정하면 'TRUE'를 반환합니다.

예시 1   주문 수가 숫자라면 금액을 계산합니다.

	A	B	C	D	E
1	주문표				
2	상품명	주문수	가격	금액	
3	상품A	재고없음	1,500		
4	상품B	15	2,000	30,000	
5	상품C		2,500		
6					

식   =IF(ISNUMBER(B3),B3*C3,"")

설명 셀 B3의 값이 숫자라면 주문 수×가격(B3*C3)을 계산하고, 그렇지 않다면 아무것도 표시하지 않습니다. 여기서는 셀 B3에 문자열이 입력되어 있으므로 ISNUMBER의 반환값은 FALSE가 되어 아무것도 표시되지 않습니다.

▶ ISEVEN

짝수인지 확인한다

지정한 숫자가 짝수라면 TRUE를 반환하고, 홀수라면 FALSE를 반환합니다.

형식   ISEVEN(테스트 대상)

[테스트 대상]에는 짝수인지 검사할 값 또는 수식, 셀 참조를 지정합니다. 예를 들어 '=ISEVEN(3)'을 지정하면 'FALSE'를 반환합니다. 또한, 참조한 셀이 비어 있는 경우, 'TRUE'를 반환합니다.

수학/삼각

날짜/시간

통계

문자열 조작

논리

검색/행렬 · 웹

큐브

정보

데이터베이스

재무

공학

기초지식

유용한 테크닉

| 정보 | IS함수 | 365 | 2021 | 2019 | 2016 |

▶ ISODD

홀수인지 확인한다

지정한 숫자가 홀수라면 TRUE를 반환하고, 짝수라면 FALSE를 반환합니다.

| 형식 | **ISODD(테스트 대상)** |

[테스트 대상]에는 홀수인지 검사할 값 또는 수식, 셀 참조를 지정합니다. 예를 들어 '=ISODD(3)'을 지정하면 'TRUE'를 반환합니다. 참조한 셀이 비어 있는 경우, 'FALSE'를 반환합니다.

| 정보 | IS함수 | 365 | 2021 | 2019 | 2016 |

▶ ISTEXT

문자열인지 확인한다

지정한 값이 문자열이면 TRUE를 반환하고, 문자열이 아니라면 FALSE를 반환합니다.

| 형식 | **ISTEXT(테스트 대상)** |

[테스트 대상]에는 문자열인지 검사할 값 또는 수식, 셀 참조를 지정합니다. 예를 들어'=ISTEXT(3)'을 지정하면 'FALSE'를 반환합니다. 또한, 참조한 셀이 비어 있으면 'FALSE'를 반환합니다.

예시 1 주문 수가 숫자이면 금액을 계산하고, 문자이면 '확인 필요'를 표시합니다.

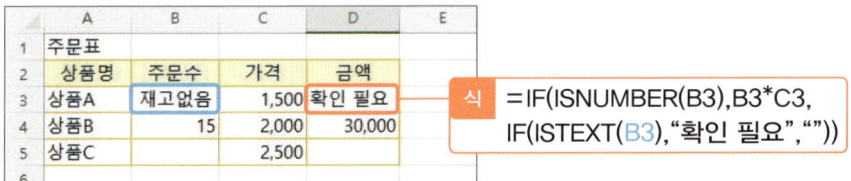

	A	B	C	D	E
1	주문표				
2	상품명	주문수	가격	금액	
3	상품A	재고없음	1,500	확인 필요	
4	상품B	15	2,000	30,000	
5	상품C		2,500		
6					

식 =IF(ISNUMBER(B3),B3*C3, IF(ISTEXT(B3),"확인 필요",""))

설명 셀 B3의 값이 숫자이면 주문 수×가격(B3*C3)을 계산하고, 문자열이면 '확인 필요'를 표시하며, 그 외에는 아무것도 표시하지 않습니다. 여기서는 셀 B3의 값에 대해 IF 함수의 조건으로 ISNUMBER 함수를 사용해 숫자 여부를 판단합니다. 숫자가 아닌 경우 다시 IF 함수를 추가해 조건에 ISTEXT 함수를 사용하여 문자열 여부를 판단합니다. 이처럼 숫자인 경우, 문자열인 경우, 그 외의 경우로 구분해 표시할 값을 각각 다르게 처리합니다.

▶ ISNONTEXT

문자열이 아닌지 확인한다

지정한 값이 문자열이 아니라면 TRUE를 반환하고, 문자열이라면 FALSE를 반환합니다.

| 형식 | **ISNONTEXT(테스트 대상)** |

[테스트 대상]에는 문자열이 아닌지 검사할 값 또는 수식, 셀 참조를 지정합니다. 예를 들어 '=ISNONTEXT(FALSE)'를 지정하면 'FALSE'는 문자열이 아닌 논릿값이므로 'TRUE'를 반환합니다. 또한, 숫자, 논릿값, 오류값, 셀이 비어 있는 경우 TRUE를 반환합니다.

▶ ISBLANK

빈 셀인지 확인한다

지정한 셀이 빈 셀이면 TRUE, 빈 셀이 아니라면 FALSE를 반환합니다.

| 형식 | **ISBLANK(테스트 대상)** |

[테스트 대상]에는 빈 셀인지 검사할 셀 참조를 지정합니다. 겉으로 보기에 공백인 경우, 예를 들어 IF 함수의 결과로 공백이 있거나 스페이스가 입력된 경우 'FALSE'를 반환합니다.

예시 1 셀에 아무것도 입력되지 않았는지를 확인합니다.

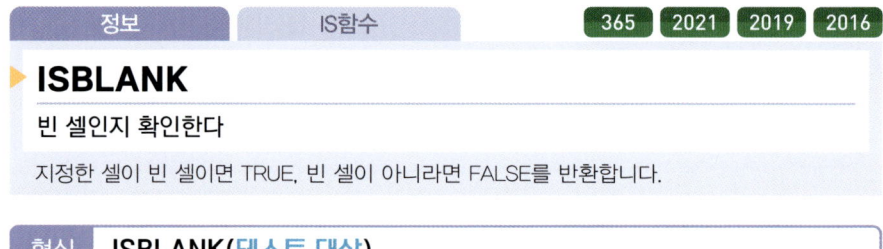

	A	B	C	D	E
1	공란 체크				
2	NO	값	결과		
3	1		×		
4	2		○		
5	3		×		
6					
7					

식 =IF(ISBLANK(B3),"○","×")

설명 셀 B3이 비어 있으면 '○'를 표시하고, 그렇지 않으면 '×'를 표시합니다. 셀 B3에는 아무것도 입력되지 않은 것처럼 보이지만, 스페이스가 입력되어 있습니다. 따라서 '×'가 표시됩니다. 셀 B4는 아무것도 입력되지 않았으므로 '○'를 표시하고, 셀 B5는 IF 함수의 결과로 아무것도 입력되지 않았지만 IF 함수의 수식이 입력되어 있으므로 '×'가 표시됩니다.

수학/삼각

날짜/시간

통계

문자열 조작

논리

검색/행렬 · 웹

큐브

정보

데이터베이스

재무

공학

기초지식

유용한 테크닉

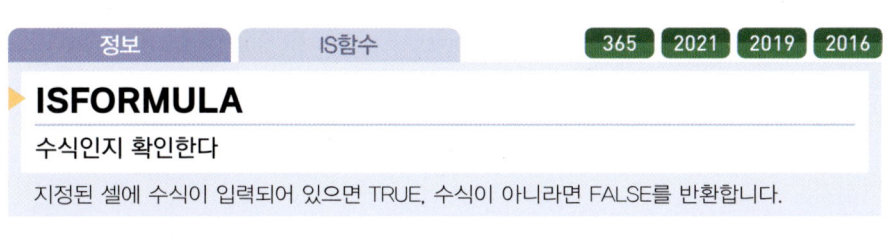

정보　　　IS함수　　　365　2021　2019　2016

▶ ISLOGICAL

논릿값인지 확인한다

지정한 값이 논릿값(TRUE, FALSE)이라면 TRUE, 논릿값이 아니라면 FALSE를 반환합니다.

형식　**ISLOGICAL(테스트 대상)**

[테스트 대상]에는 논릿값인지 검사할 값 또는 수식, 셀 참조를 지정합니다. 예를 들어 '=ISLOGICAL(5)10)'을 지정하면 '5)10'은 논리식이고 그 결과는 논릿값 'FALSE'이므로, 'TRUE'를 반환합니다.

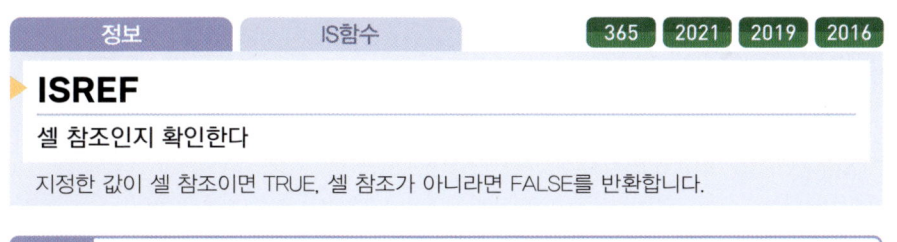

정보　　　IS함수　　　365　2021　2019　2016

▶ ISFORMULA

수식인지 확인한다

지정된 셀에 수식이 입력되어 있으면 TRUE, 수식이 아니라면 FALSE를 반환합니다.

형식　**ISFORMULA(참조)**

[참조]에는 수식이 입력되었는지 검사할 셀 참조를 지정합니다.

정보　　　IS함수　　　365　2021　2019　2016

▶ ISREF

셀 참조인지 확인한다

지정한 값이 셀 참조이면 TRUE, 셀 참조가 아니라면 FALSE를 반환합니다.

형식　**ISREF(테스트 대상)**

[테스트 대상]에는 셀 참조인지 검사할 값을 지정합니다. 인수로 지정할 값에 이름을 지정할 수 있습니다. 예를 들어, 'ISREF(매출)'로 지정한 경우, '매출'이 이름으로 정의되어 있으면 'TRUE'를 반환합니다. '=ISREF(XXA10)'을 지정하면 XXA10 셀이 존재하지 않으므로 FALSE를 반환합니다.

| 관련 |　**FORMULATEXT**　수식을 문자열로 추출한다 ➡ p.243
　　　　ERROR.TYPE　오류의 유형을 조사한다 ➡ p.274
　　　　논리식 ➡ p.369

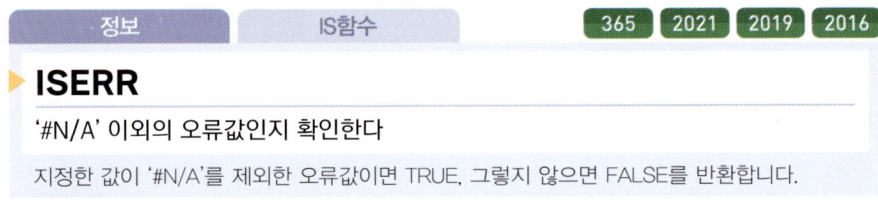

▶ ISERR

'#N/A' 이외의 오류값인지 확인한다

지정한 값이 '#N/A'를 제외한 오류값이면 TRUE, 그렇지 않으면 FALSE를 반환합니다.

> **형식**　ISERR(테스트 대상)

[테스트 대상]에는 '#N/A'를 제외한 오류값인지 검사할 값 또는 수식, 셀 참조를 지정합니다. 예를 들어 '=ISERR(#VALUE!)'는 TRUE, '=ISERR(#N/A)'와 '=ISERR(10)'은 FALSE를 반환합니다.

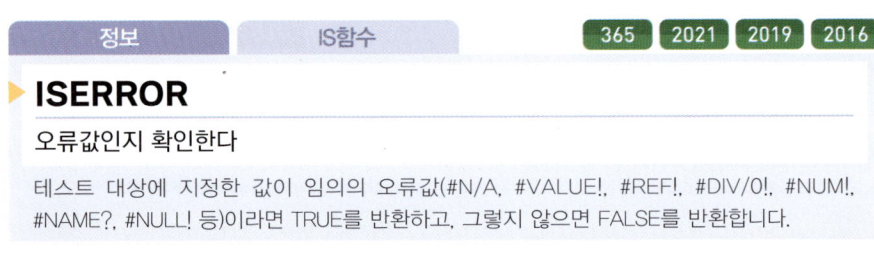

▶ ISERROR

오류값인지 확인한다

테스트 대상에 지정한 값이 임의의 오류값(#N/A, #VALUE!, #REF!, #DIV/0!, #NUM!, #NAME?, #NULL! 등)이라면 TRUE를 반환하고, 그렇지 않으면 FALSE를 반환합니다.

> **형식**　ISERROR(테스트 대상)

[테스트 대상]에는 오류값인지 검사할 값 또는 수식, 셀 참조를 지정합니다.

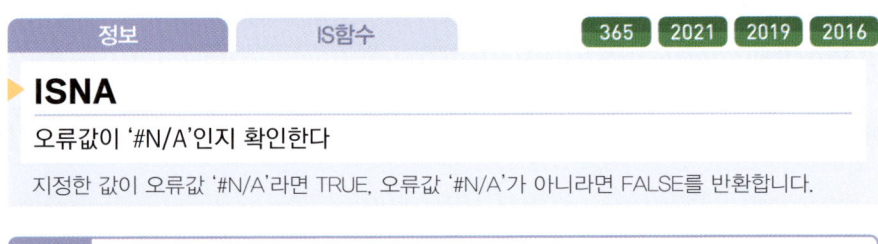

▶ ISNA

오류값이 '#N/A'인지 확인한다

지정한 값이 오류값 '#N/A'라면 TRUE, 오류값 '#N/A'가 아니라면 FALSE를 반환합니다.

> **형식**　ISNA(테스트 대상)

[테스트 대상]에는 오류값 '#N/A'인지 검사할 값 또는 수식, 셀 참조를 지정합니다.

▶ **ISOMITTED**

LAMBDA 함수의 인수가 생략되었는지 확인한다

LAMBDA 함수의 인수가 생략되었다면 TRUE, 생략되지 않았다면 FALSE를 반환합니다.

형식　**ISOMITTED(인수)**

• [인수]에는 생략 여부를 검사할 LAMBDA 함수의 인수를 지정합니다. 예를 들어, '=LA MBDA(a,b,IF(ISOMITED(b),a+10,a+b)(1,2))'라고 입력한 경우, 인수 a는 1, 인수 b는 2 가 되므로 인수 b는 생략되지 않았습니다. 따라서 ISOMITTED 함수는 FALSE가 되고 'a+b'가 계산되어 '3'이 반환됩니다. '=LAMBDA(a,b,IF(ISOMITED(b),a+10,a+b))(1,)'이라 고 입력한 경우에는 인수 'b'가 생략되어 ISOMITTED 함수는 TRUE가 되고, 'a+10'이 계 산되어 '11'이 반환됩니다.

▶ **NA**

오류값 '#N/A'를 반환한다

오류값 '#N/A'를 표시합니다. 오류값 '#N/A'는 사용할 수 있는 값이 없을 때 표시되는 오류 입니다. 셀에 직접 '#N/A'를 입력해도 동일한 결과가 나옵니다.

형식　**NA()**

인수 없음.

COLUMN

IS 함수 요약

IS 함수는 인수로 지정한 값을 판단해 결과에 따라 TRUE 또는 FALSE를 반환합니다. IF 함수의 논리식에서 자주 사용되며, IS 함수의 결과가 TRUE인지 FALSE인지에 따라 IF 함수의 반환값을 전환할 수 있습니다. 예를 들면, '=IF(ISNUMBER(A1),A1*10,"−")'의 경우, 셀 A1의 값이 숫자이면 'A1*10'의 계산 결과를 표시하고, 그렇지 않으면 '−'를 표 시합니다.

또한, 'IF(ISERROR(A1/B1),"−",A1/B1)'은 계산식 'A1/B1'이 오류일 경우 '−'를 표시하 고, 그렇지 않을 경우 'A1/B1'의 계산 결과를 표시합니다. 이 계산은 IFERROR 함수 (p.208)를 사용해 '=IFERROR(A1/B1,"−")'로 지정할 수도 있습니다.

| 관련 |　**LAMBDA**　인수와 수식을 정의해 사용자 정의 함수를 만든다 ➡ p.210

▶ SHEET

값이 몇 번째 시트에 있는지 확인한다

지정한 값이 왼쪽에서부터 몇 번째 시트에 포함되는지 확인하여 해당 시트의 숫자를 반환합니다. 숨겨진 시트나 차트 시트도 포함해서 계산합니다.

형식　SHEET([값])

[값]에는 셀 참조, 셀 범위, 이름, 워크시트 이름, 테이블 이름 등을 지정합니다. 생략할 경우, SHEET 함수가 입력된 시트의 번호를 반환합니다.

예시 1　여러 값이 몇 번째 시트에 포함되어 있는지 조사합니다.

식 =SHEET(A2)
식 =SHEET(총무!A1)
식 =SHEET("회계")
식 =SHEET(T(A7))

설명　셀 B2: 'A2'가 첫 번째 시트에 있으므로 1이 반환됩니다.

셀 B3: '총무!A1'은 총무 시트의 셀 A1을 참조하고 있으며, 총무 시트는 두 번째 시트에 있으므로 2가 반환됩니다.

셀 B6: 문자열 '회계'라는 시트 이름이 세 번째에 있으므로 3이 반환됩니다.

셀 B7: 'T(A7)'에서 셀 A7의 값을 문자열로 반환한 '영업'은 시트 이름에서 네 번째에 있으므로 4가 반환됩니다.

셀 A7: '영업'이라는 시트 이름이 입력되어 있을 경우, '=SHEET(A7)'을 입력하면 셀 A7이 있는 시트 번호 '1'이 반환되므로, T 함수로 셀 A7을 문자열로 변환해 시트 이름으로 인식되도록 합니다.

| 관련 |　T　문자열만 꺼낸다 ➡ p.198

SHEETS　시트 수를 확인한다 ➡ p.269

▶ SHEETS

시트 수를 확인한다

지정된 범위에 포함된 시트 수를 반환합니다. 숨겨진 시트나 차트 시트 등 모든 시트를 포함해 계산합니다.

| 형식 | SHEETS([범위]) |

[범위]에는 시트 수를 조사할 범위를 지정합니다. 워크 시트뿐만 아니라 차트 시트 등 다른 종류의 시트도 계산합니다. 또한, 지정한 범위 내에 숨겨진 시트가 있으면 숨겨진 시트도 계산합니다. 생략할 경우 통합 문서에 포함된 모든 시트 수를 반환합니다.

| 예시 1 | 지정한 범위에 포함된 시트 수를 확인합니다.

◢	A	B	C
1	시트 수(총무-영업)		
2	3		
3			
4			
5			

SHEETS | 총무 | 회계 | 영업

| 식 | =SHEETS(총무:영업!A1)

설명 지정한 범위(총무 시트에서 영업 시트의 셀 A1까지)에 포함된 시트 수 '3'을 반환합니다. 여기서 인수를 생략하고 '=SHEETS()'로 지정하면 전체 시트 수 '4'가 반환됩니다.

수학/삼각

날짜/시간

통계

문자열 조작

논리

검색/행렬 · 웹

큐브

정보

데이터베이스

재무

공학

기초지식

유용한 테크닉

▶ CELL

셀 정보를 가져온다

셀의 정보(서식, 위치, 내용)를 반환합니다.

형식　　**CELL(검사 종류,[대상 범위])**

- [대상 범위]의 셀에서 [검사 종류]에서 지정한 정보(셀의 서식, 위치, 내용)를 반환합니다.
- [검사 종류]에는 검색하고자 하는 정보의 종류를 문자열로 지정합니다(아래 표 참조).
- [대상 범위]에는 정보를 가져올 셀 참조 또는 셀 범위를 지정합니다. 셀 범위를 지정한 경우, 왼쪽 상단 모서리 셀의 정보를 반환합니다.
- 대상 범위의 셀 서식을 변경한 경우 [수식] 탭 → [재계산 실행]을 클릭하거나 F9를 눌러 다시 계산해야 합니다.

검사 종류

검사 종류	반환값
"address"	셀의 셀 주소(절대 참조)
"col"	셀의 열 번호(왼쪽부터 몇 번째 열)
"color"	셀에 음수에 대한 색상 서식이 설정된 경우 1, 설정되지 않은 경우 0
"contents"	셀에 표시된 값
"filename"	셀이 포함된 통합 문서의 전체 경로. 통합 문서가 저장되지 않은 경우 빈 문자열("")
"format"	셀의 표시 형식에 해당하는 서식 코드(오른쪽 표 참조). 셀에 음수에 해당하는 색상 서식이 지정된 경우, 끝에 '−'가 붙습니다. 양수 또는 모든 값을 괄호로 묶는 서식이 설정된 경우, 끝에 '()'가 붙습니다(※).
"parentheses"	양수 또는 모든 값을 괄호로 묶는 서식이 셀에 설정된 경우 1, 설정되지 않은 경우 0(※)
"prefix"	셀 내 문자열 배치를 지정하는 문자열 상수. 왼쪽 정렬은 작은 따옴표('), 오른쪽 정렬은 큰 따옴표("), 가운데 정렬은 ^, 양쪽 정렬은 ₩, 그 외의 경우, 빈 문자열 ""(※)
"protect"	셀이 잠겨 있지 않으면 0, 잠겨 있으면 1(※)
"row"	셀의 행 번호
"type"	셀에 입력된 데이터가 공백인 경우 'b'(Blank의 머리글자), 문자열인 경우 'l'(Label의 머리글자), 그 외의 데이터 자리에는 'v'(Value의 머리글자)
"width"	셀 너비로, 단위는 표준 폰트 1글자의 폭(※)

※ 웹용 Excel, Excel Mobile, Excel Starter에서는 지원되지 않습니다.

주요 표시 형식 및 서식코드(첫 번째 인수가 "format"인 경우의 반환값)

셀 표시 형식	반환값(서식코드)	셀 표시 형식	반환값(서식코드)
G/표준	G	dd–mmm–yy	D1
# ?/? 또는 # ??/??		m/d/yy	
0	F0	yyyy/m/d	
0.00	F2	yyyy"년" mm"월" dd"일"	
#,##0	.0	yyyy/m/d h:mm	
$#,##0_);($#,##0)		mmm–yy	D2
$#,##0_);[빨강]($#,##0)	.0–	d–mmm	D3
#,##0.00	.2	mm/dd	
$#,##0.00_);($#,##0.00)		m"월" d"일"	
$#,##0.00_);[빨강]($#,##0.00)	.2–	ggge"년" m"월" d"일"	D4
₩#,##0;–₩#,##0	C0	h:mm:ss AM/PM	D6
₩#,##0;[빨강]–₩#,##0	C0–	h:mm AM/PM	D7
₩#,##0.00;[빨강]–₩#,##0.00	C2–	h:mm:ss	D8
0%	P0	h"시" mm"분" ss"초"	
0.00%	P2	h:mm	D9
0.00E+00	S2	h"시" mm"분"	
0.E+00	S0		

예시 **1** 셀 정보를 가져옵니다.

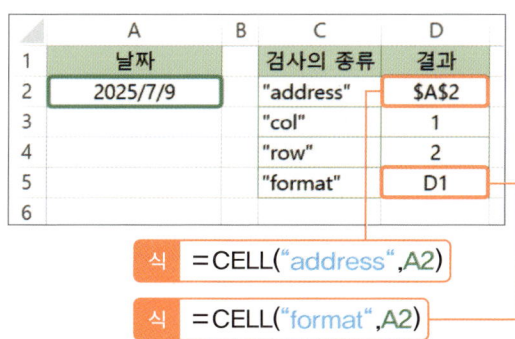

	A	B	C	D
1	날짜		검사의 종류	결과
2	2025/7/9		"address"	$A$2
3			"col"	1
4			"row"	2
5			"format"	D1
6				

식 `=CELL("address",A2)`

식 `=CELL("format",A2)`

설명 셀 D2에서는 셀 A2의 주소를 절대 참조로 취득합니다. 셀 D5에서는 셀 A2의 표시 형식을 조사해 반환값에 서식 코드 'D1'(위의 표 참조)을 표시합니다.

▶ INFO

엑셀의 실행 환경을 조사한다

엑셀의 현재 작업 환경에 대해 인수로 지정한 종류의 정보를 반환합니다. 예를 들어, 현재 폴더의 경로명이나 OS 버전 등을 요청할 수 있습니다.

> **형식** INFO(**검사 종류**)

[검사 종류]에는 조사하고자 하는 내용을 문자열로 지정합니다(아래 표 참조).

검사 종류

검사 종류	반환값
"directory"	현재 폴더의 경로명
"numfile"	열려 있는 워크시트 수
"origin"	현재 창에 표시된 범위 중 왼쪽 상단에 보이는 셀의 절대 참조를 "$A:"로 시작하는 문자열로 반환(Lotus 1-2-3 R3.x와의 호환성을 유지하기 위한 것)
"osversion"	사용 중인 OS 버전
"recalc"	재계산 모드("자동" 또는 "수동")
"release"	사용 중인 엑셀 버전
"system"	운영 환경 이름(Macintosh: "mac", Windows: "pcdos")

> **예시 1** 엑셀 실행 환경을 조사합니다.

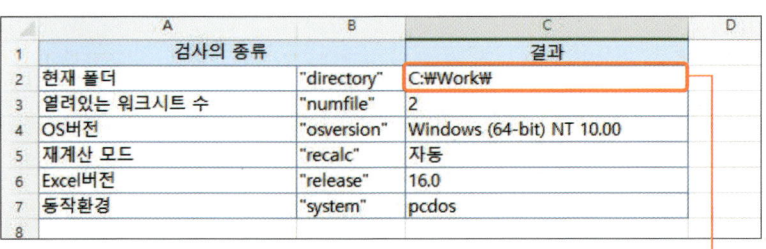

	A	B	C	D
1	검사의 종류		결과	
2	현재 폴더	"directory"	C:\Work\	
3	열려있는 워크시트 수	"numfile"	2	
4	OS버전	"osversion"	Windows (64-bit) NT 10.00	
5	재계산 모드	"recalc"	자동	
6	Excel버전	"release"	16.0	
7	동작환경	"system"	pcdos	
8				

> **설명** 현재 폴더를 표시합니다.

> **식** =INFO("directory")

▶ TYPE

데이터 유형을 조사한다

인수로 지정한 값의 데이터 유형을 숫자로 반환합니다. IF 함수 등과 조합하여 셀에 입력된 값의 데이터 유형을 조사해 다른 처리를 수행하고자 할 때 사용할 수 있습니다. 참고로 참조하는 셀에 수식이 입력된 경우, 수식의 결과가 되는 값의 데이터 유형을 반환합니다.

| 형식 | TYPE(값) |

[값]에는 데이터 유형을 조회할 값이나 셀 참조를 지정합니다(아래 표 참조).

데이터 유형

데이터 유형	반환값
숫자	1
문자열	2
논릿값	4
오류값	16
배열	64

예시 1 셀에 입력된 데이터의 유형을 조사합니다.

	A	B	C
1	값	데이터 유형	
2	2025-03-01	1	
3	100	1	
4	봄	2	
5	TRUE	4	
6	#N/A	16	
7			

식 =TYPE(A2)

설명 셀 A2의 데이터 유형을 조사하면 1(숫자)이 반환됩니다. 엑셀에서 날짜 데이터는 숫자로 취급되므로 '1'이 반환됩니다.

| 관련 | IF 조건 충족 여부에 따라 다른 값을 반환한다 ➡ p.200

273

오른쪽 탭: 수학/삼각 · 날짜/시간 · 통계 · 문자열 조작 · 논리 · 검색/행렬 · 웹 · 큐브 · 정보 · 데이터베이스 · 재무 · 공학 · 기초지식 · 유용한 테크닉

▶ ERROR.TYPE

오류의 유형을 조사한다

인수로 지정한 오류값에 해당하는 숫자를 반환합니다. 오류가 아닌 경우, 오류값 '#N/A'를 반환합니다.

형식　ERROR.TYPE(오류값)

[오류값]에는 오류값을 조회할 값이나 수식, 셀 참조를 지정합니다(아래 표 참조).

오류값

오류값	반환값		오류값	반환값
#NULL!	1		#GETTING_DATA	8
#DIV/0!	2		#SPILL!	9
#VALUE!	3		#CONNECT!	10
#REF!	4		#BLOCKED!	11
#NAME?	5		#UNKNOWN!	12
#NUM!	6		#FIELD!	13
#N/A	7		#CALC!	14

▶ N

인수를 해당 숫자로 변환한다

인수로 지정한 값을 숫자로 변환합니다. 숫자는 그대로 숫자를 반환하고, 날짜는 일련번호를 반환합니다. 그 외에는 데이터 유형에 해당하는 숫자를 반환합니다. 이 함수는 다른 표 계산 프로그램과의 호환성을 유지하기 위해 제공됩니다.

형식　N(값)

[값]에는 변환할 값을 지정합니다. 다음 규칙에 따라 값이 변환됩니다(아래 표 참조).

값

값	반환값
숫자	그대로의 숫자
내장된 서식으로 표시된 날짜	일련번호
TRUE	1
FALSE	0
오류값	지정한 오류값
기타(문자열 등)	0

데이터베이스 함수

데이터베이스 함수는 데이터베이스 형식의 표에서 별표로 지정한 조건을 만족하는 데이터를 집계합니다. 사용할 때 가장 중요한 점은 조건을 올바르게 설정하는 것입니다. 조건식 작성 방법과 여러 조건을 지정하는 방법을 익히면 다양한 집계 작업이 가능해집니다.

▶ DAVERAGE

별표의 조건을 충족하는 레코드의 평균을 구한다

별표의 검색 조건을 사용해 데이터베이스를 검색하고, 조건을 충족하는 레코드(행)의 지정된 필드(열)에 있는 숫자의 평균값을 반환합니다.

형식   DAVERAGE(데이터베이스,필드,검색 조건)

- [데이터베이스]에는 데이터베이스를 구성하는 셀 범위를 지정합니다.
- [필드]에는 평균을 계산할 값이 있는 열의 제목을 셀 번호, 열 제목 문자열, 열 번호 중 하나로 지정합니다.
- [검색 조건]에는 조건용 표 범위를 지정합니다. 표의 첫 번째 행에는 필드의 열 제목과 동일한 제목을 지정하고 다음 행에 조건식을 설정합니다.

예시 1 이용하는 역이 '종로'인 물건들의 평균 임대료를 찾습니다.

	A	B	C	D	E	F
1	임대물건번호	임대물건	이용역	역과의 거리 (도보, 분)	임대료	
2	1001	별나라빌라	종각	5	₩ 1,200,000	
3	1002	달나라원룸	강남	10	₩ 1,000,000	
4	1003	일신오피스텔	종로	9	₩ 950,000	
5	1004	힌남빌라	서초	8	₩ 900,000	
6	1005	용구원룸	가산	15	₩ 850,000	
7	1006	종미오피스텔	종로	12	₩ 800,000	
8						
9	이용역	평균임대료				
10	=종로	₩ 875,000				
11						

식 =DAVERAGE(A1:E7,E1,A9:A10)

설명 데이터베이스(A1:E7)에서 조건(A9:A10) '이용역이 종로'를 만족하는 레코드의 필드(E1)값의 평균을 구합니다.

데이터베이스 함수의 기초 지식

데이터베이스 함수는 데이터베이스(집계 대상 표)를 검색 조건(조건용 표)으로 검색하고, 조건에 일치하는 데이터를 필드(집계 대상 열)의 값으로 집계합니다. 집계 방법에 따라 DSUM 함수, DAVERAGE 함수 등의 데이터베이스 함수가 준비돼 있습니다. 필드를 지정하려면 열 제목 문자열('임대료'), 셀 번호(E1) 또는 왼쪽부터 계산한 열 번호(5) 중 하나로 지정합니다.

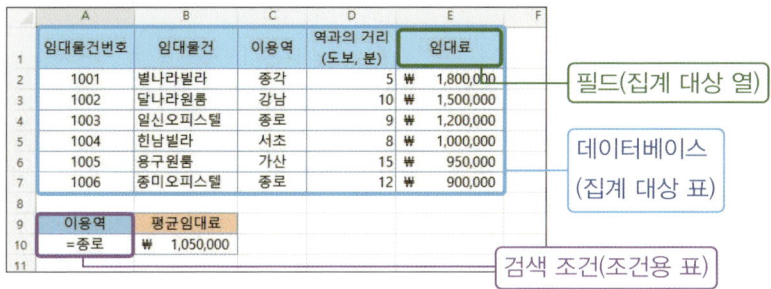

• 조건용 표(검색 조건)

조건용 표의 열 제목은 데이터베이스의 열 제목과 동일해야 합니다. 1행에 제목, 2행 이후에 조건을 입력합니다. 조건 행이 비어 있으면 모든 레코드가 집계 대상이 됩니다. 또한, 여러 조건을 조합하는 경우 지정한 조건을 모두 만족하는지(AND 조건), 지정한 조건 중 하나라도 만족하는지(OR 조건)에 따라 표 작성 방법이 달라집니다.

– AND 조건(같은 행에 조건을 설정)

예1) 이용역이 '종로'이고 도보 '10분 이내'인 경우

이용역	도보
=종로	<=10

예2) 임대료가 '1,000,000 이상'이고 '1,500,000 미만'인 경우

임대료	임대료
>=1000000	<1500000

예1) 이용역이 '강남' 또는 '서초'

이용역
=강남
=서초

예2) 도보 '10분 이내' 또는 임대료 '1,000,000 이내'

도보	임대료
<=10	
	<=1000000

• **조건 설정 방법**

조건이 날짜나 숫자인 경우 '>=5'(5 이상) 또는 '<=2025-3-5'(2025-3-5 이전)처럼 그대로 입력할 수 있지만, 문자열의 경우 '종로'로 지정하면 '종로로 시작하는'이라는 뜻이 되어, '종로'뿐만 아니라 '종로3가'도 조건에 일치하게 됩니다. 완전히 일치시키려면 '="=종로"'로 지정해야 하며, 이때 셀에는 '=종로'라고 표시됩니다.

또한, '*'(0자 이상의 임의의 문자 대체), '?'(임의의 1문자 대체)와 같은 와일드카드 문자를 사용할 수도 있습니다. 아래 표를 참고하여 올바른 조건 설정을 할 수 있도록 합시다.

조건식	의미	추출 예
="=월"	'월'과 완벽히 일치	월
="=월*"	'월'로 시작	월, 월초, 월요일
="=*월"	'월'로 종료	월, 당월
="=*월*"	'월'을 포함	연월일
="=월?"	'월'로 시작하는 2글자	월초, 월말
="=?월"	'월'로 끝나는 2글자	명월, 여월
="="	미입력	

▶ DSUM

별표의 조건을 충족하는 레코드의 합계를 구한다

별표의 검색 조건을 사용해 데이터베이스를 검색하고, 조건을 충족하는 레코드(행)의 지정된 필드(열)에 있는 숫자의 합계를 반환합니다.

형식   **DSUM(데이터베이스,필드,검색 조건)**

- [데이터베이스]에는 데이터베이스를 구성하는 셀 범위를 지정합니다.
- [필드]에는 합산할 값이 있는 열의 제목을 셀 번호, 열 제목 문자열, 열 번호 중 하나로 지정합니다.
- [검색 조건]에는 조건용 표의 셀 범위를 지정합니다. 표의 첫 번째 행에는 필드의 열 제목과 동일한 제목을 지정하고 다음 행에 조건식을 설정합니다.

예시 1 날짜 2025/10/1~10/3까지의 매출 총액을 구합니다.

	A	B	C	D	E
1	날짜	상품	종별	금액	
2	2025/10/1	셔츠	상의	₩68,000	
3	2025/10/2	레깅스	하의	₩40,000	
4	2025/10/3	스웨터	상의	₩80,000	
5	2025/10/4	셔츠	상의	₩65,000	
6	2025/10/5	스웨터	상의	₩80,000	
7	2025/10/6	반바지	하의	₩30,000	
8					
9	날짜	날짜	합계금액		
10	>=2025/10/1	<=2025/10/3	₩188,000		
11					

식   **=DSUM(A1:D7,D1,A9:B10)**

설명 데이터베이스(A1:D7)에서 조건(A9:B10) '날짜가 2025/10/1 이후이고 2025/10/3 이내'를 만족하는 레코드 필드(D1)의 합을 구합니다.

수학/삼각
날짜/시간
통계
문자열 조작
논리
검색/행렬·웹
큐브
정보
데이터베이스
재무
공학
기초지식
유용한 테크닉

▶ DMAX

별표의 조건을 충족하는 레코드의 최댓값을 구한다

별표의 검색 조건을 사용해 데이터베이스를 검색하고, 조건을 충족하는 레코드(행)의 지정한 필드(열)에 있는 최댓값을 반환합니다.

> **형식**   **DMAX(데이터베이스,필드,검색 조건)**

- [데이터베이스]에는 데이터베이스를 구성하는 셀 범위를 지정합니다.
- [필드]에는 최댓값을 구할 값이 있는 열의 제목을 셀 번호, 열 제목의 문자열, 열 번호 중 하나로 지정합니다.
- [검색 조건]에는 조건용 표의 셀 범위를 지정합니다. 표의 첫 번째 행에는 필드의 열 제목과 동일한 제목을 지정하고 다음 행에 조건식을 설정합니다.

▶ DMIN

별표의 조건을 충족하는 레코드의 최솟값을 구한다

별표의 검색 조건을 사용해 데이터베이스를 검색하고, 조건을 충족하는 레코드(행)의 지정한 필드(열)에 있는 최솟값을 반환합니다.

> **형식**   **DMIN(데이터베이스,필드,검색 조건)**

- [데이터베이스]에는 데이터베이스를 구성하는 셀 범위를 지정합니다.
- [필드]에는 최솟값을 구할 값이 있는 열의 제목을 셀 번호, 열 제목의 문자열, 열 번호 중 하나로 지정합니다.
- [검색 조건]에는 조건용 표의 셀 범위를 지정합니다. 표의 첫 번째 행에는 필드의 열 제목과 동일한 제목을 지정하고 다음 행에 조건식을 설정합니다.

> **예시 1**   영어와 수학 점수의 최댓값과 최솟값을 구합니다.

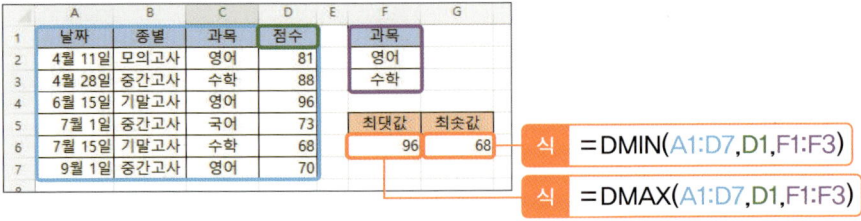

=DMIN(A1:D7,D1,F1:F3)

=DMAX(A1:D7,D1,F1:F3)

> **설명**   데이터베이스(A1:D7)에서 조건(F1:F3) '과목이 영어 또는 수학'을 만족하는 데이터 필드(D1)의 최댓값과 최솟값을 각각 구합니다.

▶ DCOUNT

별표의 조건을 충족하는 레코드의 숫자 개수를 구한다

별표의 검색 조건을 사용해 데이터베이스를 검색하고, 조건을 만족하는 레코드(행)의 필드(열)에서 숫자의 개수를 반환합니다.

형식　DCOUNT(데이터베이스,필드,검색 조건)

- [데이터베이스]에는 데이터베이스를 구성하는 셀 범위를 지정합니다.
- [필드]에는 숫자의 개수를 구할 값이 있는 열의 제목을 셀 번호, 열 제목의 문자열, 열 번호 중 하나로 지정합니다.
- [검색 조건]에는 조건용 표의 셀 범위를 지정합니다. 표의 첫 번째 행에는 필드의 열 제목과 동일한 제목을 지정하고 다음 행에 조건식을 설정합니다.

예시　1　점수가 80점 이상인 횟수를 구합니다.

	A	B	C	D	E	F	G
1	날짜	종별	과목	점수		점수	
2	4월 11일	모의고사	영어	81		>=80	
3	4월 28일	중간고사	수학	88			
4	6월 15일	기말고사	영어	96		횟수	
5	7월 1일	중간고사	국어	73		3	
6	7월 15일	기말고사	수학	68			
7	9월 1일	중간고사	영어	70			
8							

식　=DCOUNT(A1:D7,D1,F1:F2)

설명 데이터베이스(A1:D7)에서 조건(F1:F2) '점수가 80점 이상'을 만족하는 데이터의 필드(D1) 내 숫자의 개수를 구합니다.

▶ DCOUNTA

별표의 조건을 충족하는 레코드의 개수를 구한다

별표의 검색 조건을 사용해 데이터베이스를 검색하고, 조건을 충족하는 레코드(행)의 지정된 필드(열) 중 비어 있지 않은 셀의 개수를 반환합니다.

형식　**DCOUNTA(데이터베이스,필드,검색 조건)**

- [데이터베이스]에는 데이터베이스를 구성하는 셀 범위를 지정합니다.
- [필드]에는 공백이 아닌 셀의 개수를 구할 값이 있는 열의 제목을 셀 번호, 열 제목의 문자열, 열 번호 중 하나로 지정합니다.
- [검색 조건]에는 조건용 표의 셀 범위를 지정합니다. 표의 첫 번째 행에는 필드의 열 제목과 동일한 제목을 지정하고 다음 행에 조건식을 설정합니다.

예시　1　기말고사의 횟수를 구합니다.

	A	B	C	D	E	F
1	날짜	종별	과목	점수		종별
2	2025-04-11	모의고사	영어	81		기말고사
3	2025-04-28	중간고사	수학	88		
4	2025-06-15	기말고사	영어	96		횟수
5	2025-07-01	중간고사	국어	73		2
6	2025-07-15	기말고사	수학	68		
7	2025-09-01	중간고사	영어	70		
8						

식　=DCOUNTA(A1:D7,B1,F1:F2)

설명　데이터베이스(A1:D7)에서 조건(F1:F2) '종별이 기말고사'를 만족하는 데이터 필드 (B1)의 데이터 개수를 구합니다.

데이터베이스　　　곱

365 | 2021 | 2019 | 2016

수학/삼각

날짜/시간

통계

문자열 조작

논리

검색/행렬 · 웹

큐브

정보

데이터베이스

재무

공학

기초지식

유용한 테크닉

▶ DPRODUCT

별표의 조건을 충족하는 레코드의 곱을 구한다

별표의 검색 조건을 사용해 데이터베이스를 검색하고, 조건을 충족하는 레코드(행)의 지정된 필드(열)에 있는 숫자의 곱을 반환합니다.

형식　**DPRODUCT(데이터베이스,필드,검색 조건)**

- [데이터베이스]에는 데이터베이스를 구성하는 셀 범위를 지정합니다.
- [필드]에는 곱을 구할 값이 있는 열의 제목을 셀 번호, 열 제목의 문자열, 열 번호 중 하나로 지정합니다.
- [검색 조건]에는 조건용 표의 셀 범위를 지정합니다. 표의 첫 번째 행에는 필드의 열 제목과 동일한 제목을 지정하고 다음 행에 조건식을 설정합니다.

예시 1 영어 과목의 출결 여부를 확인합니다.

	A	B	C	D	E	F	G
1	날짜	종별	과목	출석		과목	
2	4월 11일	모의고사	영어	1		영어	
3	4월 28일	중간고사	수학	1			
4	6월 15일	기말고사	영어	0		출석유무	
5	7월 1일	중간고사	국어	1		결석있음	
6	7월 15일	기말고사	수학	1			
7	9월 1일	중간고사	영어	1			
8	※ 출석: 1, 결석: 0						
9							

식　=IF(DPRODUCT(A1:D7,D1,F1:F2)=0,"결석있음",
　　　　"출석완료")

설명　데이터베이스(A1:D7)에서 조건(F1:F2) '과목이 영어'를 만족하는 데이터 필드(D1) 내 숫자의 곱을 구합니다. 0이면 결석한 날이 있고, 1이면 모두 출석한 것을 알 수 있습니다. IF 함수의 조건으로 0이면 '결석있음', 0이 아니면 '출석완료'로 표시합니다.

▶ DSTDEVP

별표의 조건을 충족하는 레코드의 표준편차를 구한다

별표의 검색 조건을 사용해 데이터베이스를 검색하고, 조건을 충족하는 레코드(행)의 지정한 필드(열)에 있는 숫자를 모집단으로 간주해 표준편차를 반환합니다.

형식 **DSTDEVP(데이터베이스,필드,검색 조건)**

- [데이터베이스]에는 데이터베이스를 구성하는 셀 범위를 지정합니다.
- [필드]에는 표준편차를 구할 값이 있는 열의 제목을 셀 번호, 열 제목의 문자열, 열 번호 중 하나로 지정합니다.
- [검색 조건]에는 조건용 표의 셀 범위를 지정합니다. 표의 첫 번째 행에는 필드의 열 제목과 동일한 제목을 지정하고 다음 행에 조건식을 설정합니다.

예시 1 테스트 결과에서 성별이 '남자'일 때의 표준편차를 구합니다.

	A	B	C	D	E	F	G	H
1	NO	성별	영어	수학	국어	합계		성별
2	1	남자	78	80	70	228		남자
3	2	남자	90	49	100	239		
4	3	여자	52	66	75	193		표준편차
5	4	남자	85	51	78	214		20.62008
6	5	여자	87	67	84	238		
7	6	여자	95	51	66	212		
8	7	여자	57	84	58	199		
9	8	남자	84	55	45	184		
10								

설명 데이터베이스(A1:F9)에서 조건(H1:H2) '성별이 남자'를 만족하는 데이터 필드(F1) 내의 값을 모집단으로 간주하고 표준편차를 구합니다.

식 =DSTDEVP(A1:F9,F1,H1:H2)

▶ DSTDEV

별표의 조건을 충족하는 레코드의 표본표준편차를 구한다

별표의 검색 조건을 사용해 데이터베이스를 검색하고, 조건을 충족하는 레코드(행)의 지정된 필드(열)에 있는 숫자를 모집단의 표본으로 간주해 표본표준편차를 반환합니다.

형식 **DSTDEV(데이터베이스,필드,검색 조건)**

- [데이터베이스]에는 데이터베이스를 구성하는 셀 범위를 지정합니다.
- [필드]에는 표본표준편차를 구하고자 하는 값이 있는 열의 제목을 셀 번호, 열 제목의 문자열, 열 번호 중 하나로 지정합니다.
- [검색 조건]에는 조건용 표의 셀 범위를 지정합니다. 표의 첫 번째 행에는 필드의 열 제목과 동일한 제목을 지정하고 다음 행에 조건식을 설정합니다.

데이터베이스 **분산** `365` `2021` `2019` `2016`

▶ DVARP

별표의 조건을 충족하는 레코드의 분산을 구한다

별표의 검색 조건을 사용해 데이터베이스를 검색하고, 조건을 충족하는 레코드(행)의 지정한 필드(열)에 있는 숫자를 모집단으로 간주하여 분산을 반환합니다.

형식 **DVARP(데이터베이스,필드,검색 조건)**

- [데이터베이스]에는 데이터베이스를 구성하는 셀 범위를 지정합니다.
- [필드]에는 분산을 구할 값이 있는 열의 제목을 셀 번호, 열 제목의 문자열, 열 번호 중 하나로 지정합니다.
- [검색 조건]에는 조건용 표의 셀 범위를 지정합니다. 표의 첫 번째 행에는 필드의 열 제목과 동일한 제목을 지정하고 다음 행에 조건식을 설정합니다.

데이터베이스 **분산** `365` `2021` `2019` `2016`

▶ DVAR

별표의 조건을 충족하는 레코드의 표본분산을 구한다

별표의 검색 조건을 사용해 데이터베이스를 검색하고, 조건을 충족하는 레코드(행)의 지정된 필드(열)에 있는 숫자를 모집단의 표본으로 간주하여 표본분산을 반환합니다.

형식 **DVAR(데이터베이스,필드,검색 조건)**

- [데이터베이스]에는 데이터베이스를 구성하는 셀 범위를 지정합니다.
- [필드]에는 표본분산을 구할 값이 있는 열의 제목을 셀 번호, 열 제목의 문자열, 열 번호 중 하나로 지정합니다.
- [검색 조건]에는 조건용 표의 셀 범위를 지정합니다. 표의 첫 번째 행에는 필드의 열 제목과 동일한 제목을 지정하고 다음 행에 조건식을 설정합니다.

▶ DGET

별표의 조건을 충족하는 값을 한 개 추출한다

별표의 검색 조건을 사용해 데이터베이스를 검색하고, 조건을 충족하는 레코드(행)의 지정한
필드(열)에 있는 값 하나를 추출합니다.

형식   **DGET(데이터베이스,필드,검색 조건)**

- [데이터베이스]에는 데이터베이스를 구성하는 셀 범위를 지정합니다.
- [필드]에는 추출하려는 값이 있는 열의 제목을 셀 번호, 열 제목의 문자열, 열 번호 중
  하나로 지정합니다.
- [검색 조건]에는 조건용 표의 셀 범위를 지정합니다. 표의 첫 번째 행에는 필드의 열 제
  목과 동일한 제목을 지정하고 다음 행에 조건식을 설정합니다.

HINT ▶ 검색 조건을 만족하는 레코드를 찾지 못하면 오류값 '#VALUE!'를 반환하고, 여러 개가 발견
되면 오류값 '#NUM!'을 반환합니다. 따라서 DGET 함수는 중복되지 않는 값을 가진 필드를
대상으로 사용합니다.

예시 1 성적표에서 순위가 1위인 이름을 추출합니다.

	A	B	C	D	E	F	G	H	I
1	성명	영어	수학	국어	합계	순위		순위	
2	장보고	78	80	70	228	3		1	
3	이율곡	90	49	100	239	1			
4	이순신	52	66	75	193	7		성명	
5	강감찬	85	51	78	214	4		이율곡	
6	김유신	87	67	84	238	2			
7	성춘향	95	51	66	212	5			
8	이성계	57	84	58	199	6			
9	이사부	84	55	45	184	8			
10									

식 =DGET(A1:F9,A1,H1:H2)

설명 데이터베이스(A1:F9)에서 조건(H1:H2) '순위가 1위'를 만족하는 데이터 필드(A1)
내의 값을 가져옵니다.

재무 함수

재무 함수에는 대출의 월 상환액 계산, 적립식 저축으로

목표 금액까지의 적립 횟수 계산, 이자가 있는 채권의

수익률과 경과이자 등 투자에 관한 다양한 계산에 사용

할 수 있는 기능이 준비되어 있습니다.

▶ PMT

정기적인 대출금 상환액이나 저축액을 구한다

일정한 이율과 기간으로 정기적인 상환을 하는 원리금균등분할상환 대출이나 적립식 저축의 정기적인 지불액을 반환합니다.

형식	**PMT(이율,납입기간,현재가치,[미래가치],[지급기일])**

- [이율]에는 이율을 지정합니다. 월납의 경우 연이율÷12로 지정합니다.
- [납입기간]에는 총 상환 횟수를 지정합니다. 월별 상환의 경우, 연수×12를 지정합니다.
- [현재가치]는 대출의 경우 차입금을, 저축의 경우 예치금을 지정합니다.
- [미래가치]는 대출의 경우 상환 완료 후 잔액(완납 시에는 0)을, 저축의 경우 최종 목표 금액을 지정합니다. 생략하면 0으로 간주합니다.
- [지급기일]은 기초의 경우 1을, 기말의 경우 0을 지정합니다. 생략하면 0으로 간주합니다.

예시 1	대출의 월별 상환액을 구합니다.

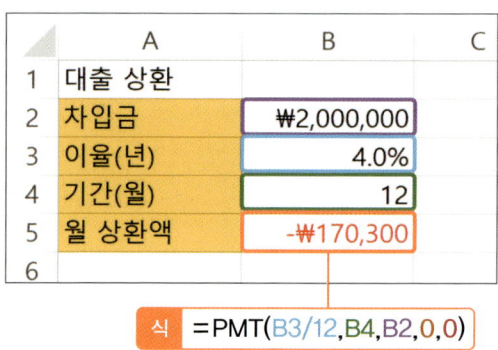

	A	B	C
1	대출 상환		
2	차입금	₩2,000,000	
3	이율(년)	4.0%	
4	기간(월)	12	
5	월 상환액	-₩170,300	
6			

식	**=PMT(B3/12,B4,B2,0,0)**

설명	연이율 4%(B3/12)로 납입기간 12개월(B4)간 2백만 원(B2)을 빌렸을 때 매월 지불해야 할 금액을 구합니다. 정기상환이 월 단위이므로 연이자를 12로 나누어 월이자를 구합니다.

관련 | PPMT 대출금 상환액의 원금을 구한다 ➡ p.290
IPMT 대출금 상환액의 이자를 구한다 ➡ p.291

수학/삼각

날짜/시간

통계

문자열 조작

논리

검색/행렬·웹

큐브

정보

데이터베이스

재무

야학

기초지식

유용한 테크닉

COLUMN

재무 함수에서 지불한 금액은 '−'(마이너스), 수령한 금액은 '+'(플러스)로 표시하며, PMT 함수는 지불한 금액이므로 결과는 '−'가 됩니다. 마이너스 표기를 원하지 않는 경우 함수 앞에 '−'를 붙여 부호를 역전시킵니다.

재무 함수에서는 기간과 이율의 단위를 정기상환의 단위와 일치시킵니다. 예를 들어, 정기상환이 월 단위인 경우 이율을 월이자로, 기간을 월 단위로 변환합니다.

COLUMN

대출 상환 방법에는 원리금균등상환과 원금균등상환이 있습니다. 원리금균등상환은 매회 상환액이 일정하고 상환액에서 원금과 이자가 차지하는 비율은 변합니다. 원금균등상환은 원금을 상환기간으로 균등하게 나누어 잔액에 따라 이자를 계산합니다. 따라서 초기 상환액이 많고 점차 감소합니다.

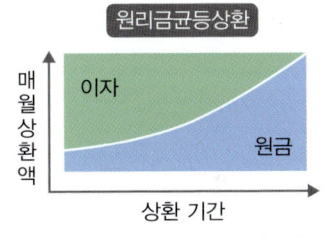

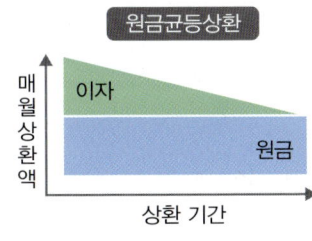

▶ **PPMT**

대출금 상환액의 원금을 구한다

원리금균등상환을 할 때, 지정된 회차의 상환액에 포함된 원금을 반환합니다.

| 형식 | **PPMT(이율,납입 회차,납입기간,현재가치,[미래가치],[지급기일])** |

- [이율]에는 이율을 지정합니다. 월납의 경우 연이율÷12로 지정합니다.
- [납입 회차]에는 상환 횟수를 1~[납입기간] 범위에서 지정합니다.
- [납입기간]에는 상환 횟수의 총합을 지정합니다. 월별 상환의 경우, 연수×12를 지정합니다.
- [현재가치]는 대출의 경우 차입금을, 저축의 경우 예치금을 지정합니다.
- [미래가치]는 대출의 경우 상환 완료 후 잔액(완납 시에는 0)을, 저축의 경우 최종 목표 금액을 지정합니다. 생략하면 0으로 간주합니다.
- [지급기일]은 기초의 경우 1을, 기말의 경우 0을 지정합니다. 생략하면 0으로 간주합니다.

| 예시 **1** | 상환 회차별 상환액에 포함된 원금을 구합니다. |

▲	A	B	C	D	E
1	대출 상환			회차	원금
2	차입금	₩2,000,000		1	-₩163,633
3	이율(년)	4.0%		2	-₩164,179
4	기간(월)	12		3	-₩164,726
5	월 상환액	-₩170,300		4	-₩165,275
6				5	-₩165,826
7				6	-₩166,379
8				7	-₩166,933
9				8	-₩167,490
10				9	-₩168,048
11				10	-₩168,608
12				11	-₩169,170
13				12	-₩169,734
14					

| 식 | **=PPMT($B$3/12,D2,$B$4,$B$2)** |

| 설명 | 연이율 4%(B3/12)로 납입기간 12개월(B4)간 2백만 원(B2)을 빌렸을 때, 각 납입 회차(D2)의 상환액에 포함된 원금을 구합니다. 정기상환이 월 단위이기 때문에 연이자를 12로 나누어 월이자를 구합니다. |

▶ IPMT

대출금 상환액의 이자를 구한다

원리금균등분할상환을 할 때, 지정된 회차의 상환액에 포함된 이자를 반환합니다.

> **형식**　　**IPMT(이율,납입 회차,납입기간,현재가치,[미래가치],[지급기일])**

- [이율]에는 이율을 지정합니다. 월납의 경우 연이율÷12로 지정합니다.
- [납입 회차]에는 상환 횟수를 1～[납입기간] 범위에서 지정합니다.
- [납입기간]에는 상환 횟수의 총합을 지정합니다. 월별 상환의 경우, 연수×12를 지정합니다.
- [현재가치]는 대출의 경우 차입금을, 저축의 경우 예치금을 지정합니다.
- [미래가치]는 대출의 경우 상환 완료 후 잔액(완납의 경우 0)을, 저축의 경우 최종 목표 금액을 지정합니다. 생략하면 0으로 간주합니다.
- [지급기일]은 기초의 경우 1을, 기말의 경우 0을 지정합니다. 생략하면 0으로 간주합니다.

> **HINT** ▶ PMT함수(정기상환액)=PPMT함수(원금상당액)+IPMT함수(이자상당액)의 관계가 성립합니다.

> **예시 1**　　상환 회차별 상환액에 포함된 이자를 구합니다.

	A	B	C	D	E
1	대출 상환			회차	이자
2	차입금	₩2,000,000		1	-₩6,667
3	이율(년)	4.0%		2	-₩6,121
4	기간(월)	12		3	-₩5,574
5	월 상환액	-₩170,300		4	-₩5,025
6				5	-₩4,474
7				6	-₩3,921
8				7	-₩3,367
9				8	-₩2,810
10				9	-₩2,252
11				10	-₩1,692
12				11	-₩1,130
13				12	-₩566
14					

식　=IPMT($B$3/12,D2, $B$4,$B$2)

> **설명**　연이율 4%(B3/12)로 납입기간 12개월(B4)간 2백만 원(B12)을 빌렸을 때 각 납입 회차(D2)의 상환액에 포함된 이자를 구합니다. 정기상환이 월 단위이기 때문에 연이자를 12로 나누어 월이자를 구합니다.

▶ CUMPRINC

대출금 상환액 중 원금 누계를 구한다

원리금균등분할상환을 할 때, 지정한 기간의 상환액에서 지불한 원금의 누적액을 계산합니다.

형식 **CUMPRINC(이율,납입기간,현재가치,시작 기간,종료 기간,지급기일)**

- [이율]에는 이율을 지정합니다. 월납의 경우 연이율÷12로 지정합니다.
- [납입기간]에는 상환 횟수의 총합을 지정합니다. 월별 상환의 경우, 연수×12를 지정합니다.
- [현재가치]에는 차입금을 지정합니다.
- [시작 기간]에는 누적 금액을 구하는 첫 번째 기간을 지정합니다.
- [종료 기간]에는 누적 금액을 구하는 마지막 기간을 지정합니다.
- [지급기일]은 기초의 경우 1을, 기말의 경우 0을 지정합니다.

예시 1 최초 상환부터 각 상환 회차까지 원금의 누계액을 구합니다.

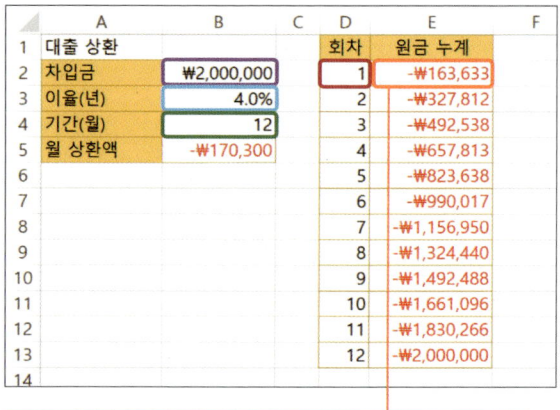

	A	B	C	D	E	F
1	대출 상환			회차	원금 누계	
2	차입금	₩2,000,000		1	-₩163,633	
3	이율(년)	4.0%		2	-₩327,812	
4	기간(월)	12		3	-₩492,538	
5	월 상환액	-₩170,300		4	-₩657,813	
6				5	-₩823,638	
7				6	-₩990,017	
8				7	-₩1,156,950	
9				8	-₩1,324,440	
10				9	-₩1,492,488	
11				10	-₩1,661,096	
12				11	-₩1,830,266	
13				12	-₩2,000,000	
14						

식 **=CUMPRINC($B$3/12,$B$4,$B$2,1,D2,0)**

설명 연이율 4%(B3/12)로 납입기간 12개월(B4)간 2백만 원(B2)을 빌렸을 때, 최초부터 지정한 상환 회차(D2) 사이에 포함된 원금의 누적액을 구합니다. 정기상환이 월 단위이므로 연이자를 12로 나누어 월이자를 구합니다.

▶ CUMIPMT

대출금 상환액 중 이자 누계를 구한다

원리금균등분할상환을 할 때, 지정한 기간의 상환액에서 지불한 이자의 누적액을 계산합니다.

형식 | **CUMIPMT(이율,납입기간,현재가치,시작 기간,종료 기간,지급기일)**

- [이율]에는 이율을 지정합니다. 월납의 경우 연이율÷12로 지정합니다.
- [납입기간]에는 상환 횟수의 총합을 지정합니다. 월별 상환의 경우, 연수×12를 지정합니다.
- [현재가치]에는 차입금을 지정합니다.
- [시작 기간]에는 누적 금액을 구하는 첫 번째 기간을 지정합니다.
- [종료 기간]에는 누적 금액을 구하는 마지막 기간을 지정합니다.
- [지급기일]은 기초의 경우 1을, 기말의 경우 0을 지정합니다.

예시 **1** 최초 상환부터 각 상환 회차까지 이자의 누계액을 구합니다.

	A	B	C	D	E
1	대출 상환			회차	이자 누계
2	차입금	₩2,000,000		1	-₩6,667
3	이율(년)	4.0%		2	-₩12,788
4	기간(월)	12		3	-₩18,362
5	월 상환액	-₩170,300		4	-₩23,387
6				5	-₩27,861
7				6	-₩31,782
8				7	-₩35,148
9				8	-₩37,959
10				9	-₩40,211
11				10	-₩41,902
12				11	-₩43,032
13				12	-₩43,598
14					

식 | =CUMIPMT($B$3/12,$B$4,$B$2,1,D2,0)

> 설명 연이율 4%(B3/12)로 납입기간 12개월(B4)간 2백만 원(B2)을 빌렸을 때, 최초부터 지정한 상환 회차(D2) 사이에 포함된 이자의 누계를 구합니다. 정기상환이 월 단위이므로 연이자를 12로 나누어 월이자를 구합니다.

▶ NPER

목표 금액에 도달할 때까지의 저축 횟수 또는 상환 횟수를 구한다

일정한 이율로 일정 기간 동안 원금과 이자를 상환하는 원리금균등분할상환 대출이나 적립식 저축에서 목표 금액에 도달할 때까지 필요한 횟수를 반환합니다.

형식   **NPER(이율,정기상환액,현재가치,[미래가치],[지급기일])**

- [이율]에는 이율을 지정합니다.
- [정기상환액]에는 매회 상환액(저축액)을 지정합니다. 상환액은 음수로 지정합니다.
- [현재가치]는 대출의 경우 차입금을, 저축의 경우 예치금을 지정합니다.
- [미래가치]는 대출의 경우 상환 완료 후 잔액(완납의 경우 0)을, 저축의 경우는 최종 목표 금액을 지정합니다. 생략하면 0으로 간주합니다.
- [지급기일]은 기초의 경우 1을, 기말의 경우 0을 지정합니다. 생략하면 0으로 간주합니다.

예시 1   대출금 완납까지 상환 횟수를 구합니다.

	A	B
1	대출 상환	
2	차입금	₩2,000,000
3	이율(년)	4.0%
4	월 상환액	-₩300,000
5	상환 횟수	6.753086951

설명 연이율 4%(B3/12)로 2백만 원(B2)을 빌리고 월 상환액이 30만 원(B4)일 때, 완납할 때까지의 상환 횟수를 구합니다. 정기상환이 월 단위이므로 연이자를 12로 나누어 월이자를 구합니다.

식   **=NPER(B3/12,B4,B2)**

▶ ISPMT

원금균등분할상환 시 대출금 상환액의 이자를 구한다

원금균등상환을 할 때 지정한 기간의 이자에 해당하는 금액을 반환합니다. 표 계산 소프트웨어 LOTUS1-2-3과의 호환성 유지를 위해 준비된 함수입니다.

형식   **ISPMT(이율,납입 회차,납입기간,현재가치)**

- [이율]에는 이율을 지정합니다. 월납의 경우 연이율÷12로 지정합니다.
- [납입 회차]에는 최초 상환 횟수를 0으로 하여 [납입기간]-1 범위에서 지정합니다.
- [납입기간]에는 상환 횟수의 총합을 지정합니다. 월별 상환의 경우, 연수×12를 지정합니다.
- [현재가치]에는 차입금을 지정합니다.

▶ RATE

저축액이나 대출금 상환 이율을 구한다

일정 기간의 투자(대출이나 저축)에 대한 이율을 구합니다. 예를 들어, 500만 원을 빌리고 1년 동안 월 450,000원을 상환할 경우의 대출 이자율을 계산할 수 있습니다.

형식 | **RATE(납입기간,정기상환액,현재가치,[미래가치],[지급기일],[추정치])**

- [납입기간]에는 지불 횟수의 총합을 지정합니다. 월별 지불의 경우, 연수×12를 지정합니다.
- [정기상환액]에는 매회 상환액(저축액)을 지정합니다. 상환액은 음수로 지정합니다.
- [현재가치]는 대출의 경우 차입금을, 저축의 경우 예치금을 지정합니다.
- [미래가치]는 대출의 경우 상환 완료 후 잔액(완납의 경우 0)을, 저축의 경우 최종 목표 금액을 지정합니다. 생략하면 0으로 간주합니다.
- [지급기일]은 기초의 경우 1을, 기말의 경우 0을 지정합니다. 생략하면 0으로 간주합니다.
- [추정치]에는 이율의 추정치를 지정합니다. 생략하면 10%로 간주합니다.

예시 1 저축액의 이자율을 계산합니다.

	A	B	C
1	저축 시뮬레이션		
2	목표금액	₩30,000,000	
3	저축기간(년)	5	
4	저축액(월)	-₩450,000	
5	이율(년)	4.2182%	
6			

식 =RATE(B3*12,B4,0,B2)*12

설명 5년간(B3*12) 월 저축액이 45만 원(B4), 예치금이 0원, 목표 금액이 3천만 원(B2)일 때의 이자율을 구합니다. 반환값은 월 이자율이 되므로 12를 곱해 연 이자율을 구합니다.

▶ PV

현재가치를 구한다

일정한 이율로 대출 상환이나 저축을 정기적으로 납입할 경우의 현재가치를 반환합니다. 대출의 경우 대출 가능 금액, 저축의 경우 예치금이 계산됩니다.

> **형식** **PV(이율,납입기간,정기상환액,[미래가치],[지급기일])**

- [이율]에는 기간 동안 일정한 이자율을 지정합니다.
- [납입기간]에는 지불 횟수의 총합을 지정합니다. 월별 지불의 경우, 연수×12를 지정합니다.
- [정기상환액]에는 매회 상환액(저축액)을 지정합니다. 상환액은 음수로 지정합니다.
- [미래가치]는 대출의 경우 상환 완료 후 잔액(완납의 경우 0)을, 저축의 경우 최종 목표 금액을 지정합니다. 생략하면 0으로 간주합니다.
- [지급기일]은 기초의 경우 1, 기말의 경우 0으로 지정합니다. 생략하면 0으로 간주합니다.

예시 1 대출 가능 금액을 구합니다.

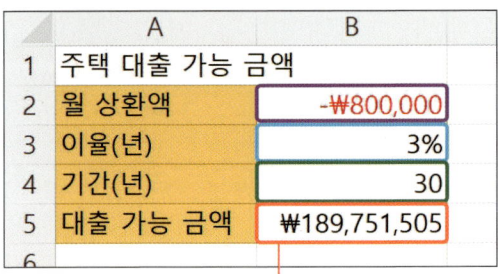

	A	B
1	주택 대출 가능 금액	
2	월 상환액	-₩800,000
3	이율(년)	3%
4	기간(년)	30
5	대출 가능 금액	₩189,751,505
6		

> **식** =PV(B3/12,B4*12,B2,0)

> **설명** 연이율 3%(B3/12)로 30년(B4*12)간 매월 80만 원(B2)을 상환하는 경우의 대출 가능 금액을 구합니다. 대출을 완납하기 때문에 네 번째 인수의 미래가치를 0으로 설정했습니다.

▶ FV

___

미래가치를 구한다

일정한 이율로 대출이나 저축을 정기적으로 납입할 경우의 미래가치를 반환합니다. 대출의 경우 잔액, 저축의 경우 수령액이 계산됩니다.

형식	**FV(이율,납입기간,정기상환액,[현재가치],[지급기일])**

- [이율]에는 기간 동안 일정한 이율을 지정합니다.
- [납입기간]에는 지불 횟수의 총합을 지정합니다. 월별 지불의 경우, 연수×12를 지정합니다.
- [정기상환액]에는 매회 상환액(저축액)을 지정합니다. 상환액은 음수로 지정합니다.
- [현재가치]는 대출의 경우 차입금을, 저축의 경우 예치금을 지정합니다.
- [지급기일]은 기초의 경우 1, 기말의 경우 0을 지정합니다. 생략하면 0으로 간주합니다.

예시 1 적립식 저축의 만기 수령액을 구합니다.

◢	A	B	C
1	적금 만기 예상 수령액		
2	저축액(월)	-₩500,000	
3	이율(년)	3.0%	
4	적립기간(년)	5	
5	만기 수령액	₩32,323,356	
6			

식	**=FV(B3/12,B4*12,B2,0)**

> **설명** 연이율 3%(B3/12)로 5년(B4*12)간 매월 50만 원(B2)을 적립할 경우 만기 시 수령액을 구합니다. 예치금은 0으로 가정해 네 번째 인수인 현재가치를 0으로 설정했습니다.

수학/삼각 | 날짜/시간 | 통계 | 문자열 조작 | 논리 | 검색/행렬 · 웹 | 큐브 | 정보 | 데이터베이스 | 재무 | 공학 | 기초지식 | 유용한 테크닉

▶ FVSCHEDULE
금리가 변동할 경우 투자의 미래가치를 구한다

금리가 변동할 경우 투자나 예금의 미래가치를 구합니다.

형식 **FVSCHEDULE(원금,이율 배열)**

- [원금]에는 투자액 또는 예금을 지정합니다. 다른 재무 함수와는 달리, 지불액을 양수로 지정합니다.
- [이율 배열]에는 투자 기간 내 변동금리를 각 기간의 이자율이 입력된 셀 범위 또는 배열 상수로 지정합니다. 예를 들어, 100만 원을 1년 차 2%, 2년 차 2.5%, 3년 차 3%의 변동금리로 투자할 경우, '=FVSCHEDULE(1000000,{0.02,0.025,0.03})'으로 지정합니다. (※자세한 내용은 샘플 파일 참조)

▶ RRI
투자 금액과 만기 목표 금액에서 이율을 구한다

투자 기간과 투자 금액에서 만기 시 목표 금액을 받을 수 있는 복리 이율(등가이율)을 구합니다. RRI 함수는 수식 '(미래가치/현재가치)^(1/기간)−1'로 표현됩니다.

형식 **RRI(기간,현재가치,미래가치)**

- [기간]에는 투자 기간을 지정합니다. 원하는 이율의 기간과 단위를 동일하게 설정합니다. 예를 들어 기간이 5년인 경우, 연이율을 구할 때는 5를, 월이율을 구할 때는 60(5×12)을 지정합니다.
- [현재가치]에는 투자 금액(원금)을 지정합니다. 다른 재무 함수와는 달리, 지불 금액을 양수로 지정합니다.
- [미래가치]에서는 만기 시점에 받고 싶은 목표 금액을 지정합니다.

예시 1 투자 금액과 목표 금액에서 이율을 구합니다.

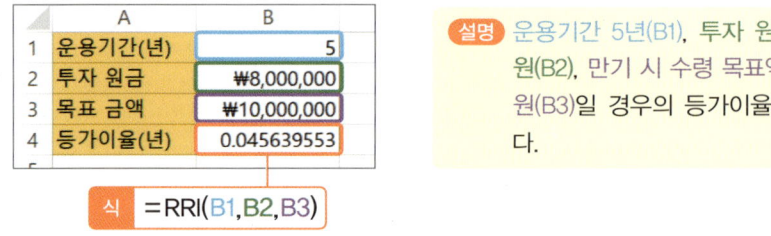

	A	B
1	운용기간(년)	5
2	투자 원금	₩8,000,000
3	목표 금액	₩10,000,000
4	등가이율(년)	0.045639553

설명 운용기간 5년(B1), 투자 원금 800만 원(B2), 만기 시 수령 목표액 1,000만 원(B3)일 경우의 등가이율을 구합니다.

식 =RRI(B1,B2,B3)

수학/삼각

날짜/시간

통계

문자열 조작

논리

검색/행렬 · 웹

큐브

정보

데이터베이스

재무

야학

기초지식

유용한 테크닉

재무 | 현재가치 · 미래가치 | 365 | 2021 | 2019 | 2016

▶ PDURATION

투자 금액이 목표 금액이 될 때까지의 기간을 구한다

인수로 지정한 현재가치와 이율로 미래가치가 될 때까지의 기간을 구합니다. 예를 들어, 100 만 원의 투자가 연이율 2.5%로 운용될 경우, 120만 원이 될 때까지의 기간(7.38년)을 구할 수 있습니다.

형식 **PDURATION(이율,현재가치,미래가치)**

· [이율]에는 투자의 이율을 지정합니다.

· [현재가치]에는 현재가치를 지정합니다.

· [미래가치]에는 목표로 하는 미래가치를 지정합니다.

재무 | 순현재가치 | 365 | 2021 | 2019 | 2016

▶ NPV

정기적 현금흐름의 순현재가치를 구한다

할인율과 미래에 발생할 일련의 지불 및 수익(현금흐름)을 기반으로 투자의 순현재가치를 구합니다. 순현재가치란 미래의 수입과 지출을 현재의 가치로 환산한 것으로 투자를 판단하는 지표 중 하나입니다.

형식 **NPV(할인율,값 1,[값 2],…)**

· [할인율]에는 투자 기간 동안 일정하게 적용되는 할인율을 지정합니다.

· [값]에는 지출(음수)과 수익(양수)을 나타내는 금액을 지정합니다. 주기적으로 각 기말에 발생하는 것으로 하며, 지정하는 순서가 현금흐름의 순서가 됩니다.

| HINT ▶ · 첫 번째 현금흐름이 1기의 처음에 발생하는 경우, 해당 현금흐름을 인수로 지정하지 않고 NPV 함수의 계산 결과에 합산합니다. 예를 들어, 예시에서 첫 번째 현금흐름(A4)이 1기의 처음에 발생하는 경우, '=NPV(B1,B4:D4)+A4'로 지정합니다.
· 순현재가치가 0이면 투자로 인한 수익이 없음을 의미하며, 0 이상이면 수익이 있고, 숫자가 클수록 좋은 것으로 평가됩니다.

예시 1 정기적인 수익이 있을 경우의 순현재가치를 구합니다.

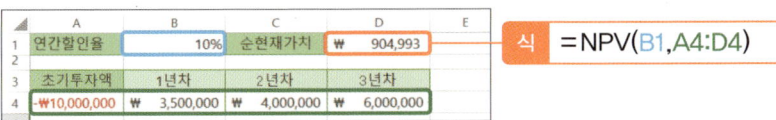

▲	A	B	C	D	E
1	연간할인율	10%	순현재가치	₩ 904,993	
2					
3	초기투자액	1년차	2년차	3년차	
4	-₩10,000,000	₩ 3,500,000	₩ 4,000,000	₩ 6,000,000	

식 **=NPV(B1,A4:D4)**

설명 1천만 원을 투자하고 3년간 수익(A4:D4)이 정기적으로 발생할 때, 연간 할인율이 10%(B1)인 경우의 순현재가치를 구합니다.

| 관련 | RRI 투자 금액과 만기 목표 금액에서 이율을 구한다 ➡ p.298

▶ XNPV

비정기적 현금흐름의 순현재가치를 구한다

비정기적 현금흐름에 대한 순현재가치를 구합니다.

형식	**XNPV(할인율,값,날짜)**

- [할인율]에는 할인율을 지정합니다.
- [값]에는 비정기적으로 발생하는 현금흐름을 지정합니다. 지출은 음수, 수익은 양수 값으로 지정합니다.
- [날짜]에는 현금흐름이 발생한 날짜가 입력된 셀 범위 또는 배열 상수를 지정합니다.

예시 1 비정기적으로 수익이 있을 경우의 순현재가치를 구합니다.

	A	B	C	D
1	연간 할인율	10%	순현재가치	₩2,550,463
2				
3	초기 투자액	1회차	2회차	3회차
4	-₩10,000,000	₩3,500,000	₩4,000,000	₩6,000,000
5	2024-01-01	2024-03-01	2024-10-30	2025-02-01
6				

식	**=XNPV(B1,A4:D4,A5:D5)**

설명 1천만 원의 투자와 3회의 수익(A4:D4)이 각각 비정기적(A5:D5)으로 발생할 때, 연간 할인율이 10%(B1)인 경우의 순현재가치를 구합니다.

| 관련 | NPV   정기적 현금흐름의 순현재가치를 구한다 ➡ p.299

▶ IRR

정기적 현금흐름에서 내부수익률을 구한다

월간, 연간 등 정기적으로 발생하는 현금흐름에 대한 내부수익률을 반환합니다. 내부수익률은 투자를 판단하는 지표 중 하나입니다. NPV 함수의 계산 결과가 '0'이 되었을 때의 할인율과 동일합니다.

형식	**IRR(범위,[추정치])**

- [범위]에는 정기적으로 발생하는 지출(음수)과 수익(양수)을 포함하는 배열 상수 또는 셀 범위를 지정합니다. 값의 순서는 현금흐름의 순서로 간주됩니다. 반드시 양수와 음수가 각각 하나 이상 포함되어야 합니다.
- [추정치]에는 내부수익률의 추정치를 지정합니다. 생략하면 10%로 간주합니다.

예시 1 투자에 대한 내부수익률을 구합니다.

▲	A	B	C	D	E
1	내부 수익률	7%			
2					
3	초기 투자액	1년차	2년차	3년차	4년차
4	-₩ 10,000,000	₩ 3,500,000	₩ 4,000,000	₩ 2,500,000	₩ 1,500,000
5					

식	**=IRR(A4:E4)**

설명 일련의 정기적인 현금흐름(A4:E4)으로부터 내부수익률을 구합니다.

| 관련 | **XIRR** 비정기적 현금흐름에서 내부수익률을 구한다 ➡ p.302
MIRR 정기적 현금흐름에서 수정내부수익률을 구한다 ➡ p.303

▶ XIRR

비정기적 현금흐름에서 내부수익률을 구한다

비정기적 현금흐름에 대한 내부수익률을 구합니다.

형식   XIRR(**범위**,**날짜**,[**추정치**])

- [범위]에는 비정기적으로 발생하는 지출(음수)과 수익(양수)을 포함하는 배열 상수 또는 셀 범위를 지정합니다. 양수와 음수가 각각 하나 이상 포함되어야 합니다.
- [날짜]에는 [범위]에서 지정한 금액에 해당하는 날짜를 지정합니다.
- [추정치]에는 추정되는 내부수익률을 지정합니다. 생략하면 10%로 간주합니다.

예시 1   비정기 투자에 대한 내부수익률을 구합니다.

	A	B	C	D	E
1	내부수익률	21%			
2					
3	초기투자액	1회차	2회차	3회차	4회차
4	-₩10,000,000	₩3,500,000	₩4,000,000	₩2,500,000	₩1,500,000
5	2024-01-01	2024-03-01	2024-10-30	2025-02-01	2025-04-01
6					

식   =XIRR(A4:E4,A5:E5)

설명 현금흐름(A4:E4)이 각각 비정기적(A5:E5)인 경우의 내부수익률을 구합니다.

| **관련** | IRR   정기적 현금흐름에서 내부수익률을 구한다 ➡ p.301

▶ MIRR

정기적 현금흐름에서 수정내부수익률을 구한다

일련의 정기적인 현금흐름에 대한 수정내부수익률을 반환합니다. 수정내부수익률은 초기투자에 대한 차입금 이율과 수익의 재투자에 대한 이율을 고려해 계산한 내부수익률을 말합니다.

형식 **MIRR(범위,안전이율,위험이율)**

- [범위]에는 정기적으로 발생하는 지출(음수)과 수익(양수)을 포함하는 배열 상수 또는 셀 범위를 설정합니다. 값의 순서는 현금흐름의 순서로 간주됩니다. 양수와 음수가 각각 하나 이상 포함되어야 합니다.
- [안전이율]에는 지급액(마이너스 현금흐름)에 대한 이율을 지정합니다.
- [위험이율]에는 수익액(플러스 현금흐름)에 대한 이율을 지정합니다.

예시 1 차입금과 재투자를 고려한 수정내부수익률을 구합니다.

◢	A	B	C	D	E
1	차입(안전이율)	10%	재투자(위험이율)	12%	
2					
3	초기투자액	1회차	2회차	3회차	4회차
4	-₩10,000,000	₩3,500,000	₩4,000,000	₩2,500,000	₩1,500,000
5					
6	수정내부수익률	9%			
7					

식 **=MIRR(A4:E4,B1,D1)**

설명 초기 투자에 대한 차입금 이율 10%(B1), 재투자 이율 12%(D1)를 고려해 정기적인 현금흐름(A4:E4) 시점의 수정내부수익률을 구합니다.

| **관련** | IRR   정기적 현금흐름에서 내부수익률을 구한다 ➡ p.301

▶ EFFECT
연간 실질이율을 구한다

지정된 연간 명목이율과 연간 복리 계산 횟수를 기준으로 연간 실질이율을 반환합니다. 연간 실질이율이란 1년에 복리로 여러 번 이자를 지급하는 경우의 실질적인 연이율입니다. 연간 명목이율은 표면상의 연이율입니다.

형식   **EFFECT(명목이율, 복리 계산 횟수)**

- [명목이율]에는 연간 명목이율을 지정합니다.
- [복리 계산 횟수]에는 연간 복리 계산 횟수를 지정하는데, 1년 복리의 경우 1을, 6개월 복리의 경우 2를 지정합니다.

▶ NOMINAL
연간 명목이율을 구한다

지정된 연간 실질이율과 연간 복리 계산 횟수를 기준으로 연간 명목이율을 반환합니다.

형식   **NOMINAL(실질이율, 복리 계산 횟수)**

- [실질이율]에는 연간 실질이율을 지정합니다.
- [복리 계산 횟수]에는 연간 복리 계산 횟수를 지정하는데, 1년 복리의 경우 1을, 6개월 복리의 경우 2를 지정합니다.

▶ DOLLARDE
분수 표기의 달러 가격을 소수점 표기로 변환한다

분수로 표기된 달러 가격을 10진수 소수점 표기로 변환합니다. 소수점 표기의 달러 가격은 증권 가격 등에 사용됩니다.

형식   **DOLLARDE(정수부와 분자부, 분모)**

- [정수부와 분자부]에는 분수의 정수부와 소수부를 소수점으로 구분해 지정합니다.
- [분모]에는 분수의 분모가 되는 정수를 지정합니다.

HINT ▶ 예를 들어, 달러 가격이 '10 3/4'인 경우 '=DOLLARDE(10.3,4)'라고 지정하면 10진수 소수로 변환한 숫자 '10.75'를 반환합니다.

수학/삼각

날짜/시간

통계

문자열 조작

논리

검색/행렬·웹

큐브

정보

데이터베이스

재무

공학

기초지식

유용한 테크닉

재무　　　달러　　　365　2021　2019　2016

DOLLARFR

소수점 표기의 달러 가격을 분수 표기로 변환한다

10진수 소수점 단위의 달러 가격을 분수 단위로 변환합니다.

형식　**DOLLARFR(소수값,분모)**

- [소수값]에는 소수점으로 표현된 숫자를 지정합니다.
- [분모]에는 분수의 분모가 되는 정수를 지정합니다.

HINT ▶ 소수점 표기인 '10.75'를 분모가 4인 분수 표기로 변환할 경우, '=DOLLARFR(10.75,4)'를 지정
하면 '정수부.분자부' 형식으로 '10.3'을 반환합니다.

재무　　　감가상각비　　　365　2021　2019　2016

DB

감가상각비를 정률법으로 구한다

자산의 감가상각비를 정률법으로 구합니다. 여기서 사용된 정률법은 2007년 3월 31일까지
의 정률법에 근거하고 있습니다.

형식　**DB(취득가액,잔존가치,내용연수,기간,[월])**

- [취득가액]에는 자산의 구입 가격을 지정합니다.
- [잔존가치]에는 자산의 내용연수가 종료된 시점의 가격을 지정합니다.
- [내용연수]에는 자산의 내용연수를 지정합니다.
- [기간]에는 감가상각비를 계산할 기간을 내용연수와 동일한 단위로 지정합니다.
- [월]에는 자산을 구매한 연도의 월수를 지정합니다. 생략할 경우, 12로 간주합니다.

HINT ▶ DB 함수의 정률법에서 1기 감가상각비는 '(취득가액−전기까지의 상각누계액)*상각률'이라는
수식으로 계산됩니다.

재무　　　감가상각비　　　365　2021　2019　2016

DDB

감가상각비를 이중체감법으로 구한다

이중체감법 또는 지정한 다른 방법을 사용해 지정한 기간 동안 자산의 감가상각비를 반환합
니다.

형식　**DDB(취득가액,잔존가치,내용연수,기간,[비율])**

- [취득가액]에는 자산 구입 시점의 가격을 지정합니다.
- [잔존가치]에는 내용연수 종료 시점의 자산 가격을 지정합니다.
- [내용연수]에는 자산의 내용연수를 지정합니다.
- [기간]에는 감가상각비를 계산할 기간을 내용연수와 동일한 단위로 지정합니다.
- [비율]에는 감가상각률을 지정합니다. 생략하면 2로 간주해 이중체감법으로 계산합니다.

▶ VDB

감가상각비를 변동체감법으로 구한다

이중체감법 또는 지정된 방법을 사용해 특정 기간의 자산 감가상각비를 반환합니다.

형식　　VDB(취득가액,잔존가치,내용연수,시작기간,종료기간,[요율],
　　　　　　[전환 없음])

- [취득가액]에는 자산 구입 시점의 가격을 지정합니다.
- [잔존가치]에는 내용연수가 종료된 시점의 자산가격(자산의 구제가치)을 지정합니다.
- [내용연수]에는 자산의 내용연수를 지정합니다.
- [시작기간]에는 감가상각비 계산의 대상이 되는 첫 번째 기간을 내용연수와 동일한 단위로 지정합니다.
- [종료기간]에는 감가상각비 계산의 대상이 되는 마지막 기간을 내용연수와 동일한 단위로 지정합니다.
- [요율]에는 감가상각률을 지정합니다. 생략하면 2로 간주해 이중체감법으로 계산합니다.
- [전환 없음]은 감가상각비가 정률법 계산 결과보다 커질 경우, 자동으로 정액법으로 전환할지를 논릿값으로 지정합니다. TRUE는 전환하지 않고, FALSE 또는 생략할 경우 전환합니다.

▶ SLN

감가상각비를 정액법으로 구한다

정액법을 사용해 자산의 1기당 감가상각비를 반환합니다.

형식　　SLN(취득가액,잔존가치,내용연수)

- [취득가액]에는 자산 구입 시점의 가격을 지정합니다.
- [잔존가치]에는 내용연수가 종료된 시점의 자산 가격을 지정합니다.
- [내용연수]에는 자산의 내용연수를 지정합니다.

▶ SYD

감가상각비를 연수합계법으로 구한다

연수합계법을 사용해 특정 기간의 감가상각비를 반환합니다.

형식	SYD(취득가액,잔존가치,내용연수,기간)

- [취득가액]에는 자산 구입 시점의 가격을 지정합니다.
- [잔존가치]에는 내용연수가 종료된 시점의 자산 가격을 지정합니다.
- [내용연수]에는 자산의 내용연수를 지정합니다.
- [기간]에는 감가상각비를 계산할 기간을 지정합니다.

▶ AMORDEGRC / AMORLINC

프랑스 회계 시스템으로 감가상각비를 구한다

프랑스 회계 시스템으로 각 회계 기간의 감가상각비를 반환합니다. 회계 기간 중간에 자산을 구입한 경우, 일할 계산에 의한 감가상각비가 계상됩니다. 단, AMORDEGRC 함수는 자산의 내용연수에 따라 일정한 감가상각 계수가 계산에 적용됩니다.

형식	AMORDEGRC(취득가액,구입일,시작일,잔존가치,기간,비율,[기준]) AMORLINC(취득가액,구입일,시작일,잔존가치,기간,비율,[기준])

- [취득가액]에는 자산의 구입가격을 지정합니다.
- [구입일]에는 자산의 구입일을 지정합니다.
- [시작일]에는 첫 번째 회계 기간이 끝나는 날짜를 지정합니다.
- [잔존가치]에는 자산의 내용연수가 종료된 시점의 가격을 지정합니다.
- [기간]에는 회계연도를 지정합니다.
- [비율]에는 감가상각률을 지정합니다.
- [기준]에는 1년을 며칠로 계산할 것인지를 지정합니다(아래 표 참조).

기준(1년의 일수)

기준	1년의 일수
0 또는 생략	360일(NASD 방식)
1	실제 일수
3	365일
4	360일(유럽 방식)

▶ DURATION

이표채의 듀레이션을 구한다

이표채에서 액면가를 100으로 가정한 맥컬리(Macauley) 듀레이션을 구합니다.

형식   **DURATION(결산일,만기일,이율,수익률,빈도,[기준])**

- [결산일]에는 채권의 결산일(구입일)을 지정합니다.
- [만기일]에는 채권의 만기일(상환일)을 지정합니다.
- [이율]에는 채권의 연이율을 지정합니다.
- [수익률]에는 채권의 수익률을 지정합니다.
- [빈도]에는 연간 이자 지급 횟수를 지정합니다. 연 1회인 경우 1, 연 2회인 경우 2, 분기 인 경우 4를 지정합니다.
- [기준]에는 계산에 사용할 기준 일수(월/년)를 나타내는 숫자를 지정합니다(아래 표 참조).

기준(월/년)

기준	기준일수(월/년)
0 또는 생략	30일/360일(NASD 방식)
1	실제 일수/실제 일수
2	실제 일수/360일
3	실제 일수/365일
4	30일/360일(유럽 방식)

HINT ▶ DURATION 함수와 MDURATION 함수는 다음과 같은 관계가 됩니다.

$$\frac{DURATION}{1 + \left(\dfrac{\text{시장 수익률}}{\text{연간 이자 지급}}\right)} = MDURATION$$

▶ MDURATION
이표채의 수정듀레이션을 구한다

이표채에서 액면가를 100으로 가정한 수정 맥컬리(Macauley) 듀레이션을 구합니다.

형식   **MDURATION(결산일,만기일,이율,수익률,빈도,[기준])**

- [결산일]에는 채권의 결산일(구입일)을 지정합니다.
- [만기일]에는 채권의 만기일(상환일)을 지정합니다.
- [이율]에는 채권의 연이율을 지정합니다.
- [수익률]에는 채권의 수익률을 지정합니다.
- [빈도]에는 연간 이자 지급 횟수를 지정합니다. 연 1회인 경우 1, 연 2회인 경우 2, 분기인 경우 4를 지정합니다.
- [기준]에는 계산에 사용할 기준 일수(월/년)를 나타내는 숫자를 지정합니다(p.308 표 참조).

COLUMN

채권에 대하여

채권은 국가, 지방자치단체, 금융기관, 일반기업이 투자자로부터 자금을 빌리고 그 대가로 이자(쿠폰) 지급과 원금 상환을 약속하며 발행하는 유가증권을 말합니다.

채권의 형태에는 '이표채'와 '할인채'가 있습니다. 이표채는 액면가로 발행되어 일정 기간마다 이자(쿠폰)가 지급되고, 상환일(만기일)에 액면가로 상환되는 채권을 말합니다. 할인채는 액면가보다 할인된 가격으로 발행되고, 상환일에 액면가로 상환되는 이자가 0인 채권을 말합니다. 또한, 채권에는 '신규발행채'와 '기존발행채'가 있습니다. 신규발행채는 신규로 발행되는 채권으로 발행가로 거래됩니다. 기존발행채는 재판매되어 시장에 나와 있는 채권을 말하며, 시장 가격(시가)으로 거래됩니다.

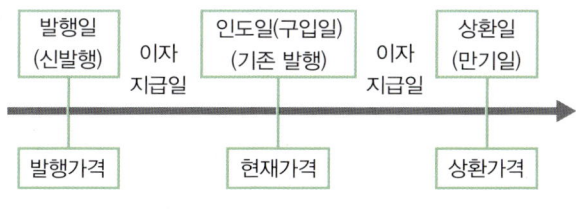

ODDFYIELD / ODDLYIELD

최초 또는 최종 이자 지급 기간이 경상 이수 기간과 다른 채권의 수익률을 구한다

ODDFYIELD 함수는 최초 이자 지급 기간이 경상 이수 기간과 다른 채권을 만기일까지 보유했을 때 얻을 수 있는 수익률을 반환하고, ODDLYIELD 함수는 최종 이자 지급 기간이 경상 이수 기간과 다른 채권을 만기일까지 보유했을 때 얻을 수 있는 수익률을 반환합니다.

형식	**ODDFYIELD(결산일,만기일,발행일,최초이자지급일,이율,가격,상환액,빈도,[기준])**
	ODDLYIELD(결산일,만기일,최종이자지급일,이율,가격,상환액,빈도,[기준])

- [결산일]에는 채권의 결산일(구입일)을 지정합니다.
- [만기일]에는 채권의 만기일(지급기일)을 지정합니다.
- [발행일]에는 채권의 발행일을 지정합니다.
- [최초이자지급일], [최종이자지급일]에는 채권의 최초이자지급일과 최종이자지급일을 지정합니다.
- [이율]에는 채권의 이자율을 지정합니다.
- [가격]에는 액면가 100에 대한 채권의 가격을 지정합니다.
- [상환액]에는 액면가 100에 대한 채권의 상환액을 지정합니다.
- [빈도]에는 연간 이자 지급 횟수를 지정합니다. 연 1회인 경우 1, 연 2회인 경우 2, 분기의 경우 4를 지정합니다.
- [기준]에는 계산에 사용할 기준 일수(월/년)를 나타내는 숫자를 지정합니다(p.308 표 참조).

> **HINT** ODDFYIELD 함수는 '만기일 〉 최초이자지급일 〉 결산일 〉 발행일' 순서로, ODDLYIELD 함수는 '만기일 〉 결산일 〉 최종이자지급일'의 순서로 설정되어 있어야 합니다.

예시 1 최초 이자 지급 기간이 경상 이수 기간과 다른 채권의 수익률을 구합니다.

	A	B	C	D	E
1	결산일	만기일	발행일	최초이자지급일	
2	2020-10-15	2025-03-01	2020-03-01	2021-03-01	
3	이율	가격(현재)	상환액	빈도(연2회)	수익률
4	3.50%	80	100	2	9.13%

식 =ODDFYIELD(A2,B2,C2,D2,A4,B4,C4,D4)

설명 최초 이자 지급 기간이 경상 이수 기간과 다른 채권의 수익률을 계산합니다.

ODDFPRICE / ODDLPRICE

최초 또는 최종 이자 지급 기간이 경상 이수 기간과 다른 채권의 현재 가격을 구한다

ODDFPRICE 함수는 최초 이자 지급 기간이 경상 이수 기간과 다른 채권의 만기일까지의 수익률에 대해 액면가 100당 현재 가격을 반환합니다. ODDLPRICE 함수는 최종 이자 지급 기간이 경상 이수 기간과 다른 채권의 만기일까지의 수익률에 대해 액면가 100당 현재 가격을 반환합니다.

형식	ODDFPRICE(**결산일**,**만기일**,**발행일**,**최초이자지급일**,**이율**,**수익률**, **상환액**,**빈도**,**[기준]**) ODDLPRICE(**결산일**,**만기일**,**최종이자지급일**,**이율**,**수익률**,**상환액**, **빈도**,**[기준]**)

- [결산일]에는 채권의 결산일을 지정합니다.
- [만기일]에는 채권의 만기일(지급기일)을 지정합니다.
- [발행일]에는 채권의 발행일을 지정합니다.
- [최초이자지급일], [최종이자지급일]에는 채권의 최초이자지급일과 최종이자지급일을 지정합니다.
- [이율]에는 채권의 이자율을 지정합니다.
- [수익률]에는 채권의 수익률을 지정합니다.
- [상환액]에는 액면가 100에 대한 채권의 상환액을 지정합니다.
- [빈도]에는 연간 이자 지급 횟수를 지정합니다. 연 1회인 경우 1, 연 2회인 경우 2, 분기의 경우 4를 지정합니다.
- [기준]에는 기준일수(월/년)를 나타내는 숫자를 지정합니다(p.308 표 참조).

> **HINT** ODDFPRICE 함수는 '만기일 〉 최초이자지급일 〉 결산일 〉 발행일' 순서로, ODDLPRICE 함수는 '만기일 〉 결산일 〉 최종이자지급일' 순서로 설정되어 있어야 합니다.

예시 1 최초 이자 지급 기간이 경상 이수 기간과 다른 채권의 현재 가격을 구합니다.

	A	B	C	D	E
1	결산일	만기일	발행일	최초이자지급일	
2	2020-10-15	2025-03-01	2020-03-01	2021-03-01	
3	이율	수익률	상환액	빈도(연2회)	현재가격
4	3.50%	6%	100	2	90.46

식 =ODDFPRICE(A2,B2,C2,D2,A4,B4,C4,D4)

설명 최초 이자 지급 기간이 경상 이수 기간과 다른 채권의 현재 가격을 계산합니다.

► ACCRINT

이표채의 경과이자를 구한다

이표채의 결산일까지 발생하는 경과이자(미수이자)를 구합니다.

| 형식 | ACCRINT(**발행일**,**최초이자지급일**,**결산일**,**이율**,**액면가**,**빈도**, [**기준**],[**계산 방식**]) |

- [발행일]에는 채권의 발행일을 지정합니다.
- [최초이자지급일]에는 채권의 첫 이자 지급일을 지정합니다.
- [결산일]에는 채권의 결산일(구입일)을 지정합니다.
- [이율]에는 채권의 이자율을 지정합니다.
- [액면가]에는 채권의 액면가를 지정합니다.
- [빈도]에는 연간 이자 지급 횟수를 지정합니다.
- [기준]에는 기준일수(월/년)를 나타내는 숫자를 지정합니다(p.308 표 참조).
- [계산 방식]은 결산일이 최초이자지급일보다 늦어질 경우, 경과이자의 총액을 계산할 때 사용하는 방법을 논릿값으로 지정합니다. TRUE 또는 1인 경우 발행일로부터 결산일까지의 경과이자 합계를 반환합니다. FALSE 또는 0인 경우 최초이자지급일로부터 결산일까지의 경과이자를 반환합니다. 생략하면 TRUE로 간주합니다.

예시 1 이표채 발행일로부터 결산일까지의 경과이자를 구합니다.

	A	B	C	D	E
1	발행일	최초이자지급일	결산일		
2	2023-09-01	2024-03-01	2025-10-15		
3	이율	액면가	빈도(연2회)	기준	계산 방식
4	2.00%	100	2	1	TRUE
5	경과이자				
6	4.24				
7					

식　=ACCRINT(A2,B2,C2,A4,B4,C4,D4,E4)

설명　발행일 2023/9/1부터 결산일 2025/10/15까지의 경과이자를 구합니다.

▶ ACCRINTM

만기 이자 채권의 경과이자를 구한다

만기일에 이자가 지급되는 채권(만기이자부 채권)의 발행일로부터 결산일까지의 경과이자를 구합니다.

형식 **ACCRINTM(발행일,결산일,이율,액면가,[기준])**

- [발행일]에는 채권의 발행일을 지정합니다.
- [결산일]에는 채권의 결산일(구입일)을 지정합니다.
- [이율]에는 채권의 연간 이자율을 지정합니다.
- [액면가]에는 채권의 액면가를 지정합니다.
- [기준]에는 기준일수(월/년)를 나타내는 숫자를 지정합니다(p.308 표 참조).

예시 1 만기이자부 채권의 발행일로부터 결산일까지의 경과이자를 구합니다.

	A	B	C	D	E	F
1	발행일	결산일	이율	액면가	기준	경과이자
2	2020-04-15	2025-09-15	2.00%	100	1	10.834
3						

식 =ACCRINTM(A2,B2,C2,D2,E2)

설명 발행일 2020/4/15부터 결산일 2025/9/15까지의 경과이자를 구합니다.

HINT ▶ [결산일]에 만기일을 지정하면 발행일로부터 만기일까지의 경과이자를 계산합니다.

▶ YIELD

이표채의 수익률을 구한다

이표채를 만기일까지 보유했을 때 얻을 수 있는 수익률을 구합니다.

형식　YIELD(**결산일**,**만기일**,**이율**,**현재 가격**,**상환액**,**빈도**,**[기준]**)

- [결산일]에는 채권의 결산일(구입일)을 지정합니다.
- [만기일]에는 채권의 만기일(상환일)을 지정합니다.
- [이율]에는 채권의 연간 이자율을 지정합니다.
- [현재 가격]에는 액면가 100에 대한 채권의 현재 가격을 지정합니다.
- [상환액]에는 액면가 100에 대한 채권의 상환액을 지정합니다.
- [빈도]에는 연간 이자 지급 횟수를 지정합니다.
- [기준]에는 기준일수(월/년)를 나타내는 숫자를 지정합니다(p.308 표 참조).

예시　1　이표채의 수익률을 구합니다.

	A	B	C	D	E	F	G
1	결산일	만기일	이율	현재 가격	상환액	빈도	수익률
2	2021-04-01	2025-09-15	2.00%	95	100	2	3.214%
3							

식　=YIELD(A2,B2,C2,D2,E2,F2,1)

설명　결산일 2021/4/1, 만기일 2025/9/15, 이자율 2%인 이표채의 수익률을 구합니다.

재무　　채권　　365　2021　2019　2016

수학/삼각

날짜/시간

통계

문자열 조작

논리

검색/참조 · 웹

큐브

정보

데이터베이스

재무

공학

기초지식

유용한 테크닉

▶ PRICE

이표채의 현재 가격을 구한다

이표채의 액면가 100당 현재 가격을 구합니다.

| 형식 | **PRICE(결산일,만기일,이율,수익률,상환액,빈도,[기준])** |

- [결산일]에는 채권의 결산일(구입일)을 지정합니다.
- [만기일]에는 채권의 만기일(상환일)을 지정합니다.
- [이율]에는 채권의 연간 이자율을 지정합니다.
- [수익률]에는 채권의 수익률을 지정합니다.
- [상환액]에는 액면가 100에 대한 채권의 상환액을 지정합니다.
- [빈도]에는 연간 이자 지급 횟수를 지정합니다.
- [기준]에는 기준일수(월/년)를 나타내는 숫자를 지정합니다(p.308 표 참조).

| 예시 | **1** | 이표채의 현재 가격을 구합니다. |

⬚	A	B	C	D	E	F	G
1	결산일	만기일	이율	수익률	상환액	빈도	현재가격
2	2020-09-15	2025-04-01	2.00%	3.00%	100	2	95.78
3							

| 식 | **=PRICE(A2,B2,C2,D2,E2,F2,1)** |

| 설명 | 결산일 2020/9/15, 만기일 2025/4/1, 이자율 2%, 수익률 3%인 이표채의 현재 가격을 구합니다. |

| 관련 | PRICEMAT　만기 이자 채권의 현재 가격을 구한다 ➡ p.318

재무	채권	365 2021 2019 2016

▶ DISC

할인채의 할인율을 구한다

할인채의 할인율을 반환합니다. 할인채는 이자가 없는 대신 이자 상당액을 액면가에서 차감해 발행하고 만기일(상환일)에 전액 수령할 수 있는 채권을 말합니다.

형식	DISC(결산일,만기일,현재 가격,상환액,[기준])

- [결산일]에는 채권의 결산일(구입일)을 지정합니다.
- [만기일]에는 채권의 만기일(상환일)을 지정합니다.
- [현재 가격]에는 액면가 100에 대한 채권의 현재 가격을 지정합니다.
- [상환액]에는 액면가 100에 대한 채권의 상환액을 지정합니다.
- [기준]에는 계산에 사용할 기준일수(월/년)를 나타내는 숫자를 지정합니다(p.308 표 참조).

재무	채권	365 2021 2019 2016

▶ PRICEDISC

할인채의 현재 가격을 구한다

할인채의 액면가 100당 현재 가격을 반환합니다.

형식	PRICEDISC(결산일,만기일,할인율,상환액,[기준])

- [결산일]에는 채권의 결산일(구입일)을 지정합니다.
- [만기일]에는 채권의 만기일(상환일)을 지정합니다.
- [할인율]에는 채권의 할인율을 지정합니다.
- [상환액]에는 액면가 100에 대한 채권의 상환액을 지정합니다.
- [기준]에는 계산에 사용할 기준일수(월/년)를 나타내는 숫자를 지정합니다(p.308 표 참조).

재무	채권	365 2021 2019 2016

▶ INTRATE

할인채의 수익률을 구한다

할인채를 만기일까지 보유했을 때의 수익률을 구합니다.

형식	INTRATE(결산일,만기일,투자액,상환액,[기준])

- [결산일]에는 채권의 결산일(구입일)을 지정합니다.
- [만기일]에는 채권의 만기일(상환일)을 지정합니다.
- [투자액]에는 채권의 투자액(현재 가격)을 지정합니다.
- [상환액]에는 액면가 100에 대한 채권의 상환액을 지정합니다.
- [기준]에는 계산에 사용할 기준일수(월/년)를 나타내는 숫자를 지정합니다(p.308 표 참조).

▶ RECEIVED

할인채의 상환액을 구한다

할인채의 만기일에 받을 상환액을 구합니다.

형식 **RECEIVED(결산일,만기일,투자액,할인율,[기준])**

- [결산일]에는 채권의 결산일(구입일)을 지정합니다.
- [만기일]에는 채권의 만기일(상환일)을 지정합니다.
- [투자액]에는 채권의 투자액(현재 가격)을 지정합니다.
- [할인율]에는 채권의 할인율을 지정합니다.
- [기준]에는 계산에 사용할 기준일수(월/년)를 나타내는 숫자를 지정합니다(p.308 표 참조).

예시 1 할인채의 만기일에 받을 상환액을 구합니다.

	A	B	C	D	E	F
1	결산일	만기일	투자액	할인율	기준	상환액
2	2020-09-01	2025-09-01	95	2.00%	1	105.551
3						

식 =RECEIVED(A2,B2,C2,D2,E2)

설명 만기일 2025/9/1, 할인율 2%, 투자액 95로 구입한 할인채의 상환액을 구합니다.

▶ PRICEMAT

만기 이자 채권의 현재 가격을 구한다

만기일에 이자가 지급되는 채권(만기이자부 채권)의 액면가 100당 현재 가격을 반환합니다.

형식 **PRICEMAT(결산일,만기일,발행일,이율,수익률,[기준])**

- [결산일]에는 채권의 결산일(구입일)을 지정합니다.
- [만기일]에는 채권의 만기일(상환일)을 지정합니다.
- [발행일]에는 채권의 발행일을 지정합니다.
- [이율]에는 채권의 연간 이자율을 지정합니다.
- [수익률]에는 채권의 수익률을 지정합니다.
- [기준]에는 기준일수(월/년)를 나타내는 숫자를 지정합니다(p.308 표 참조).

예시 1 만기이자부 채권의 현재 가격을 구합니다.

	A	B	C	D	E	F	G	H
1	결산일	만기일	발행일	이율	수익률	기준	현재가격	
2	2020-09-15	2025-04-01	2020-04-01	1.50%	2.00%	1	97.865	
3								
4								

식 **=PRICEMAT(A2,B2,C2,D2,E2,F2)**

설명 이율 1.5%, 수익률 2%인 만기이자부 채권의 액면가 100당 현재 가격을 구합니다.

▶ YIELDMAT

만기 이자 채권의 수익률을 구한다

만기일에 이자가 지급되는 채권(만기이자부 채권)의 수익률을 반환합니다.

형식 　YIELDMAT(결산일,만기일,발행일,이율,현재 가격,[기준])

- [결산일]에는 채권의 결산일(구입일)을 지정합니다.
- [만기일]에는 채권의 만기일(상환일)을 지정합니다.
- [발행일]에는 채권의 발행일을 지정합니다.
- [이율]에는 채권의 연간 이자율을 지정합니다.
- [현재 가격]에는 액면가 100에 대한 채권의 현재 가격을 지정합니다.
- [기준]에는 기준일수(월/년)를 나타내는 숫자를 지정합니다(p.308 표 참조).

▶ YIELDDISC

할인채의 연간 수익률을 구한다

할인채를 만기일까지 보유했을 경우의 연간 수익률을 반환합니다.

형식 　YIELDDISC(결산일,만기일,현재 가격,상환액,[기준])

- [결산일]에는 채권의 결산일(구입일)을 지정합니다.
- [만기일]에는 채권의 만기일(상환일)을 지정합니다.
- [현재 가격]에는 액면가 100에 대한 채권의 현재 가격을 지정합니다.
- [상환액]에는 액면가 100에 대한 채권의 상환액을 지정합니다.
- [기준]에는 계산에 사용할 기준일수(월/년)를 나타내는 숫자를 지정합니다(p.308 표 참조).

▶ COUPPCD / COUPNCD

이표채의 결산일 직전 또는 직후의 이자 지급일을 구한다

COUPPCD 함수는 이표채의 결산일 직전의 이자 지급일을 반환합니다. COUPNCD 함수는 이표채의 결산일 직후의 이자 지급일을 반환합니다. 날짜가 일련번호로 반환되므로 필요에 따라 날짜 표시 형식을 설정해야 합니다.

형식	**COUPPCD(결산일,만기일,빈도,[기준])** **COUPNCD(결산일,만기일,빈도,[기준])**

- [결산일]에는 채권의 결산일(구입일)을 지정합니다.
- [만기일]에는 채권의 만기일(상환일)을 지정합니다.
- [빈도]에는 연간 이자 지급 횟수를 지정합니다.
- [기준]에는 계산에 사용할 기준일수(월/년)를 나타내는 숫자를 지정합니다(p.308 표 참조).

예시 1 이표채의 결산일 직전과 직후의 이자 지급일을 구합니다.

▲	A	B	C	D	E	F	G
1	결산일	만기일	빈도	기준	직전 이자 지급일	직후 이자 지급일	
2	2020-09-15	2025-04-01	4	1	2020-07-01	2020-10-01	
3	2020-12-15	2025-04-01	4	1	2020-10-01	2021-01-01	
4							
5							

식	=COUPPCD(A2,B2,C2,D2)

식	=COUPNCD(A2,B2,C2,D2)

설명 셀 E2는 COUPPCD 함수로 결산일 2020/9/15, 만기일 2025/4/1, 빈도 4인 이표 채의 결산일 직전의 이자 지급일을 구합니다. 셀 F2는 COUPNCD 함수를 사용해 마찬가지로 이표채의 결산일 직후의 이자 지급일을 구합니다.

▶ COUPNUM

이표채의 결산일과 만기일 사이의 이자 지급 횟수를 구한다

이표채의 결산일과 만기일 사이에 이자가 지급되는 횟수를 반환합니다.

형식	**COUPNUM(결산일,만기일,빈도,[기준])**

- [결산일]에는 채권의 결산일(구입일)을 지정합니다.
- [만기일]에는 채권의 만기일(상환일)을 지정합니다.
- [빈도]에는 연간 이자 지급 횟수를 지정합니다.
- [기준]에는 계산에 사용할 기준일수(월/년)를 나타내는 숫자를 지정합니다(p.308 표 참조).

예시 1 이표채의 결산일과 만기일 사이의 이자 지급 횟수를 구합니다.

	A	B	C	D	E	F
1	결산일	만기일	빈도	기준	이자 지급 횟수	
2	2020-09-15	2025-04-01	4	1	19	
3						
4						

식	**=COUPNUM(A2,B2,C2,D2)**

설명 결산일 2020/9/15, 만기일 2025/4/1, 빈도가 4인 이표채의 이자 지급 횟수를 구합니다.

▶ COUPDAYBS / COUPDAYSNC

이표채의 결산일 직전 또는 직후 이자 지급일로부터 결산일까지의 일수를 구한다

COUPDAYBS 함수는 이표채의 결산일 직전 이자 지급일로부터 결산일까지의 일수를 반환합니다. COUPDAYSNC 함수는 이표채의 결산일로부터 직후 이자 지급일까지의 일수를 반환합니다.

형식	COUPDAYBS(**결산일**,**만기일**,**빈도**,**[기준]**)
	COUPDAYSNC(**결산일**,**만기일**,**빈도**,**[기준]**)

- [결산일]에는 채권의 결산일(구입일)을 지정합니다.
- [만기일]에는 채권의 만기일(상환일)을 지정합니다.
- [빈도]에는 연간 이자 지급 횟수를 지정합니다.
- [기준]에는 계산에 사용할 기준일수(월/년)를 나타내는 숫자를 지정합니다(p.308 표 참조).

예시 1 직전 및 직후의 이자 지급일과 결산일까지의 일수를 구합니다.

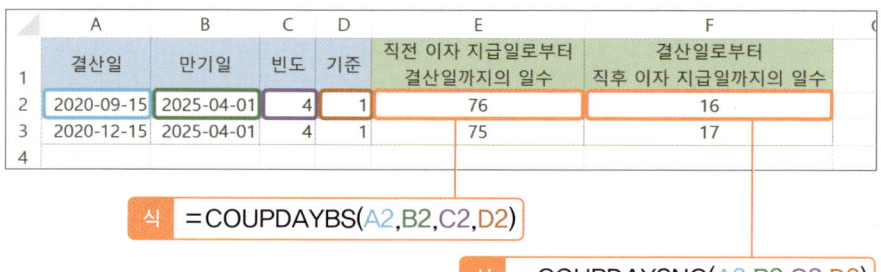

	A	B	C	D	E	F
1	결산일	만기일	빈도	기준	직전 이자 지급일로부터 결산일까지의 일수	결산일로부터 직후 이자 지급일까지의 일수
2	2020-09-15	2025-04-01	4	1	76	16
3	2020-12-15	2025-04-01	4	1	75	17
4						

식	=COUPDAYBS(A2,B2,C2,D2)

식	=COUPDAYSNC(A2,B2,C2,D2)

설명 셀 E2는 COUPDAYBS 함수로 결산일 2020/9/15, 만기일 2025/4/1, 빈도 4인 이표채의 결산일 직전 이자 지급일로부터 결산일까지의 일수를 구합니다. 셀 F2는 COUPDAYSNC 함수로 마찬가지로 결산일로부터 직후 이자 지급일까지의 일수를 구합니다.

▶ COUPDAYS

결산일이 포함된 이자 지급 기간의 일수를 구한다

이표채의 결산일을 포함한 이자 지급 기간의 일수를 반환합니다.

| 형식 | COUPDAYS(**결산일**,**만기일**,**빈도**,**[기준]**) |

- [결산일]에는 채권의 결산일(구입일)을 지정합니다.
- [만기일]에는 채권의 만기일(상환일)을 지정합니다.
- [빈도]에는 연간 이자 지급 횟수를 지정합니다.
- [기준]에는 기준일수(월/년)를 나타내는 숫자를 지정합니다(p.308 표 참조).

예시 1 이표채의 결산일을 포함한 이자 지급 기간의 일수를 구합니다.

	A	B	C	D	E	F
1	결산일	만기일	빈도	기준	일수	
2	2020-09-15	2025-04-01	4	1	92	
3						

| 식 | =COUPDAYS(A2,B2,C2,D2) |

설명 결산일 2020/9/15, 만기일 2025/4/1, 빈도 4인 이표채의 결산일을 포함해 다음 이자 지급일까지의 일수를 구합니다.

재무 | 미국 재무부 단기 채권 | 365 2021 2019 2016

TBILLEQ

미국 재무부 단기 채권의 채권 환산 수익률을 구한다

미국 재무부 단기 채권을 만기일까지 보유할 경우 일반 채권으로 환산한 금액으로 수익률을 반환합니다.

형식 TBILLEQ(결산일,만기일,할인율)

- [결산일]에는 채권의 결산일(구입일)을 지정합니다.
- [만기일]에는 채권의 만기일(상환일)을 지정합니다.
- [할인율]에는 채권의 할인율을 지정합니다.

재무 | 미국 재무부 단기 채권 | 365 2021 2019 2016

TBILLPRICE

미국 재무부 단기 채권의 현재 가격을 구한다

미국 재무부 단기 채권의 액면가 100당 현재 가격을 반환합니다.

형식 TBILLPRICE(결산일,만기일,할인율)

- [결산일]에는 채권의 결산일(구입일)을 지정합니다.
- [만기일]에는 채권의 만기일(상환일)을 지정합니다.
- [할인율]에는 채권의 할인율을 지정합니다.

재무 | 미국 재무부 단기 채권 | 365 2021 2019 2016

TBILLYIELD

미국 재무부 단기 채권의 수익률을 구한다

미국 재무부 단기 채권을 만기일까지 보유했을 때의 수익률을 반환합니다.

형식 TBILLYIELD(결산일,만기일,현재가치)

- [결산일]에는 채권의 결산일(구입일)을 지정합니다.
- [만기일]에는 채권의 만기일(상환일)을 지정합니다.
- [현재가치]에는 액면가 100에 대한 채권의 현재가치를 지정합니다.

공학 함수

공학 함수에는 미터 단위에서 피트 단위로 숫자 단위를 변환할 수 있는 함수, 10진수를 2진수나 16진수로 변환하는 등 n진수를 다루는 함수, 비트 연산 함수, 복소수 연산 함수 등 공학 분야에서 사용하는 함수가 준비되어 있습니다.

▶ CONVERT

숫자의 단위를 변경한다

마일을 킬로미터 단위로 변환하는 등 다양한 숫자 단위를 다른 단위로 변환합니다.

형식	CONVERT(숫자,변환 전 단위,변환 후 단위)

- [숫자]에는 변환할 숫자를 지정합니다.
- [변환 전 단위]에는 현재 단위를 아래 표에 표시된 단위로 지정합니다. 직접 지정하는 경우 "g"와 같이 쌍따옴표("")로 둘러싸서 지정합니다.
- [변환 후 단위]에는 아래 표에 표시된 단위를 사용해 변환할 단위를 지정합니다. 예를 들어, 1피트(ft)를 미터(m)로 변환하려면 '=CONVERT(1,"ft","m")'을 지정하고, 그 결과 '0.3048'을 반환합니다.

주요 단위

종류	명칭	단위
무게	그램	g
	비중	sg
	파운드(상용)	lbm
	U (원자 질량 단위)	u
	온스(상용)	ozm
	톤	ton
거리	미터	m
	법정 마일	mi
	해리	Nmi
	인치	in
	피트	ft
	야드	yd
	옹스트롬	ang
	광년	ly
	파이카(1/6인치)	pica

종류	명칭	단위
시간	연도	yr
	일	day 또는 d
	시간	hr
	분	mn 또는 min
	초	sec 또는 s
압력	파스칼	Pa 또는 p
	기압	atm 또는 at
	수은주 밀리미터	mmHg
물리적 힘	뉴턴	N
	다인	dyn 또는 dy
	파운드힘	lbf
에너지	줄	J
	에르그	e
	칼로리(물리화학적 열량)	c

종류	명칭	단위
에너지	칼로리 (생리적 대사열량)	cal
	전자볼트	eV 또는 ev
	마력시	HPh 또는 hh
	와트시	Wh 또는 wh
	풋파운드	flb
	BTU (영국열량단위)	BTU 또는 btu
일률	마력	HP 또는 h
	와트	W 또는 w
자기력	테슬라	T
	가우스	ga
온도	섭씨	C 또는 cel
	화씨	F 또는 fah
	켈빈	K 또는 kel
부피	티스푼	tsp
	최신 티스푼	tspm
	온스	oz
	컵	cup
	갤런	gal
	리터	L 또는 l 또는 lt
	입방미터	m3 또는 m^3
	입방마일	mi3 또는 mi^3
	입방피트	ft3 또는 ft^3
	입방인치	in3 또는 in^3
	입방해리	Nmi3 또는 Nmi^3
	총 등록 톤수	GRT(regton)

종류	명칭	단위
영역	아르	ar
	헥타르	ha
	평방미터	m2 또는 m^2
	평방마일	mi2 또는 mi^2
	평방인치	in2 또는 in^2
	평방피트	ft2 또는 ft^2
	평방야드	yd2 또는 yd^2
	평방해리	Nmi2 또는 Nmi^2
	평방광년	ly2 또는 ly^2
정보	비트	bit
	바이트	byte
속도	영국 노트	admkn
	노트	kn
	미터/시간	m/h 또는 m/hr
	미터/초	m/s 또는 m/sec
	마일/시간	mph

수학/삼각
날짜/시간
통계
문자열 조작
논리
검색/행렬·웹
큐브
정보
데이터베이스
재무
공학
기초지식
유용한 테크닉

단위는 대소문자를 구분하며 반각으로 지정합니다.

아래의 10의 거듭제곱에 해당하는 약어는 [변환 전 단위] 또는 [변환 후 단위] 앞에 붙여서 사용할 수 있습니다. 예를 들어, 약어 'k'(10^3)와 단위 'g'를 조합해 'kg'과 같이 사용할 수 있습니다.

10의 거듭제곱에 해당하는 약어

접두사		10의 거듭제곱	약어	접두사		10의 거듭제곱	약어
yotta	요타	1E+24	Y	deci	데시	1E−01	d
zetta	제타	1E+21	Z	centi	센티	1E−02	c
exa	엑사	1E+18	E	milli	밀리	1E−03	m
peta	페타	1E+15	P	micro	마이크로	1E−06	u
tera	테라	1E+12	T	nano	나노	1E−09	n
giga	기가	1E+09	G	ico	피코	1E−12	p
mega	메가	1E+06	M	femto	펨토	1E−15	f
kilo	킬로	1E+03	k	atto	아토	1E−18	a
hecto	헥토	1E+02	h	zepto	젭토	1E−21	z
deca	데카	1E+01	e	yocto	욕토	1E−24	y

※ [10의 거듭제곱]에서 '1E+24'는 '10^{24}'을 의미합니다.

예시 1 숫자를 다양한 단위로 변환합니다.

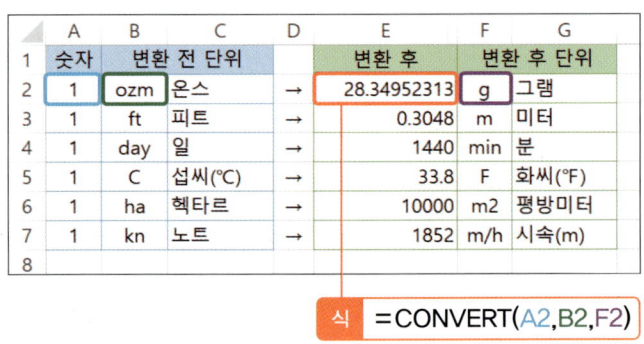

	A	B	C	D	E	F	G
1	숫자	변환 전 단위			변환 후	변환 후 단위	
2	1	ozm	온스	→	28.34952313	g	그램
3	1	ft	피트	→	0.3048	m	미터
4	1	day	일	→	1440	min	분
5	1	C	섭씨(℃)	→	33.8	F	화씨(℉)
6	1	ha	헥타르	→	10000	m2	평방미터
7	1	kn	노트	→	1852	m/h	시속(m)
8							

식 **=CONVERT(A2,B2,F2)**

설명 1(A2) 온스(ozm)(B2)를 그램(g)(F2)으로 변환한 결과를 구합니다.

수학/삼각

날짜/시간

통계

문자열 조작

논리

검색/행렬 · 웹

큐브

정보

데이터베이스

재무

공학

기초지식

유용한 테크닉

| 공학 | 숫자 비교 | 365 | 2021 | 2019 | 2016 |

▶ DELTA

두 숫자가 같은지 확인한다

인수로 지정한 두 숫자가 같은지를 검사해 같으면 1을, 같지 않으면 0을 반환합니다.

| 형식 | **DELTA(숫자 1,[숫자 2])** |

- [숫자 1]에는 비교하고자 하는 쪽의 숫자를 지정합니다.
- [숫자 2]에는 비교하고자 하는 다른 쪽의 숫자를 지정합니다. 생략하면 0을 지정한 것으로 간주합니다.

HINT ▶ 예를 들어, '=DELTA(5,4)'를 지정하면 같지 않으므로 '0'을 반환합니다.

| 공학 | 숫자 비교 | 365 | 2021 | 2019 | 2016 |

▶ GESTEP

숫자가 임계값 이상인지를 조사한다

인수로 지정한 숫자와 임계값을 비교해 숫자가 임계값 이상이면 1을 반환하고, 임계값보다 작으면 0을 반환합니다. 임계값은 경계가 되는 값입니다.

| 형식 | **GESTEP(숫자,[임계값])** |

- [숫자]에는 임계값과 비교할 숫자를 지정합니다.
- [임계값]에는 임계값으로 설정할 숫자를 지정합니다. 생략하면 0으로 간주합니다.

HINT ▶ 예를 들어, '=GESTEP(5,4)'로 지정하면 숫자(5)가 임계값(4)보다 크기 때문에 '1'을 반환합니다.

▶ DEC2BIN

10진수를 2진수로 변환한다

10진수 표기의 숫자를 지정한 자릿수의 2진수 표기로 변환한 문자열을 반환합니다.

| 형식 | DEC2BIN(숫자,[자릿수]) |

- [숫자]에는 2진수로 변환할 10진수 정수를 지정합니다. −512∼511의 정수로 지정합니다.
- [자릿수]에는 변환 후의 자릿수를 지정합니다. 결과가 자릿수에 미치지 못하는 경우, 지정한 자릿수가 될 때까지 앞에 '0'이 추가됩니다. 자릿수를 생략하면 필요한 최소 자릿수로 표기됩니다. 단, 음수를 지정하면 항상 10자리로 표시됩니다.

사용 예

예	의미	반환값
=DEC2BIN(5,5)	10진수 5를 5자리 2진수로 변환	00101
=DEC2BIN(−5)	10진수 −5를 2진수로 변환	1111111011

▶ DEC2OCT

10진수를 8진수로 변환한다

10진수 표기의 숫자를 지정한 자릿수의 8진수 표기로 변환한 문자열을 반환합니다.

| 형식 | DEC2OCT(숫자,[자릿수]) |

- [숫자]에는 8진수로 변환할 10진수 정수를 지정합니다. −536,870,912∼536,870,911의 정수로 지정합니다.
- [자릿수]에는 변환 후의 자릿수를 지정합니다. 결과가 자릿수에 미치지 못하는 경우, 지정한 자릿수가 될 때까지 앞에 '0'이 추가됩니다. 자릿수를 생략하면 필요한 최소 자릿수로 표기됩니다. 단, 음수를 지정하면 항상 10자리로 표시됩니다.

사용 예

예	의미	반환값
=DEC2OCT(10,5)	10진수 10을 8진수 5자리로 변환	00012
=DEC2OCT(−10)	10진수 −10을 8진수로 변환	7777777766

n진법

'n진법'은 한 자리 숫자를 n개의 문자로 표현하는 방법입니다. n진법으로 표현된 값을 'n진수'라고 하며, n의 부분에는 숫자가 들어갑니다. 예를 들어, 10진수는 '0, 1, 2, 3, 4, 5, 6, 7, 8, 9'의 10개의 숫자를 사용합니다. 최댓값인 9를 초과하면 한 자리씩 올라가 10이 됩니다.

10진수 외에 자주 사용되는 것으로는 2진수, 8진수, 16진수가 있는데, 2진수는 '0, 1'의 2종류, 8진수는 '0, 1, 2, 3, 4, 5, 6, 7'의 8종류, 16진수는 '0, 1, 2, 3, 4, 5, 6, 7, 8, 9, A, B, C, D, E, F'의 16종류의 문자를 사용하며, 각 문자의 가장 큰 값인 '1', '7', 'F'를 넘으면 한 자리씩 올라갑니다.

• 10진수를 n진수로 변환하는 계산

10진수의 숫자를 n진수로 변환하려면 10진수의 숫자를 n으로 나눈 나머지와 마지막 몫을 정렬합니다. 예를 들어, 10진수 '5'를 2진수로 변환하려면 아래 그림과 같이 2로 나눈 뒤 나머지와 마지막 몫을 정렬하면 '101'이 나옵니다.

```
 2 )  5    나머지
 2 )  2  ···1
 몫   1  ···0

      1   0   1
```

• n진수를 10진수로 변환하는 연산

n진수를 10진수로 변환하려면 다음과 같은 방법으로 계산할 수 있습니다. 예를 들어, 2진수 '1101'을 10진수로 변환하려면 1의 자리에는 2^0, 10의 자리에는 2^1, 백의 자리에는 2^2, 천의 자리에는 2^3을 각각 곱하여 합산합니다. 그 결과 10진수로는 '13'을 얻을 수 있습니다.

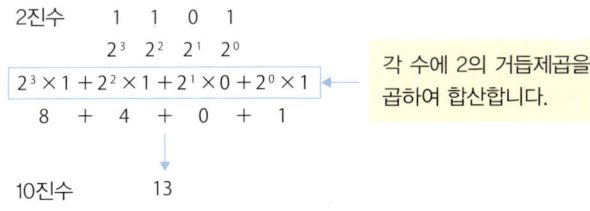

```
2진수     1   1   0   1
         2³  2²  2¹  2⁰
    2³×1 + 2²×1 + 2¹×0 + 2⁰×1
     8  +  4  +  0  +  1

10진수       13
```

각 수에 2의 거듭제곱을 곱하여 합산합니다.

331

▶ DEC2HEX

10진수를 16진수로 변환한다

10진수 표기의 숫자를 지정한 자릿수의 16진수 표기로 변환한 문자열을 반환합니다.

형식　DEC2HEX(숫자,[자릿수])

- [숫자]에는 16진수로 변환할 10진수 정수를 지정합니다. −549,755,813,888~ 549,755,813,887의 정수로 지정합니다.
- [자릿수]에는 변환 후의 자릿수를 지정합니다. 결과가 자릿수에 미치지 못하는 경우, 지정한 자릿수가 될 때까지 앞에 '0'이 추가됩니다. 자릿수를 생략하면 필요한 최소 자릿수로 표기됩니다. 단, 음수를 지정하면 항상 10자리로 표시됩니다.

사용 예

예	의미	반환값
=DEC2HEX(45,5)	10진수 45를 5자리 16진수로 변환	0002D
=DEC2HEX(−10)	10진수 −10을 16진수로 변환	FFFFFFFFF6

▶ BIN2OCT

2진수를 8진수로 변환한다

2진수 표기의 숫자를 지정한 자릿수의 8진수 표기로 변환한 문자열을 반환합니다.

형식　BIN2OCT(숫자,[자릿수])

- [숫자]에는 8진수로 변환할 2진수 정수를 지정합니다. 사용할 수 있는 문자 수는 10자리까지이며, 1000000000(−512)보다 작은 음수나 1111111111(511)보다 큰 양수는 지정할 수 없습니다.
- [자릿수]에는 변환 후의 자릿수를 지정합니다. 결과가 자릿수에 미치지 못하는 경우, 지정한 자릿수가 될 때까지 앞에 '0'이 추가됩니다. 자릿수를 생략하면 필요한 최소 자릿수로 표기됩니다. 단, 음수를 지정하면 항상 10자리로 표시됩니다.

사용 예

예	의미	반환값
=BIN2OCT(1010,3)	2진수 1010을 3자리 8진수로 변환	012
=BIN2OCT(11111)	2진수 11111을 8진수로 변환	37

수학/삼각

날짜/시간

통계

문자열 조작

논리

검색/행렬 · 웹

큐브

정보

데이터베이스

재무

약학

기초지식

유용한 테크닉

공학   기수 변환   365   2021   2019   2016

▶ BIN2DEC

2진수를 10진수로 변환한다

2진수 표기의 숫자를 10진수 표기로 변환한 숫자를 반환합니다.

형식   BIN2DEC(숫자)

[숫자]에는 10진수로 변환할 2진수 정수를 지정합니다. 지정할 수 있는 문자 수는 10자리까지입니다. 1000000000(−512)보다 작은 음수나 1111111111(511)보다 큰 양수는 지정할 수 없습니다.

사용 예

예	의미	반환값
=BIN2DEC(1010)	2진수 1010을 10진수로 변환	10
=BIN2DEC(11111)	2진수 11111을 10진수로 변환	31

공학   기수 변환   365   2021   2019   2016

▶ BIN2HEX

2진수를 16진수로 변환한다

2진수 표기의 숫자를 지정한 자릿수의 16진수 표기로 변환한 문자열을 반환합니다.

형식   BIN2HEX(숫자,[자릿수])

- [숫자]에는 16진수로 변환할 2진수 정수를 지정합니다. 지정할 수 있는 문자 수는 10자리까지입니다. 1000000000(−512)보다 작은 음수나 1111111111(511)보다 큰 양수는 지정할 수 없습니다.
- [자릿수]에는 변환 후의 자릿수를 지정합니다. 결과가 자릿수에 미치지 못하는 경우, 지정한 자릿수가 될 때까지 앞에 '0'이 추가됩니다. 자릿수를 생략하면 필요한 최소 자릿수로 표기됩니다. 단, 음수를 지정하면 항상 10자리로 표시됩니다.

사용 예

예	의미	반환값
=BIN2HEX(1010,3)	2진수 1010을 3자리 16진수로 변환	00A
=BIN2HEX(11111)	2진수 11111을 16진수로 변환	1F

▶ OCT2BIN

8진수를 2진수로 변환한다

8진수 표기의 숫자를 지정한 자릿수의 2진수 표기로 변환한 문자열을 반환합니다.

형식   OCT2BIN(**숫자**,[**자릿수**])

- [숫자]에는 2진수로 변환할 8진수 정수를 지정합니다. 지정할 수 있는 문자 수는 10자리까지입니다. *7777777000*(−512)보다 작은 음수나 *777*(511)보다 큰 양수는 지정할 수 없습니다.
- [자릿수]에는 변환 후의 자릿수를 지정합니다. 결과가 자릿수에 미치지 못하는 경우, 지정한 자릿수가 될 때까지 앞에 '0'이 추가됩니다. 자릿수를 생략하면 필요한 최소 자릿수로 표기됩니다. 단, 음수를 지정하면 항상 10자리로 표시됩니다.

사용 예

예	의미	반환값
=OCT2BIN(5,5)	8진수 5를 5자리 2진수로 변환	00101
=OCT2BIN(*7777777000*)	8진수 *7777777000*을 2진수로 변환	1000000000

▶ OCT2DEC

8진수를 10진수로 변환한다

8진수 표기의 숫자를 10진수 표기로 변환한 숫자로 반환합니다.

형식   OCT2DEC(**숫자**)

[숫자]에는 10진수로 변환할 8진수 정수를 지정합니다. 지정할 수 있는 문자 수는 10자리까지입니다.

사용 예

예	의미	반환값
=OCT2DEC(10)	8진수 10을 10진수로 변환	8
=OCT2DEC(*7777777766*)	8진수 *7777777766*을 10진수로 변환	−10

수학/삼각

날짜/시간

통계

문자열 조작

논리

검색/참조 · 웹

큐브

정보

데이터베이스

재무

공학

기초지식

유용한 테크닉

▶ OCT2HEX

8진수를 16진수로 변환한다

8진수 표기의 숫자를 지정한 자릿수의 16진수 표기로 변환한 문자열을 반환합니다.

형식　　**OCT2HEX(숫자,[자릿수])**

- [숫자]에는 8진수 정수를 지정합니다. 지정할 수 있는 문자 수는 10자리까지입니다.
- [자릿수]에는 변환 후의 자릿수를 지정합니다. 결과가 자릿수에 미치지 못하는 경우, 지정한 자릿수가 될 때까지 앞에 '0'이 추가됩니다. 자릿수를 생략하면 필요한 최소 자릿수로 표기됩니다. 단, 음수를 지정하면 항상 10자리로 표시됩니다.

사용 예

예	의미	반환값
=OCT2HEX(100,4)	8진수 100을 4자리 16진수로 변환	0040
=OCT2HEX(7777777533)	8진수 7777777533을 16진수로 변환	FFFFFFFF5B

▶ HEX2BIN

16진수를 2진수로 변환한다

16진수 표기의 숫자를 지정한 자릿수의 2진수 표기로 변환한 문자열을 반환합니다.

형식　　**HEX2BIN(숫자,[자릿수])**

- [숫자]에는 16진수 정수를 지정합니다. 지정할 수 있는 문자 수는 10자리까지입니다. FFFFFFFE00(−512)보다 작은 음수나 1FF(511)보다 큰 양수는 지정할 수 없습니다.
- [자릿수]에는 변환 후의 자릿수를 지정합니다. 결과가 자릿수에 미치지 못하는 경우, 지정한 자릿수가 될 때까지 앞에 '0'이 추가됩니다. 자릿수를 생략하면 필요한 최소 자릿수로 표기됩니다. 단, 음수를 지정하면 항상 10자리로 표시됩니다.

사용 예

예	의미	반환값
=HEX2BIN("A",5)	16진수 A를 5자리 2진수로 변환	01010
=HEX2BIN("FA")	16진수 FA를 2진수로 변환	11111010

▶ HEX2DEC

16진수를 10진수로 변환한다

16진수 표기의 숫자를 10진수 표기로 변환한 숫자로 반환합니다.

형식   HEX2DEC(숫자)

[숫자]에는 16진수 정수를 지정합니다. 지정할 수 있는 문자 수는 10자리까지입니다.

사용 예

예	의미	반환값
=HEX2DEC("A")	16진수 A를 10진수로 변환	10
=HEX2DEC("FA")	16진수 FA를 10진수로 변환	250

▶ HEX2OCT

16진수를 8진수로 변환한다

16진수 표기의 숫자를 지정한 자릿수의 8진수 표기로 변환한 문자열을 반환합니다.

형식   HEX2OCT(숫자,[자릿수])

- [숫자]에는 16진수 정수를 지정합니다. 지정할 수 있는 문자 수는 10자리까지입니다. FFE0000000(−536,870,912)보다 작은 음수나 1FFFFFFFF(536,870,911)보다 큰 양수를 지정할 수 없습니다.
- [자릿수]에는 변환 후의 자릿수를 지정합니다. 결과가 자릿수에 미치지 못하는 경우, 지정한 자릿수가 될 때까지 앞에 '0'이 추가됩니다. 자릿수를 생략하면 필요한 최소 자릿수로 표기됩니다. 단, 음수를 지정하면 항상 10자리로 표시됩니다.

사용 예

예	의미	반환값
=HEX2OCT("A",5)	16진수 A를 5자리 8진수로 변환	00012
=HEX2OCT("FA")	16진수 FA를 8진수로 변환	372

수학/삼각

날짜/시간

통계

문자열 조작

논리

검색/행렬 · 웹

큐브

정보

데이터베이스

재무

공학

기초지식

유용한 테크닉

공학　　　비트연산 365　2021　2019　2016

▶ BITAND

논리곱을 구한다

두 개의 숫자를 2진수로 표기했을 때 같은 위치에 있는 비트가 모두 1이면 1, 그렇지 않으면 0으로 하는 연산(AND: 논리곱)을 수행한 결과를 반환합니다.

형식　　**BITAND(숫자 1,숫자 2)**

[숫자]에는 논리곱을 구하고자 하는 숫자를 지정합니다.

공학　　　비트연산 365　2021　2019　2016

▶ BITOR

논리합을 구한다

두 개의 숫자를 2진수로 표기했을 때 같은 위치에 있는 비트 중 하나 이상이 1이면 1, 그렇지 않으면 0으로 하는 연산(OR: 논리합)을 수행한 결과를 반환합니다.

형식　　**BITOR(숫자 1,숫자 2)**

[숫자]에는 논리합을 구하고자 하는 숫자를 지정합니다.

예시 **1** 두 숫자의 논리곱과 논리합을 구합니다.

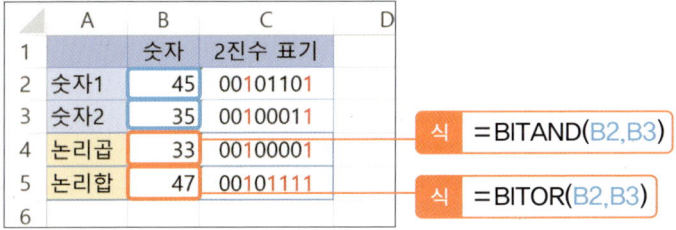

설명　셀 B4는 BITAND 함수로 셀 B2(45)와 셀 B3(35)의 숫자를 2진수로 표기한 값의 논리곱 결과를 구합니다. 셀 B5도 마찬가지로 BITOR 함수로 논리합 결과를 구합니다. 셀 C2와 셀 C3의 2진수 표기를 확인하면 BITAND 함수는 둘 다 1인 값이 1이 되어 '00100001', BITOR 함수는 적어도 둘 중 하나라도 1인 값이 1이 되어 '00101111'이 되는 것을 알 수 있습니다.

▶ BITXOR

배타적 논리합을 구한다

두 개의 숫자를 2진수로 표기했을 때 같은 위치에 있는 비트 중 하나만 1이면 1, 나머지는 0
으로 하는 연산(XOR: 배타적 논리합)을 수행한 결과를 반환합니다.

형식   **BITXOR(숫자 1,숫자 2)**

[숫자]에는 배타적 논리합을 구하고자 하는 숫자를 지정합니다.

예시 1   두 숫자의 배타적 논리합을 구합니다.

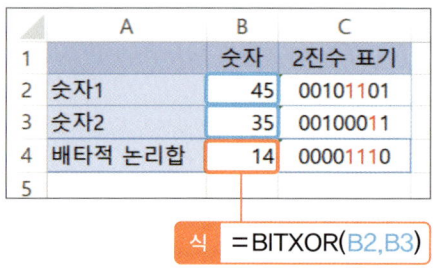

◢	A	B	C
1		숫자	2진수 표기
2	숫자1	45	00101101
3	숫자2	35	00100011
4	배타적 논리합	14	00001110
5			

식   =BITXOR(B2,B3)

설명   셀 B2(45)와 셀 B3(35)의 값을 2진수로 표기한 값의 배타적 논리합 결과를 구
합니다. 셀 B2와 셀 B3을 2진수로 표현한 값 중 하나만 1인 값은 1이 되어
'00001110'이 됩니다. 이를 10진수로 표현하면 '14'가 됩니다.

▶ BITLSHIFT / BITRSHIFT

비트를 왼쪽 또는 오른쪽으로 이동한다

BITLSHIFT 함수는 숫자를 2진수로 표기했을 때, 지정한 자릿수(비트)만큼 왼쪽으로 이동한 결과를 반환합니다. 이동 후 빈 자리에는 0이 들어갑니다. BITRSHIFT 함수는 숫자를 2진수로 표기했을 때, 지정한 자릿수(비트)만큼 오른쪽으로 이동한 결과를 반환합니다. 이동 후 빈 자리에는 0이 들어갑니다.

| 형식 | **BITLSHIFT(숫자,시프트 수)**
BITRSHIFT(숫자,시프트 수) |

- [숫자]에는 이동하고자 하는 숫자를 지정합니다.
- [시프트 수]는 왼쪽 또는 오른쪽으로 이동할 자릿수(비트)를 지정합니다.

| HINT ▶

왼쪽 시프트 연산

| 0 | 0 | 1 | 0 | 0 | 0 | 1 | 1 |
| 0 | 0 | 1 | 0 | 0 | 0 | 1 | 1 | 0 | 0 |

왼쪽으로 두 자리 이동하고 오른쪽 빈 자리에는 0이 들어가, '10001100'이 됩니다.

오른쪽 시프트 연산

| 0 | 0 | 1 | 0 | 0 | 0 | 1 | 1 |
| 0 | 0 | 0 | 0 | 1 | 0 | 0 | 0 | 1 | 1 |

오른쪽으로 두 자리 이동하고 왼쪽의 빈 자리에는 0이 들어가, '00001000'이 됩니다.

예시 **1** 비트를 좌우로 이동합니다.

	A	B	C
1		10진수	2진수 표기
2	숫자	35	00100011
3	왼쪽 시프트: 2	140	10001100
4	오른쪽 시프트: 2	8	00001000
5			

식 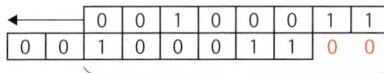 =BITLSHIFT(B2,2)

식 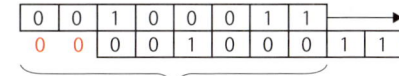 =BITRSHIFT(B2,2)

설명 셀 B3은 BITLSHIFT 함수로 10진수 35(B2)를 8자리 2진수로 표기한 값을 왼쪽으로 두 자리 이동한 결과를 구합니다. 셀 B4도 마찬가지로 BITRSHIFT 함수로 오른쪽으로 두 자리 이동한 결과를 구합니다.

수학/삼각
날짜/시간
통계
문자열 조작
논리
검색/행렬 · 웹
큐브
정보
데이터베이스
재무
공학
기초지식
유용한 테크닉

▶ COMPLEX

실수와 허수를 지정해 복소수를 만든다

실수를 'a', 허수를 'b'로 하여 복소수 'a+bi'를 문자열로 반환합니다.

> **형식** COMPLEX(**실수부**,**허수부**,[**허수 단위**])

- [실수부]에는 복소수의 실수 계수를 지정합니다.
- [허수부]에는 복소수의 허수 계수를 지정합니다.
- [허수 단위]에는 복소수의 허수 단위를 'i' 또는 'j'로 지정합니다. 생략하면 'i'를 지정한 것으로 간주합니다.

예시 1 복소수를 만듭니다.

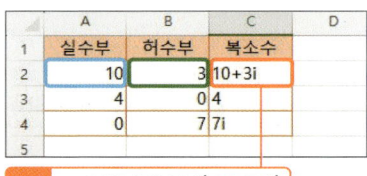

	A	B	C	D
1	실수부	허수부	복소수	
2	10	3	10+3i	
3	4	0	4	
4	0	7	7i	
5				

식 =COMPLEX(A2,B2)

> **설명** 셀 A2를 실수, 셀 B2를 허수로 해 복소수(10+3i)를 작성합니다. 세 번째 인수를 생략했기에 허수 단위는 'i'로 표시됩니다.

▶ IMREAL

복소수의 실수부를 추출한다

문자열로 지정된 복소수에서 실수부를 추출합니다.

> **형식** IMREAL(**복소수**)

[복소수]에는 실수부를 추출할 복소수를 지정합니다. 허수 단위는 'i' 또는 'j'를 지정합니다. 예를 들어, '=IMREAL("15+6i")'를 입력하면 '15'를 반환합니다.

▶ IMAGINARY

복소수의 허수부를 추출한다

문자열로 지정된 복소수에서 허수부를 추출합니다.

> **형식** IMAGINARY(**복소수**)

[복소수]에는 허수부를 추출할 복소수를 지정합니다. 허수 단위는 'i' 또는 'j'를 지정합니다. 예를 들어 '=IMAGINARY("15+6i")'를 입력하면 '6'을 반환합니다.

수학/삼각
날짜/시간
통계
문자열 조작
논리
검색/행렬·웹
큐브
정보
데이터베이스
재무
공학
기초지식
자주 쓰는 테크닉

공학 | 복소수 | 365 2021 2019 2016

▶ IMCONJUGATE
복소수의 복소공역을 구한다

지정한 복소수의 복소공역을 문자열로 반환합니다. 복소공역은 복소수 'a+bi'에 대해 'a−bi'가 되는 복소수입니다.

형식 **IMCONJUGATE(복소수)**

[복소수]에는 복소공역을 구할 복소수를 지정합니다. 허수 단위는 'i' 또는 'j'를 지정합니다. 예를 들어 '=IMCONJUGATE("15+6i")'를 입력하면 '15−6i'를 반환합니다.

공학 | 복소수 | 365 2021 2019 2016

▶ IMABS
복소수의 절댓값을 구한다

지정한 복소수의 절댓값을 반환합니다. 복소수 'a+bi'의 절댓값은 수식 '$\sqrt{a^2+b^2}$'으로 구할 수 있습니다.

형식 **IMABS(복소수)**

[복소수]에는 절댓값을 구할 복소수를 지정합니다. 허수 단위는 'i' 또는 'j'를 지정합니다. 예를 들어 '=IMABS("3+4i")'를 입력하면 '5'를 반환합니다.

COLUMN

복소수란?

복소수는 실제로 존재하는 숫자인 실수(real number)와 실제로 존재하지 않는 숫자인 허수(imaginary number)의 조합인 '실수+허수'로 표현되는 숫자입니다.

허수란 제곱했을 때 −1이 되는 숫자를 말하며, 허수 단위 i를 사용하여 '$i^2=-1$', '$i=\pm\sqrt{-1}$'로 표현할 수 있습니다. 복소수는 실수 a, b와 허수 단위 i를

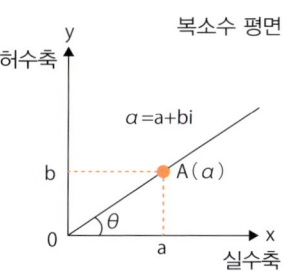

사용하여 'a+bi'로 나타낼 수 있으며, 이 식에서 a를 '실수부', b를 '허수부'라고 합니다. 복소수 'α=a+bi'는 x축을 실수축, y축을 허수축으로 하는 xy 평면상의 좌표(a,b)로 표현되며, 이 평면을 '복소수 평면'이라고 합니다. 복소수 α를 나타내는 점 A를 A라고 할 때, 0과 A(α)를 연결한 선이 x축과 이루는 각도 θ(세타)를 편각이라고 합니다.

▶ IMARGUMENT

복소수의 편각을 구한다

복소수의 편각을 반환합니다. 반환값의 단위는 라디안으로 표현됩니다.

형식　IMARGUMENT(복소수)

[복소수]에는 편각을 구할 복소수를 지정합니다. 허수 단위는 'i' 또는 'j'를 지정합니다.

▶ IMSUM

복소수의 합을 구한다

지정한 복소수의 합을 반환합니다. 두 복소수의 합은 수식 '(a+bi)+(c+di)=(a+c)+(b+d)i'로 표현됩니다.

형식　IMSUM(복소수 1,[복소수 2],…)

[복소수]에는 합계를 구할 복소수를 지정합니다. 예를 들어 '=IMSUM("3+4i","2+6i")'를 입력하면 '5+10i'를 반환합니다.

▶ IMSUB

복소수의 차를 구한다

지정한 복소수의 차를 반환합니다. 두 복소수의 차는 수식 '(a+bi)−(c+di)=(a−c)+(b−d)i'로 표현됩니다.

형식　IMSUB(복소수 1,복소수 2)

- [복소수 1]에는 빼는 복소수를 지정합니다.
- [복소수 2]에는 뺄 복소수를 지정합니다. 예를 들어, '=IMSUB("3+4i","2+6i")'를 입력하면 '1−2i'를 반환합니다.

수학/삼각

날짜/시간

통계

문자열 조작

논리

검색/행렬 · 웹

큐브

정보

데이터베이스

재무

아학

기초지식

유용한 테크닉

공학　　복소수　　365　2021　2019　2016

▶ IMPRODUCT

복소수의 곱을 구한다

지정한 복소수의 곱을 반환합니다. 두 복소수의 곱은 수식 '(a+bi)(c+di)=(ac−bd)+(ad+bc)i'로 표현됩니다.

형식　IMPRODUCT(복소수 1,[복소수 2],…)

[복소수]에는 곱을 구할 복소수를 지정합니다. 예를 들어 '=IMPRODUCT("2+3i","3+4i")'를 입력하면 '−6+17i'를 반환합니다.

공학　　복소수　　365　2021　2019　2016

▶ IMDIV

복소수의 나눗셈 몫을 구한다

지정한 복소수의 나눗셈 몫을 반환합니다. 두 복소수의 나눗셈 몫은 수식 $\dfrac{(a+bi)}{(c+di)} = \dfrac{(ac+bd)+(bc-ad)i}{c^2+d^2}$ 로 표현됩니다.

형식　IMDIV(복소수 1,복소수 2)

- [복소수 1]에는 나누어질 복소수(분자)를 지정합니다.
- [복소수 2]에는 나눌 복소수(분모)를 지정합니다. 예를 들어 '=IMDIV("2+3i","3+4i")'를 입력하면 '0.72+0.04i'를 반환합니다.

공학　　복소수　　365　2021　2019　2016

▶ IMPOWER

복소수의 거듭제곱을 구한다

지정한 복소수를 제곱한 값을 반환합니다.

형식　IMPOWER(복소수,숫자)

- [복소수]에는 제곱을 구할 복소수를 지정합니다.
- [숫자]에는 제곱의 지수를 지정하며, 정수, 분수, 음수를 지정할 수 있습니다. 예를 들어 'IMPOWER("2+3i",2)'를 입력하면 '−5+12i'를 반환합니다.

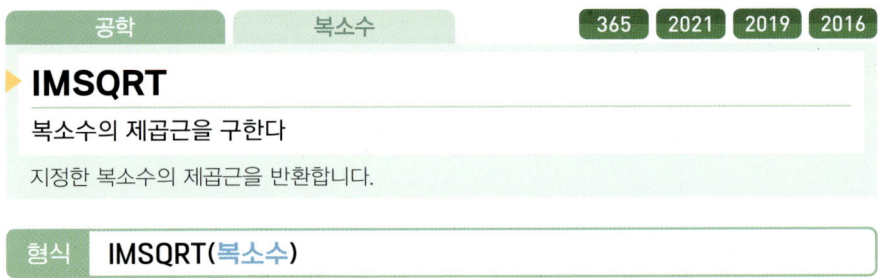

▶ IMSQRT

복소수의 제곱근을 구한다

지정한 복소수의 제곱근을 반환합니다.

> **형식**　IMSQRT(복소수)

[복소수]에는 제곱근을 구할 복소수를 지정합니다. 예를 들어 '=IMSQRT("2+3i")'를 입력하면 '1.67414922803554+0.895977476129838i'를 반환합니다.

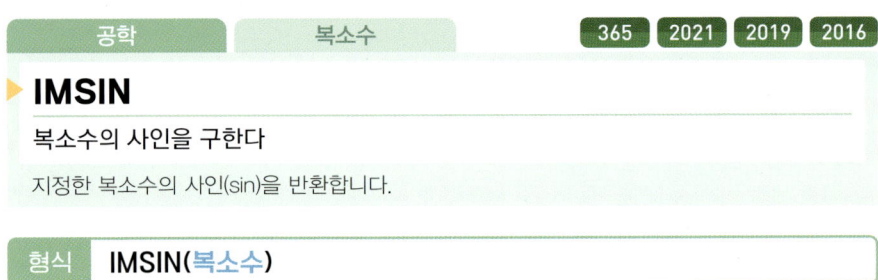

▶ IMSIN

복소수의 사인을 구한다

지정한 복소수의 사인(sin)을 반환합니다.

> **형식**　IMSIN(복소수)

[복소수]에는 사인을 구할 복소수를 지정합니다. 예를 들어 '=IMSIN("2+3i")'를 입력하면 '9.15449914691143−4.16890695996656i'를 반환합니다.

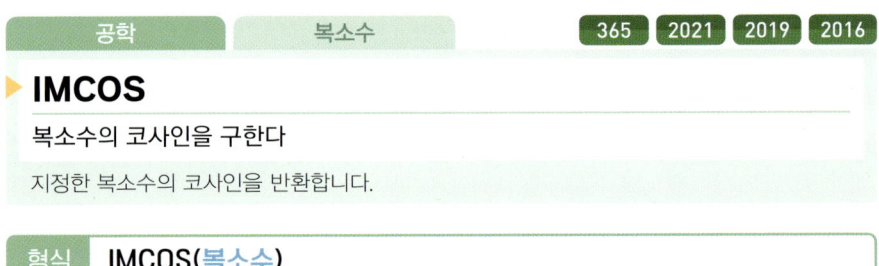

▶ IMCOS

복소수의 코사인을 구한다

지정한 복소수의 코사인을 반환합니다.

> **형식**　IMCOS(복소수)

[복소수]에는 코사인을 구할 복소수를 지정합니다. 예를 들어 '=IMCOS("2+3i")'를 입력하면 '−4.18962569096881−9.10922789375534i'를 반환합니다.

수학/삼각

날짜/시간

통계

문자열 조작

논리

검색/행렬·웹

큐브

정보

데이터베이스

재무

공학

기초지식

유용한 테크닉

| 공학 | 복소수 | 365 | 2021 | 2019 | 2016 |

▶ **IMTAN**

복소수의 탄젠트를 구한다

지정한 복소수의 탄젠트를 반환합니다.

| 형식 | **IMTAN(복소수)** |

[복소수]에는 탄젠트를 구할 복소수를 지정합니다. 예를 들어 '=IMTAN("2+3i")'를 입력하면 '−0.00376402564150425+1.00323862735361i'를 반환합니다.

| 공학 | 복소수 | 365 | 2021 | 2019 | 2016 |

▶ **IMSEC**

복소수의 시컨트를 구한다

지정한 복소수의 시컨트를 반환합니다.

| 형식 | **IMSEC(복소수)** |

[복소수]에는 시컨트를 구할 복소수를 지정합니다. 예를 들어, '=IMSEC("2+3i")'를 입력하면 '−0.0416749644111443+0.0906111371962376i'를 반환합니다.

| 공학 | 복소수 | 365 | 2021 | 2019 | 2016 |

▶ **IMCSC**

복소수의 코시컨트를 구한다

지정한 복소수의 코시컨트를 반환합니다.

| 형식 | **IMCSC(복소수)** |

[복소수]에는 코시컨트를 구할 복소수를 지정합니다. 예를 들어 '=IMCSC("2+3i")'를 입력하면 '0.0904732097532074+0.0412009862885741i'를 반환합니다.

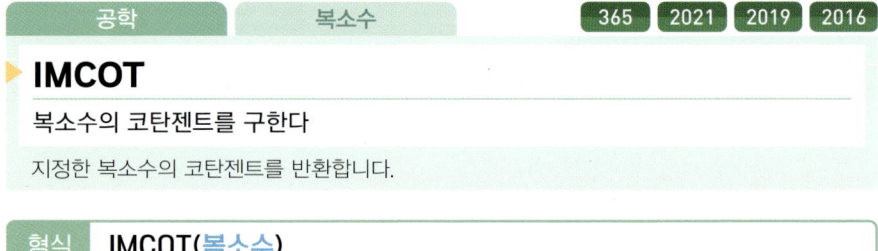

▶ IMCOT

복소수의 코탄젠트를 구한다

지정한 복소수의 코탄젠트를 반환합니다.

| 형식 | IMCOT(복소수) |

[복소수]에는 코탄젠트를 구할 복소수를 지정합니다. 예를 들어, '=IMCOT("2+3i")'를 입력하면 '−0.00373971037633696−0.996757796569358i'를 반환합니다.

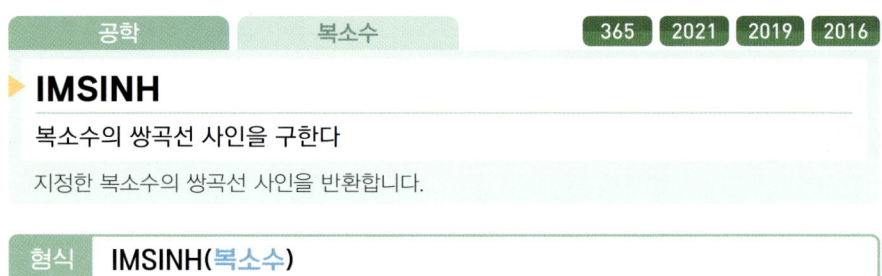

▶ IMSINH

복소수의 쌍곡선 사인을 구한다

지정한 복소수의 쌍곡선 사인을 반환합니다.

| 형식 | IMSINH(복소수) |

[복소수]에는 쌍곡선 사인을 구할 복소수를 지정합니다. 예를 들어 '=IMSINH("2+3i")'를 입력하면 '−3.59056458998578+0.53092108624852i'를 반환합니다.

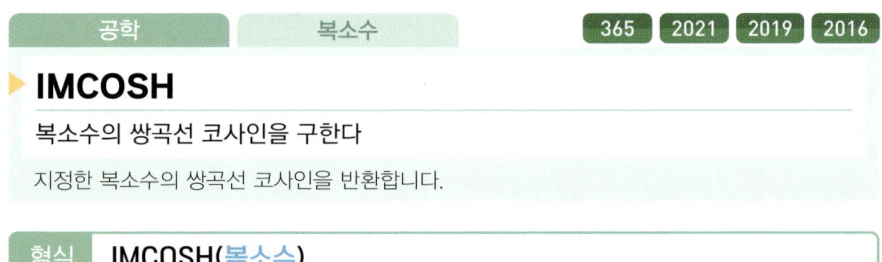

▶ IMCOSH

복소수의 쌍곡선 코사인을 구한다

지정한 복소수의 쌍곡선 코사인을 반환합니다.

| 형식 | IMCOSH(복소수) |

[복소수]에는 쌍곡선 코사인을 구할 복소수를 지정합니다. 예를 들어 '=IMCOSH("2+3i")'를 입력하면 '−3.72454550491532+0.511822569987385i'를 반환합니다.

수학/삼각

날짜/시간

통계

문자열 조작

논리

검색/행렬·웹

큐브

정보

데이터베이스

재무

공학

기초지식

유용한 테크닉

공학 복소수 365 2021 2019 2016

▶ IMSECH

복소수의 쌍곡선 시컨트를 구한다

지정한 복소수의 쌍곡선 시컨트를 반환합니다.

형식 IMSECH(복소수)

[복소수]에는 쌍곡선 시컨트를 구할 복소수를 지정합니다. 예를 들어 '=IMSECH("2+3i")'를 입력하면 '−0.263512975158389−0.0362116365587685i'를 반환합니다.

공학 복소수 365 2021 2019 2016

▶ IMCSCH

복소수의 쌍곡선 코시컨트를 구한다

지정한 복소수의 쌍곡선 코시컨트를 반환합니다.

형식 IMCSCH(복소수)

[복소수]에는 쌍곡선 코시컨트를 구할 복소수를 지정합니다. 예를 들어 '=IMCSCH("2+3i")'를 입력하면 '−0.27254866146294−0.0403005788568915i'를 반환합니다.

공학 복소수 365 2021 2019 2016

▶ IMEXP

복소수의 지수함수값을 구한다

자연로그 e를 밑으로 한 지정된 복소수의 제곱을 반환합니다. 수식으로 표현하면 '$e^{(a+bi)}=e^a e^{bi}=e^a(\cos b+i\sin b)$'가 됩니다.

형식 IMEXP(복소수)

[복소수]에는 지수함수를 구할 복소수를 지정합니다. 예를 들어 '=IMEXP("2+3i")'를 입력하면 '−7.3151100949011+1.0427436562359i'를 반환합니다.

▶ IMLN

복소수의 자연로그를 구한다

지정한 복소수의 자연로그를 반환합니다. 수식으로 표현하면
$\ln(a+b_i) = \ln\sqrt{a^2+b^2} + i\tan^{-1}\left(\frac{b}{a}\right)$ 이 됩니다.

> **형식**　IMLN(복소수)

[복소수]에는 자연로그를 구할 복소수를 지정합니다. 예를 들어 '=IMLN("2+3i")'을 입력하면 '1.28247467873077+0.982793723247329i'를 반환합니다.

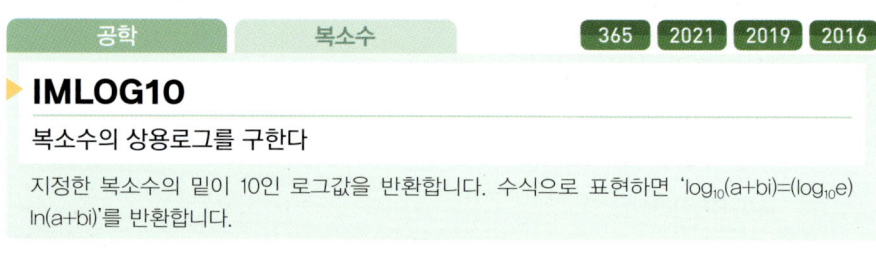

▶ IMLOG10

복소수의 상용로그를 구한다

지정한 복소수의 밑이 10인 로그값을 반환합니다. 수식으로 표현하면 '$\log_{10}(a+bi)=(\log_{10}e)\ln(a+bi)$'를 반환합니다.

> **형식**　IMLOG10(복소수)

[복소수]에는 상용로그를 구하고자 하는 복소수를 지정합니다. 예를 들어 '=IMLOG10("2+3i")'을 입력하면 '0.556971676153418+0.426821890855467i'를 반환합니다.

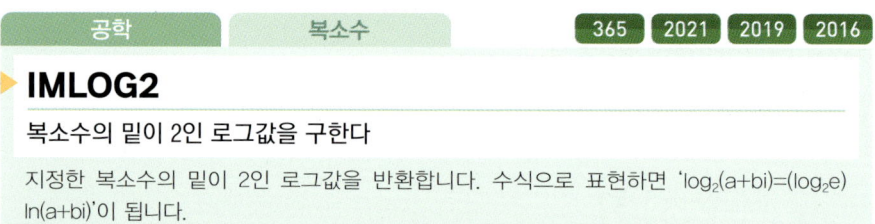

▶ IMLOG2

복소수의 밑이 2인 로그값을 구한다

지정한 복소수의 밑이 2인 로그값을 반환합니다. 수식으로 표현하면 '$\log_2(a+bi)=(\log_2 e)\ln(a+bi)$'이 됩니다.

> **형식**　IMLOG2(복소수)

[복소수]에는 2를 밑으로 하는 로그를 구하고자 하는 복소수를 지정합니다. 예를 들어 '=IMLOG2("2+3i")'를 입력하면 '1.85021985907055+1.41787163074572i'를 반환합니다.

수학/삼각

날짜/시간

통계

문자열 조작

논리

검색/행렬·웹

큐브

정보

데이터베이스

재무

공학

기초지식

유용한 테크닉

공학 　　　 오차함수 　　　 365　2021　2019　2016

▶ ERF / ERF.PRECISE

오차함수의 적분값을 구한다

ERF 함수는 하한~상한 범위의 오차함수의 적분값을 반환합니다. ERF.PRECISE 함수는 0~상한 범위의 오차함수의 적분값을 반환합니다.

형식	ERF(하한,[상한]) ERF.PRECISE(상한)

- [하한]에는 오차함수를 적분할 때의 하한값을 지정합니다.
- [상한]에는 오차함수를 적분할 때의 상한값을 지정합니다. ERF 함수에서 [상한]을 생략할 경우에는 0~[하한] 범위에서 적분됩니다.

공학 　　　 오차함수 　　　 365　2021　2019　2016

▶ ERFC / ERFC.PRECISE

상보오차함수의 적분값을 구한다

하한~무한대(∞)의 범위에서 상보오차함수의 적분값을 반환합니다. ERFC 함수는 ERF 함수의 보함수가 되어 'ERF(x)+ERFC(x)=1'의 관계가 성립합니다.

형식	ERFC(하한) ERFC.PRECISE(하한)

[하한]에는 상보오차함수를 적분할 때의 하한값을 지정합니다. 상한은 항상 '∞'가 됩니다. 예를 들어, '=ERFC(1)'과 '=ERFC.PRECISE(1)'은 모두 '0.157299207'을 반환합니다.

공학 　　　 베셀함수 　　　 365　2021　2019　2016

▶ BESSELJ

제1종 베셀함수의 값을 구한다

제1종 베셀함수 '$J_n(x)$'의 결과를 반환합니다.

형식	BESSELJ(x,n)

- [x]에는 베셀함수 '$J_n(x)$'에 대입할 숫자 x를 지정합니다.
- [n]에는 베셀 함수 '$J_n(x)$'의 차수 n을 지정합니다.

▶ BESSELY

제2종 베셀함수의 값을 구한다

제2종 베셀함수 'Y$_n$(x)'의 결과를 반환합니다.

형식　BESSELY(x,n)

- [x]에는 제2종 베셀함수 'Y$_n$(x)'에 대입할 숫자 x를 지정합니다.
- [n]에는 차수 n을 지정합니다.

▶ BESSELI

제1종 변형 베셀함수의 값을 구한다

제1종 변형 베셀함수 'I$_n$(x)'의 계산 결과를 반환합니다.

형식　BESSELI(x,n)

- [x]에는 제1종 변형 베셀함수 'I$_n$(x)'에 대입할 숫자 x를 지정합니다.
- [n]에는 차수 n을 지정합니다.

▶ BESSELK

제2종 변형 베셀함수의 값을 구한다

제2종 변형 베셀함수 'K$_n$(x)'의 계산 결과를 반환합니다.

형식　BESSELK(x,n)

- [x]에는 제2종 변형 베셀함수 'K$_n$(x)'에 대입할 숫자 x를 지정합니다.
- [n]에는 차수 n을 지정합니다.

기초 지식

함수에서 사용하는 인수와 연산자, 함수 입력 방법, 셀 참조, 논리식, 배열 상수 및 배열 수식, 표시 형식 등 함수를 사용하는 데 필요한 기본 지식을 정리했습니다.

함수는 계산 방법이 미리 정의된 수식입니다. 엑셀에는 수백 가지의 함수가 준비되어 있어 목적에 따라 다양한 계산과 집계를 빠르게 수행할 수 있습니다. 함수는 '인수'로 받은 값을 사용해 계산하고 계산 결과를 '반환값'으로 반환합니다. 함수는 [수식] 탭의 [함수 라이브러리] 그룹에 분류별로 정리되어 있습니다.

▶ 함수의 형식

> ## =함수명(인수)

- () 안에는 계산에 필요한 값이나 수식인 인수를 지정합니다.
- 함수에 따라 필요한 인수의 값은 다르며, 인수를 여러 개 가지거나 생략할 수 있고, 인수가 필요 없는 함수도 있습니다.
- 인수가 없는 함수라도 ()는 생략할 수 없습니다.
- 함수 형식에서 [](대괄호)로 둘러싸인 인수는 생략할 수 있습니다.
- 인수가 문자열인 경우 ""(큰따옴표)로 묶습니다.

함수 예

함수명	형식	기능
SUM	=SUM(숫자 1,[숫자 2],…)	합계를 구한다
NOW	=NOW()	현재 날짜와 시간을 구한다
COUNTBLANK	=COUNTBLANK(범위)	빈 셀의 개수를 구한다
ROUND	=ROUND(숫자,자릿수)	숫자를 반올림한다
IF	=IF(논리식,참인 경우,[거짓인 경우])	조건을 충족하거나, 충족하지 않음에 따라 표시 내용을 변경한다
VLOOKUP	=VLOOKUP(검색값,범위,열 번호,[검색 방법])	별표의 데이터를 추출한다

▶ 함수 라이브러리

함수는 [수식] 탭의 [함수 라이브러리] 그룹에 분류된 함수 목록에서 선택해 셀에 입력할 수 있습니다. 셀에 직접 함수를 입력할 수도 있습니다.

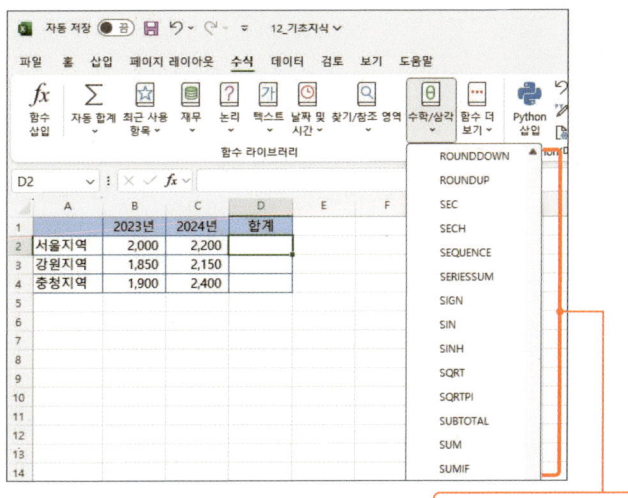

분류별로 정리되어 있습니다.

수학/삼각

날짜/시간

통계

문자열 조작

논리

검색/행렬 · 웹

큐브

정보

데이터베이스

재무

공학

기초지식

유용한 테크닉

인수

인수는 함수가 답(반환값)을 내는 데 필요한 값입니다. 함수에 따라 필요한 인수의 종류
는 다양합니다. 인수로 지정할 수 있는 종류에는 어떤 것들이 있는지 확인해 봅시다.

주요 인수 유형

인수의 종류		내용	예
셀 참조		참조한 셀이나 셀 범위 내의 숫자 및 문자열 등의 데이터가 함수에 전달됩니다. 또한, 셀이나 셀 범위에 부여된 이름을 사용할 수 있습니다.	=SUM(A1:C3) 의미: 셀 A1~C3의 숫자를 합산합니다.
상수	숫자	100이나 −0.25 같은 계산 가능한 숫자	=INT(12.3) 의미: '12.3'의 소수점 이하를 절사합니다.
	문자열	한글, 한자, 영문, 숫자, 기호 등의 문자열. ""(쌍따옴표)로 묶어 지정합니다.	=UPPER("abc") 의미: 'abc'를 대문자로 변환합니다.
	논릿값	논리식의 결과, 'TRUE' 또는 'FALSE'. FALSE는 0, TRUE는 1의 숫자로 표현할 수 있습니다.	=NOT(TRUE) 의미: 'TRUE'의 경우 'FALSE'를 반환합니다.
	배열 상수	열은 ','(쉼표), 행은 ';'(세미콜론)으로 구분하고, 전체를 '{}'(중괄호)로 묶어 지정합니다. 예를 들어, {10,20}은 1행 2열, {10,20;30,40}은 2행 2열의 배열 상수입니다.	=IF(OR(A1={1,2}),"O","×") 의미: 셀 A1의 값이 1 또는 2이면 'O', 그렇지 않으면 '×'를 표시합니다.

인수의 종류		내용	예
상수	오류값	#N/A, #DIV/0! 등 함수나 수식의 결과, 올바른 결과를 얻지 못했을 때 발생하는 오류 또는 의도적으로 오류를 입력한 경우	=ERROR.TYPE(#DIV/0!) 의미: 오류값 '#DIV/0!'의 종류를 확인합니다.
논리식		비교 연산자를 사용한 수식이나 'TRUE' 또는 'FALSE'를 결과로 반환하는 함수. 수식이 성립하면 'TRUE', 성립하지 않으면 'FALSE'가 됩니다.	=IF(A1>10,"○","") 의미: 셀 A1이 10보다 크면 '○', 그렇지 않으면 아무것도 표시하지 않습니다.
수식		수식의 결과를 인수로 지정할 수 있습니다. 사용 시 '='를 붙이지 않습니다.	=INT(10/3) 의미: '10÷3'의 결과에서 소수점 이하를 절사합니다.
함수		함수의 결과를 인수로 지정할 수 있습니다. 사용 시 '='를 붙이지 않습니다. 함수의 인수에 함수를 지정하는 것을 '중첩'(네스트)이라고 합니다.	=YEAR(TODAY()) 의미: 오늘 날짜에서 연도를 추출합니다.

※상수란 변경되지 않는 고정된 값을 말합니다.

연산자

함수나 수식에서 사용하는 기호를 연산자라고 합니다. 연산자는 그 기능에 따라 몇 가지 종류가 있습니다. 종류, 의미, 사용법을 확인해 봅시다.

▶ 산술 연산자

덧셈, 뺄셈, 곱셈, 나눗셈 등 기본적인 연산을 하는 수식을 만들 때 사용합니다.

산술 연산자 목록

연산자	의미	예시	결과
+	덧셈	=20+10	30
–	뺄셈	=20–10	10
*	곱셈	=20*10	200
/	나눗셈	=20/10	2
%	백분율	=10*50%	5
^	제곱	=20^2	400

연산의 우선순위

산술 연산자는 아래 표와 같이 우선순위에 따라 계산 순서가 결정됩니다. 우선순위가 낮은 계산을 먼저 하고 싶다면 ()로 묶습니다. 우선순위가 같을 경우, 왼쪽에서 오른쪽 순서로 계산됩니다. 예를 들어 '=2+3*4'는 '3*4'가 먼저 계산되어 '14'가 반환됩니다. '=(2+3)*4'와 같이 ()로 묶으면 '2+3'이 먼저 계산되어 '20'이 반환됩니다.

연산자 우선순위

우선순위	1	2	3	4	5	6	7	8
연산자	참조 연산자	마이너스 부호(−)	%	^	*, /	+, −	&	비교 연산자

비교 연산자

두 값을 비교해 결과가 성립하면 'TRUE', 성립하지 않으면 'FALSE'를 반환합니다.

비교 연산자

연산자	의미	예시(A1이 20인 경우)	결과
=	같다	A1=10	FALSE
〉	더 크다	A1〉10	TRUE
〈	더 작다	A1〈10	FALSE
〉=	이상	A1〉=10	TRUE
〈=	이하	A1〈=10	FALSE
〈〉	같지 않다	A1〈〉10	TRUE

문자열 연산자

하나 이상의 문자열을 연결해 한 줄의 문자열을 만듭니다.

문자열 연산자

연산자	의미	예시(A1이 '파란'인 경우)	결과
&	문자열을 연결한다	A1&"하늘"	파란하늘

수학/삼각

날짜/시간

통계

문자열 조작

논리

검색/행렬·웹

큐브

정보

데이터베이스

재무

공학

기초지식

유용한 테크닉

▶ 참조 연산자

참조할 셀 범위를 결합합니다.

참조 연산자

연산자	의미	예시	결과
:(콜론)	셀 범위(○~○)	A1:B3	① 콜론
,(쉼표)	셀 참조(○과 ○)	A1,B3	② 쉼표
(반각 스페이스)	두 셀 범위의 공통 범위	A1:B2 A2:B3	③ 반각 스페이스

① 콜론

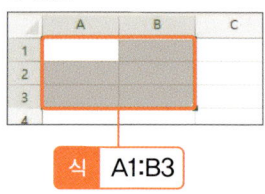

식 A1:B3

② 쉼표

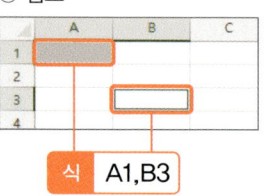

식 A1,B3

③ 반각 스페이스

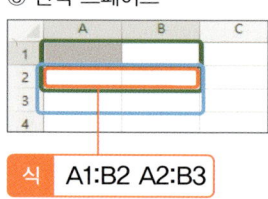

식 A1:B2 A2:B3

함수 입력

함수는 셀에 '='를 입력하는 것으로 시작합니다. 함수 입력은 '수식 자동 완성'이라는 입력 보조 기능을 이용하면 더욱 효율적으로 입력할 수 있습니다.

▶ 함수 입력

여기서는 요일 번호를 구하는 WEEKDAY 함수(p.92)의 입력을 예로 들어 보겠습니다.

1 함수를 입력할 셀을 선택하고 '=w'를 입력하면 'w'로 시작하는 함수 목록이 표시됩니다.

2 ↓를 눌러 'WEEKDAY'를 선택하고 Tab 을 누릅니다.

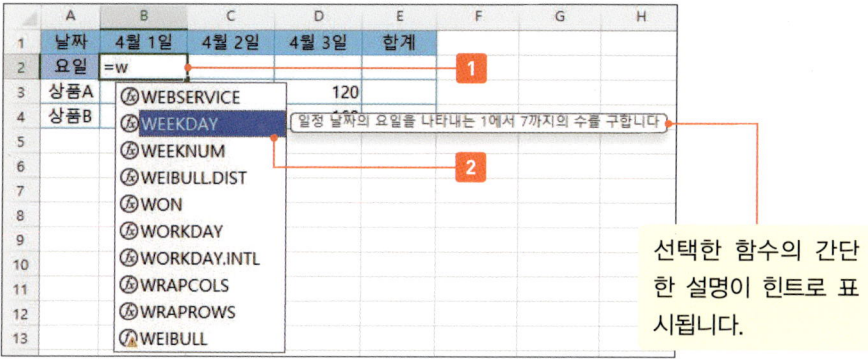

수학/삼각

날짜/시간

통계

문자열 조작

논리

검색/행렬·웹

규브

정보

데이터베이스

재무

공학

기초지식

유용한 테크닉

선택한 함수의 간단한 설명이 힌트로 표시됩니다.

3 함수 이름과 여는 괄호 '('가 자동으로 입력됩니다.

4 셀 B1을 클릭해 첫 번째 인수를 지정합니다.

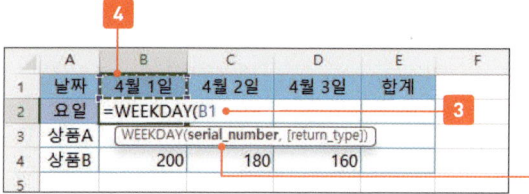

WEEKDAY 함수의 서식이 표시되고 현재 설정하고 있는 인수가 굵은 글씨로 표시됩니다.

5 쉼표 ','를 입력합니다.

6 두 번째 인수에서는 요일 번호의 종류를 지정합니다. 자동으로 선택지가 표시되므로 ↓를 눌러 종류(여기서는 2)를 선택하고 Tab 을 누릅니다.

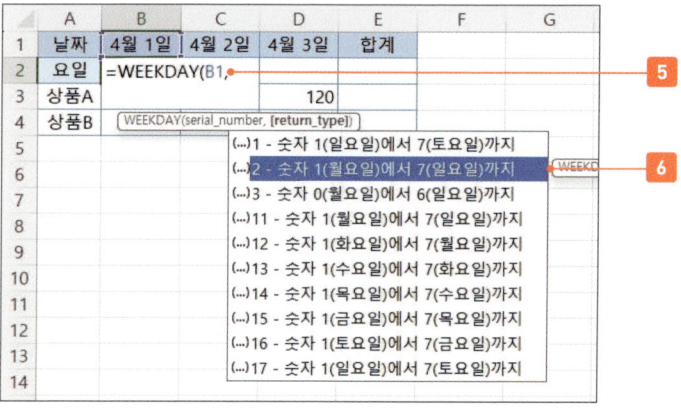

7 인수가 자동으로 입력됩니다. 닫는 괄호 ')'를 입력하고 Enter 를 눌러 확정합니다.

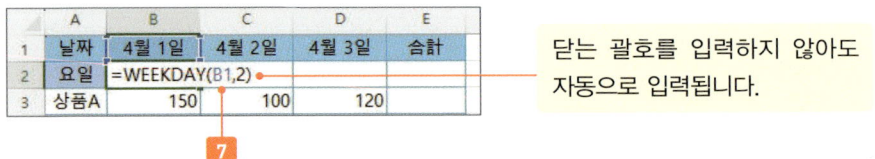

닫는 괄호를 입력하지 않아도
자동으로 입력됩니다.

8 셀에 함수 계산 결과가 표시됩니다.

9 수식 입력줄에 입력한 함수가 표시됩니다.

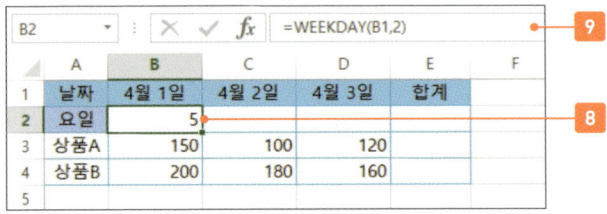

COLUMN

[함수 삽입] 대화 상자를 이용

함수 입력이 익숙하지 않은 경우, '함수 삽입' 대화 상자를 사용해 함수를 입력할 수 있습니다. 키워드를 입력해 함수를 검색하고, 함수를 세부적으로 선택할 수 있습니다.

① 함수를 입력할 셀을 클릭합니다.

② [함수 삽입] 버튼을 클릭합니다.

③ [함수 삽입] 대화 상자가 표시되면 [함수 검색]에 키워드를 입력하고 Enter를 누릅니다.

④ 검색된 함수 목록이 표시되면 원하는 함수를 클릭합니다.

⑤ [확인] 버튼을 클릭하여 선택한 함수의 [함수 인수] 대화 상자가 표시되면 인수를 설정합니다.

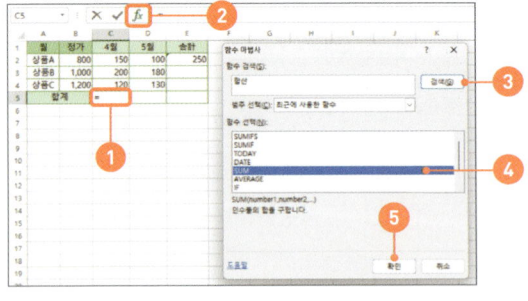

함수 수정

수식 입력줄에서 수식을 클릭하면 참조하는 셀이나 셀 범위에 인수와 같은 색으로 테두리가 표시됩니다. 이를 '색상 참조'라고 하며, 크기 변경이나 이동 등의 수정에 사용할 수 있습니다. 또한, 표시되는 힌트를 사용해 인수 부분을 쉽게 선택할 수 있습니다. 여기서는 SUM 함수에서 합계 범위를 수정하는 방법을 예로 들어 함수 수정 방법을 설명합니다.

▶ 색상 참조를 사용해 셀 범위 수정하기

1 함수가 입력된 셀을 선택하고 수식 입력줄을 클릭해 커서를 표시합니다.

2 인수의 색상과 동일한 색상으로 셀 범위에 테두리(색상 참조)가 표시됩니다.

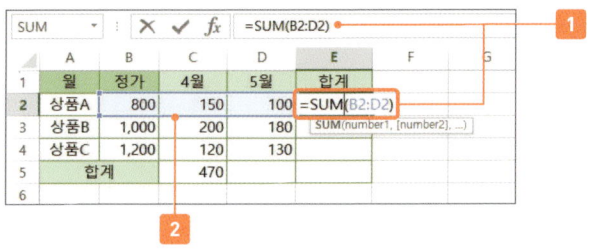

3 프레임의 네 모서리에 있는 핸들(■)에 포인터를 맞추고 ↗ 모양이 되면 드래그해 크기를 조절합니다.

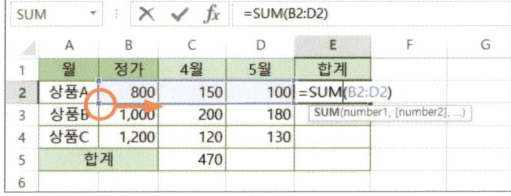

> 프레임의 가장자리에 포인터를 맞추고 ⊕의 형태로 드래그하면 이동이 가능합니다.
>
> 수식 입력줄에서 직접 셀 번호를 수정할 수도 있습니다.

4 수식 입력줄의 셀 범위가 수정됩니다.

5 [Enter]를 눌러 수정을 확정합니다.

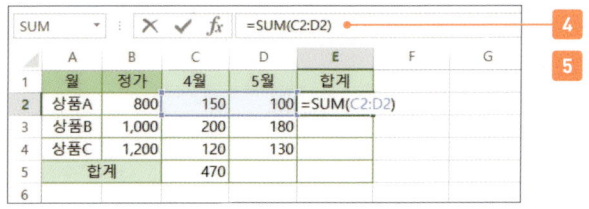

▶ 힌트를 사용해 인수 선택하기

1 함수가 입력된 셀을 선택하고 수식 입력줄을 클릭해 커서를 표시합니다.

2 표시되는 힌트에서 수정하고 싶은 인수를 클릭합니다.

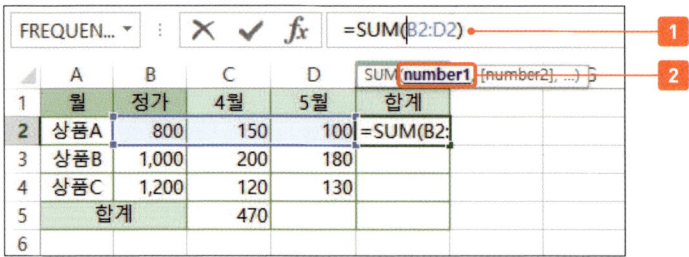

3 수식의 해당 인수가 선택됩니다.

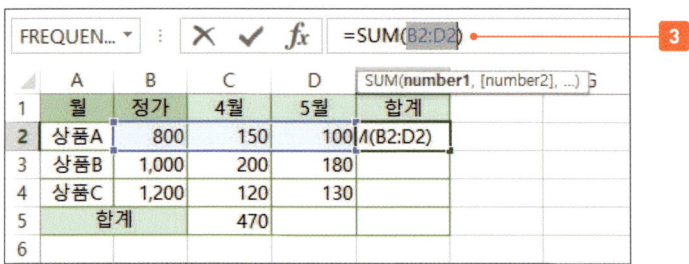

4 셀 범위를 다시 드래그합니다.

5 셀 범위가 바뀐 것을 확인하고 Enter 를 눌러 확정합니다.

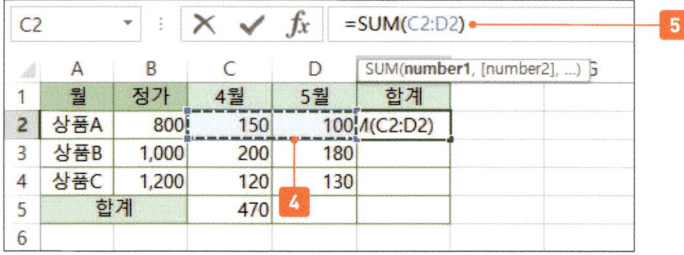

수학/삼각

날짜/시간

통계

문자열 조작

논리

검색/행렬 · 웹

큐브

정보

데이터베이스

재무

공학

기초지식

유용한 테크닉

COLUMN

[함수 인수] 대화 상자를 사용해 함수 수정하기

[함수 인수] 대화 상자를 사용해 함수를 편집할 수 있습니다. 힌트나 결과를 화면에서 확인하면서 설정할 수 있습니다.

❶ 함수를 수정할 셀을 선택합니다.

❷ [함수 삽입] 버튼을 클릭합니다.

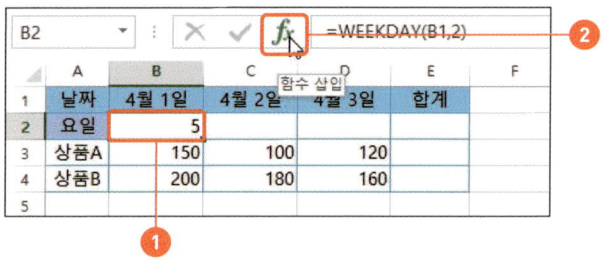

❸ [함수 인수] 대화 상자가 표시됩니다.

❹ 대화창에서 힌트를 확인하면서 인수를 설정합니다.

❺ [확인]을 클릭해 확정합니다.

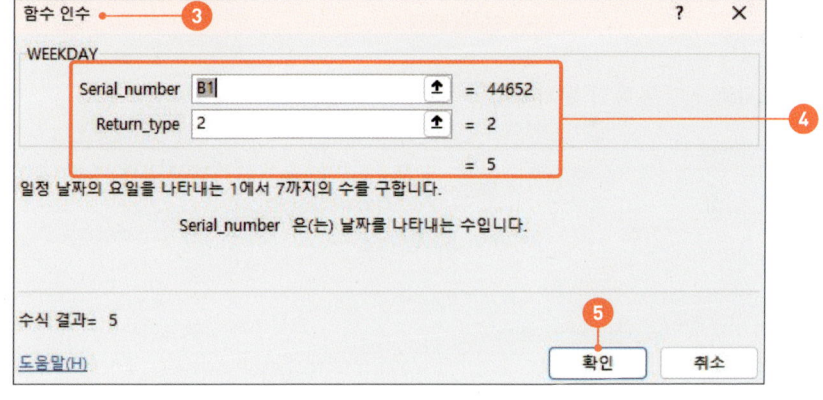

셀 참조 방식

수식이나 함수에서 셀에 입력된 값을 사용할 때는 셀을 참조합니다. 셀 참조 방법에는 A1 참조 형식과 R1C1 참조 형식이 있으며, 기본적으로 A1 참조 형식을 사용합니다. 여기서는 셀 참조 방식에 대해 알아봅니다.

▶ A1 참조 형식

A~XFD의 열 제목과 1~1048576의 행 제목을 조합해 셀을 참조하는 방법으로, A열의 첫 번째 행이라면 'A1'과 같이 지정합니다. 다른 워크시트나 다른 통합 문서에 있는 셀을 참조하는 방법도 함께 확인해 주세요.

동일한 워크시트 안의 셀

예	내용
B3	B열 3행의 셀
A1:C10	A열 1행의 셀부터 C열 10행의 셀 범위
2:2	2행의 모든 셀
2:5	2~5행의 모든 셀
A:A	A열의 모든 셀
A:C	A~C열의 모든 셀

다른 워크시트나 다른 통합 문서의 셀

참조처	형식	예
다른 시트의 셀 참조	시트명!셀 번호	Sheet1!A1
다른 통합 문서의 셀 참조 (통합 문서가 열려 있을 때)	[통합 문서명]시트명!셀 번호	[Book1.xlsx]Sheet1!$A$1
다른 통합 문서의 셀 참조 (통합 문서가 닫혀 있을 때)	'저장할 곳[통합 문서명]시트명'! 셀 번호	'C:\Data\[Book1.xlsx] Sheet1'!$A$1

※ 다른 통합 문서의 셀을 참조할 때는 셀 참조가 절대 참조가 됩니다.

▶ R1C1 참조 형식

'R(행 번호)C(열 번호)' 형식으로 행과 열을 모두 숫자로 지정해 셀을 참조합니다. 예를 들어, 셀 A1은 1행 1열이므로 'R1C1', 셀 D3은 3행 4열이므로 'R3C4'가 됩니다. 'R1C1' 형태로 지정하면 절대 참조가 됩니다. 상대 참조로 지정하려면 'R[1]C[1]'과 같이 숫자를 [](대괄호)로 묶습니다.

또한, 수식 안에서 셀을 상대 참조로 참조하는 경우, 수식의 셀을 기준으로 'R[행 이동 수]C[열 이동 수]' 형식으로 참조할 셀을 지정합니다. 이동 수에 양수를 지정하면 행은 아래쪽, 열은 오른쪽으로 이동하고, 음수를 지정하면 행은 위쪽, 열은 왼쪽으로 이동합니다. 예를 들어 'R[-1]C[3]'으로 설정한 경우, '기준 셀에서 1행 위 3열 오른쪽의 셀'을 참조합니다.

참조 방법을 R1C1 참조 형식으로 변경하려면 [파일] 탭 → [옵션]을 클릭해 [Excel 옵션] 대화상자를 열고 [수식] → [R1C1 참조 형식 사용]에 체크 표시를 합니다.

이름 정의

셀이나 셀 범위에 이름을 지정하여 등록하면, 함수 안에서 셀 참조 대신 이름을 사용할 수 있습니다. 예를 들어 SUM 함수에서 합산하고자 하는 숫자 범위나 VLOOKUP 함수에서 참조하는 테이블에 이름을 지정해 두면 수식 설정에 편리합니다.

▶ 셀 범위 이름 지정하기

1 이름을 붙일 범위를 선택합니다.

2 이름 상자를 클릭해 이름(여기서는 '합계')을 입력하고 Enter 를 누르면 셀 범위에 이름이 설정됩니다.

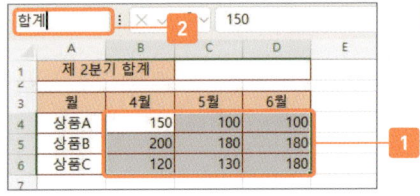

> **HINT** ▶ 이름 상자를 사용해 이름을 지정하면 통합 문서 전체에서 참조할 수 있는 이름이 설정됩니다. 시트 단위로 참조할 수 있는 이름을 만들려면 과정 2 에서 [수식] 탭 → [이름 정의]를 클릭해 나타나는 [새 이름] 대화 상자를 사용합니다.

▶ 이름이 지정된 셀 범위를 함수에서 사용하기

1 함수를 입력할 셀을 클릭하고 '=SUM('을 입력합니다.

2 F3 을 누릅니다.

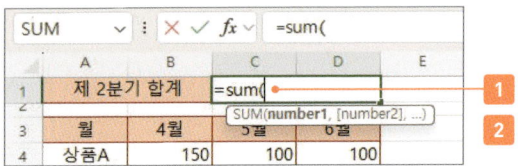

직접 이름을 입력해 지정할 수도 있습니다.

3 [이름 붙여넣기] 대화 상자가 나타납니다.

4 함수에서 사용할 이름을 클릭합니다(여기서는 '합계').

5 [확인] 버튼을 클릭합니다.

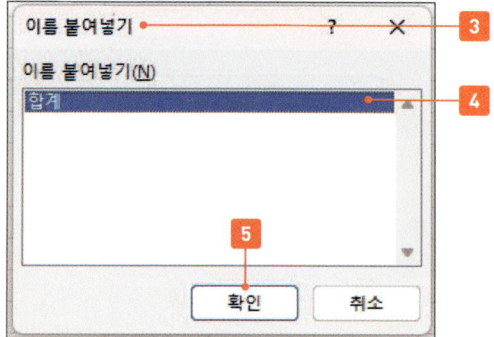

6 이름이 입력됩니다.

7 ')'를 입력하고 Enter 를 눌러 확정합니다.

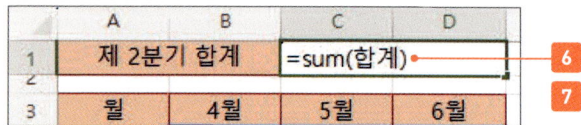

8 셀 참조 대신 이름을 사용해 합계 범위를 지정할 수 있습니다.

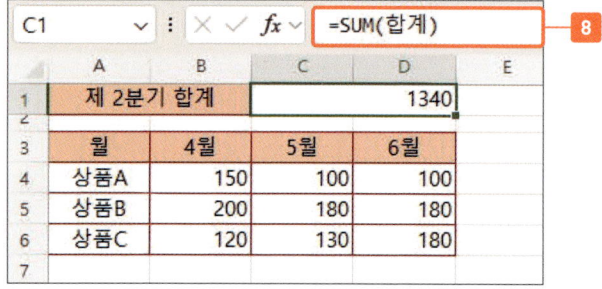

▶ 이름 삭제하기

1 [수식] 탭 → [이름 관리자]를 클릭합니다.

2 표시된 [이름 관리자] 대화 상자에서 삭제할 이름을 클릭합니다.

3 [삭제] 버튼을 클릭하고 확인 메시지가 표시되면 [확인] 버튼을 클릭합니다.

4 [닫기]를 클릭해 대화 상자를 닫습니다.

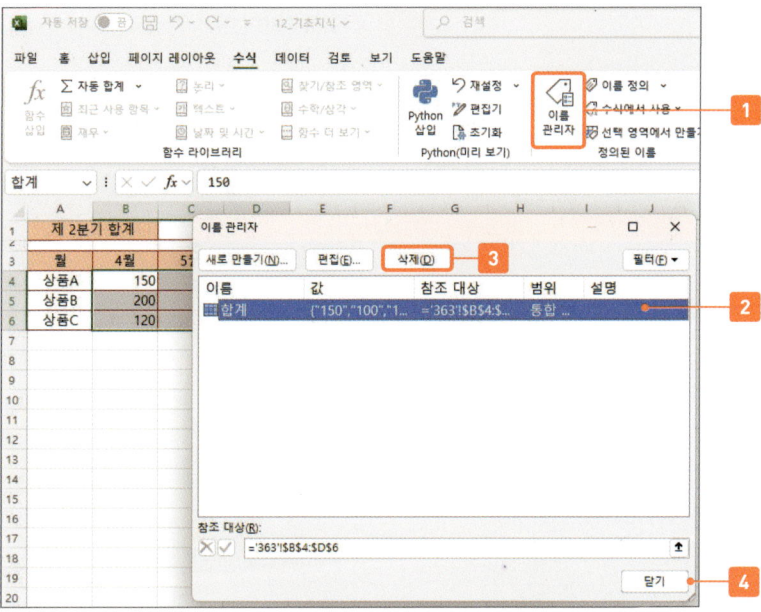

함수 복사(자동 채우기 기능)

수식이나 함수를 연속된 셀에 복사할 때는 자동 채우기 기능을 사용하면 편리합니다.

1 복사할 함수의 셀을 클릭하고 오른쪽 하단의 채우기 핸들(■)에 포인터를 맞춘 후 [+]
모양이 되면 복사할 위치로 드래그합니다.

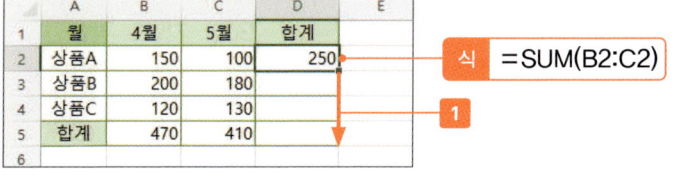

2 수식이 복사되고 각 행의 합계가 표시됩니다.

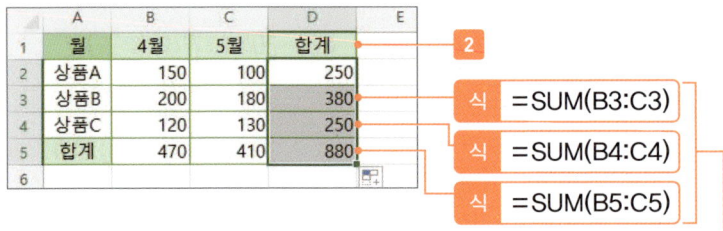

수식을 복사하면 참조 대상도 자동으로 조정됩니다.

서식 외 복사하기

자동 채우기를 실행하면 복사 대상 셀의 서식도 함께 복사됩니다. 서식을 제외하고 복사하려면 자동 채우기 후 표시되는 [자동 채우기 옵션] 메뉴에서 [서식 없이 채우기]를 선택합니다.

❶ [자동 채우기 옵션]을 클릭합니다.

❷ [서식 없이 채우기]를 클릭합니다.

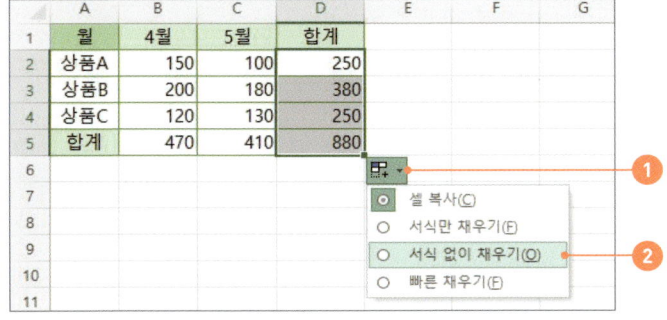

상대 참조, 절대 참조, 복합 참조

수식을 복사할 때, 복사할 대상에 맞게 자동으로 참조하는 셀이 조정됩니다. 이러한 참조 방식을 상대 참조라고 합니다. 복사해도 참조하는 셀을 변경하지 않으려면 참조 방식을 절대 참조로 변경합니다. 절대 참조는 '$A$1'과 같이 행 번호나 열 번호 앞에 '$'를 붙입니다. 또한 '$A1'이나 'A$1'과 같이 지정하면 열 또는 행만 고정할 수 있습니다. 이러한 참조 방법을 복합 참조라고 합니다.

▶ 상대 참조

수식을 복사하면 복사 대상 셀에 맞게 셀 참조가 동일한 위치 관계(상대적)로 변경됩니다.

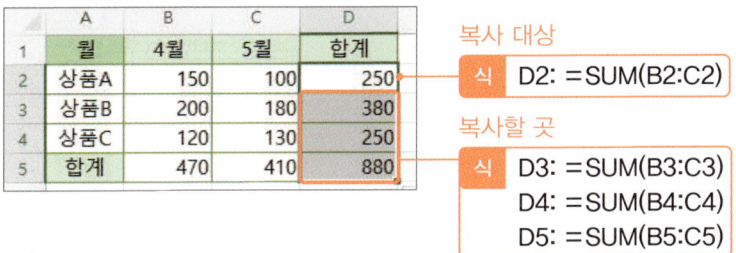

복사 대상

식 D2: =SUM(B2:C2)

복사할 곳

식 D3: =SUM(B3:C3)
D4: =SUM(B4:C4)
D5: =SUM(B5:C5)

▶ 절대 참조

여기서 구하는 구성비 식은 '각 상품 개수/합계'입니다. 합계 셀(D5)은 고정되어 있습니다. 셀 E2의 수식을 '=D2/$D$5'와 같이 절대 참조로 설정하면, 수식을 복사해도 셀 D5에 대한 셀 참조는 고정되어 구성비를 정확하게 구할 수 있습니다.

복사 대상

식 E2: =D2/$D$5

복사할 곳

식 E3: =D3/$D$5
E4: =D4/$D$5
E5: =D5/$D$5

수학/삼각
날짜/시간
통계
문자열 조작
논리
검색/참조 · 웹
큐브
정보
데이터베이스
재무
공학
기초지식
유용한 테크닉

▶ 복합 참조

아래와 같이 월별 상품별 매출액을 구할 때 셀 F2에서 '=$B2*C2'와 같이 정가 셀의 B열만 고정해 두면, 수식을 복사할 때 상품별 정가 셀을 참조해 계산할 수 있습니다.

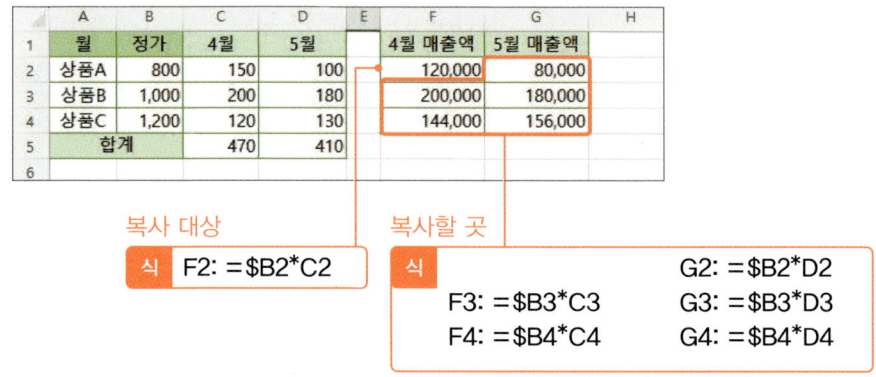

▶ 참조 전환 방법

상대 참조, 절대 참조, 복합 참조의 전환은 행 번호, 열 번호 앞에 '$'를 직접 입력해 변경할 수 있지만, 변경하고자 하는 셀 참조 내에 커서를 표시하고 F4를 눌러 전환할 수도 있습니다.

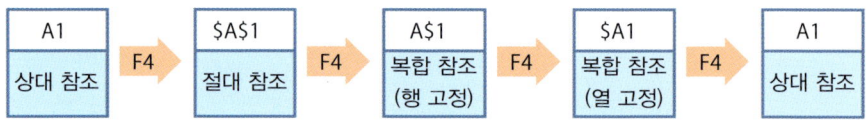

1 셀 E2를 클릭하고 '=D2/D5'를 입력합니다.

2 절대 참조로 변경할 셀 참조(여기서는 셀 D5)에 커서가 있는지 확인하고 F4를 누릅니다.

	A	B	C	D	E	F
1	월	4월	5월	합계	구성비	
2	상품A	150	100	250	=D2/D5	
3	상품B	200	180	380		
4	상품C	120	130	250		
5	합계	470	410	880		
6						

함수를 입력한 후에 참조를 전환하려면, 수식 입력줄을 클릭한 후 변경하고자 하는 셀 참조로 커서를 이동하고 F4를 누릅니다.

수학/삼각

날짜/시간

통계

문자열 조작

논리

검색/행렬 · 웹

큐브

정보

데이터베이스

재무

공학

기초지식

유용한 테크닉

3 셀 참조가 절대 참조로 변경되면 Enter 를 눌러 확정하고 수식을 셀 E3~E5까지 복사합니다.

	A	B	C	D	E	F
1	월	4월	5월	합계	구성비	
2	상품A	150	100	250	=D2/$D$5	
3	상품B	200	180	380		
4	상품C	120	130	250		
5	합계	470	410	880		
6						

3

논리식

논리식은 결과가 'TRUE' 또는 'FALSE'가 되는 수식을 말합니다. 비교 연산자를 사용해 두 값을 비교하는 식, AND 함수(p.202), ISBLANK 함수(p.264)와 같이 반환값이 TRUE 또는 FALSE가 되는 함수도 논리식으로 취급합니다.

▶ 비교 연산자를 이용한 논리식

아래의 셀 C3에 입력된 논리식 '=B3>=$C$1'은 '셀 B3의 값이 셀 C1의 값 이상이다'는 의미이며, 여기서는 성립하므로 TRUE가 반환됩니다.

	A	B	C	D
1		합격점	70	
2	학생번호	점수	결과	
3	1001	83	TRUE	
4	1002	68	FALSE	
5	1003	91	TRUE	
6				

식 =B3>=$C$1

식 =B4>=$C$1

식 =B5>=$C$1

▶ 함수를 이용한 논리식

아래의 셀 C2에는 ISBLANK 함수(p.264)를 사용해 '=ISBLANK(B2)'라는 논리식이 입력되어 있는데, '셀 B2가 비어 있는지 확인한다'는 의미입니다. 여기서는 비어 있지 않으므로 FALSE가 반환됩니다.

	A	B	C	D
1	학생번호	제출일	공란	
2	1001	4월1일	FALSE	
3	1002		TRUE	
4	1003	3월25일	FALSE	
5				

식 =ISBLANK(B2)

식 =ISBLANK(B3)

식 =ISBLANK(B4)

▶ 논리식을 이용한 함수 예시

논리식은 단독으로 사용하는 경우는 드물고, 대부분 IF 함수(p.200)와 같은 함수의 인수로 사용됩니다. 아래의 셀 C3에는 IF 함수를 사용해 '=IF(B3)=$C$1,"합격","불합격")'이 입력되어 있으며, '셀 B3의 값이 셀 C1 이상이면 '합격', 그렇지 않으면 '불합격'으로 표시한다'는 의미입니다. 첫 번째 인수에 논리식이 사용되고 있으며, 이 결과에 따라 반환값이 달라집니다. 여기서는 논리식이 성립하므로 '합격'으로 표시됩니다.

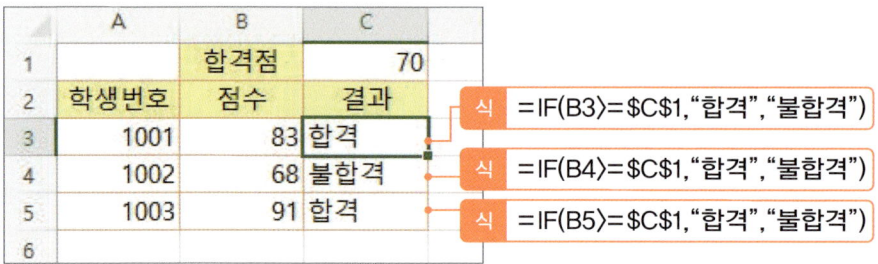

와일드카드 문자

와일드카드 문자는 임의의 문자열을 대체할 수 있는 기호입니다. '*'(별표)는 0자 이상의 임의의 문자열을 대체할 수 있고, '?'(물음표)는 임의의 한 문자를 대체할 수 있습니다. 와일드카드 문자 자체를 문자열로 인식하려면 와일드카드 문자 앞에 '~'(물결)을 붙이면 됩니다. 와일드카드 문자를 사용하면 '○○을 포함'과 같이 모호한 조건으로 문자열을 비교하거나 검색할 때 조건에 지정할 수 있습니다. 와일드카드 문자는 모두 반각으로 입력합니다.

와일드카드 문자

와일드카드 문자	의미
*	0자 이상의 임의의 문자열
?	임의의 한 문자
~	다음에 이어지는 '*', '?', '~'을 문자열로 취급

사용 예

예시	의미	해당 문자열(예)
해*	'해'로 시작하는 문자열	해, 해양생물,
*해	'해'로 끝나는 문자열	해, 동해, 아라비아해
해	'해'를 포함한 문자열	해, 해변, 서해, 경포해변
??해	세 번째 문자가 '해'인 세 문자의 문자열	지중해
해?	'해'로 시작하는 두 문자의 문자열	해녀, 해변
?해*	두 번째 문자가 '해'인 문자열	남해, 김해시

▶ 와일드카드 문자 예시

아래 그림의 셀 F2에는 SUMIF 함수(p.32)를 사용해 '=SUMIF(B2:B7,"현관*",C2:C7)'이 입력되어 있는데, '상품 열(B2:B7) 중 '현관으로 시작하는' 문자열을 검색해 찾은 행의 판매수량 열(C2:C7)의 숫자를 합산한다'는 의미입니다.

	A	B	C	D	E	F
1	날짜	상품	판매수량			판매수량
2	10월 1일	키친 선반	15		현관제품	43
3	10월 2일	현관 매트	23			
4	10월 3일	키친 매트	14			
5	10월 4일	현관 선반	16			
6	10월 5일	현관 도어록	4			
7						

식 =SUMIF(B2:B6,"현관*",C2:C6)

배열 상수

배열은 열과 행으로 구성된 값의 집합으로, 엑셀에서는 셀 범위를 배열로 취급할 수 있습니다. 배열 상수는 배열을 문자열로 지정한 것으로, 배열 전체를 '{ }'(중괄호)로 묶고 열은 ','(쉼표)로, 행은 ';'(세미콜론)으로 구분합니다. 함수 내에서 셀 범위를 지정하는 대신 배열 상수를 사용해 배열을 지정할 수 있습니다.

수식이나 함수 내에서 셀 범위를 지정할 때, 수식 입력줄에서 셀 범위를 선택한 후 F9를 누르면 해당 범위의 데이터가 배열 상수로 표시됩니다.

수학/삼각

날짜/시간

통계

문자열 조작

논리

검색/행렬 · 열

큐브

정보

데이터베이스

재무

공학

기초지식

유용한 테크닉

▶ SUM 함수 내 셀 범위의 값을 배열 상수로 확인하기

셀 A2, B2, C2에 각각 1, 2, 3이 입력되어 있고, 셀 D2에 '=SUM(A2:C2)'가 입력되어 있습니다. 셀 A2:C2는 1행 3열의 배열 상수 '{1,2,3}'과 같은 의미입니다.

1 셀 D2를 클릭하고 수식 입력줄에서 셀 범위(A2:C2)를 드래그해 선택합니다.

2 F9를 누릅니다.

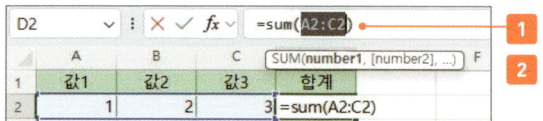

3 수식 입력줄에 셀 범위가 배열 상수로 표시됩니다.

4 확인 후, Esc를 눌러 셀 참조로 되돌립니다.

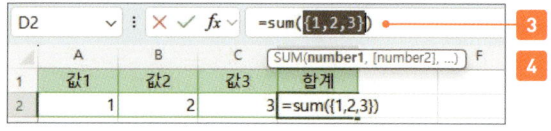

> 과정 **4** 에서 Enter를 누르면 배열 상수로 함수가 확정됩니다. 만약 실수로 누른 경우 [입력 취소] 버튼을 클릭하세요.

▶ VLOOKUP 함수 안에서 참조할 테이블을 배열 상수로 지정하기

VLOOKUP 함수(p.218)는 표를 참조해 데이터를 가져옵니다. 두 번째 인수는 보통 표의 셀 범위를 지정하지만, 배열 상수로 지정할 수도 있습니다.

1 셀 B3에 '=VLOOKUP(A3,{10,"상품A";20,"상품B";30,"상품C"},2,FALSE)'를 입력하고 Enter를 누릅니다.

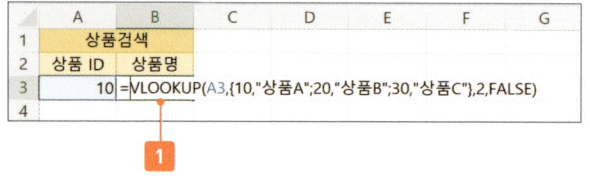

> VLOOKUP 함수의 두 번째 인수로, 참조할 테이블을 2열 3행의 배열 상수를 지정합니다.

2 셀 A3의 값 '10'에 해당하는 값을 배열 상수 표에서 검색해 '상품A'로 표시합니다.

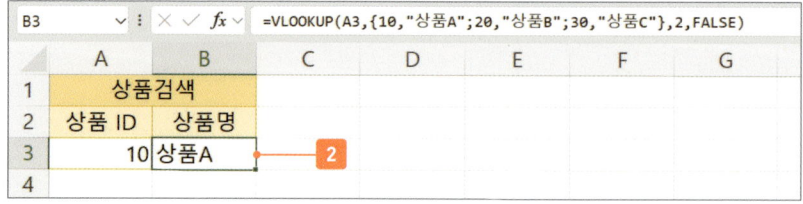

배열 수식

배열 수식이란 셀 범위나 배열 상수와 같은 배열을 사용해 계산을 수행하고, 하나의 수식으로 여러 값을 배열 형태로 반환할 수 있는 수식입니다. 배열 수식을 사용할 때는 결과를 표시할 셀이나 셀 범위를 미리 선택하고 수식을 입력한 후, [Ctrl]+[Shift]+[Enter]를 눌러 입력을 확정하면 '{ }'(중괄호)로 둘러싸인 배열 수식이 표시됩니다. Microsoft365의 경우, 결과를 표시할 첫 번째 셀에 수식을 입력하고 [Enter]를 누르면 나머지 셀에도 자동으로 결과가 표시됩니다. 이를 '스필 기능'이라고 합니다.

▶ 배열 수식을 사용해 '정가×수량'을 한 번에 계산하기

1 결과를 표시할 셀(여기서는 셀 D2:D4)을 선택합니다.

2 '='를 입력합니다.

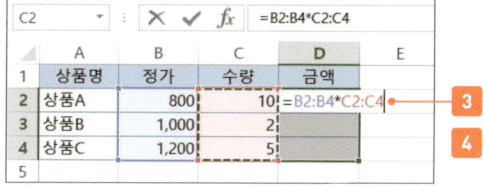

3 정가의 셀 범위(여기서는 셀 B2:B4)를 드래그하고 '*'를 입력한 후 수량의 셀 범위(여기서는 셀 C2:C4)를 드래그하면 셀에는 '=B2:B4*C2:C4'로 표시됩니다.

4 [Ctrl]+[Shift]+[Enter]를 눌러 배열 수식으로 수식을 확정합니다.

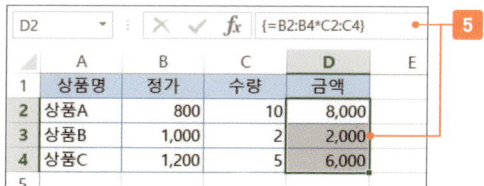

5 금액의 셀 범위(여기서는 셀 D2:D4)에 배열 수식 '{=B2:B4*C2:C4}'가 입력되고, 각 셀에 '정가*수량'의 결과가 표시됩니다.

D2	▼	:	✕ ✓ fx	{=B2:B4*C2:C4}		**5**
	A	B	C	D	E	
1	상품명	정가	수량	금액		
2	상품A	800	10	8,000		
3	상품B	1,000	2	2,000		
4	상품C	1,200	5	6,000		
5						

> 배열 수식을 수정 및 삭제할 때는 배열 수식을 입력한 전체 셀 범위를 선택해 조작합니다. 개별적으로는 편집할 수 없습니다.

수학/삼각
날짜/시간
통계
문자열 조작
논리
검색/참조·웹
큐브
정보
데이터베이스
재무
공학
기초지식
유용한 테크닉

▶ 배열과 함수를 조합해 한 번에 합계를 구하는 방법

여기서는 각 행의 '정가×수량'을 합산해 계산하는 배열 수식을 작성하고, 작성한 배열 수식을 SUM 함수의 인수로 사용해 매출 총액을 한 번에 표시합니다.

1 셀 C5를 클릭하고 '=SUM(B2:B4*C2:C4)'를 입력합니다.

2 Ctrl + Shift + Enter 를 누릅니다.

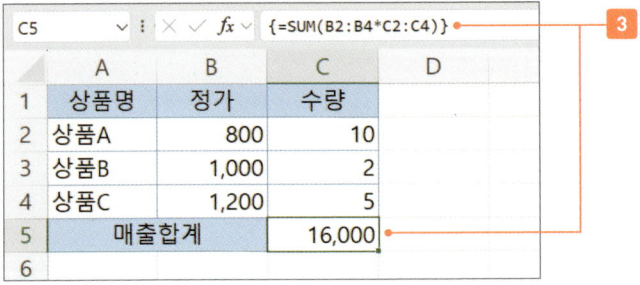

3 SUM 함수가 '{ }'(중괄호)로 둘러싸여 각 상품의 정가×수량의 합을 한 번에 구할 수 있습니다.

	A	B	C	D
1	상품명	정가	수량	
2	상품A	800	10	
3	상품B	1,000	2	
4	상품C	1,200	5	
5	매출합계		16,000	
6				

C5 fx {=SUM(B2:B4*C2:C4)}

▶ 배열을 반환하는 함수 사용하기

함수 중에는 결과로 배열을 반환하는 함수가 있습니다. 이런 함수를 사용할 때도 미리 결과를 표시할 셀 범위를 선택하고 함수를 입력한 후, Ctrl + Shift + Enter 를 눌러 입력을 확정합니다.

여기서는 구간 내 데이터 개수를 반환하는 FREQUENCY 함수(p.103)를 예로 들어 설명합니다.

1 결과를 표시할 셀 범위(여기서는 F2:F5)를 선택하고 '=FREQUENCY(B2:B6,D2:D4)'를 입력한 후 Ctrl + Shift + Enter 를 누릅니다.

수학/삼각

날짜/시간

통계

문자열 조작

논리

검색/행렬 · 웹

큐브

정보

데이터베이스

재무

공학

기초서식

유용한 테크닉

	A	B	C	D	E	F	G	H
1	NO	점수		상한값	점수대	수		
2	1001	63		49	50점 미만	=FREQUENCY(B2:B6,D2:D4)		
3	1002	51		59	50점대			
4	1003	33		69	60점대			
5	1004	92			70점 이상			
6	1005	69						
7								

1

2 FREQUENCY 함수가 배열 수식으로 입력되어 각 구간에 있는 데이터 개수가 표시됩니다.

F2 ∨ : × ✓ fx ∨ {=FREQUENCY(B2:B6,D2:D4)}

	A	B	C	D	E	F	G	H
1	NO	점수		상한값	점수대	수		
2	1001	63		49	50점 미만	1		
3	1002	51		59	50점대	1		
4	1003	33		69	60점대	2		
5	1004	92			70점 이상	1		
6	1005	69						
7								

2

동적 배열 수식과 스필

기존의 배열 수식은 결과를 표시할 셀 범위를 먼저 선택하고 수식을 입력한 후 Ctrl +Shift+Enter를 눌러야 입력이 완료되었습니다. 하지만 Excel 2021 및 Microsoft 365의 새로운 기능인 '동적 배열 수식'은 기존 배열 수식의 기능을 더욱 발전시킨 것입니다. 동적 배열 수식은 결과를 표시할 셀 범위의 첫 번째 셀에만 수식을 입력하고 Enter를 누르기만 하면, 필요한 범위에 자동으로 배열 수식이 설정됩니다. 이처럼 필요한 범위에 자동으로 결과가 표시되는 기능을 '스필'이라고 합니다. 스필 기능을 통해 배열 수식을 쉽고 간편하게 설정할 수 있습니다. 여기서는 동적 배열 수식 입력 방법과 스필 기능의 개요에 대해 알아보겠습니다.

▶ 동적 배열 수식을 이용한 '정가×수량' 계산식 입력

1 결과를 표시할 첫 번째 셀(여기서는 셀 D2)을 선택하고 '=B2:B4*C2:C4'를 입력합니다.

2 [Enter]를 누릅니다.

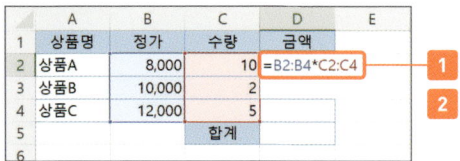

3 수식을 입력하면, 스필 기능에 의해 자동으로 각 행의 '정가×수량' 수식의 결과가 표시됩니다.

4 자동으로 결과가 표시된 셀의 수식 입력줄에 회색으로 수식이 표시됩니다.

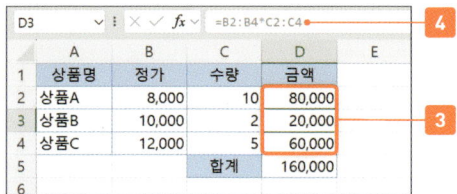

5 합계 셀(여기서는 셀 D5)을 클릭하고 'SUM(D2#)'을 입력한 후, [Enter]를 누릅니다.

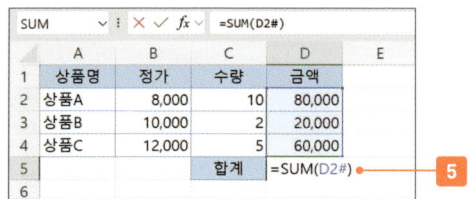

> **HINT ▶** 과정 **5** 에서 동적 배열 수식의 범위(여기서는 셀 D2~D5)를 드래그하면 자동으로 'D2#'로 입력됩니다.

6 스필 기능에 의해 자동 입력된 셀 범위의 합계가 표시됩니다.

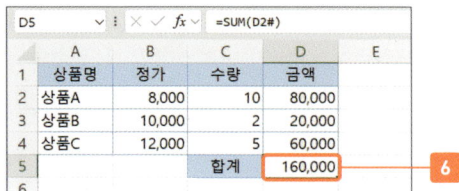

▶ 배열을 반환하는 함수 사용하기(스필 기능)

여기서는 표의 데이터를 정렬해 추출하는 함수 'SORT'(p.238)를 예로 들어 보겠습니다.

1 결과를 표시할 범위의 첫 번째 셀(여기서는 셀 D3)을 클릭하고, '=SORT(A3:B7,2,−1)'을 입력합니다.

2 [Enter]를 누릅니다.

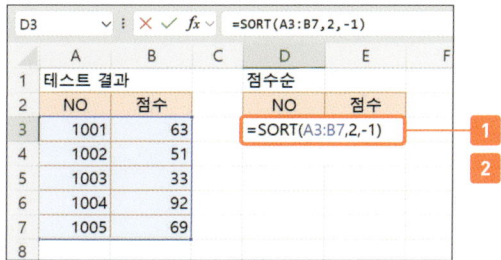

| HINT | 표의 데이터(셀 A3~B7)를 2열(점수)을 정렬 기준 열로 지정하고 −1(내림차순)로 정렬하여 추출합니다.

3 셀 A3~B7의 데이터가 점수가 큰 순서(2열, 내림차순)로 정렬되고, 스필 기능에 의해 자동으로 필요한 범위에 결과가 표시됩니다.

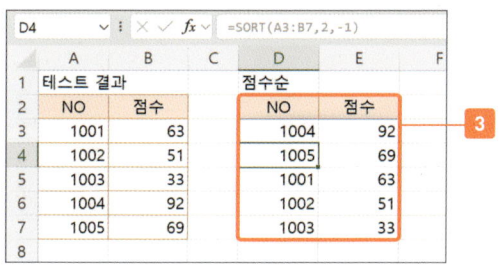

수학/삼각
날짜/시간
통계
문자열 조작
논리
검색/행렬 · 웹
큐브
정보
데이터베이스
재무
공학
기초지식
유용한 테크닉

▶ [스필] 기능의 특징

- Excel 2021, Microsoft 365의 엑셀에서는 배열 수식이나 배열을 반환하는 함수를 입력할 때 첫 번째 셀에 수식을 입력하기만 하면, 필요한 셀 범위에 자동으로 결과가 표시됩니다(Excel 2019 이전 버전에서는 p.373의 방법으로 배열 수식을 입력합니다).
- 동적 배열 수식이 입력된 셀을 클릭하면 배열 수식 주변에 음영 처리된 파란색 테두리가 표시됩니다.
- 스필 기능을 통해 자동으로 결과가 표시된 셀을 클릭하면 수식 입력줄에 회색 글씨로 수식이 표시됩니다. 이를 '고스트'라고 하며, 이 셀에서는 수식을 편집하거나 삭제할 수 없습니다.
- 수식을 수정할 때는 동적 배열 수식의 첫 번째 셀에서만 수정할 수 있습니다. 또한, 첫 번째 셀의 수식을 삭제하면 동적 배열 수식 전체가 삭제됩니다.
- 동적 배열 수식의 첫 번째 셀이 아닌 다른 셀에 데이터가 입력되어 있으면 첫 번째 셀에 오류값 '#SPILL!'이 표시되고 배열 수식이 삭제됩니다. 기존 데이터를 삭제하면 다시 배열 수식이 표시됩니다.
- 동적 배열 수식의 셀 범위는 '첫 번째 셀#'으로 나타낼 수 있는데, p.376의 예제에서 'D2#'은 'D2:D4'를 지정한 것입니다. 참고로 '#'은 '스필 범위 연산자'라고 하며, 셀 D2를 시작점으로 하는 모든 동적 배열의 범위를 참조합니다.

날짜와 시간 계산

엑셀에서는 날짜/시간 데이터를 일련번호라는 숫자로 관리하고 있습니다(p.80 참조). 따라서 날짜/시간 데이터도 숫자로 간주하여 계산할 수 있습니다. 단, 1900년 1월 1일부터 9999년 12월 31일까지의 날짜만 사용할 수 있다는 점에 유의해야 합니다. 날짜나 시간을 다루는 함수는 '날짜/시간 함수'(p.77)를 참고하세요.

▶ 날짜 계산하기

날짜의 일련번호는 1900/1/1을 '1'로 하고, 1일이 지날 때마다 1씩 가산되는 숫자입니다. 따라서 아래와 같이 셀 A2 날짜의 5일 후는 '=A2+5', 5일 전은 '=A2−5'로 구할 수 있습니다. 참고로 1개월 전이나 후(EDATE 함수), 주말을 제외한 5일 후(WORKDAY 함수)와 같은 날짜는 함수를 사용해 구할 수 있습니다.

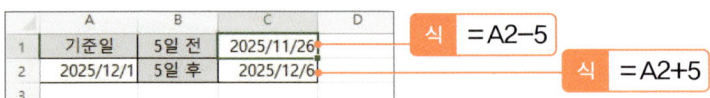

➤ 총 작업 시간 계산하기

시간의 일련번호는 0시를 '0', 24시를 '1'로 하여 24시간을 0부터 1 사이의 소수로 관리하고 있습니다. 따라서 시간 합계가 24를 초과하면 자동으로 0부터 다시 표시됩니다. 24시간을 초과하는 작업 시간을 표시하려면 표시 형식을 '[h]:mm'으로 설정해야 합니다.

1 표시 형식을 변경할 셀을 클릭하고 p.382의 절차에 따라 [셀 서식] 대화 상자를 표시합니다.

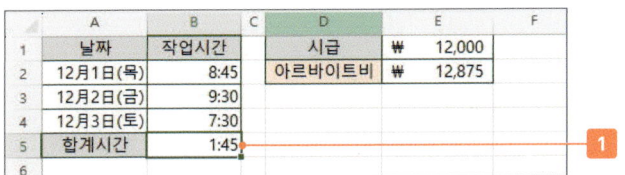

2 [표시 형식] 탭의 [사용자 지정]을 클릭합니다.

3 [형식]에 '[h]:mm'을 입력합니다.

4 [확인]을 클릭합니다.

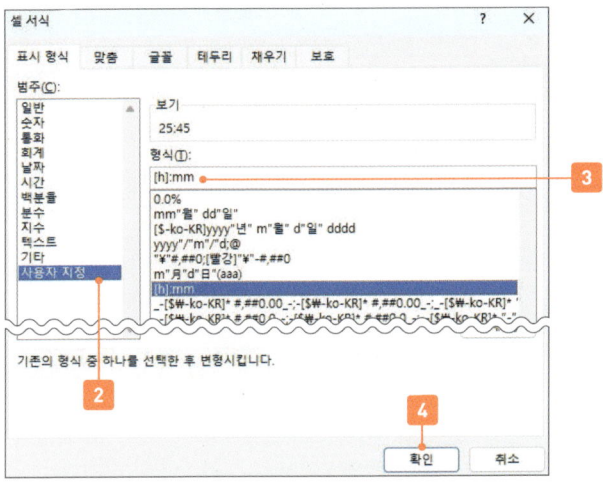

5 정확한 합계 시간이 표시됩니다.

수학/삼각
날짜/시간
통계
문자열 조작
논리
검색/행렬·셀
큐브
정보
데이터베이스
재무
공학
기초지식
우아한 테크닉

▶ 올바른 임금 계산하기

아래와 같이 셀 B5의 작업 시간 합계와 셀 E1의 시급을 곱해 셀 E2에서 아르바이트비를
계산하기 위해 '=B5*E1'이라는 수식을 입력하면, '12,875원'이 됩니다. 임금을 올바르게
계산하기 위해서는 총 작업 시간에 24를 곱하여 단위를 '시:분'에서 '시간'으로 변환해야
합니다.

1 아르바이트비를 계산할 셀(여기서는 셀 E2)을 클릭합니다.

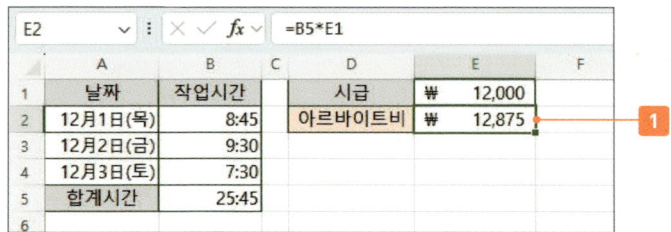

2 수식 입력줄을 클릭해 '=B5*E1*24'로 수정하고 Enter 를 누릅니다.

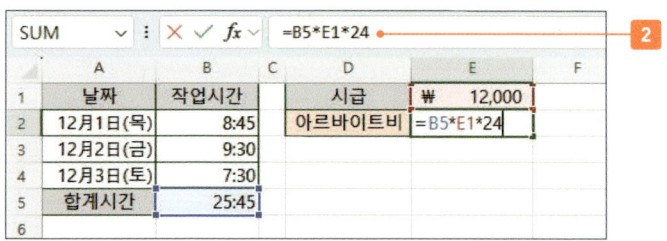

3 아르바이트비가 올바르게 계산됩니다.

	A	B	C	D	E	F
1	날짜	작업시간		시급	₩ 12,000	
2	12月1日(목)	8:45		아르바이트비	₩ 309,000	
3	12月2日(금)	9:30				
4	12月3日(토)	7:30				
5	합계시간	25:45				
6						

표시 형식 설정

함수는 그 반환값이 일련번호, 소수점 이하 등 다양한 형태일 수 있습니다. 이러한 값 자체만으로는 이해하기 어려운 경우가 있는데, 표시 형식을 적절히 변경하면 더 보기 쉽고 이해하기 쉬워집니다. 표시 형식에는 미리 정의되어 있는 '사전 정의된 표시 형식'과 서식 기호를 사용하여 작성하는 '사용자 정의 표시 형식'이 있습니다.

함수	반환값			표시 형식	
=WORKDAY("2025-4-1",3) (2025-4-1부터 3영업일 뒤의 날을 구한다)	45751	일련 번호	➡	2025-4-4	정의된 형식: 간단한 날짜 형식

함수의 반환값만으로는 알기 어려운 경우, 표시 형식을 설정하면 쉽게 알 수 있습니다.

▶ 미리 정의된 표시 형식 설정하기

1 표시 형식을 변경하고 싶은 셀을 클릭합니다.

2 [홈] 탭 → [표시 형식]의 [▼] → [간단한 날짜]를 클릭합니다.

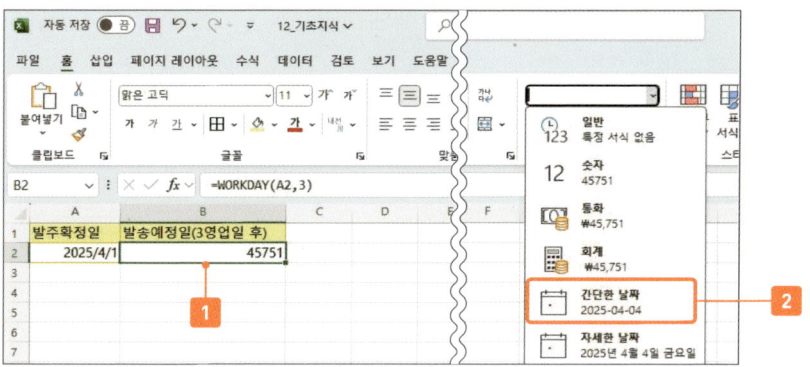

3 이미 정의된 날짜의 표시 형식이 설정됩니다.

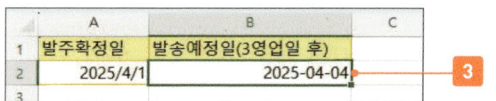

수학/삼각

날짜/시간

통계

문자열 조작

논리

검색/행렬·열

큐브

정보

데이터베이스

재무

공학

기초지식

유용한 테크닉

▶ 사용자 정의 표시 형식 설정하기

1 표시 형식을 설정할 셀을 클릭합니다.

2 [홈] 탭 → [표시 형식] 그룹의 [대화 상자 시작 도구]를 클릭합니다.

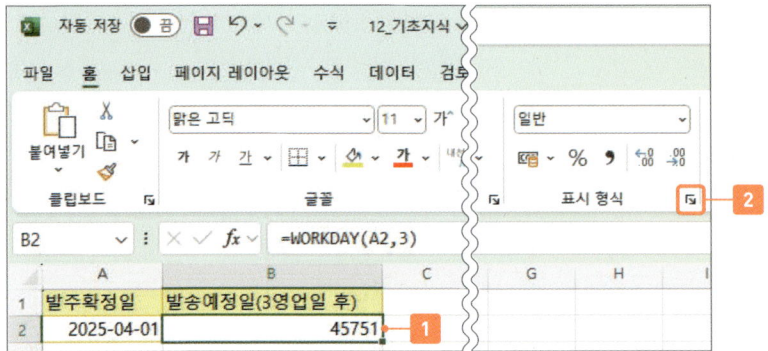

3 [셀 서식] 대화 상자의 [표시 형식] 탭에서 [사용자 지정]을 클릭합니다.

4 [형식]에 서식을 설정합니다(여기서는 'yyyy"년" mm"월" dd"일"').

5 [확인] 버튼을 클릭합니다.

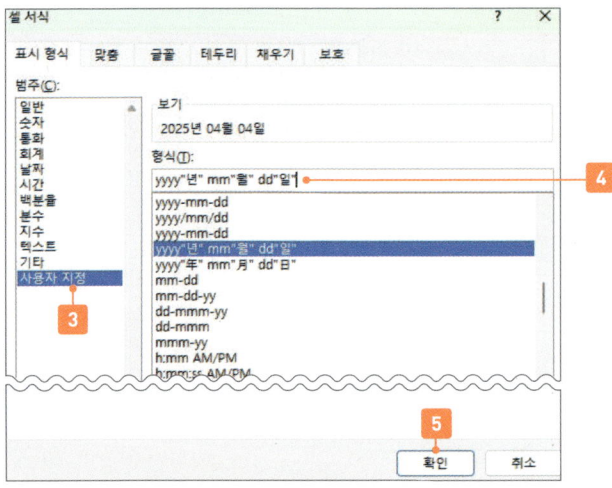

6 사용자 정의 표시 형식이 설정됩니다.

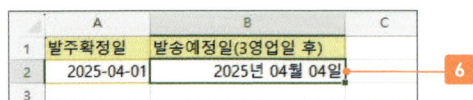

날짜/시간 서식 기호

서식 기호	내용
yy,yyyy	서기 연도를 2자리, 4자리로 표시
m,mm	월을 표시. mm은 2자리로 표시
mmm	월을 'Jan', 'Feb'의 형식으로 표시
mmmm	월을 'January', 'February'의 형식으로 표시
d,dd	날짜 표시. dd는 2자리로 표시
ddd	요일을 'Sun', 'Mon' 형식으로 표시
dddd	요일을 'Sunday', 'Monday' 형식으로 표시
aaa	요일을 '일', '월' 형식으로 표시
aaaa	요일을 '일요일', '월요일'의 형식으로 표시
h,hh	시간을 표시. hh는 2자리로 표시
m,mm	분을 표시. mm은 2자리로 표시
s,ss	초를 표시. ss는 2자리로 표시
[h],[m],[s]	시, 분, 초를 각각 경과 시간으로 표시
AM/PM,am/pm	12시간 표시 형식을 사용해 시간 표시
A/P,a/p	

날짜/시간 설정 예시(입력값: 2025/4/1 18:05:20)

표시 형식	표시 결과
m/d	4/1
m/d(aaa)	4/1(화)
yyyy/mm/dd	2025/04/01
yyyy년 mm월	2025년 04월
hh:mm	18:05
h:mm AM/PM	6:05PM
h시 mm분 ss초	18시 05분 20초

수학/삼각

날짜/시간

통계

문자열 조작

논리

검색/행렬ㆍ웹

큐브

정보

데이터베이스

재무

공학

기초지식

유용한 테크닉

▶ 사용자 정의 표시 형식 지정 방법

사용자 정의를 설정할 때는, 아래와 같이 ';'(세미콜론)으로 최대 4개까지 구분해 지정할 수 있습니다. 1개만 지정하면 모든 값에 동일한 서식이 적용되고, 2개를 지정하면 '양수 및 0의 서식; 음수 서식'이 적용됩니다.

서식:	양수의 경우;	음수의 경우;	0의 경우;	문자열;
예:	△0.0;	▲0.0;	−;	@;
	양수일 때 '△'를 붙여 소수점 이하 첫 번째 자리까지 표시	음수일 때 '▲'를 붙여 소수점 이하 첫 번째 자리까지 표시	0일 때 '−'를 표시	문자열일 때 그대로 표시

숫자의 주요 서식 기호

0	숫자의 한 자릿수를 나타냅니다. 숫자의 자릿수가 표시 형식의 자릿수보다 적은 경우, 표시 형식의 자릿수까지 0을 채웁니다.
#	숫자의 한 자릿수를 나타냅니다. 숫자의 자릿수가 표시 형식의 자릿수와 관계없이 그대로 표시됩니다. 1의 자리에 '#'을 지정한 경우, 값이 '0'이면 아무것도 표시되지 않습니다.
?	숫자의 한 자릿수를 나타냅니다. 숫자의 자릿수가 표시 형식의 자릿수보다 적을 경우, 표시 형식의 자릿수까지 공백을 채웁니다. 소수점 위치나 분수 위치를 정렬할 때 사용합니다.
.	소수점 표시
,	세 자리마다 자릿수 구분을 표시합니다. 천 단위, 백만 단위의 숫자를 표시하고 싶을 때도 이용합니다.
%	퍼센트 표시
/	분수로 표시
E,e	지수로 표시

설정 예

표시 형식	입력값	표시 결과
0000	1	0001
	10	0010
#,##0	0	0
	1500	1,500
#,###	0	
	1500	1,500

표시 형식	입력값	표시 결과
0.0	1.26	1.3
	10	10.0
??.??	123.4	123.4
	12.345	12.35
#?/?	1.5	3/2

3D 집계

3D 집계는 다른 시트에 있는 같은 셀 번호의 데이터끼리 합산하는 것입니다. 예를 들어 '종로', '용산', '홍대' 시트에 동일한 형식으로 작성된 표를 '지점합계' 시트에서 집계하려면 다음과 같이 조작합니다.

1 집계할 표의 셀을 클릭하고 '=SUM('을 입력합니다.
2 집계할 첫 번째 시트의 시트 제목을 클릭합니다.

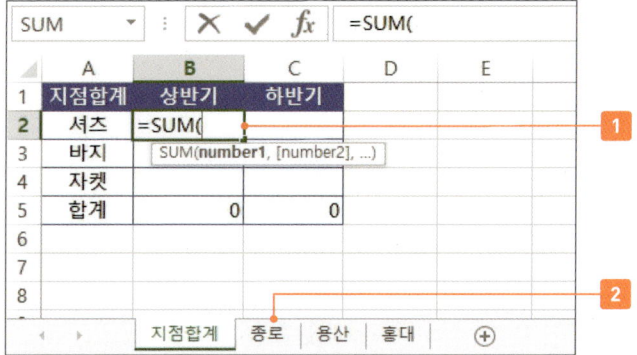

3 합계를 구할 시작점 셀을 클릭합니다.
4 집계할 마지막 시트의 제목을 [Shift]를 누른 상태에서 클릭합니다.
5 [Enter]를 누릅니다.

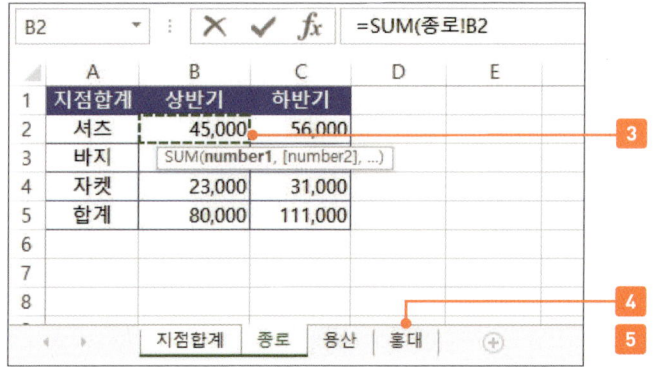

수학/삼각
날짜/시간
통계
문자열 조작
논리
검색/행렬 · 웹
규모
정보
데이터베이스
재무
공학
기초지식
유용한 테크닉

6 수식 입력창에 '=SUM(종로:홍대!B2)'라고 SUM 함수가 설정되었는지 확인합니다.

7 셀 B2에 입력된 함수를 셀 C4까지 복사합니다.

B2		✕ ✓ ƒx	=SUM(종로:홍대!B2)		**6**

▲	A	B	C	D	E
1	지점합계	상반기	하반기		
2	셔츠	126,000	147,000		
3	바지	48,000	66,000		**7**
4	자켓	73,000	99,000		
5	합계	247,000	312,000		
6					
7					
8					

지점합계 | 종로 | 용산 | 홍대 | ⊕

오류 처리

수식이 입력된 셀의 왼쪽 상단에 녹색 마크가 나타나는 경우가 있습니다. 이는 해당 셀에 오류가 발생했거나 오류가 발생할 가능성이 있을 때 표시되는 오류 표시기입니다. 셀을 선택하면 ⊞(오류 확인 옵션)이 나타나고 마우스를 가져가면 오류 내용 및 메뉴가 표시되므로, 여기에서 필요한 조치를 지정합니다. 또한, 오류값의 종류와 내용도 함께 확인합니다.

▶ 문제없는 오류

1 오류 표시기가 표시된 셀을 클릭하고 [오류 확인 옵션]에 마우스를 가져가 메시지를 확인합니다.

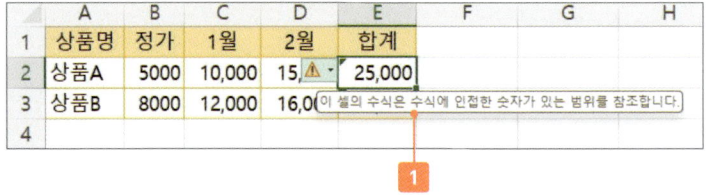

② 오류 확인 옵션을 클릭하고 [오류 무시]를 클릭하면 오류 표시기가 숨겨집니다.

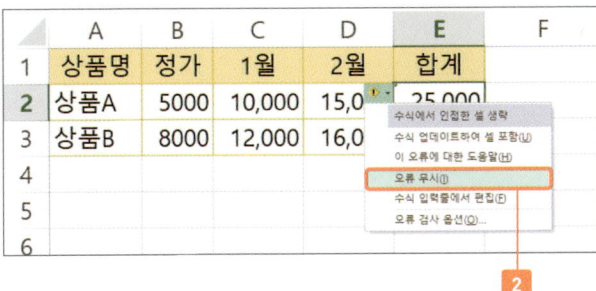

여기서는 참조 오류이
므로 참조할 셀을 수
정하면 된다는 것을
알 수 있습니다.

에러 표시기가 화면에
표시되어 있어도 인쇄
시에는 출력되지 않습
니다.

▶ 해결해야 할 오류

① 오류값이 표시된 셀을 클릭하고 [오류 확인 옵션]에 마우스를 가져가 오류 내용을 확
인합니다.

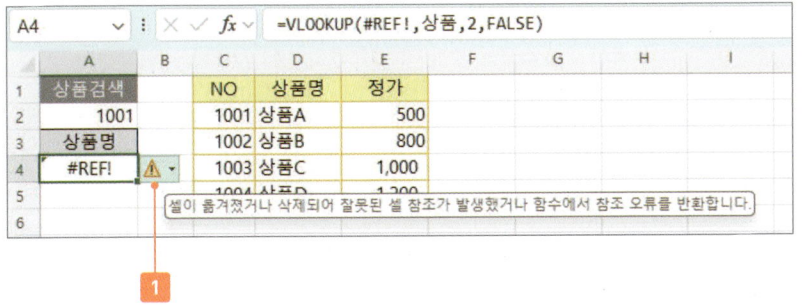

② 수식을 수정합니다.

수학/삼각

날짜/시간

통계

문자열 조작

논리

검색/참조·웹

큐브

정보

데이터베이스

재무

공학

기초자식

유용한 테크닉

▶ 주요 오류값의 종류

수식이 제대로 계산되지 않으면 셀에 '#'이 붙은 오류값이 표시됩니다. 엑셀에서 자주 발생하는 주요 오류값의 종류와 내용은 다음과 같습니다.

오류값	내용
#######	숫자나 날짜가 셀 너비에 맞지 않거나 날짜나 시간이 음수로 표시된 경우
#NULL!	셀 범위 지정 시 범위 연산자 ':' 또는 ','를 잘못 사용한 경우
#DIV/0!	0 또는 공백으로 나누기를 한 경우
#VALUE!	함수에 지정한 인수가 부적절하거나 참조할 셀에 문제가 있는 경우
#REF!	수식에서 참조하는 셀이 삭제되는 등 수식이 유효하지 않은 셀을 참조하는 경우
#NAME?	함수명이나 범위명이 잘못되었거나, 셀 범위에 ':'이 빠져있는 등 인식할 수 없는 문자열이 사용된 경우
#NUM!	수식이나 함수에 유효하지 않은 숫자가 포함된 경우
#N/A	VLOOKUP 함수 등에서 참조하는 값을 찾을 수 없거나 계산에 필요한 값이 입력되지 않은 경우
#SPILL!	동적 배열 수식의 결과를 표시할 셀이 비어 있지 않거나 병합되는 등 스필 기능이 작동할 수 없는 경우
#BLOCKED!	접근 권한이 없는 등 필요한 리소스에 접속할 수 없는 경우
#UNKNOWN!	사용 중인 엑셀에서 해당 데이터 형식을 지원하지 않는 경우, 데이터 유형을 알 수 없는 경우 등
#FIELD!	참조하는 필드가 존재하지 않는 경우 등
#CALC!	배열 내에서 셀 참조를 지정. 배열 수식에서 빈 배열이 반환된 경우 등

유용한 테크닉

여기서는 함수 활용 방법, 검증 방법 등 함수를 이용한 유용한 테크닉과 알아 두면 좋은 지식을 소개합니다. 또한, 함수를 설정하지 않고도 자동으로 집계하거나, 문자를 결합하거나 분할할 수 있는 기능도 몇 가지 소개합니다. 이 외에도 유용한 단축키와 호환성 관련 함수도 정리했습니다.

조건부 서식 설정

[조건부 서식] 기능을 사용하면 숫자의 크기에 따라 채우기 색상, 글자 색상 등의 서식을 변경할 수 있습니다. 서식을 설정하려면 서식을 적용할 셀을 선택하고 [홈] 탭 → [조건부 서식]에서 조건과 설정하고자 하는 서식을 선택합니다. 또한, [새 서식 규칙] 대화 상자에서는 함수 등의 수식을 조건으로 지정할 수도 있습니다.

▶ 토요일과 일요일 셀에 색을 칠한다

여기서는 요일 번호를 반환하는 WEEKDAY 함수를 사용해 토요일과 일요일인 셀에 색을 지정하는 조건부 서식을 설정합니다.

1 날짜의 셀 범위(여기서는 A2:A6)를 선택합니다.

2 [홈] 탭 → [조건부 서식] → [새 규칙]을 클릭합니다.

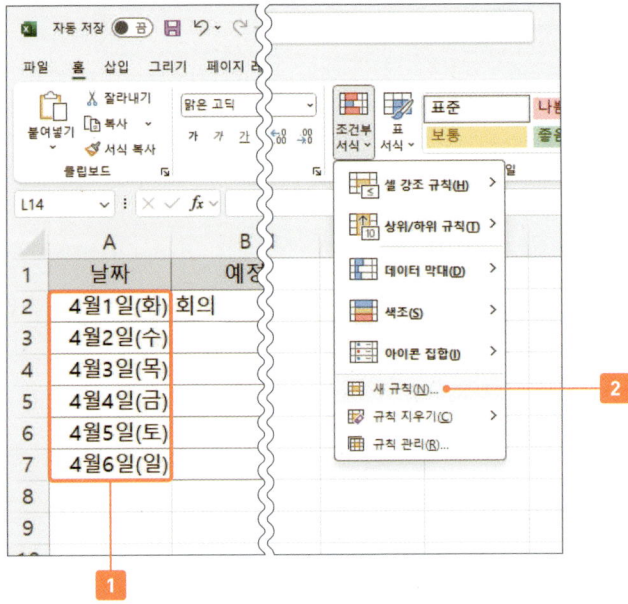

수학/삼각

날짜/시간

통계

문자열 조작

논리

검색/행렬 · 웹

큐브

정보

데이터베이스

재무

공학

기초지식

유용한 테크닉

3 [새 서식 규칙] 대화 상자에서 [수식을 사용하여 서식을 지정할 셀 결정]을 클릭합니다.

4 '=WEEKDAY(A2,2))=6'을 입력합니다.

5 [서식] 버튼을 클릭한 후 표시되는 대화 상자에서 서식을 지정합니다(여기에서는 채우기를 옅은 파란색으로 설정).

6 [확인] 버튼을 클릭합니다.

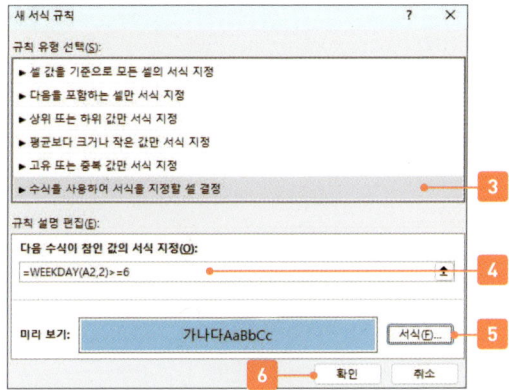

WEEKDAY 함수에서 두 번째 인수를 2로 지정하면, 월요일부터 1,2,…7 순서로 요일 번호가 반환됩니다. 첫 번째 인수는 선택한 셀 범위의 첫 번째 셀을 지정합니다. 따라서 셀 A2의 요일 번호가 6 이상(토 또는 일)이라는 조건이 됩니다. 상대 참조로 지정되어 있으므로, 설정하면 A3~A6의 각 셀이 참조됩니다.

| HINT ▶ 조건부 서식을 해제하려면 조건부 서식이 설정된 셀 범위를 선택하고, [홈] 탭 → [조건부 서식] → [규칙 지우기] → [선택한 셀의 규칙 지우기]를 클릭합니다.

7 날짜가 토요일과 일요일인 셀에 색이 표시됩니다.

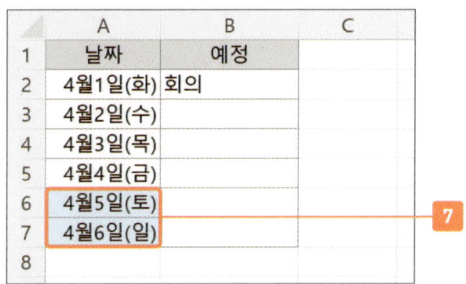

| HINT ▶ 표의 토요일, 일요일 행 전체에 색을 입히려면 과정 **1** 에서 표 전체(A2:B6)를 선택하고 과정 **4** 에서 '=WEEKDAY($A2,2))=6'으로 지정합니다.

조건부 서식의 종류

조건부 서식에는 다음과 같은 종류가 있습니다. 각각의 특징을 이해하고 구분해 사용합시다.

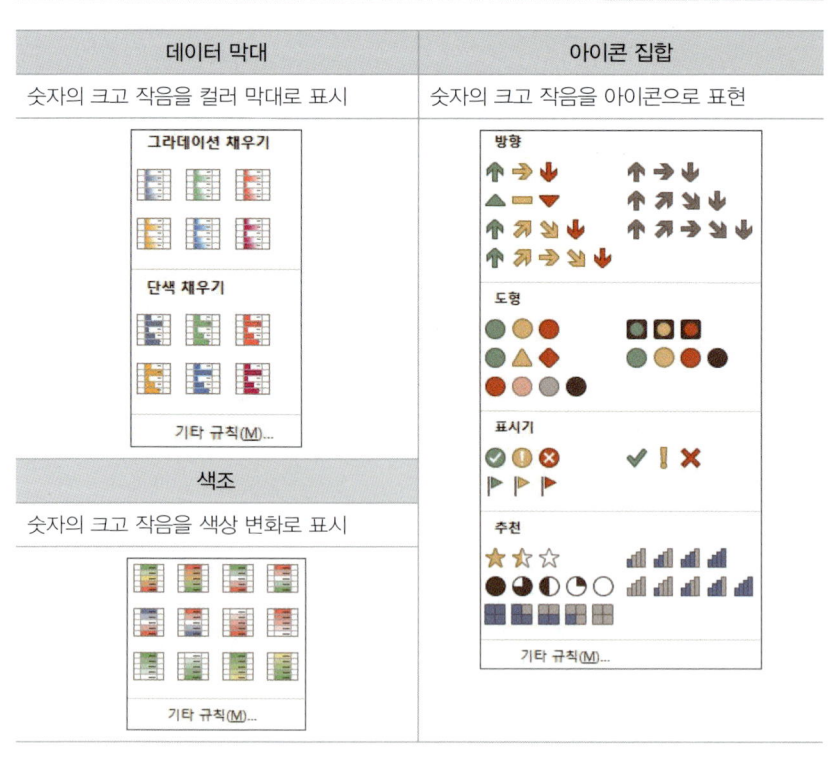

셀 강조 규칙	상위/하위 규칙
조건과 일치하는 셀에 색칠	상위 및 하위 셀에 색칠

데이터 막대	아이콘 집합
숫자의 크고 작음을 컬러 막대로 표시	숫자의 크고 작음을 아이콘으로 표현

색조
숫자의 크고 작음을 색상 변화로 표시

데이터 유효성

[데이터 유효성]을 사용하면 셀에 입력할 데이터의 종류와 범위를 지정할 수 있습니다. 예를 들어, 1~5의 정수만 입력 가능하게 설정하거나, 선택 목록에서 항목을 선택하여 입력하도록 할 수 있어 잘못된 입력을 방지할 수 있습니다. 또한, 수식이나 함수를 사용해 조건을 지정할 수도 있습니다. 예를 들어, WORKDAY 함수를 사용해 주문일로부터 3영업일 이내인지 검사하거나, COUNTIF 함수를 사용해 중복 데이터가 입력되지 않도록 하는 등 조건을 설정할 수 있습니다.

▶ [데이터 유효성] 설정하기

1 데이터 유효성을 설정할 셀을 선택합니다.

2 [데이터] 탭 → [데이터 유효성 검사]를 클릭합니다.

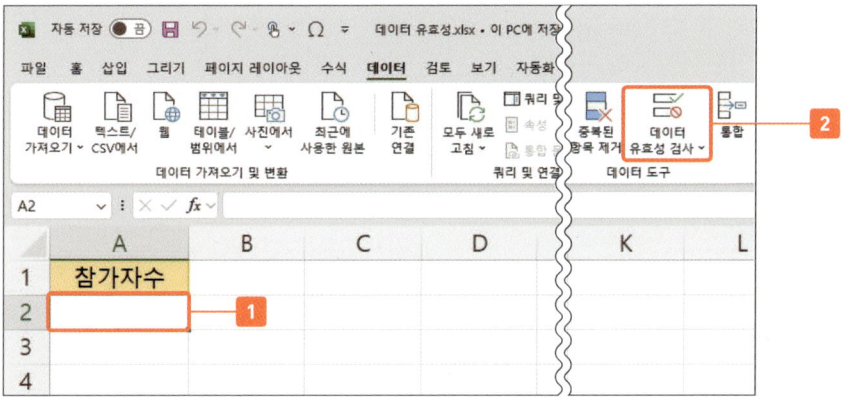

3 [데이터 유효성] 대화 상자가 표시됩니다.

4 [설정] 탭의 [제한 대상]에서 종류를 선택합니다(p.394 표 참조).

5 [제한 방법]에서 조건 항목을 선택합니다.

6 조건의 범위를 지정합니다.

7 [확인] 버튼을 클릭합니다.

수학/삼각
날짜/시간
통계
문자열 조작
논리
검색/참조 · 웹
큐브
정보
데이터베이스
재무
공학
기초지식
유용한 테크닉

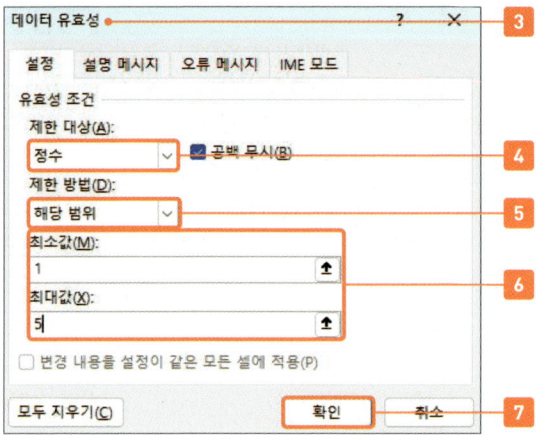

8 설정한 입력 규칙에 위배되는 데이터를 입력하려고 하면 오류 메시지가 표시됩니다.

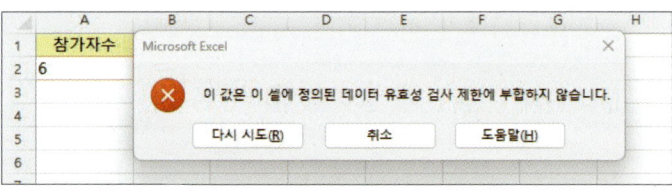

입력값의 종류

입력값의 종류	내용
모든 값	제한 없음
정수	지정 범위의 정수
소수점	지정 범위의 소수점
목록	지정한 선택
날짜	지정 범위의 날짜
시간	지정 범위의 시간
텍스트 길이	지정된 길이의 문자열
사용자 지정	지정한 수식에 부합하는 값

▶ WORKDAY 함수를 사용해 주문일로부터 5영업일 이내의 날짜로 입력값 제한하기

1 데이터 유효성을 설정할 셀을 선택하고 [데이터 유효성] 대화 상자를 표시합니다.

2 [제한 대상]에서 [날짜]를 선택합니다.

3 [제한 방법]에서 [<=]를 선택합니다.

4 [끝 날짜]에 '=WORKDAY(A2,5)'을 입력합니다.

5 [확인] 버튼을 클릭합니다.

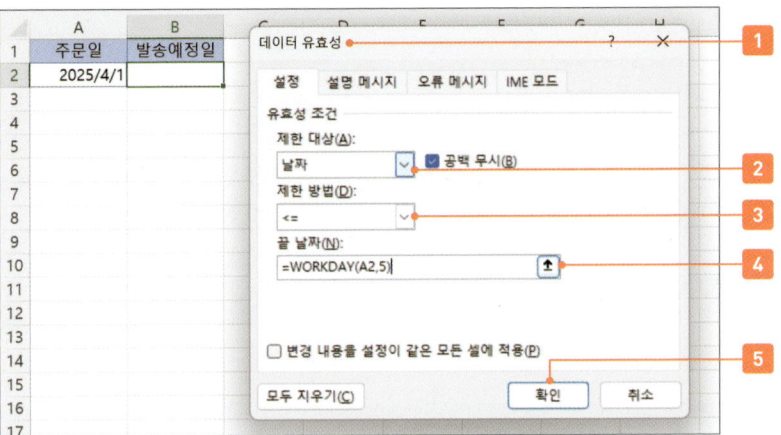

'셀 A2의 날짜로부터 주말을 제외한 5일 후'라는 의미입니다.

▶ COUNTIF 함수를 사용해 이메일 주소 중복 입력 제한하기

1 입력 규칙을 설정할 셀 범위를 선택하고 [데이터 유효성] 대화 상자를 표시합니다.

2 [제한 대상]에서 [사용자 지정]을 선택합니다.

3 [수식]에 '=COUNTIF(B:B,B2)=1'을 입력합니다.

4 [확인] 버튼을 클릭합니다.

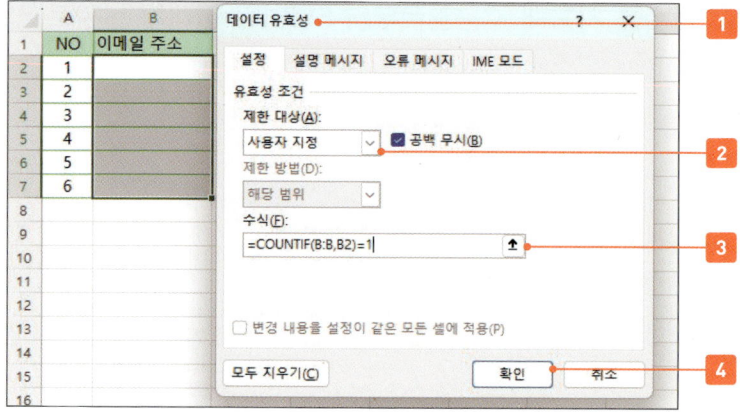

'B열에서 셀 B2와 동일한 값이 1개'라는 의미입니다. 현재 활성 셀인 B2를 참조하고 있지만, 설정하면 자동으로 B3, B4 등 각각의 셀 번호를 참조하게 됩니다.

HINT ▶ 설정한 데이터 유효성을 해제하려면 데이터 유효성이 설정된 셀을 선택하고 [데이터 유효성] 대화상자를 표시해 [설정] 탭의 [모두 지우기] 버튼을 클릭합니다.

데이터베이스

데이터베이스는 특정 주제에 따라 수집된 데이터의 집합입니다. 엑셀에서는 일정한 규칙에 따라 작성된 표를 데이터베이스로 인식하여 정렬하거나 추출하는 등 다양한 데이터베이스 기능을 활용할 수 있습니다. 또한, 함수 중에도 데이터베이스를 기반으로 사용하는 것들이 있습니다. 여기서는 데이터베이스의 개요를 확인해 봅니다.

▶ 데이터베이스로 인식되는 표

- 표의 첫 번째 행은 열 제목으로 설정합니다.
- 열 제목은 두 번째 행 이후(레코드 행)와는 다른 서식을 설정합니다.
- 열마다 같은 종류의 데이터를 입력합니다.
- 2행 이후부터는 실제 데이터를 입력하고, 한 행에 하나의 데이터(레코드)가 되도록 구성합니다.
- 데이터베이스 표의 범위는 자동 인식되므로 표에 인접한 셀은 공백으로 둡니다.

▶ 데이터베이스 구성

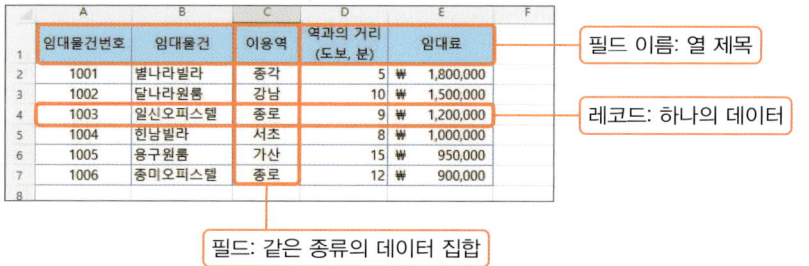

필드 이름: 열 제목

레코드: 하나의 데이터

필드: 같은 종류의 데이터 집합

엑셀의 주요 데이터베이스 기능

기능	내용
정렬	숫자를 오름차순으로 정렬하거나 가나다순으로 정렬
추출	조건과 일치하는 데이터만 필터링하여 표시
집계	데이터가 전환될 때마다 소계 행을 삽입하고 금액 합계 등의 집계를 수행
테이블	데이터베이스에 데이터를 효율적으로 입력할 수 있으며, 서식 적용, 정렬, 추출을 빠르게 처리
피벗 테이블	필드를 행과 열에 자유롭게 배치한 집계표 작성 가능

HINT ▶ 데이터베이스 기능을 사용할 때는 데이터베이스 안의 셀을 클릭하여 활성 셀을 이동시켜야 합니다. 그러면 활성 셀을 포함한 표 전체가 데이터베이스 범위로 자동 인식됩니다. 제대로 인식되지 않을 경우, 직접 데이터베이스 범위를 선택한 후 데이터베이스 기능을 실행하세요.

테이블

데이터베이스 형식으로 작성된 표는 테이블로 변환할 수 있습니다. 테이블로 변환하면 표의 맨 아래에 새로운 입력 행이 자동으로 추가되고, 표의 스타일과 셀에 설정된 서식 및 수식이 자동으로 연결돼 효율적으로 입력할 수 있습니다. 또한, 정렬, 추출 등의 데이터베이스 기능도 빠르게 사용할 수 있습니다.

▶ 표를 테이블로 변환

1 표 안을 클릭해 활성 셀을 이동합니다.

2 [삽입] 탭 → [표]를 클릭합니다.

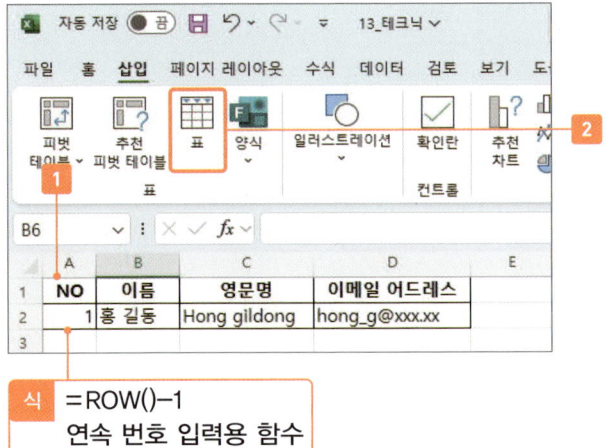

식 = ROW()-1
연속 번호 입력용 함수

3 [표 만들기] 대화 상자에서 표 전체가 선택되어 있는지 확인합니다.

4 [확인] 버튼을 클릭하면 테이블로 변환됩니다.

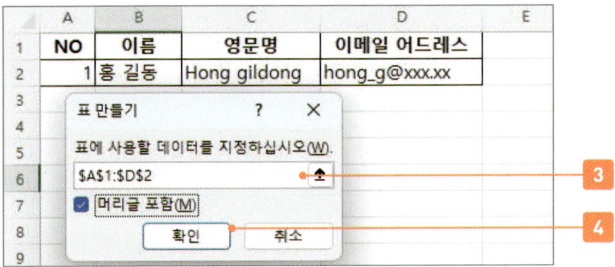

5 레코드 행의 끝에서 [Tab]을 누르면 자동으로 새 입력 행이 추가되고, 셀에 설정된 함수가 이어져 NO가 자동으로 표시됩니다.

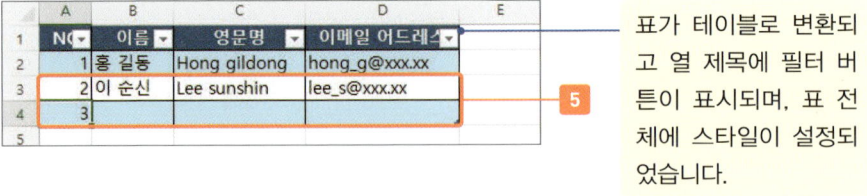

표가 테이블로 변환되고 열 제목에 필터 버튼이 표시되며, 표 전체에 스타일이 설정되었습니다.

수학/삼각

날짜/시간

통계

문자열 조작

논리

검색/행렬·웹

큐브

정보

데이터베이스

재무

공학

기초지식

유용한 테크닉

HINT ▸ • 테이블의 첫 번째 행에 표시되는 [▼](필터 버튼)을 클릭하면 표시되는 메뉴에서 정렬이나 추출 기능을 사용할 수 있습니다.
• 테이블을 해제하고 원래의 표로 되돌리려면 [테이블 디자인] 탭 → [범위로 변환]을 클릭합니다. 설정된 테두리, 채우기 등의 서식은 그대로 유지됩니다.

구조적 참조

테이블로 변환된 표에서는 셀, 행, 열 등의 참조 방식이 [구조적 참조]로 바뀝니다. 테이블 내에서 수식을 입력할 때 참조할 셀을 클릭하면 클릭한 위치를 나타내는 지정자라는 기호가 입력됩니다.

여기서는 [부가세 포함 가격] 열에 '단가×1.1'을 계산하는 수식 입력을 예로 들어 설명합니다.

1 [부가세 포함 가격] 열의 첫 번째 행을 클릭하고 '='를 입력한 후 단가 셀 C2를 클릭하면 '[@단가]'가 입력됩니다. 이어서 '*1.1'을 입력해 '=[@단가]*1.1'이 되면 [Enter]를 누릅니다.

	A	B	C	D
	상품NO	상품명	단가	가격(부가세 포함)
2	1001	셔츠(흰색)	15,000	=[@단가]*1.1
3	1002	셔츠(핑크)	15,000	
4	1003	바지	48,000	
5	1004	자켓	65,000	
6				

D2 ▾ : ✕ ✓ fx =[@단가]*1.1

2 열 전체에 '=[@단가]*1.1'이 자동 입력되어 각 행의 부가세 포함 가격이 표시됩니다. 이후 신규 입력 행에 데이터를 입력하면 자동으로 부가세 포함 가격이 표시됩니다.

D5 ▾ : ✕ ✓ fx =[@단가]*1.1

	A	B	C	D
	상품NO	상품명	단가	가격(부가세 포함)
2	1001	셔츠(흰색)	15,000	16,500
3	1002	셔츠(핑크)	15,000	16,500
4	1003	바지	48,000	52,800
5	1004	자켓	65,000	71,500
6				

구조적 참조 지정자

지정자	내용
[#모두]	테이블 전체
[#머리글]	열 머리글 행
[#데이터]	데이터 행
[#요약]	요약 행
[@]	수식이 입력된 같은 행의 셀
[열 이름]	선택한 열
[@ 열 이름]	[@]와 [열 이름]이 교차하는 셀

개요

개요는 워크시트에 행과 열을 접거나 펼치는 기능을 추가하여, 표시할 행과 열을 전환할 수 있는 기능입니다. [자동 개요]를 사용하면 SUM 함수 등 셀 범위를 기반으로 자동으로 개요를 작성해 합계 열이나 행만 남기고 세부적인 부분을 숨길 수 있습니다.

1 표를 클릭한 후 [데이터] 탭 → [개요] → [그룹]의 [자동 개요]를 클릭합니다.

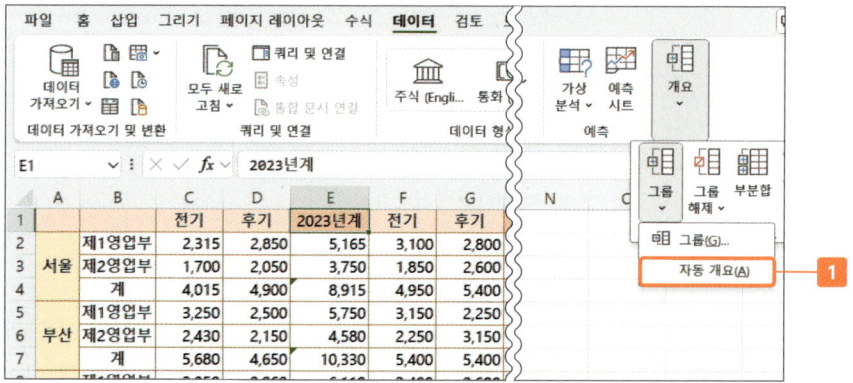

수학/삼각

날짜/시간

통계

문자열 조작

논리

검색/참조 · 웹

큐브

정보

데이터베이스

재무

공학

기초지식

유용한 테크닉

② 표에 있는 SUM 함수가 참조하는 셀 범위를 기반으로 개요가 자동으로 작성됩니다.

③ 열의 버튼에서 [2]를 클릭하면 2023년과 2024년의 합계만 표시됩니다.

④ 행의 버튼에서 [1]을 클릭하면 지역의 합계만 표시됩니다.

가장 큰 숫자가 표시된 버튼을 클릭하면 모든 항목이 표시됩니다. [+]를 클릭하면 확장. [−]를 클릭하면 접힙니다.

부분합

[부분합] 기능을 사용하면 표의 필드(집계 대상 열)값이 바뀔 때마다 자동으로 행을 삽입해 지정한 필드의 집계값을 표시할 수 있습니다. 이 기능을 실행하기 전에 상품명으로 정렬하는 등 동일한 데이터를 모아 두어야 합니다.

① 집계하고자 하는 열(여기서는 [상품명] 열) 안을 클릭합니다.

② [데이터] 탭 → [오름차순] 또는 [내림차순]을 클릭합니다.

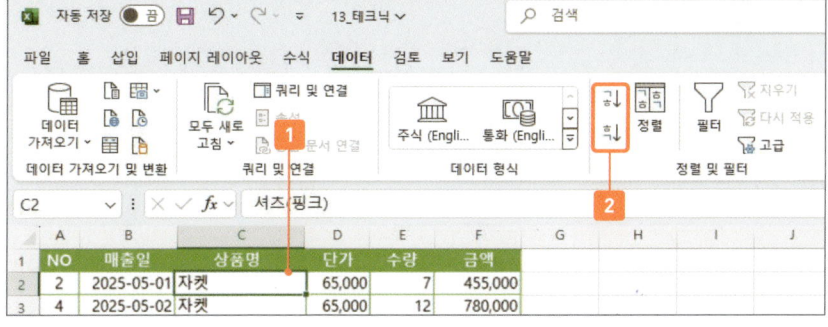

3 상품명으로 정렬됩니다.

4 [데이터] 탭 → [부분합]을 클릭해 [부분합] 대화 상자를 표시합니다.

5 그룹화할 항목을 선택합니다.

6 사용할 함수를 선택합니다.

7 집계할 열에 체크 표시를 합니다.

8 [확인] 버튼을 클릭합니다.

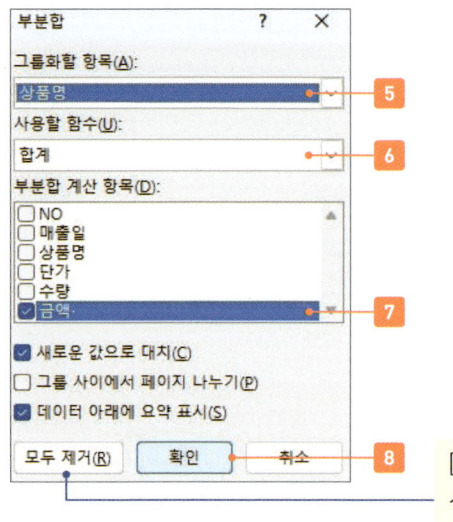

[모두 제거] 버튼을 클릭하면 집계 행이
삭제되고 원래의 표로 돌아갑니다.

수학/삼각

날짜/시간

통계

문자열 조작

논리

검색/참조 · 웹

큐브

정보

데이터베이스

재무

공학

기초지식

유용한 테크닉

9 상품이 바뀔 때마다 행이 삽입되고, 지정한 함수로 집계 결과가 표시됩니다.

1 2 3		A	B	C	D	E	F	G
	1	NO	매출일	상품명	단가	수량	금액	
	2	2	2025-05-01	자켓	65,000	7	455,000	
	3	4	2025-05-02	자켓	65,000	12	780,000	
	4	6	2025-05-04	자켓	65,000	5	325,000	
	5			**자켓 요약**			1,560,000	
	6	8	2025-05-10	셔츠(흰색)	15,000	15	225,000	
	7	10	2025-05-15	셔츠(흰색)	15,000	4	60,000	
	8	12	2025-05-29	셔츠(흰색)	15,000	3	45,000	
	9			**셔츠(흰색) 요약**			330,000	
	10	1	2025-05-01	셔츠(핑크)	15,000	9	135,000	
	11	5	2025-05-04	셔츠(핑크)	15,000	8	120,000	
	12	11	2025-05-23	셔츠(핑크)	15,000	10	150,000	
	13			**셔츠(핑크) 요약**			405,000	
	14	3	2025-05-02	바지	48,000	5	240,000	
	15	7	2025-05-08	바지	48,000	6	288,000	
	16	9	2025-05-11	바지	48,000	11	528,000	
	17			**바지 요약**			1,056,000	
	18			**총합계**			3,351,000	

삽입된 요약 행에서는 SUBTOTAL 함수를
사용해 집계합니다.

통합

통합은 항목의 순서가 다르거나 일부 항목이 다른 표를 통합하는 기능입니다. 집계할 때
표의 첫 행이나 왼쪽 열에 있는 항목 이름과 집계할 값을 포함해 범위를 지정합니다. 통
합에서는 항목명을 기준으로 집계가 이루어집니다. 집계 결과는 값으로 표시할 것인지,
원본 데이터와 연결할 것인지 지정할 수 있습니다.

1 통합 결과표를 만들고자 하는 왼쪽 상단의 셀을 클릭합니다.

2 [데이터] 탭 → [통합]을 클릭합니다.

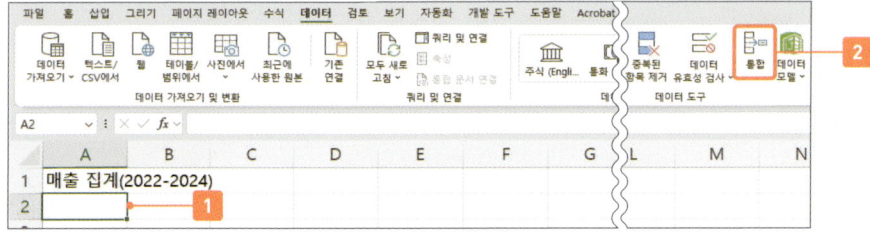

3 [통합] 대화 상자에서 [함수]가 [합계]로 설정되어 있는지 확인합니다.

4 [참조]란을 클릭하고 통합할 표의 항목 이름과 값의 셀 범위를 선택합니다.

5 [추가]를 클릭합니다.

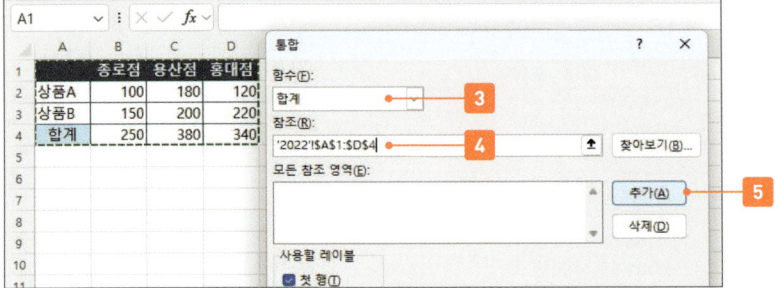

6 마찬가지로 다른 시트에 있는 표의 항목 이름과 값의 셀 범위를 추가합니다.

7 [첫 행], [왼쪽 열], [원본 데이터에 연결]에 체크 표시를 합니다.

8 [확인] 버튼을 클릭합니다.

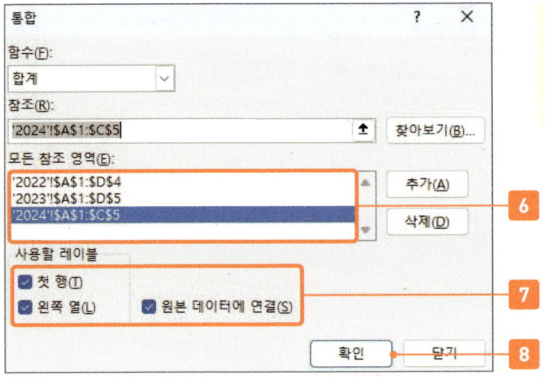

[원본 데이터에 연결]의 체크를 해제하면 집계 결괏값만 표시됩니다.

9 원본 표와 연결된 상태로 통합됩니다.

10 개요가 자동으로 설정됩니다.

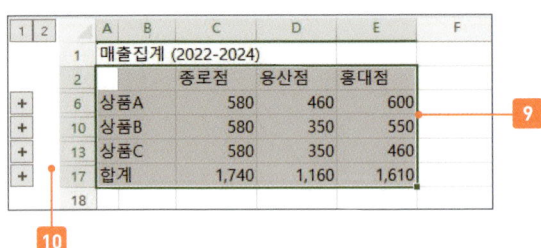

11 개요의 [2]를 클릭해 확장합니다.

12 참조한 표의 각 셀의 링크 수식을 확인할 수 있습니다.

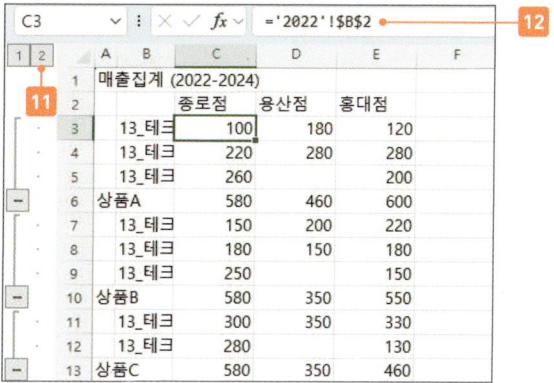

빠른 채우기

빠른 채우기는 이미 입력된 인접한 데이터에서 입력 패턴을 분석해 나머지 셀에 자동으로 데이터를 입력하는 기능입니다. 예를 들어, 이름에서 성만 추출하거나 시도와 상세 주소를 하나로 합칠 수 있습니다. 수식이나 함수를 사용하지 않고도 같은 행에 있는 셀 내의 값을 합치거나 분할할 수 있습니다.

▶ 셀값 합치기

1 첫 번째 셀(여기서는 셀 D2)에 '시도'+'주소1'의 값을 입력합니다.

2 [데이터] 탭 → [빠른 채우기]를 클릭합니다.

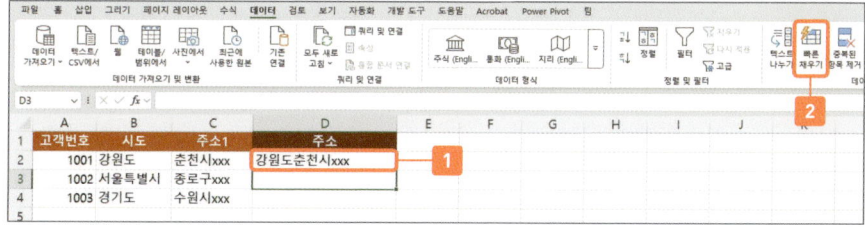

3 나머지 셀에도 동일한 규칙으로 데이터가 자동 입력됩니다.

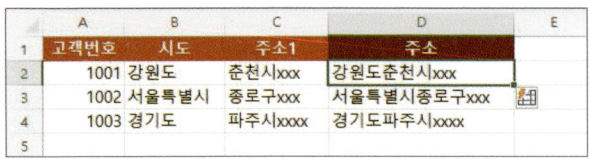

▶ 셀값 분할하기

1 첫 번째 셀(여기서는 셀 C2)에 '성'만 입력하고 [데이터] 탭 → [빠른 채우기]를 클릭합니다.

2 나머지 셀에도 동일한 규칙으로 데이터가 자동 입력됩니다.

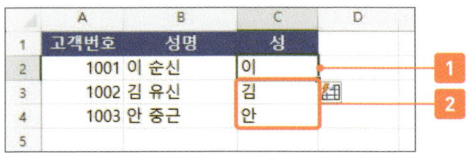

가상 분석

가상 분석은 셀의 값을 변경했을 때 워크시트 내에 입력된 수식의 결과에 어떤 영향을 미치는지 알아보는 기능으로, 목표값 찾기, 시나리오 관리자, 데이터 표 등 세 가지 종류가 있습니다. 여기서는 목표값 찾기와 데이터 표에 대해 간단히 소개합니다.

▶ 목표값 찾기

목표값 찾기는 계산식의 결과가 목표값이 되도록 계산식에서 참조하는 셀의 숫자를 역산해 구하는 기능입니다. 예를 들어, 다음 순서와 같이 신차 대출로 1,500만 원을 연이율 2.5%, 36개월로 상환하는 경우, PMT 함수(p.288)를 사용하면 월 납입액이 '-432,921원'으로 계산됩니다. 여기서 PMT 함수의 결과가 '-350,000원'이 되도록 하려면 상환 개월 수를 몇 개월로 하면 되는지 알아볼 수 있습니다.

1 [데이터] 탭 → [가상 분석] → [목표값 찾기]를 클릭합니다.

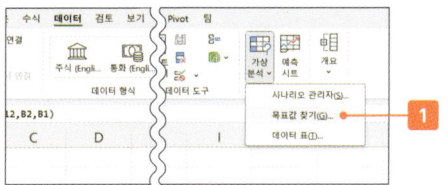

2 [목표값 찾기] 대화 상자의 [수식 셀]에서 목표값을 구하는 수식 셀 'B4'를 클릭합니다.
3 [찾는 값]에 목표 숫자인 '−350000'을 입력합니다.
4 [값을 바꿀 셀]에서 역산해 구하고자 하는 숫자인 셀 B2를 클릭합니다.
5 [확인]을 클릭합니다.

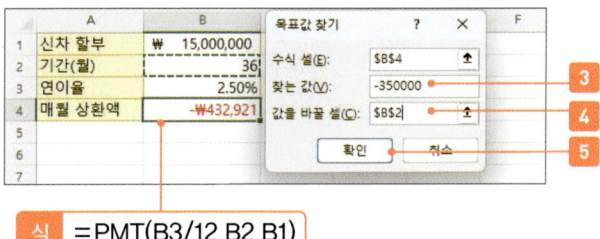

식 ＝PMT(B3/12,B2,B1)

6 셀 B4가 목표값이 되도록 역산한 결과. 셀 B2에 최적의 숫자가 표시되어 상환 기간을 45개월로 설정하면 된다는 것을 알 수 있습니다.
7 [확인] 버튼을 클릭합니다.

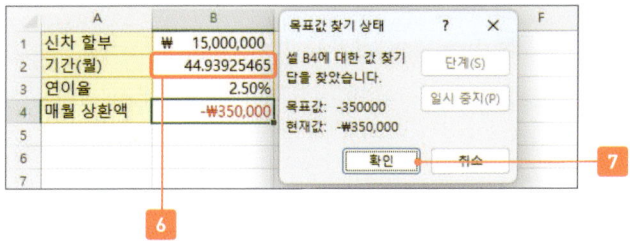

┃HINT┃ 시나리오 관리자는 시뮬레이션을 위한 값의 조합을 등록하고. 등록한 값의 조합을 표로 전
환해 표시할 수 있는 기능입니다. 예를 들어. 신차 대출을 1,500만 원, 연이율 2.5%, 상환 기
간을 48개월, 36개월, 24개월로 설정한 값의 패턴을 시나리오로 등록하고, 그 패턴을 전환하
면서 표의 해당 셀에 해당 값이 표시되도록 할 수 있습니다.

▶ 데이터 표

데이터 표는 계산식에서 사용되는 셀의 값을 변경했을 때 계산 결과가 어떻게 달라지는 지 목록으로 만들어 보여 주는 기능입니다. 예를 들어, PMT 함수로 대출 계산을 할 때, 차입금이 2,000만 원, 상환 기간이 5년일 경우를 기준으로 연 이자율 2.0% 전후의 월 상환액을 구하는 계산표를 만들 수 있습니다.

여기서는 변화하는 값을 연이율로 설정해 변화값의 목록을 세로로 입력합니다.

1 변화값 목록의 오른쪽 상단 셀(E2)에 계산식을 입력하고, 변화값 열과 계산식을 포함하도록 셀 범위(D2:E7)를 선택합니다.

2 [데이터] 탭 → [가상 분석] → [데이터 표]를 클릭합니다.

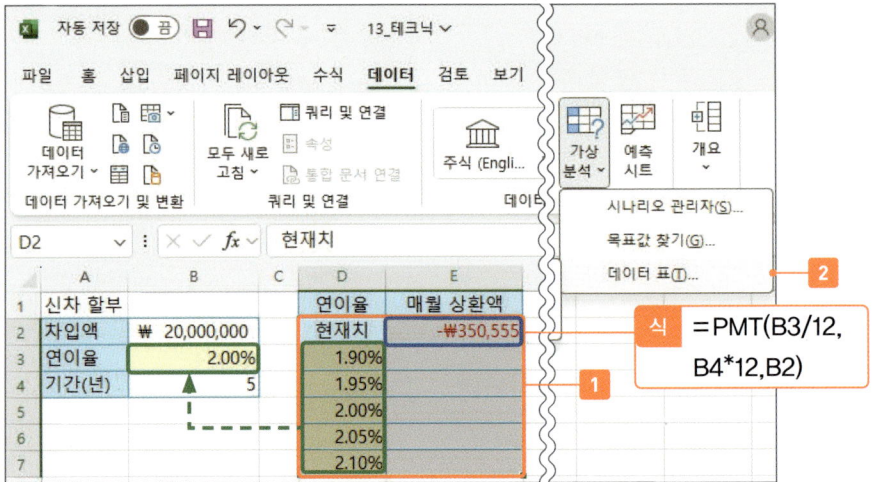

3 [데이터 표] 대화 상자의 [열 입력 셀]에서 변경된 값을 대입할 셀(B3)을 클릭합니다.

4 [확인]을 클릭합니다.

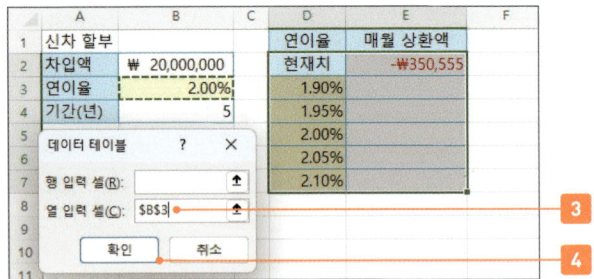

5 각각의 변화값에 대응하는 계산 결과가 표시됩니다.

	A	B	C	D	E	F
1	신차 할부			연이율	매월 상환액	
2	차입액	₩ 20,000,000		현재치	-₩350,555	
3	연이율	2.00%		1.90%	-₩349,681	
4	기간(년)	5		1.95%	-₩350,118	
5				2.00%	-₩350,555	
6				2.05%	-₩350,993	
7				2.10%	-₩351,431	
8						

수학/삼각
날짜/시간
통계
문자열 조작
논리
검색/행렬 · 웹
큐브
정보
데이터베이스
재무
공학
기초지식
유용한 테크닉

순환 참조

수식이 입력된 셀이 그 수식 자신을 참조하고 있는 상태를 '순환 참조'라고 합니다. 순환 참조가 되면 메시지가 표시되며, 수식의 셀 참조를 수정해야 합니다. 또한, 순환 참조의 셀이 어디에 있는지 모르는 경우, 찾는 방법도 확인하겠습니다.

▶ 순환 참조 수정

여기서는 일부러 순환 참조를 발생시켜 동작을 확인해 보겠습니다.

1 셀 D2에 '=SUM(B2:D2)'로 셀 D2 자체를 포함해 입력한 후 [Enter]를 누릅니다.

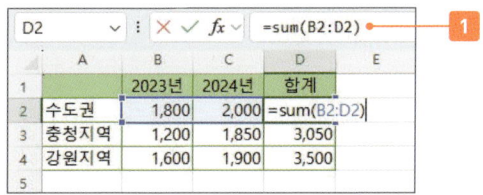

2 순환 참조가 발생했다는 메시지가 표시되면 [확인] 버튼을 클릭합니다.

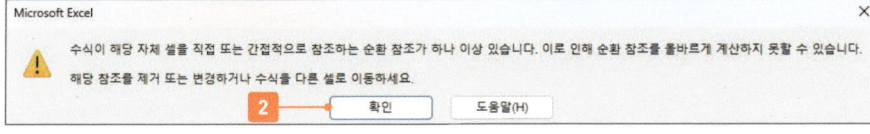

3 순환 참조가 된 셀을 클릭해 수식을 수정합니다.

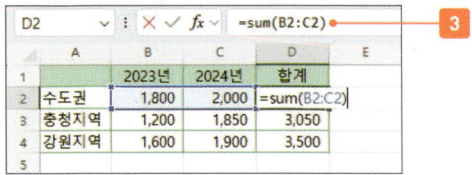

▶ 순환 참조 검색

1 [수식] 탭 → [오류 검사]의 화살표를 클릭합니다.

2 [순환 참조]에 포인터를 올리면 순환 참조하는 셀 번호가 표시됩니다. 해당 셀 번호를 클릭하면 해당 셀이 선택됩니다.

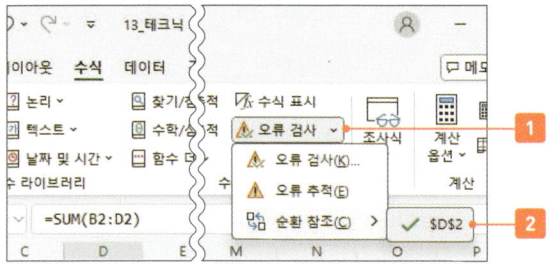

참조되는 셀 및 참조하는 셀 추적

참조되는 셀 추적은 수식이 참조하는 셀에서 수식의 셀을 향해 화살표를 표시합니다. 참조하는 셀 추적은 선택한 셀이 그 셀을 참조하고 있는 수식을 향해 화살표를 표시합니다. 수식의 결과와 관련된 셀의 위치를 시각적으로 확인할 수 있어 수식 검증에 도움이 됩니다.

▶ 참조되는 셀 추적 화살표 표시하기

참조되는 셀 추적은 활성 셀에 입력된 수식이 참조하는 셀 또는 셀 범위에서 활성 셀을 향해 화살표가 표시됩니다.

1 수식이 입력된 셀을 클릭합니다.

2 [수식] 탭 → [참조되는 셀 추적]을 클릭합니다.

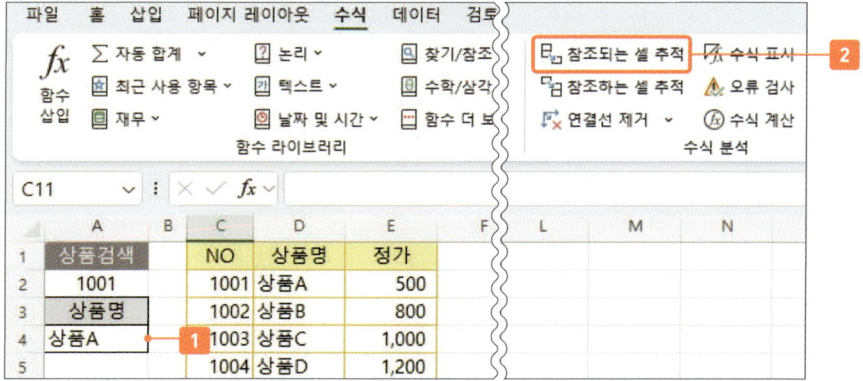

3 활성 셀에 입력된 '=VLOOKUP(A2,상품,2,FALSE)' 수식으로 참조하는 셀에서 화살표
가 표시됩니다.

	A	B	C	D	E	F	G
1	상품검색		NO	상품명	정가		
2	1001		1001	상품A	500		
3	상품명		1002	상품B	800		
4	상품A		1003	상품C	1,000		
5			1004	상품D	1,200		
6							
7							

▶ 참조하는 셀 추적

참조하는 셀 추적은 활성 셀이 다른 셀에 입력된 수식으로부터 참조되고 있는 경우, 수식
이 입력된 셀을 향해 화살표가 표시됩니다.

1 참조하는 셀을 클릭합니다.

2 [수식] 탭 → [참조하는 셀 추적]을 클릭합니다.

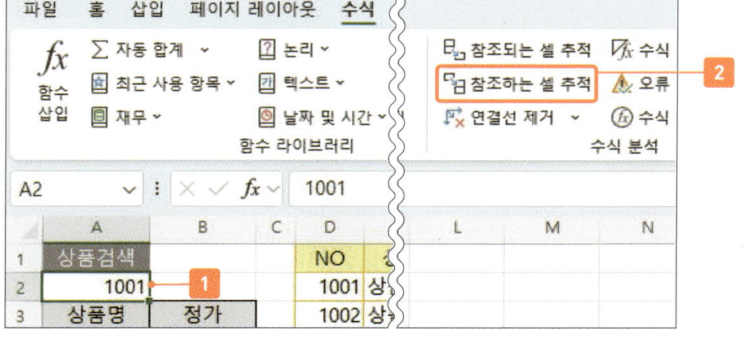

3 활성 셀을 참조하는 수식이 입력된 셀을 향해 화살표가 표시됩니다.

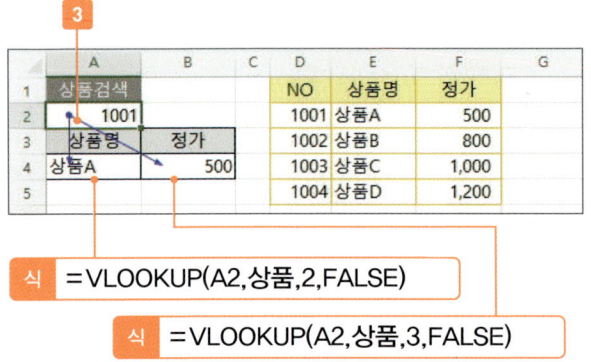

식 =VLOOKUP(A2,상품,2,FALSE)

식 =VLOOKUP(A2,상품,3,FALSE)

| HINT ▶ 참조되는 셀 추적이나 참조하는 셀 추적의 화살표를 삭제하려면 [수식] 탭 → [연결선 제거]를 클릭합니다.

수식 계산

함수 내의 셀 참조, 논리식, 함수를 검증하고, 함수에서 인수의 지정 내용이나 셀 참조가 올바른지 확인하고 싶을 때, [수식 계산] 대화 상자를 표시해 수식 안의 인수를 순서대로 검증해 확인하는 방법과 수식 입력줄에서 부분적으로 검증하는 방법이 있습니다.

▶ [수식 계산] 대화 상자에서 수식을 순서대로 검증하기

[수식 계산] 대화 상자를 사용하면 수식 안의 계산 내용을 하나씩 차례로 확인할 수 있어 문제가 있는 부분을 찾고 싶을 때 유용하게 사용할 수 있습니다.

1 검증하고자 하는 수식의 셀을 클릭합니다.
2 [수식] 탭 → [수식 계산]을 클릭합니다.

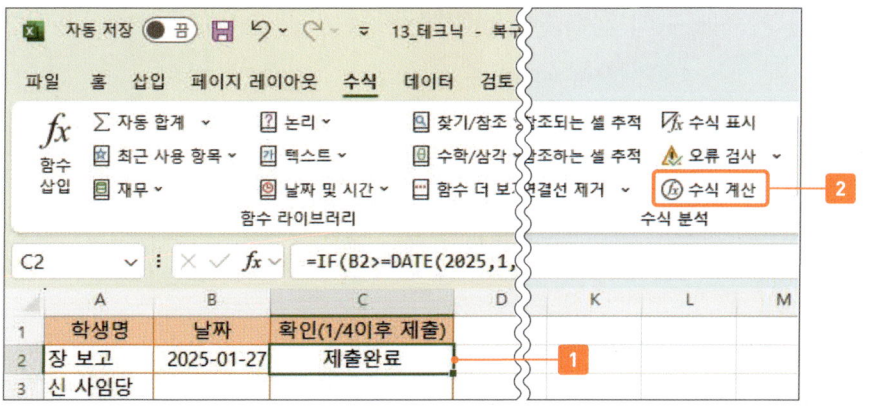

③ [수식 계산] 대화 상자의 [계산]에 수식이 표시되고, 첫 번째 실행되는 수식에 밑줄이 그어집니다.

④ [계산]을 클릭합니다.

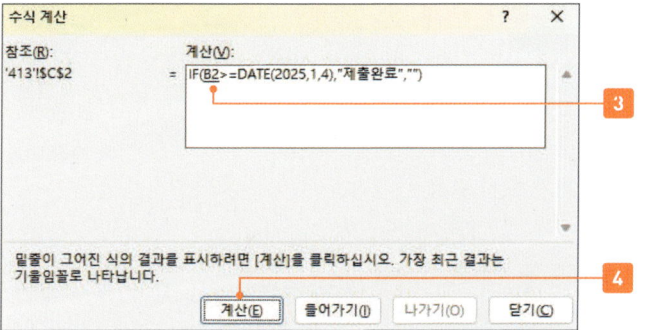

⑤ 밑줄이 그어진 부분이 실행되고(여기서는 일련번호가 표시), 다음에 실행되는 식에 밑줄이 그어집니다.

⑥ 마찬가지로 [계산]을 클릭해 하나씩 확인합니다.

⑦ 확인이 끝나면 [닫기]를 클릭합니다.

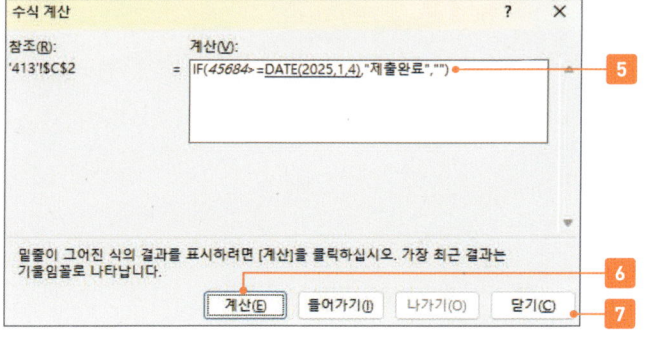

수학/삼각

날짜/시간

통계

문자열 조작

논리

검색/행렬 · 웹

큐브

정보

데이터베이스

재무

약학

기초지식

유용한 테크닉

▶ F9를 사용해 수식 입력줄에서 확인

수식 안에서 결과를 알고 싶은 부분만 직접 확인할 수 있습니다. 확인하고자 하는 수식 부분을 선택하고 F9를 누릅니다.

1 검증하고자 하는 수식의 셀을 클릭합니다.

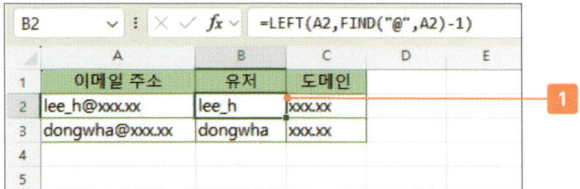

2 수식 입력줄에서 검증하고자 하는 부분을 선택합니다.

3 F9를 누릅니다.

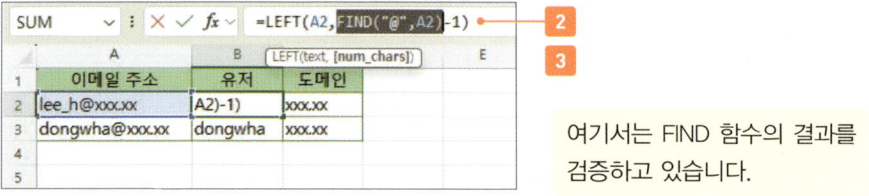

여기서는 FIND 함수의 결과를 검증하고 있습니다.

4 선택한 부분이 실행되고 결과가 표시됩니다.

5 확인 후 Esc를 눌러 실행을 취소합니다.

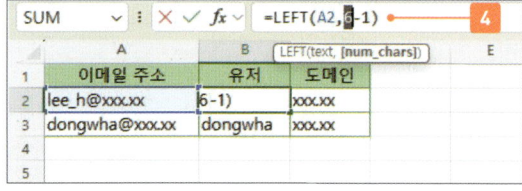

과정 **5**에서 Enter를 누르면 실행된 결과가 수식에 남게 되므로 주의해야 합니다. 실수로 누른 경우 [실행 취소]를 클릭합니다.

수식 표시

일반적으로 셀에는 수식의 계산 결과가 표시되지만, 수식 표시로 전환할 수 있습니다. 셀에 입력된 모든 수식을 한꺼번에 표시해 확인, 인쇄, 수정하는 데 편리합니다.

1 [수식] 탭 → [수식 표시]를 클릭합니다.

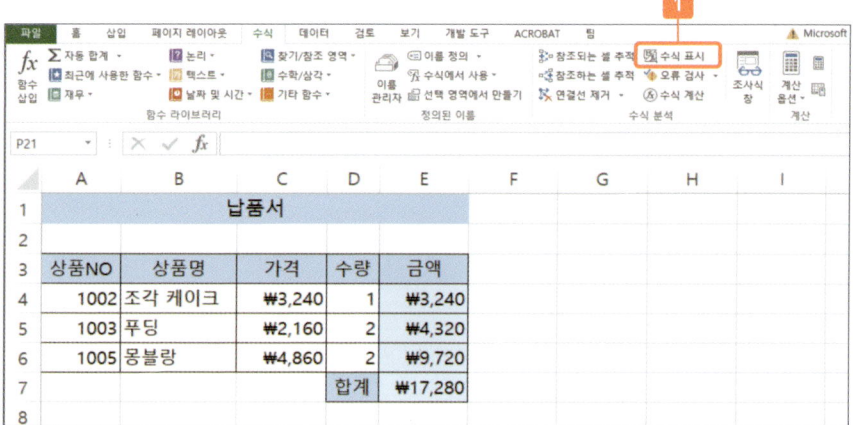

2 표의 열 폭이 넓어지고 수식이 표시됩니다. 내용을 확인하고 필요한 수정을 한 후 다시 [수식] 탭→ [수식 표시]를 클릭해 표시를 원래대로 되돌립니다.

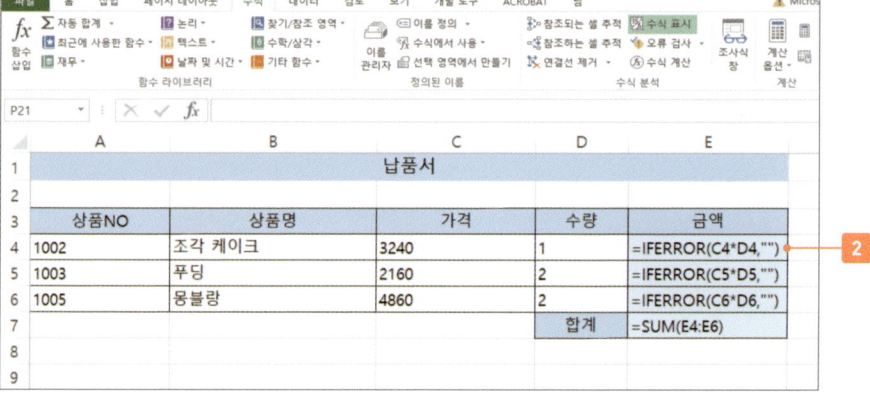

수학/삼각

날짜/시간

통계

문자열 조작

논리

검색/참조 · 웹

큐브

정보

데이터베이스

재무

공학

기초지식

유용한 테크닉

재계산의 자동/수동 전환

엑셀에서는 수식에 사용된 셀의 값이 변경될 때마다 자동으로 재계산을 수행합니다. 자동 재계산을 중지하고 모든 수정이 끝난 후 일괄적으로 재계산을 하고 싶다면 재계산 설정을 수동으로 전환합니다. 참고로 수동으로 변경하면 열려 있는 통합 문서 전체가 재계산되지 않으며, 엑셀을 재시작해도 수동으로 변경된 상태가 유지됩니다. 따라서 수동 재계산이 필요한 작업이 끝나면 반드시 자동 설정으로 되돌려야 합니다.

▶ 재계산 설정을 수동으로 변경하기

1 [수식] 탭 → [계산 옵션] → [수동]을 클릭합니다.

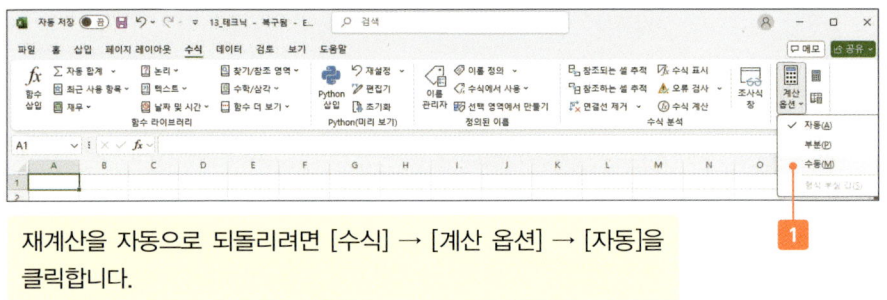

> 재계산을 자동으로 되돌리려면 [수식] → [계산 옵션] → [자동]을 클릭합니다.

주의 ▶ 엑셀에서 열려 있는 통합 문서 전체가 재계산되지 않습니다.

▶ 재계산이 수동일 때 재계산 실행하기

1 [수식] 탭 → [지금 계산]을 클릭하거나 F9 를 누르면, 열려 있는 통합 문서 전체에 대해 재계산이 실행됩니다.

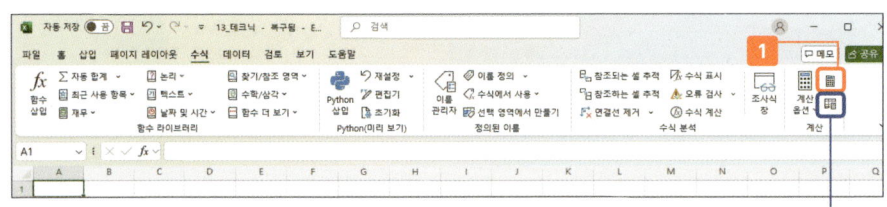

> [시트 계산]을 클릭하면 활성 시트만 재계산됩니다.

자주 사용하는 단축키

엑셀에서 자주 사용하는 단축키 중 기억해 두면 유용한 단축키를 소개합니다.

통합 문서의 기본 조작

단축키	조작 내용
Ctrl + N	새 통합 문서 만들기
Ctrl + O	[파일] 탭의 [열기] 표시
Ctrl + F12	[파일 열기] 대화 상자 표시
Ctrl + S	통합 문서 덮어쓰기 저장
F12	[다른 이름으로 저장] 대화 상자를 표시
Ctrl + W	통합 문서 닫기
Alt + F4	통합 문서 닫기 / 프로그램 종료
Ctrl + P	[파일] 탭의 [인쇄] 표시
Ctrl + Z	직전 조작을 취소하고 되돌리기
Ctrl + Y	되돌렸던 조작을 다시 실행
F4	직전 작업 반복
Esc	현재 작업 취소
Ctrl + Home	셀 A1로 이동
Home	선택한 셀의 A열로 이동
Page Up	1 화면 위쪽으로 스크롤
Page Down	1 화면 아래쪽으로 스크롤
Alt + Page Down	1 화면 오른쪽으로 스크롤
Alt + Page Up	1 화면 왼쪽으로 스크롤
Ctrl + ↓	데이터가 입력된 범위의 하단에 있는 셀 선택
Ctrl + ↑	데이터가 입력된 범위의 상단에 있는 셀 선택
Ctrl + →	데이터가 입력된 범위의 오른쪽에 있는 셀 선택
Ctrl + ←	데이터가 입력된 범위의 왼쪽에 있는 셀 선택
Ctrl + End	표에서 맨 오른쪽 하단의 셀을 선택

수학/삼각

날짜/시간

통계

문자열 조작

논리

검색/행렬 · 웹

큐브

정보

데이터베이스

재무

공학

기초지식

유용한 테크닉

시트

단축키	조작 내용
Ctrl + Page Up	왼쪽 시트로 전환
Ctrl + Page Down	오른쪽 시트로 전환
Shift + F11	새 워크시트 삽입
F11	그래프 시트를 삽입해 표준 그래프 생성

범위 선택

단축키	조작 내용
Shift + Space Bar	워크시트 전체 행을 선택
Ctrl + Space Bar	워크시트 전체 열을 선택
Shift + ↑, ↓, →, ←	선택 범위를 상하좌우로 확장 및 축소
Ctrl + Shift + ↓	데이터가 입력된 범위의 맨 아래쪽 셀까지 선택
Ctrl + Shift + ↑	데이터가 입력된 범위의 맨 위쪽 셀까지 선택
Ctrl + Shift + →	데이터가 입력된 범위의 가장 오른쪽 셀까지 선택
Ctrl + Shift + ←	데이터가 입력된 범위의 가장 왼쪽 셀까지 선택
Ctrl + A	전체 표, 전체 워크시트를 선택

입력

단축키	조작 내용
F2	셀 끝에 커서를 표시
Alt + Enter	셀 안에서 줄바꿈
Ctrl + ;	오늘 날짜 입력
Ctrl + Shift + :	현재 시간 입력
Ctrl + D	위 셀과 동일한 내용을 입력
Ctrl + R	왼쪽 셀과 동일한 내용을 입력
Ctrl + Enter	여러 셀에 동일한 데이터를 입력
F4	수식 입력 중 셀 참조를 절대 참조, 복합 참조, 상대 참조로 전환

수식 입력

단축키	조작 내용
F3	[이름 붙여넣기] 대화 상자 표시
F9	재계산 실행. 수식 검증(수식 입력줄에서 사용하는 경우)
Shift + F3	[함수 마법사] 대화 상자 표시

서식 설정

단축키	조작 내용
Ctrl + C	선택한 내용을 클립보드에 복사
Ctrl + X	선택한 내용을 클립보드에 잘라내기
Ctrl + V	클립보드 내용을 붙여넣기
Ctrl + Alt + V	[선택하여 붙여넣기] 대화 상자 표시
Ctrl + Shift + ~	표시 형식을 표준으로 되돌리기
Ctrl + Shift + #	날짜 표시 형식 설정
Ctrl + Shift + @	시간 표시 형식 설정
Ctrl + Shift + &	외곽 테두리 설정
Ctrl + Shift + _	테두리 제거

기타 조작

단축키	조작 내용
Ctrl + F	[찾기 및 바꾸기] 대화 상자의 [찾기] 탭을 표시
Ctrl + H	[찾기 및 바꾸기] 대화 상자의 [바꾸기] 탭을 표시
Ctrl + G / F5	[이동] 대화 상자 표시
F7	맞춤법 검사 실행
Shift + F2	메모 삽입

수학/삼각

날짜/시간

통계

문자열 조작

논리

검색/행렬·참조

큐브

정보

데이터베이스

재무

공학

기초지식

유용한 테크닉

호환성 함수

엑셀 2010 이후 새로운 함수가 추가되면서, 기존에 있던 함수 중 새로운 함수와 동일한 기능을 가진 함수는 하위 호환성을 위해 호환성 함수로 남겨져 있습니다.

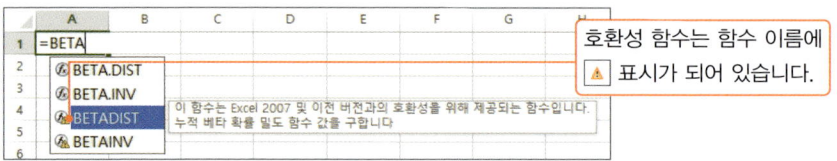

호환성 함수는 함수 이름에 ⚠ 표시가 되어 있습니다.

호환성 함수 목록

호환성 함수	분류	설명	현재 함수
CEILING	수학/삼각	기준값의 배수로 올림된 숫자를 반환	CEILING.PRECISE
FLOOR	수학/삼각	기준값의 배수로 내림된 숫자를 반환	FLOOR.PRECISE
FDIST	통계	두 쌍의 데이터에 대한 (우측검정) F분포의 확률함수값을 반환	F.DIST.RT
FINV	통계	(우측검정) F분포의 확률함수의 역함수값을 반환	F.INV.RT
FTEST	통계	F검정 결과를 반환	F.TEST
TDIST	통계	t분포의 확률을 반환	T.DIST.RT/T.DIST.2T
TINV	통계	t분포의 양측 역함수값을 반환	T.INV.2T
TTEST	통계	t검정 결과를 반환	T.TEST
ZTEST	통계	z검정의 단측 P값을 반환	Z.TEST
CHIDIST	통계	카이제곱분포의 우측검정 확률을 반환	CHISQ.DIST.RT
CHIINV	통계	카이제곱분포의 우측검정 확률의 역함수값을 반환	CHISQ.INV.RT
CHITEST	통계	카이제곱 검정을 수행	CHISQ.TEST
FORECAST	통계	선형회귀를 사용해 미래가치를 예측	FORECAST.LINEAR
LOGNORMDIST	통계	로그정규분포의 분포 함수값을 반환	LOGNORM.DIST

호환성 함수	분류	설명	현재 함수
LOGINV	통계	로그정규분포의 역함수를 반환	LOGNORM.INV
BETADIST	통계	누적베타 확률밀도함수값을 반환	BETA.DIST
BETAINV	통계	베타 분포의 누적베타 확률밀도 함수의 역함수값을 반환	BETA.INV
GAMMADIST	통계	감마분포 함수의 값을 반환	GAMMA.DIST
GAMMAINV	통계	감마분포의 누적분포함수의 역 함수값을 반환	GAMMA.INV
MODE	통계	범위에 포함된 가장 빈번한 값을 반환	MODE.SNGL
EXPONDIST	통계	지수분포의 확률밀도, 누적분포를 반환	EXPON.DIST
RANK	통계	숫자 목록에서 지정한 숫자의 순위를 반환	RANK.EQ
CONFIDENCE	통계	정규분포를 사용해 모집단에 대한 신뢰구간을 확인	CONFIDENCE.NORM
NORMDIST	통계	표준정규분포의 확률이나 누적 확률을 반환	NORM.S.DIST
NORMINV	통계	정규분포의 누적분포함수의 역 함수값을 반환	NORM.INV
NORMSDIST	통계	표준정규분포의 누적분포함수값을 반환	NORM.S.DIST
NORMSINV	통계	표준정규분포의 누적분포함수의 역함수값을 반환	NORM.S.INV
STDEVP	통계	모집단의 표준편차를 반환	STDEV.P
STDEV	통계	모집단의 표본표준편차를 반환	STDEV.S
COVAR	통계	공분산 반환	COVARIANCE.P
BINOMDIST	통계	이항분포의 확률이나 누적확률을 반환	BINOM.DIST
CRITBINOM	통계	누적이항분포가 기준치 이상이 되는 최솟값을 반환	BINOM.INV
NEGBINOMDIST	통계	음이항분포의 확률함수값을 반환	NEGBINOM.DIST

수학/삼각

날짜/시간

통계

문자열 조작

논리

검색/참조 · 웹

큐브

정보

데이터베이스

재무

야학

기초지식

유용한 테크닉

호환성 함수	분류	설명	현재 함수
PERCENTRANK	통계	배열 내 값의 순위를 백분율로 반환	PERCENTRANK.INC
PERCENTILE	통계	백분위수를 반환	PERCENTILE.INC
QUARTILE	통계	사분위수를 반환	QUARTILE.INC
VARP	통계	전체 모집단의 분산을 반환	VAR.P
VAR	통계	모집단의 표본분산을 반환	VAR.S
POISSON	통계	포아송 확률값을 반환	POISSON.DIST
WEIBULL	통계	와이블분포의 값을 반환	WEIBULL.DIST
HYPGEOMDIST	통계	초기하분포를 반환	HYPGEOM.DIST
CONCATENATE	문자열	여러 문자열을 하나의 문자열로 결합	CONCAT

INDEX ▶ 목적별 함수 색인

INDEX ▶ 알파벳순 함수 색인

I

가장 상세한 엑셀 함수 대백과

1판 1쇄 2025년 10월 20일

저   자 | 쿠니모토 아츠코
역   자 | 류승우
발 행 인 | 김길수
발 행 처 | ㈜영진닷컴
주   소 | 서울특별시 금천구 디지털로9길 32
　　　　 갑을그레이트밸리 B동 10층 ⑼08512
등   록 | 2007. 4. 27. 제16-4189호

ⓒ 2025. ㈜영진닷컴

ISBN | 978-89-314-8087-0